쉽게 배워 폼나게 활용하는

엑셀 2010

Excel 2010

IT연구회

해당 분야의 IT 전문 컴퓨터학원과 전문가 선생님들이 최선의 책을 출간하고자 만든 집필/감수 전문연구회로서, 수년간의 강의 경험과 노하우를 수험생 여러분에게 전달하고자 최선을 다하고 있습니다.

IT연구회에 참여를 원하시는 선생님이나 교육기관은 ccd770@hanmail.net으로 언제든지 연락주십시오. 좋은 교재를 만들기 위해 많은 선생님들의 참여를 부탁드립니다.

구경화_IT 전문강사	김경화_IT 전문강사	김선숙_IT 전문강사
김수현_IT 전문강사	김 숙_IT 전문강사	김시령_IT 전문강사
김현숙_IT 전문강사	남궁명주_IT 전문강사	노란주_IT 전문강사
류은순_IT 전문강사	민지희_IT 전문강사	문경순_IT 전문강사
박봉기_IT 전문강사	박상휘_IT 전문강사	박은주_IT 전문강사
백천식_IT 전문강사	변진숙_IT 전문강사	송기웅_IT 및 SW전문강사
송희원_IT 전문강사	신동수_IT 전문강사	신영진_신영진컴퓨터학원장
윤정아_IT 전문강사	이은미_IT 및 SW전문강사	이천직_IT 전문강사
임선자_IT 전문강사	장명희_IT 전문강사	장은경_ITQ 전문강사
장은주_IT 전문강사	조영식_IT 전문강사	조완희_IT 전문강사
조정례_IT 전문강사	최갑인_IT 전문강사	최은실_IT 전문강사
최은영_IT 전문강사	한윤희_IT 전문강사	김건석_교육공학박사
남승진_충주열린학교 IT 전문강사	양은숙_경남도립남해대학 IT 전문강사	엄영숙_권선구청 IT 전문강사
옥향미_인천여성의광장 IT 전문강사	이은직_인천대학교 IT 전문강사	조은숙_동안여성회관 IT 전문강사

BM 주식회사 도서출판 **성안당**
www.cyber.co.kr

Easy 시리즈 ❾ 쉽게 배워 폼나게 활용하는

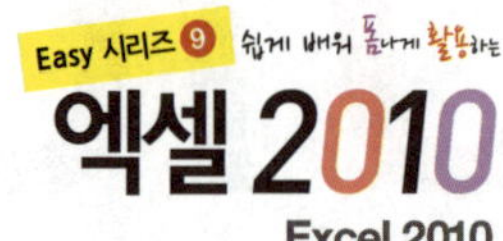

엑셀 2010
Excel 2010

2013. 11. 20. 초 판 1쇄 발행
2020. 2. 10. 개정증보 1판 3쇄(통산 9쇄) 발행

지은이 │ 박윤정
펴낸이 │ 이종춘
펴낸곳 │ BM (주)도서출판 성안당
주소 │ 04032 서울시 마포구 양화로 127 첨단빌딩 3층(출판기획 R&D 센터)
      │ 10881 경기도 파주시 문발로 112 출판문화정보산업단지(제작 및 물류)
전화 │ 02) 3142-0036
     │ 031) 950-6300
팩스 │ 031) 955-0510
등록 │ 1973. 2. 1. 제406-2005-000046호
출판사 홈페이지 │ **www.cyber.co.kr**
내용 문의 │ **fivejung05@hanmail.net**
ISBN │ 978-89-315-5523-3 (13000)
정가 │ 13,000원

이 책을 만든 사람들
책임 │ 최옥현
진행 │ 최창동
본문 디자인 │ 인투
표지 디자인 │ 박원석
홍보 │ 김계향
국제부 │ 이선민, 조혜란, 김혜숙
마케팅 │ 구본철, 차정욱, 나진호, 이동후, 강호묵
제작 │ 김유석

이 책의 어느 부분도 저작권자나 BM (주)도서출판 성안당 발행인의 승인 문서 없이 일부 또는 전부를 사진 복사나
디스크 복사 및 기타 정보 재생 시스템을 비롯하여 현재 알려지거나 향후 발명될 어떤 전기적, 기계적 또는
다른 수단을 통해 복사하거나 재생하거나 이용할 수 없음.

■ 도서 A/S 안내

Easy 시리즈의 소스/정답 파일과 무료동영상 강의 파일은 성안당 사이트(www.cyber.co.kr)에서 다운로드 받을 수 있습니다.

① 'www.cyber.co.kr'에 접속하여 로그인(아이디/비밀번호 입력) 한 후 [무료 동영상]을 클릭합니다.

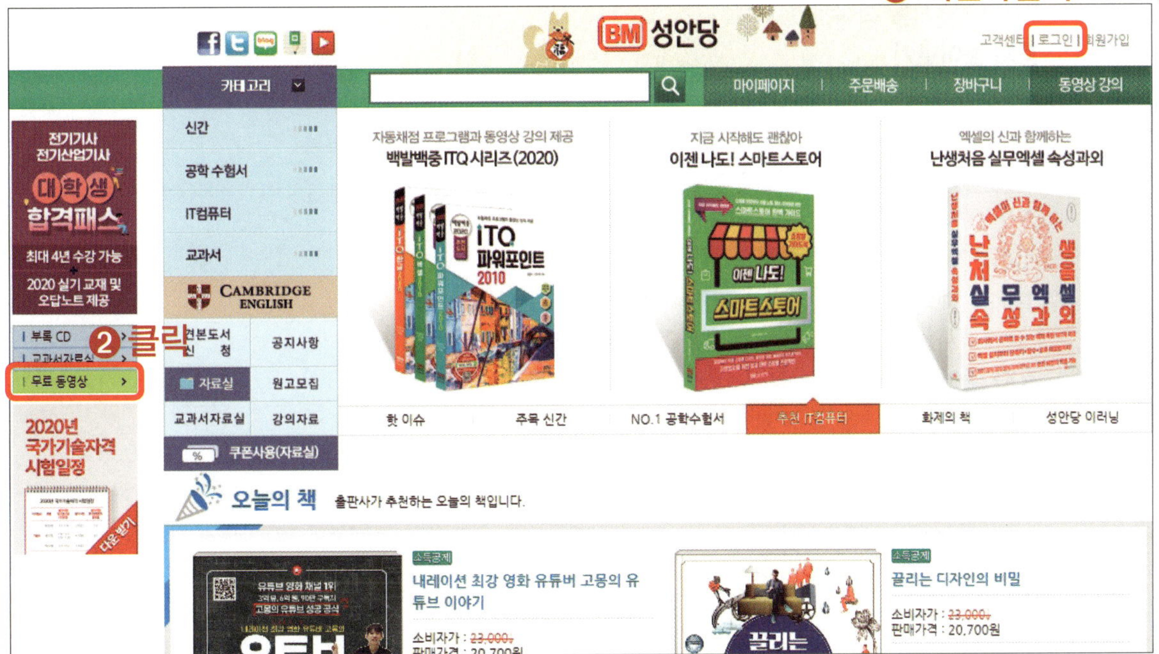

② [자료실]에서 시리즈명(easy)을 입력하고 검색한 후 도서 제목을 클릭하여 파일을 다운로드 합니다.

목 차

[자료 다운로드]

성안당 홈페이지(www.cyber.co.kr)–[자료실]–[IT 교재/수험서]
- 무료 동영상 강의
- 소스/정답 파일
- 기능정리(PDF 파일)
- 실력점검 테스트(PDF 파일)

01 장

엑셀 2010 들어서기

많은 양의 데이터와 수치를 계산하고 장부 관리를 하는 프로그램을 '스프레드시트(Spreadsheet)' 라고 하며 '엑셀(Excel)'이 가장 대표적인 프로그램입니다. 이번 장에서는 엑셀 2010을 실행하여 화면 구성을 살펴보고, 간단한 데이터를 입력하고 저장하는 방법에 대하여 살펴보도록 하겠습니다.

완·성·파·일 미·리·보·기

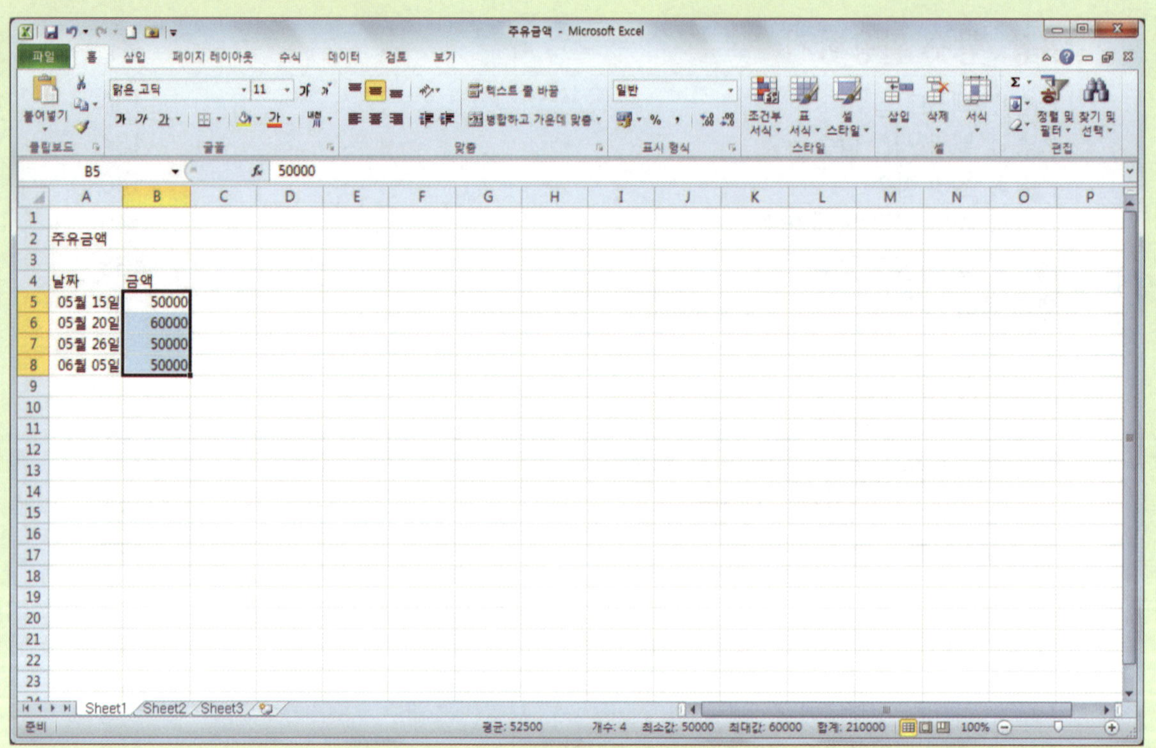

체·크·포·인·트

- **실습1** 엑셀 2010을 실행하여 엑셀의 기본 화면 구성을 살펴보고 종료해 봅니다.
- **실습2** 빠른 실행 도구를 추가하고 삭제하는 과정을 실습해 봅니다.
- **실습3** 수치 데이터를 입력하여 상태 표시줄을 통해 합계, 평균, 개수, 최대값, 최소값을 구해 봅니다.
- **실습4** 간단한 내용을 작성하고 저장하는 방법에 대하여 알아봅니다.

 엑셀 2010 실행과 화면 구성 살펴보기

엑셀 2010은 [시작] 단추를 이용하거나 바로 가기 아이콘을 이용하여 실행할 수 있으며, 종료할 경우에는 [파일] 메뉴나 [닫기] 단추를 이용합니다. 엑셀 2010의 기본적인 화면 구성을 통해 정확한 명칭과 기능을 이해하고 살펴봅니다.

엑셀 실행하기

1 [시작]-[모든 프로그램]-[Microsoft Office]-[Microsoft Office Excel 2010]을 클릭합니다.

TIP 바탕 화면에 있는 엑셀 2010 [바로 가기 아이콘]을 더블 클릭하여 엑셀을 실행할 수 있습니다.

[시작]-[모든 프로그램]-[Microsoft Office]-[Microsoft Office Excel 2010]에서 마우스 오른쪽 단추를 클릭한 후 [보내기]-[바탕 화면에 바로 가기 만들기]를 선택하면 바탕 화면에 엑셀 2010의 [바로 가기 아이콘]을 만들 수 있습니다.

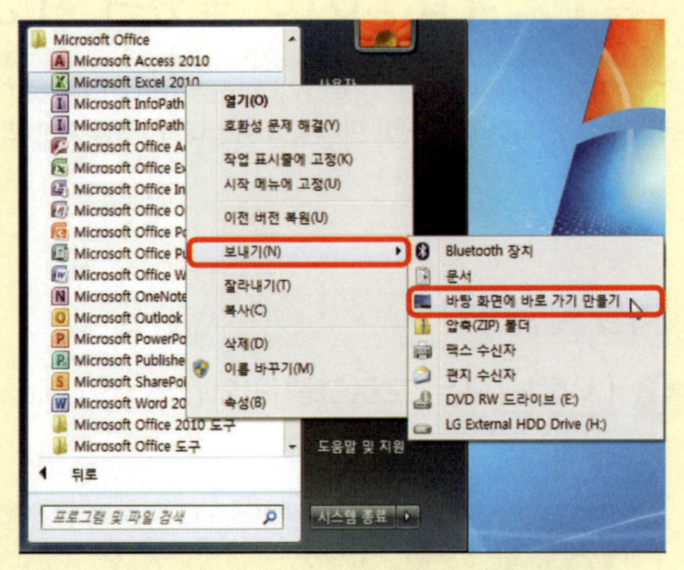

엑셀의 화면 구성

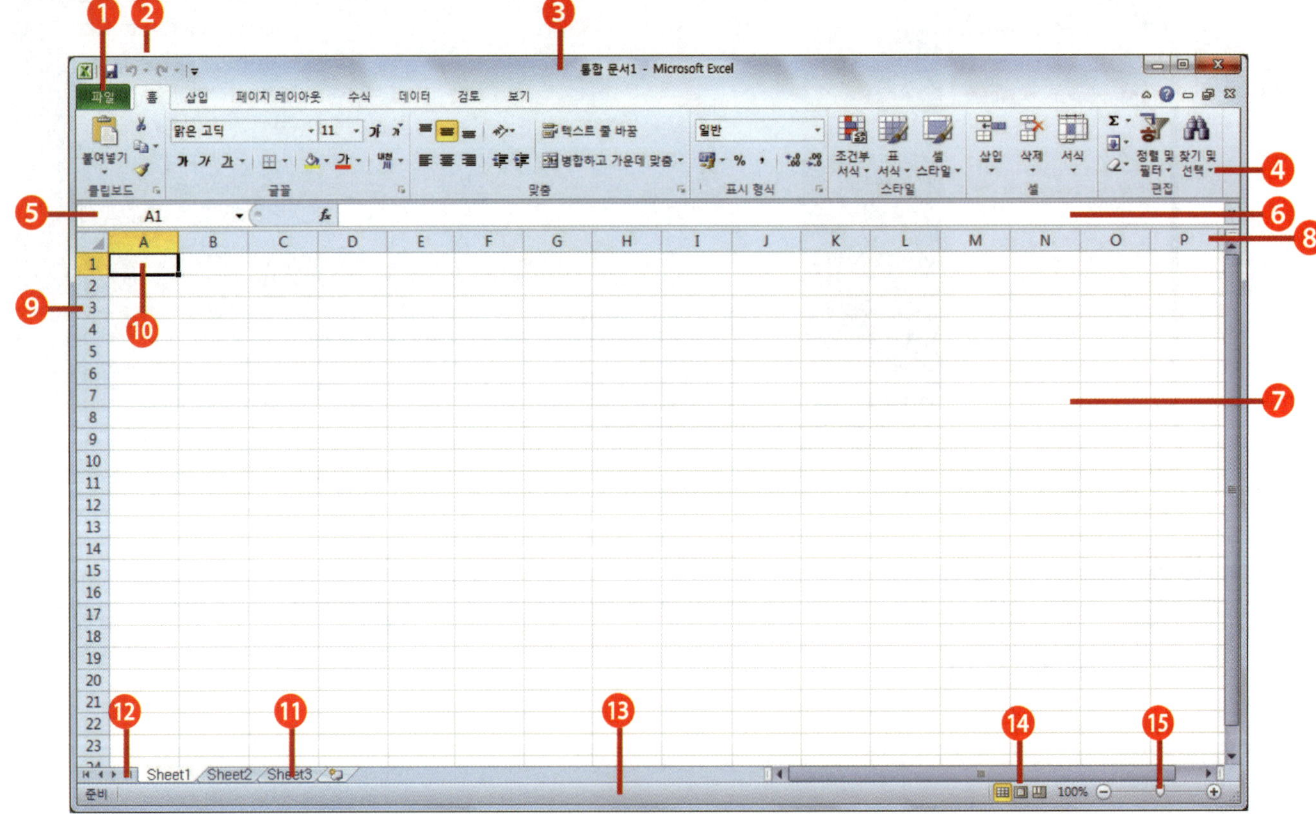

❶ [파일] : 저장, 열기, 새로 만들기, 인쇄, Excel 옵션, 끝내기 메뉴 등을 실행할 수 있습니다.

❷ 빠른 실행 도구 모음 : 마우스 한 번 클릭으로 바로 실행할 수 있는 도구로, 사용자가 명령 단추를 추가하거나 삭제할 수 있습니다.

❸ 제목 표시줄 : 현재 작업 중인 엑셀 문서의 제목이나 파일 이름 등을 표시합니다.

④ 리본 메뉴 : 이전 버전(2003)에서 프로그램 메뉴와 도구 모음의 기능을 제공합니다.

⑤ 이름 상자 A1 : 현재 셀 포인터가 위치한 셀의 주소나 셀 이름을 보여줍니다.

⑥ 수식 입력줄 : 현재 셀 포인터가 위치한 셀에 입력된 데이터나 수식이 표시됩니다.

⑦ 워크시트(Worksheet) : 엑셀에서 작업 영역을 워크시트라고 합니다.

⑧ 열 머리글 : 워크시트에서 16,384개의 열을 각각 구별하기 위한 문자로서 A~XFD까지 16,384개의 영문자로 이루어져 있습니다.

⑨ 행 머리글 : 워크시트에서 1,048,576개의 행을 각각 구별하기 위한 번호로서 1~1,048,576행까지 있습니다.

⑩ 셀(Cell) : 셀은 워크시트를 이루고 있는 조그마한 사각형을 일컫는 말이며, 엑셀에서 자료를 입력할 수 있는 최소 저장 단위입니다.

⑪ 시트 탭 Sheet1 Sheet2 Sheet3 : 시트 이름이 표시되는 곳입니다.

⑫ 시트 탭 이동 단추 : 시트 개수가 많아서 시트 탭이 보이지 않을 때 오른쪽 혹은 왼쪽에 있는 시트를 보여 주기 위한 단추로 맨 처음, 왼쪽으로, 오른쪽으로, 맨 마지막으로 이동하는 단추로 구성되어 있습니다.

⑬ 상태 표시줄 : 현재 작업 상태에 대한 정보를 표시하는 부분입니다.

⑭ 보기 단추 : 화면을 기본, 페이지 레이아웃, 페이지 나누기 미리보기 형태로 보여줍니다.

⑮ 확대/축소 : 워크시트 화면을 크게 하거나 작게 조절할 수 있습니다.

2 엑셀을 종료하려면 화면 왼쪽 상단의 **[파일] 탭을 클릭하여 [끝내기]를 클릭**합니다.

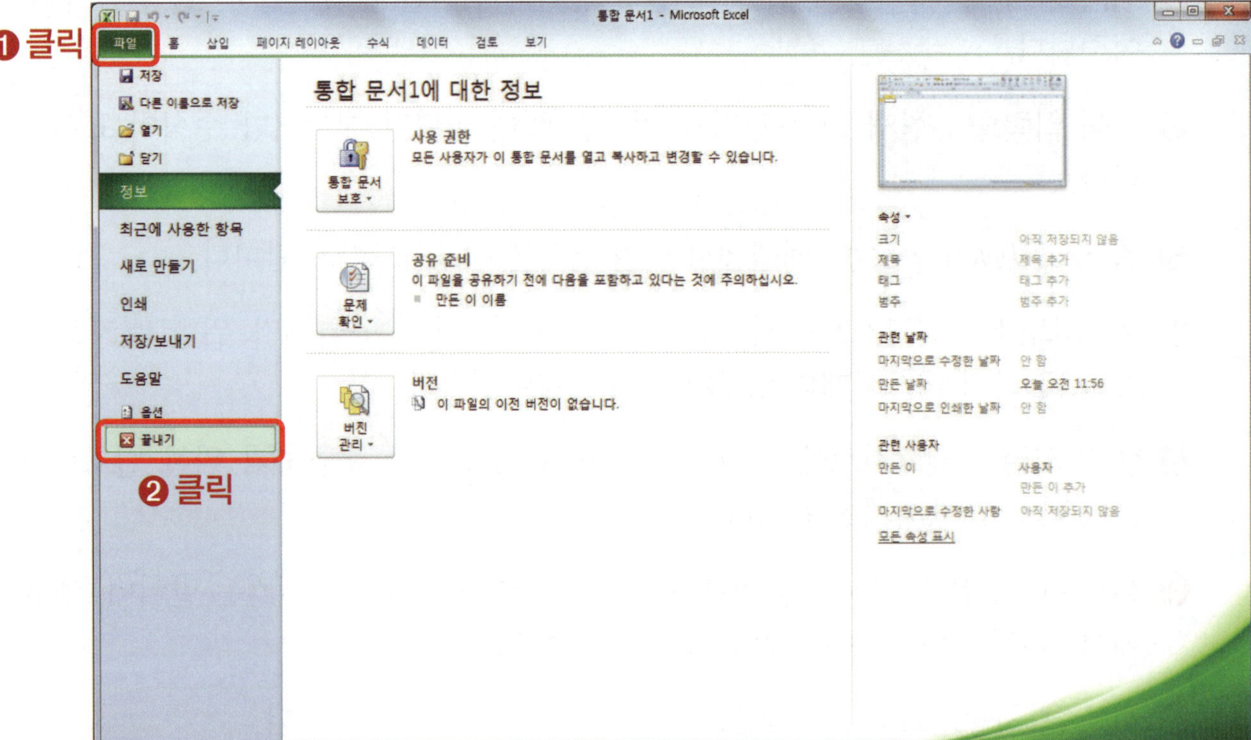

TIP 제목 표시줄의 오른쪽 상단의 [닫기 X] 단추를 클릭하여 종료할 수 있습니다.

실격 쑥쑥 TIP 키보드로 셀 포인터 이동하기

사용 키	이동
←, →, ↑, ↓	한 셀 왼쪽, 오른쪽, 위쪽, 아래쪽으로 이동
Ctrl + ←, →, ↑, ↓	현재 데이터 범위의 왼쪽, 오른쪽, 위쪽, 아래쪽으로 이동
Ctrl + Home	[A1] 셀로 이동
Ctrl + End	워크시트의 마지막 셀로 이동
Ctrl + Page Down	다음 시트로 이동
Ctrl + Page Up	앞 시트로 이동

 **빠른 실행 도구 추가/삭제하기**

자주 사용하는 기능을 빠른 실행 도구에 추가하여 마우스 한 번 클릭으로 쉽게 명령을 실행할 수 있습니다. 빠른 실행 도구에 자주 사용하는 도구를 추가/삭제할 수 있습니다.

빠른 실행 도구 추가하기

1 빠른 실행 도구 모음의 [빠른 실행 도구 모음 사용자 지정▾] 단추를 클릭하여 [새로 만들기]를 선택합니다.

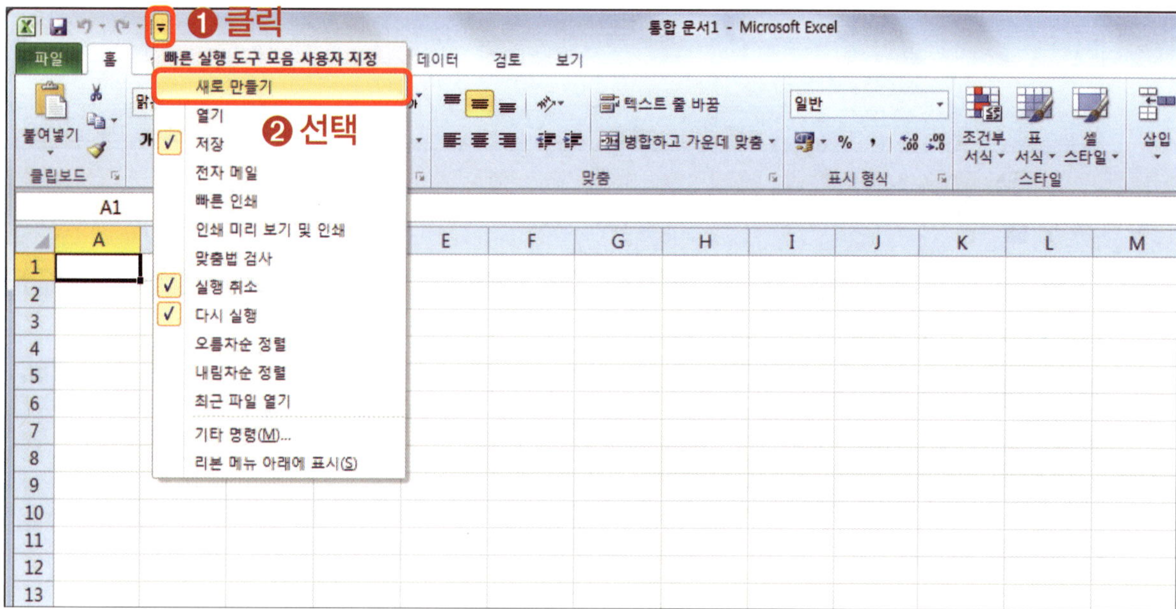

2 빠른 실행 도구 모음에 [새로 만들기🗋] 단추가 추가된 것을 확인할 수 있습니다. 다시 빠른 실행 도구 모음의 [빠른 실행 도구 모음 사용자 지정▾] 단추를 클릭하여 [인쇄 미리 보기 및 인쇄🔍]를 선택합니다.

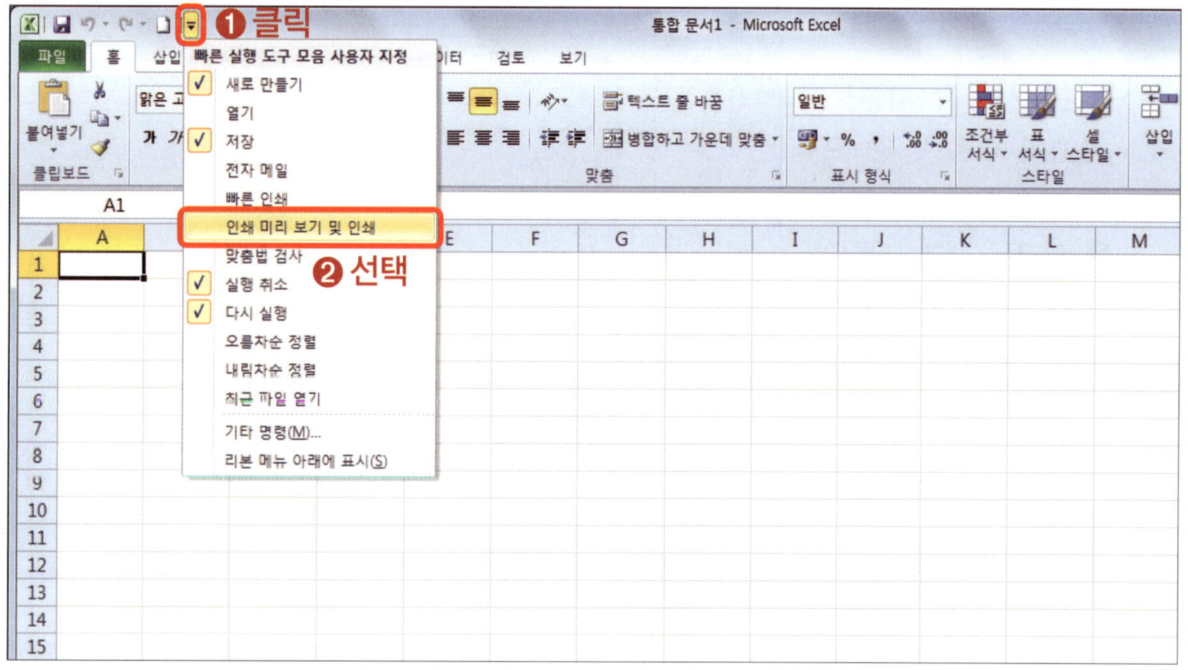

3 빠른 실행 도구 모음의 **[빠른 실행 도구 모음 사용자 지정▾]** 단추를 클릭한 후 **[인쇄 미리 보기 및 인쇄]를 선택**하여 표시된 도구를 삭제할 수 있습니다.

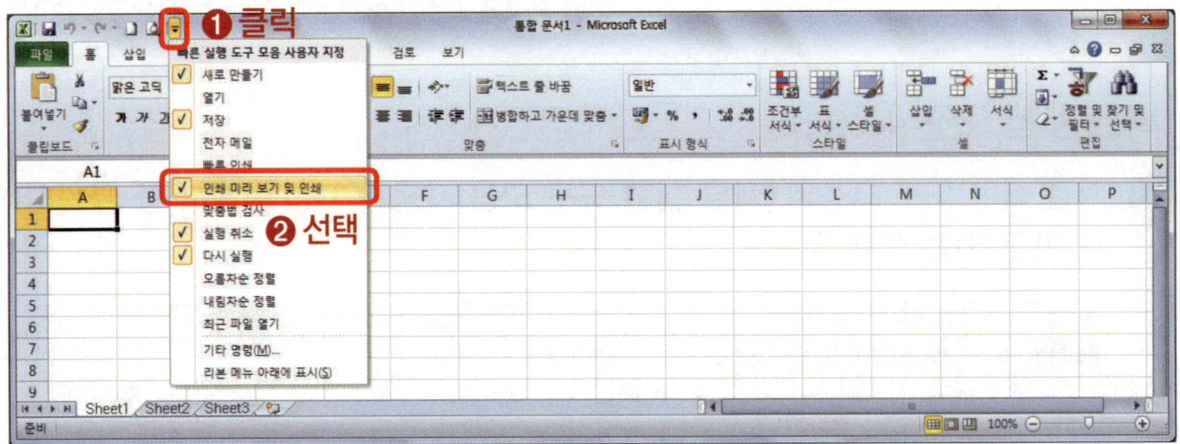

실력 쑥쑥 **TIP** 빠른 실행 도구 모음

• [빠른 실행 도구 모음 사용자 지정] 목록에 제공된 명령 외에 다른 명령을 추가할 때에는 [기타 명령]을 클릭하여 추가/제거할 수 있습니다.

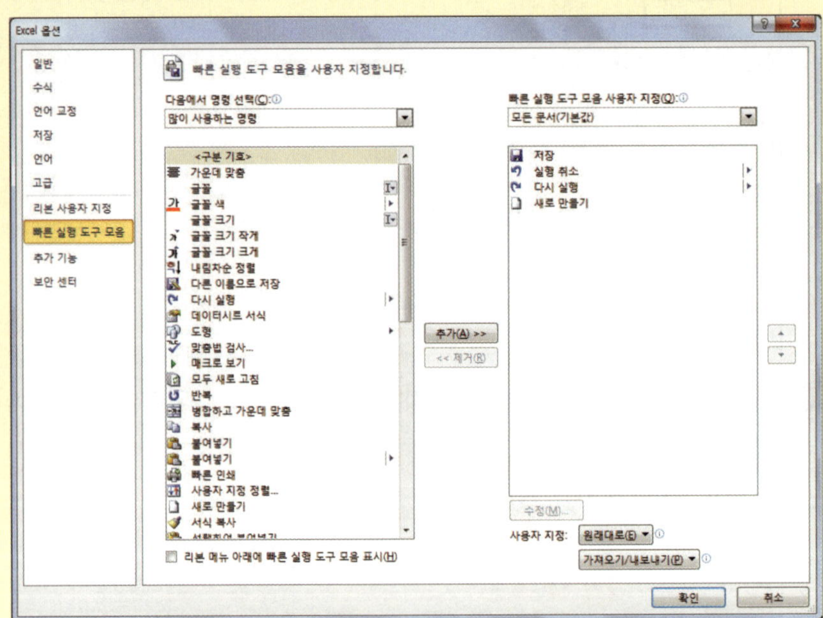

• [리본 사용자 지정] : 2010의 새로운 기능으로 자주 사용하는 명령을 새로운 탭과 그룹으로 추가하여 사용할 수 있습니다.

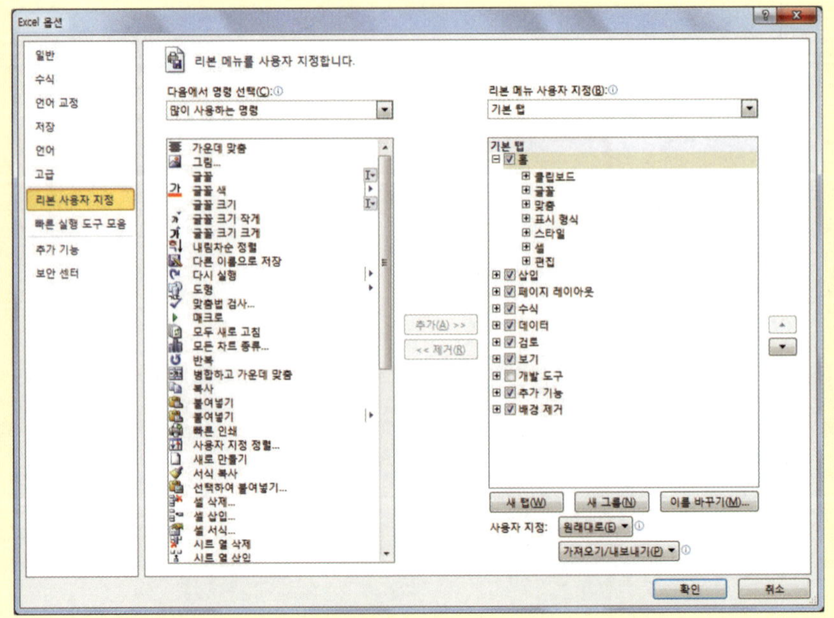

상태 표시줄을 이용하여 계산하기

엑셀 프로그램은 수치 데이터를 입력하여 계산할 때 유용하게 사용할 수 있습니다. 함수와 계산식을 이용하지 않고도 상태 표시줄을 통하여 간단한 계산을 할 수 있습니다.

상태 표시줄을 통하여 계산 결과 확인하기

1 워크시트에 다음과 같이 임의로 숫자 데이터 5개를 입력한 후 [A1] 셀을 클릭하고 **마우스 포인트가 하얀 십자 모양 ✛**일 때 마우스를 드래그하여 [A5] 셀까지 범위를 지정합니다.

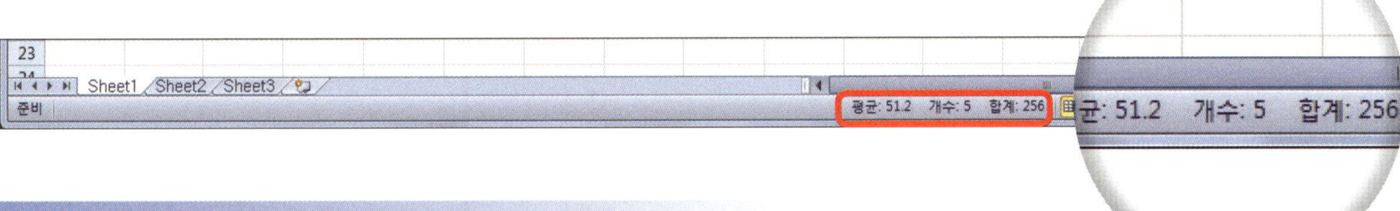

2 범위가 지정된 상태에서 상태 표시줄을 확인하면 평균, 개수, 합계가 표시된 것을 확인할 수 있습니다.

상태 표시줄의 함수 추가하기

3 상태 표시줄에서 마우스 오른쪽 단추를 클릭하여 **[최소값], [최대값]을 클릭**합니다.

④ 상태 표시줄에 '최소값', '최대값'이 추가로 표시됩니다.

실력 쑥쑥 TIP 셀 범위 지정

⊙ 연속적인 셀 선택

- 방법1. 마우스로 드래그하여 범위 지정
- 방법2. 첫 번째 셀[A1]을 클릭한 후 Shift 키를 누른 상태에서 마지막 셀[E7] 클릭
- 방법3. 첫 번째 셀[A1]을 클릭한 후 Shift 키+ 방향키(←, →, ↑, ↓)로 이동

⊙ 비연속적인 셀 선택

첫 번째 셀 또는 영역을 선택한 후 Ctrl 키를 누른 상태에서 두 번째 영역, 세 번째 영역... 을 선택

⊙ 행/열 단위로 범위 지정

- 하나의 열 : A열 머리글을 클릭하여 A열 전체를 선택

- 여러 행(1~3행) : 1행 머리글을 누르고 3행 머리글까지 드래그하여 범위 지정

⊙ 워크시트의 모든 셀 선택

- 방법1. 행과 열 머리글이 교차하면서 1행 위쪽, A열 왼쪽 부분을 클릭
- 방법2. 바로 가기 키 : Ctrl + A 키

문서를 작성하고 저장하기

엑셀 2010에서 문서를 작성한 후 저장하면 확장자가 'xlsx'인 엑셀 통합 문서로 저장됩니다.

문서 작성하기

1 엑셀 2010을 새롭게 실행하여 다음과 같이 데이터를 입력합니다.

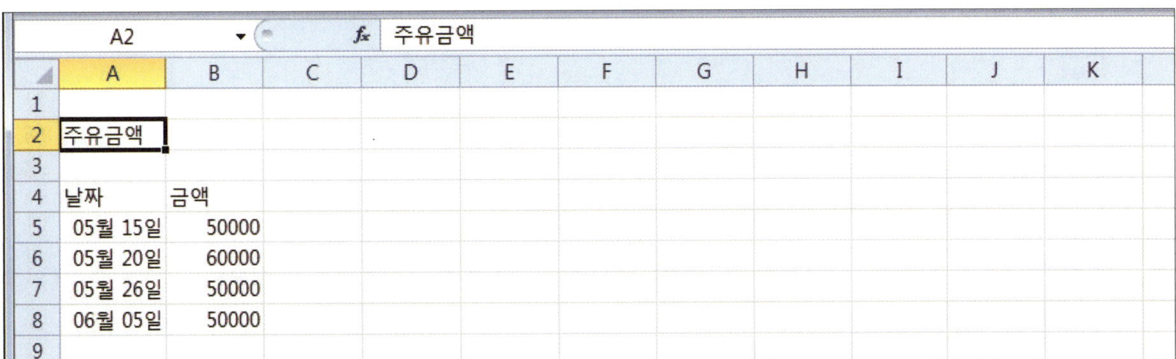

실격 쑥쑥 TIP 데이터 수정하기

- 방법1. 셀을 선택한 후 F2 키를 눌러 수정합니다.
- 방법2. 셀에서 더블 클릭하여 수정합니다.
- 방법3. 셀을 선택한 후 수식 입력줄에서 수정합니다.

문서 저장하기

2 [파일] 탭의 [저장]을 클릭한 후 [다른 이름으로 저장] 대화상자에서 **'저장 위치'(문서)를 확인**하고, **'파일 이름'에 "주유금액"을 입력**한 후 **[저장] 단추를 클릭**합니다.

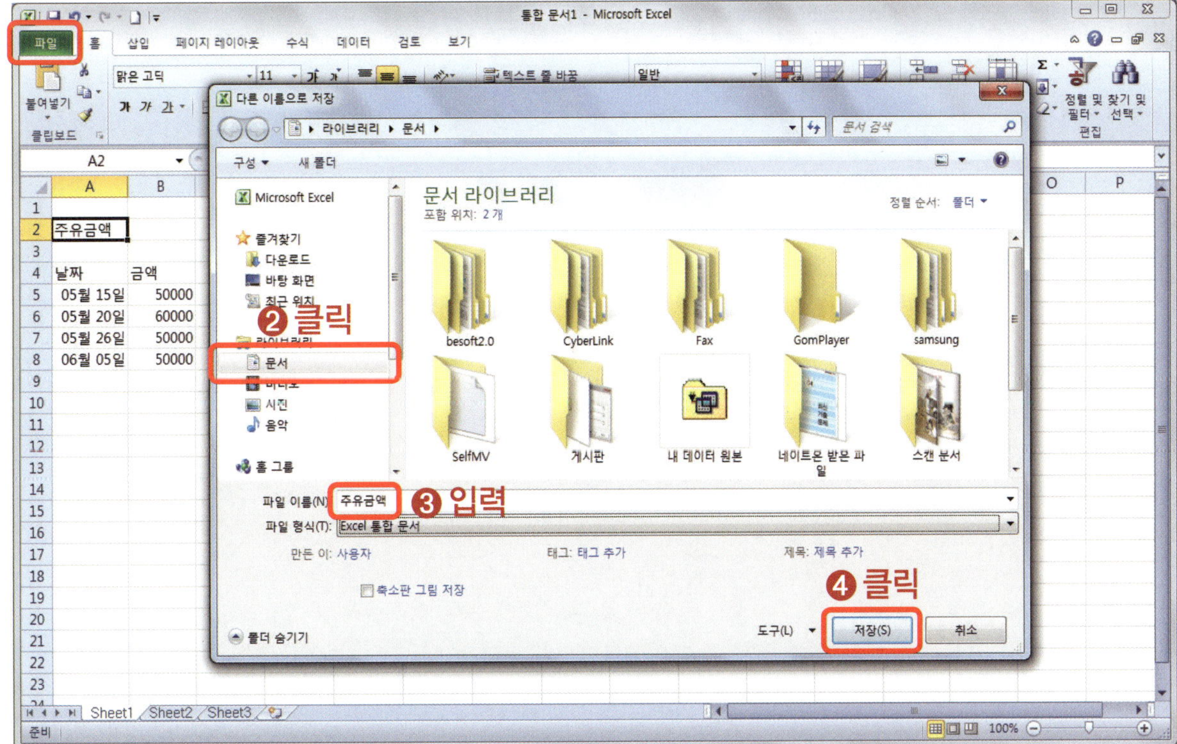

3 제목 표시줄에 '주유금액'이라고 파일명이 표시됩니다.

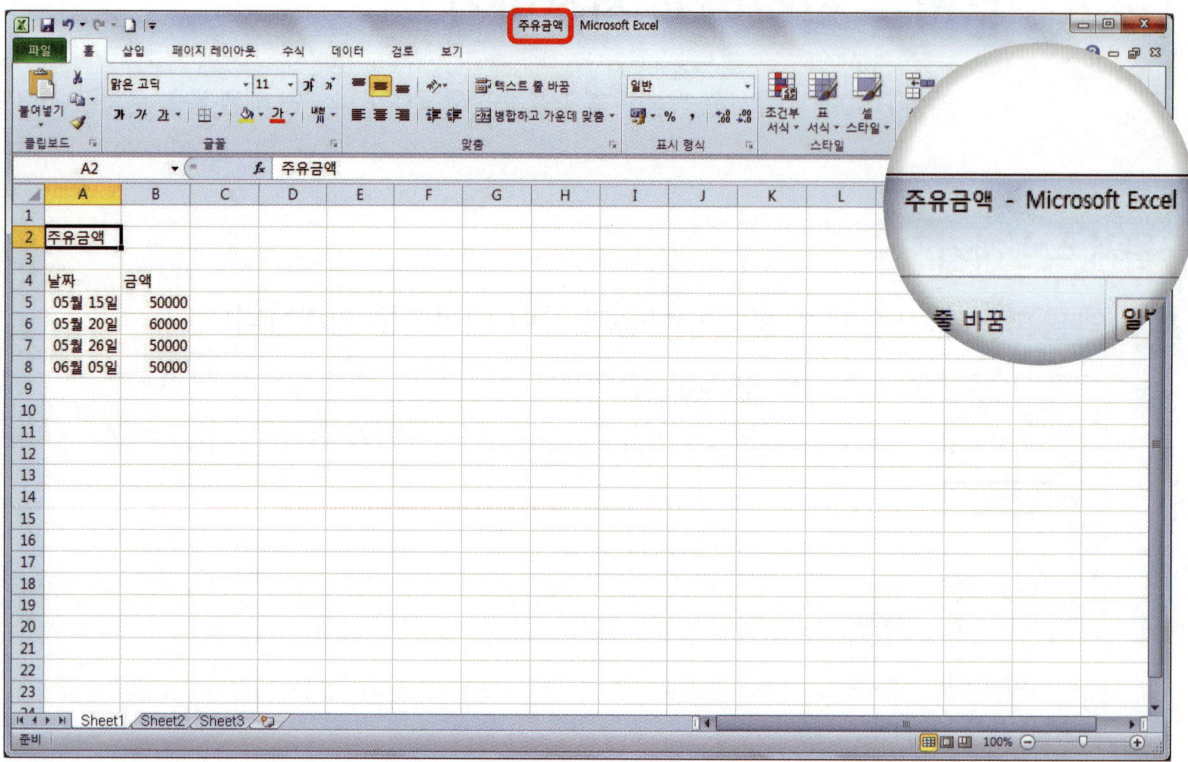

1 엑셀을 실행한 후 빠른 실행 도구 모음을 리본 메뉴 아래에 표시해 보세요.

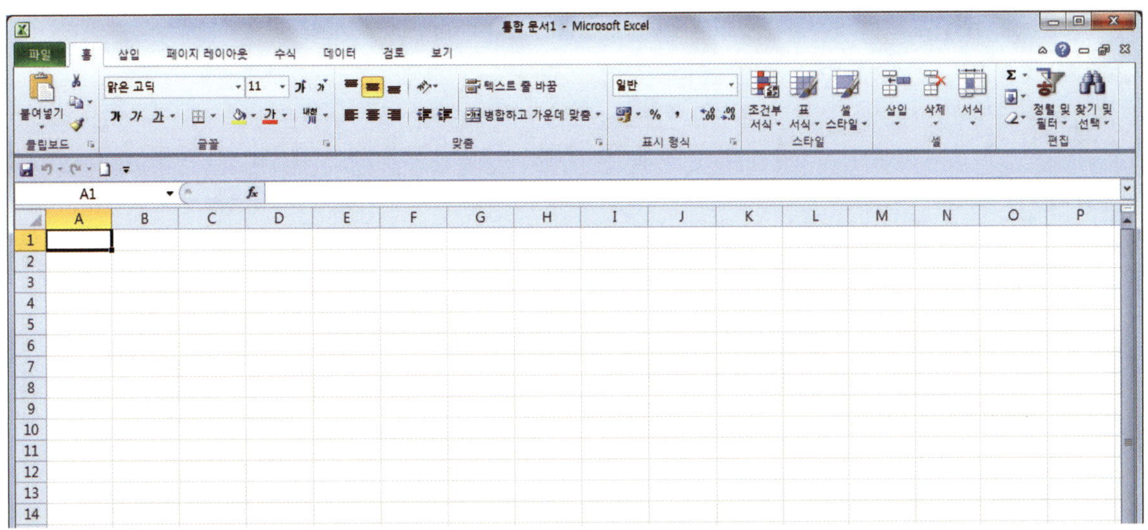

> *Hint!* 빠른 실행 도구 모음의 [빠른 실행 도구 모음 사용자 지정▼] 단추를 클릭하고 [리본 메뉴 아래에 표시]를 선택합니다.

2 빠른 실행 도구 모음을 다시 위에 표시하고, [최근 파일 열기 📂]도구를 추가해 보세요.

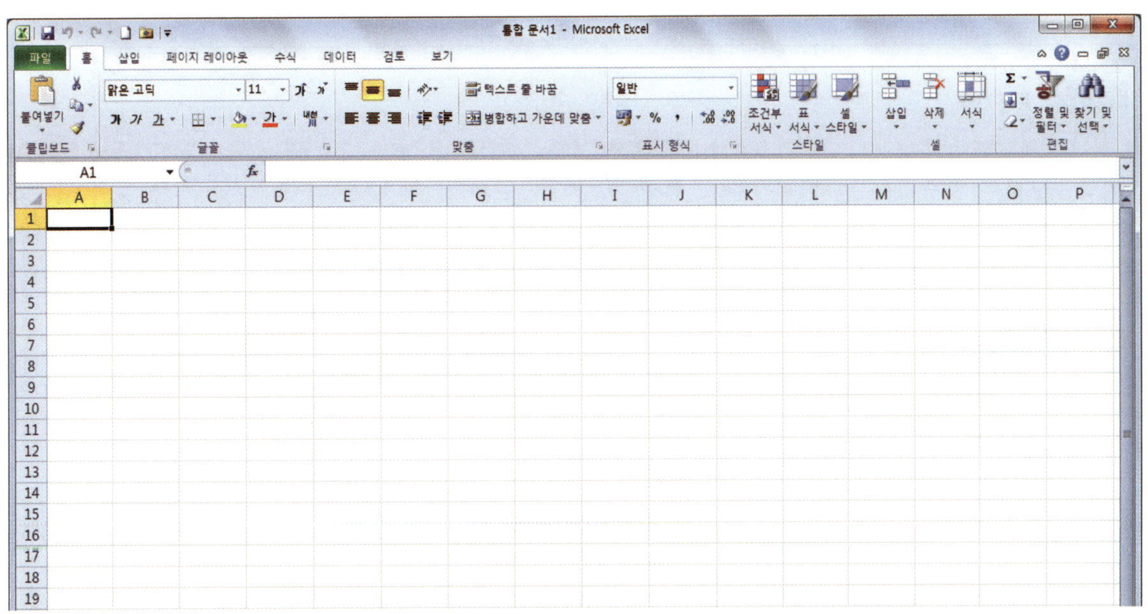

> *Hint!* 빠른 실행 도구 모음의 [빠른 실행 도구 모음 사용자 지정▼] 단추를 클릭하여 '최근 파일 열기'를 선택하고, 다시 [리본 메뉴 위에 표시]를 선택합니다.

3 다음과 같이 입력하고 '지출내역'으로 저장해 보세요.

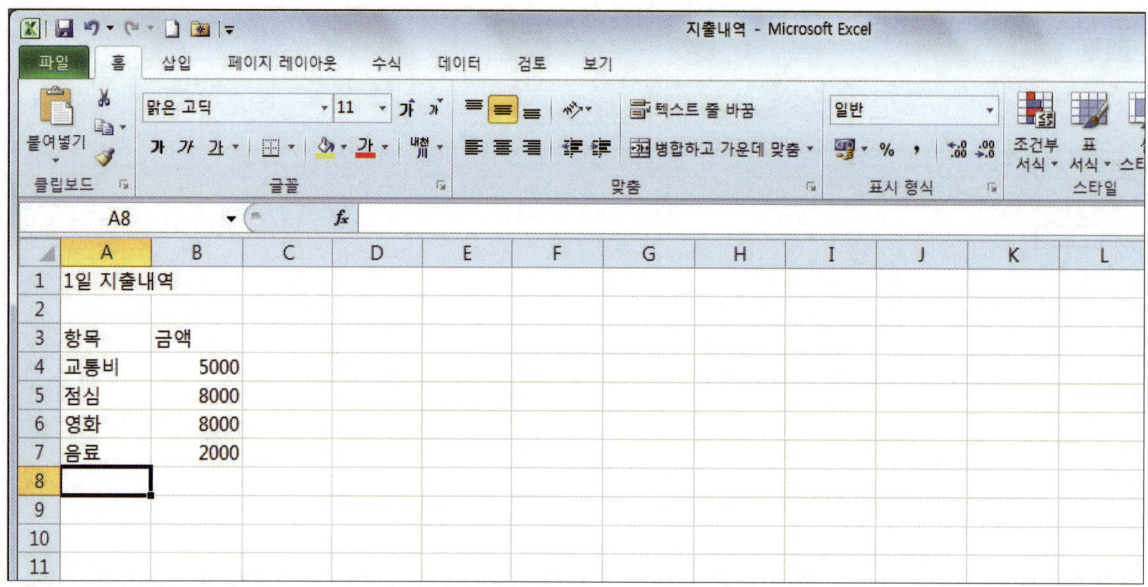

Hint! [파일] 탭의 [저장]을 클릭하여 저장합니다.

4 다음과 같이 입력하고 '회원정보'로 저장해 보세요.

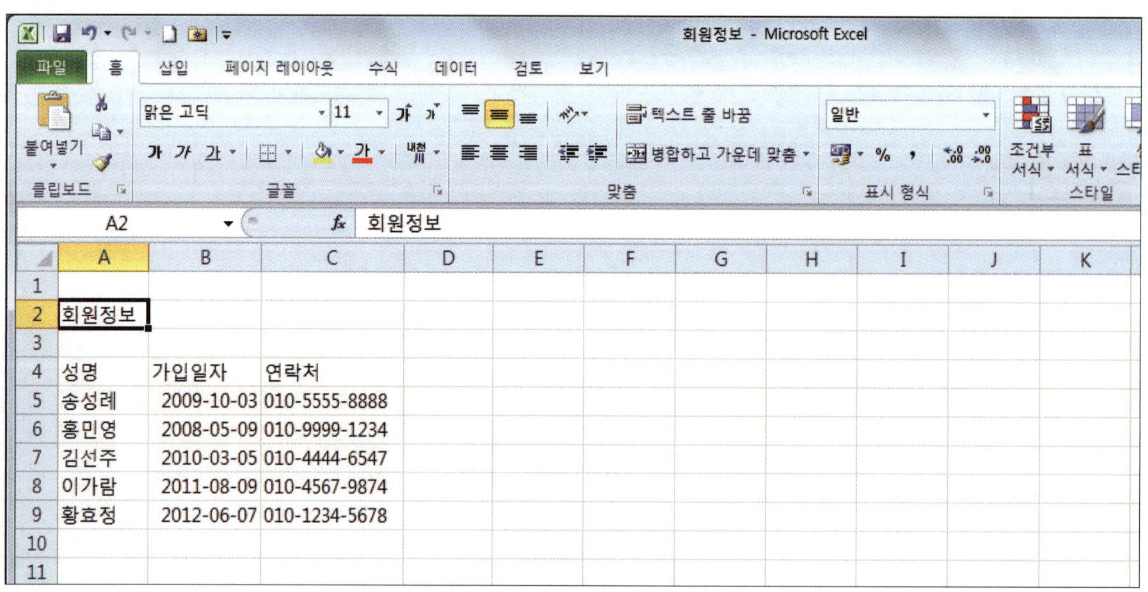

Hint! [파일] 탭의 [저장]을 클릭하여 저장합니다.

5 다음과 같이 데이터를 입력한 후 숫자 데이터의 합계, 평균, 개수, 최대값, 최소값을 상
태 표시줄을 통하여 확인해 보고, 화면의 확대/축소 배율을 '120%'로 변경해 보세요.

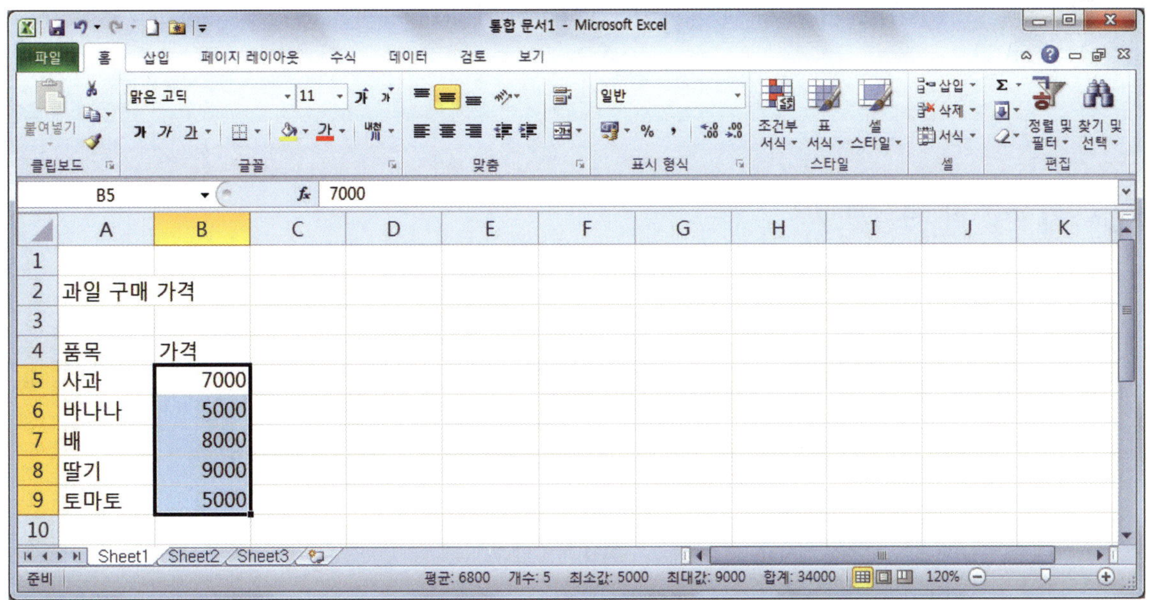

> **Hint!** [B5:B9] 영역을 범위 지정한 후 '상태 표시줄'을 값을 확인하고, [확대 ⊕] 단추를 두 번 클릭하여
> 120%로 변경합니다.

6 화면의 확대/축소 배율을 '100%'로 변경한 후 '과일구매'로 저장해 보세요.

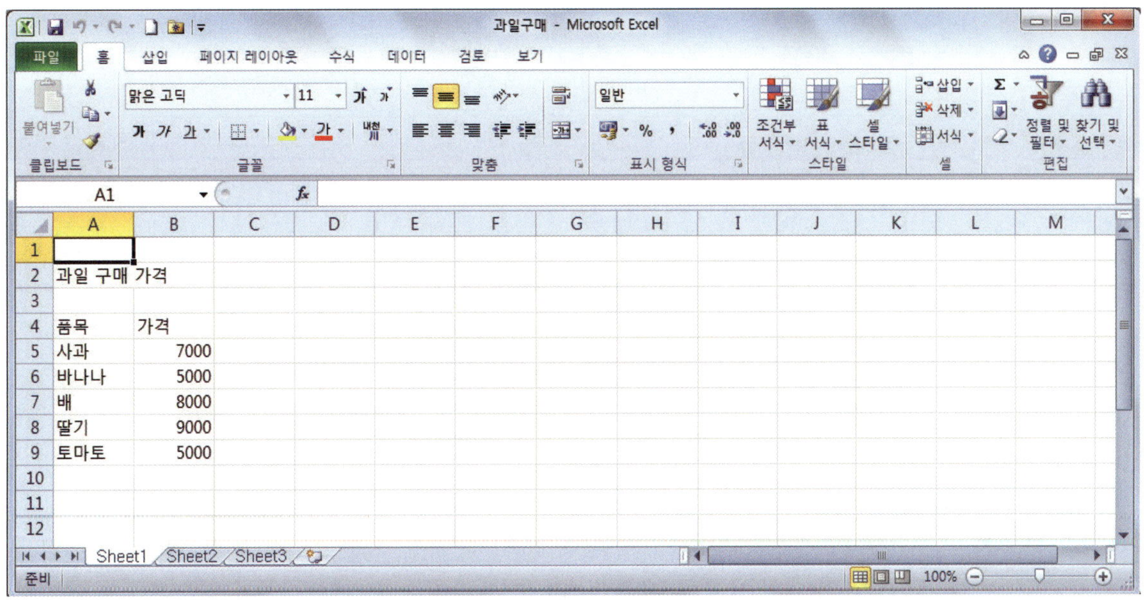

> **Hint!** • 상태 표시줄의 [축소 ⊖] 단추를 두 번 클릭하여 100%로 변경합니다.
> • [파일] 탭을 클릭하여 [저장]을 선택한 후 저장 위치(문서)와 파일 이름(과일구매)을 입력하고 [저
> 장] 단추를 클릭합니다.

데이터 입력에 날개 달기

연속된 데이터 또는 동일한 데이터를 효율적으로 입력하기 위해 채우기 핸들을 이용하여 자료를 입력하는 방법과 문서에 한자와 기호, 메모를 삽입하는 방법에 대해 알아보도록 하겠습니다.

완성파일 미·리·보·기

	A	B	C	D	E	F	G	H	I	J	K	L
1												
2		◑시간표◐										
3												
4		요일 교시	월	화	수	목	금				주요 과목	
5		1교시	國語	영어	문학	지리	수학				국어	
6		2교시	영어	음악	중국어	미술	국어				영어	
7		3교시	국사	세계사	국사	체육	지리				수학	
8		4교시	수학	수학	윤리	영어	중국어				과학	
9		5교시	윤리	과학	국어	과학	문학				국사	
10		6교시	체육	한문	미술(美術)	음악	재량☺				중국어	
11											윤리	
12											세계사	
13											지리	
14												
15												
16												
17												

Sheet1 / Sheet2 / Sheet3

체·크·포·인·트

실습1 채우기 핸들을 이용하여 데이터를 입력해 봅니다.

실습2 문서에 기호를 입력하여 제목을 꾸며보고, 한자도 변환합니다.

실습3 메모를 삽입하여 보충 설명이나 중요 내용을 입력합니다.

실습4 사용자 지정 목록을 등록한 후 채우기 핸들을 이용하여 데이터를 입력해 봅니다.

실습1 채우기 핸들을 이용하여 데이터 입력하기

날짜, 요일, 시간, 숫자 등을 일정하게 증가하면서 채우거나 복사할 경우에는 채우기 핸들을 이용하여 쉽게 입력할 수 있습니다.

요일 데이터 채우기

1 [B2] 셀에 「시간표」를 입력하고, [C4] 셀에 「월」을 입력한 후 [C4] 셀을 다시 선택하여 오른쪽 하단의 **채우기 핸들을 이용하여 [G4] 셀로 드래그** 합니다.

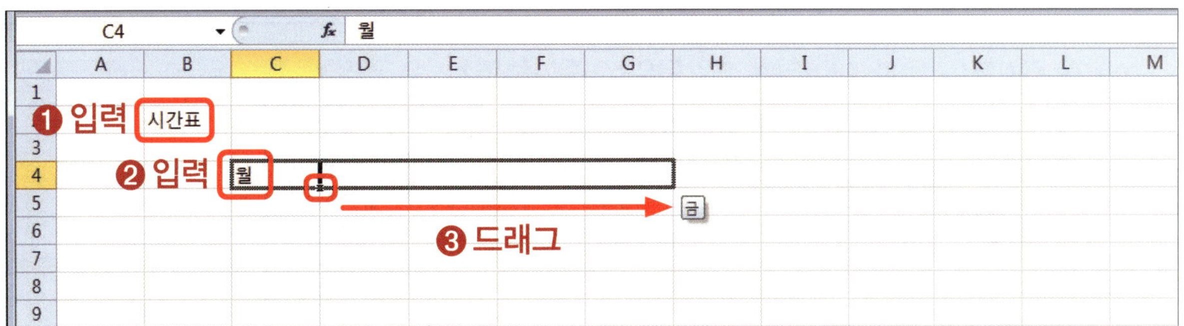

실력 쑥쑥 TIP 채우기 핸들

선택된 셀의 오른쪽 하단의 검정색 네모(▪)를 채우기 핸들이라고 합니다. 채우기 핸들에 마우스 포인트를 맞추면 검정색 십자(➕) 모양으로 바뀝니다. 채우기 핸들을 이용하여 데이터를 입력할 수 있고, 서식과 수식 등을 복사할 수 있습니다.

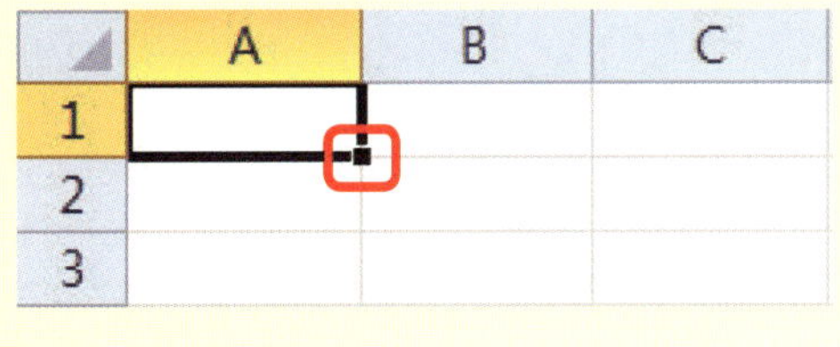

숫자와 문자 혼합 데이터 채우기

2 [B5] 셀에 「1교시」를 입력하고 [B5] 셀을 다시 선택한 후 오른쪽 하단의 **채우기 핸들을 이용하여 [B10] 셀로 드래그** 합니다.

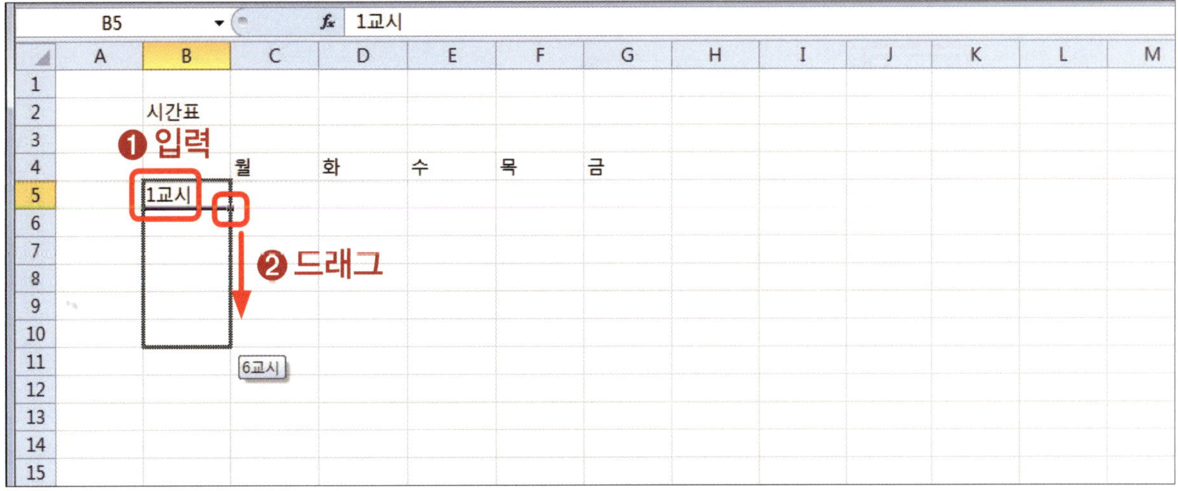

- **숫자 데이터** : 숫자를 입력한 후 채우기 핸들을 이용하여 드래그하면 기본적으로 복사가 됩니다. 연속된 데이터(1, 2, 3...)로 채우고자 할 때에는 [자동 채우기 옵션] 단추를 클릭하여 [연속 데이터 채우기]를 클릭합니다.
- **숫자와 문자 혼합 데이터** : 숫자는 1씩 증가하고 문자는 복사됩니다.

- **날짜 데이터** : 날짜 데이터는 1일 단위로 증가하면서 채워집니다. [자동 채우기 옵션]을 이용하여 '월', '년', '평일' 단위로도 채워집니다.
- **시간 데이터** : 시간 데이터는 1시간 단위로 증가하면서 채워집니다.

한 셀에 2줄 이상의 자료 입력하기

❸ [B4] 셀에 7칸의 스페이스(공간)를 띈 후에 「요일」을 입력합니다. Alt + Enter 키를 누른 후에 「교시」를 입력합니다.

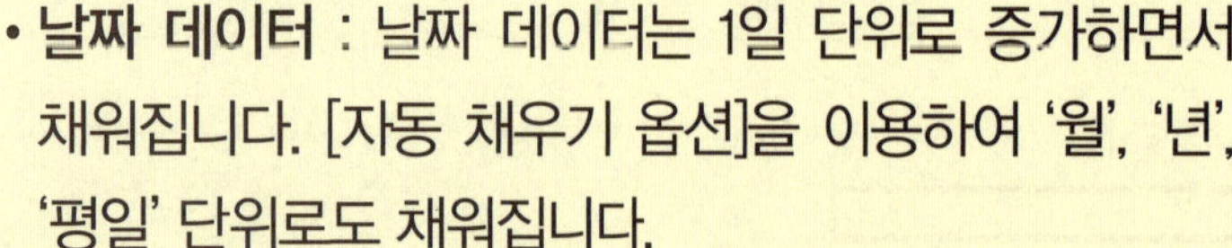
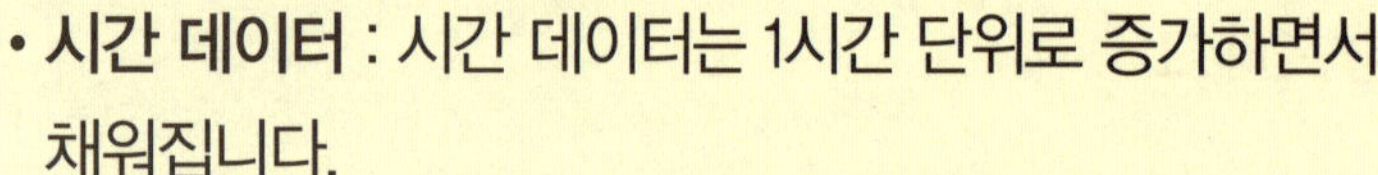

- 숫자를 입력하면 기본적으로 셀의 오른쪽에 표시되고, 문자는 셀의 왼쪽에 표시됩니다.
- 날짜를 입력할 때에는 '/' 또는 '–'로 구분하여 년, 월, 일을 입력합니다. 년도는 생략이 가능하며, 생략하면 현재 작업하는 현재 년도가 자동으로 입력됩니다. (예 : 2013–5–1, 2013/5/1, 5–1, 5/1)
- 시간을 입력할 때에는 ':' 기호를 이용하여 시, 분, 초를 구분하여 입력하거나, 직접 시 분(예로 9시 20분)을 입력할 수 있습니다. (예 : 08:30 또는 8시 30분)
- 오늘 날짜를 자동으로 입력할 때에는 Ctrl + ; 키를 누릅니다.
- 현재 시간을 자동으로 입력할 때에는 Ctrl + Shift + ; 키를 누릅니다.

❹ **[C5:G10] 영역에 수업 과목을 입력**합니다.

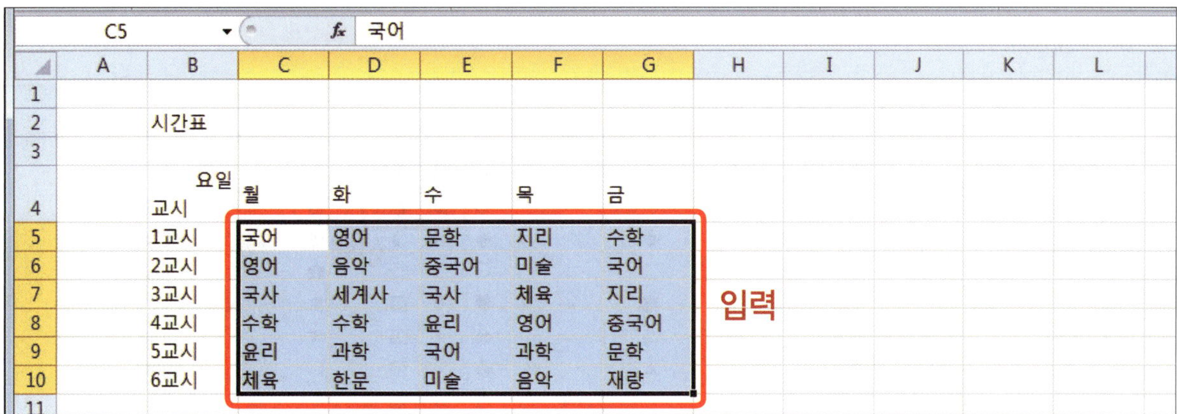

기호와 한자 입력하기

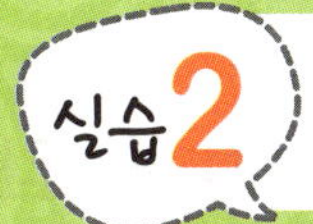

기호는 문서를 꾸미거나 강조하기 위해 입력하거나 특정 항목을 선택하는 기호로 사용합니다.
한자는 이름을 한자로 변환하거나 뜻을 좀 더 명확하게 전달하기 위해 사용합니다.

기호 입력하기

❶ **[B2] 셀을 선택한 후 수식 입력줄의 '시' 앞에서 마우스를 클릭하여 한글 자음 「ㅁ」을 입력하고** 한자 **키를 누릅니다.**

❷ 기호 목록의 오른쪽 하단에 [보기 변경 »] 단추를 클릭합니다.

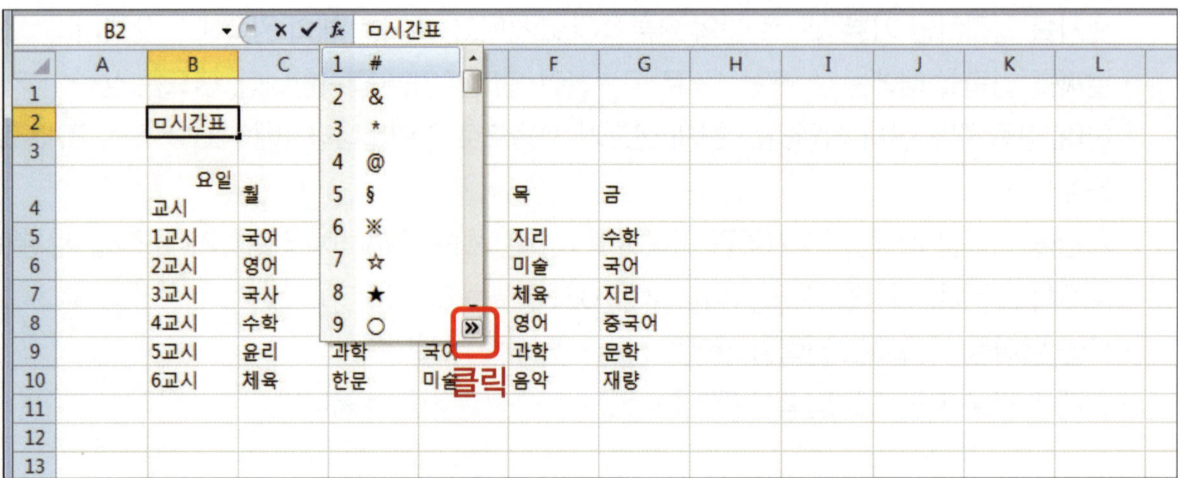

❸ 기호 목록에서 넣고자 하는 기호에서 마우스로 클릭합니다(또는 기호 앞의 숫자를 누릅니다).

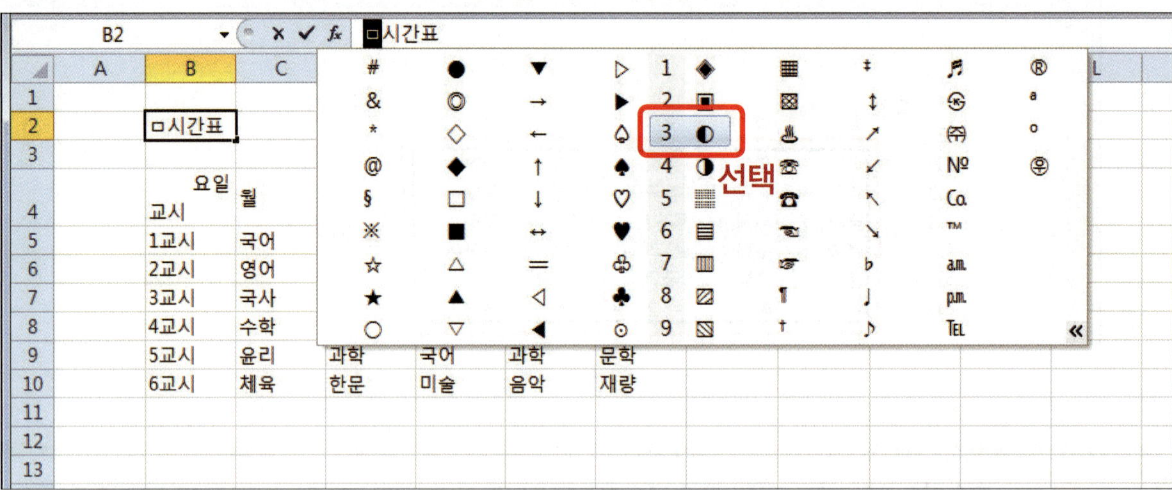

❹ 같은 방법으로 수식 입력줄 '표' 뒤에서 마우스를 클릭하여 한글 자음 「ㅁ」을 입력한 후 한자 키를 눌러 기호를 삽입합니다.

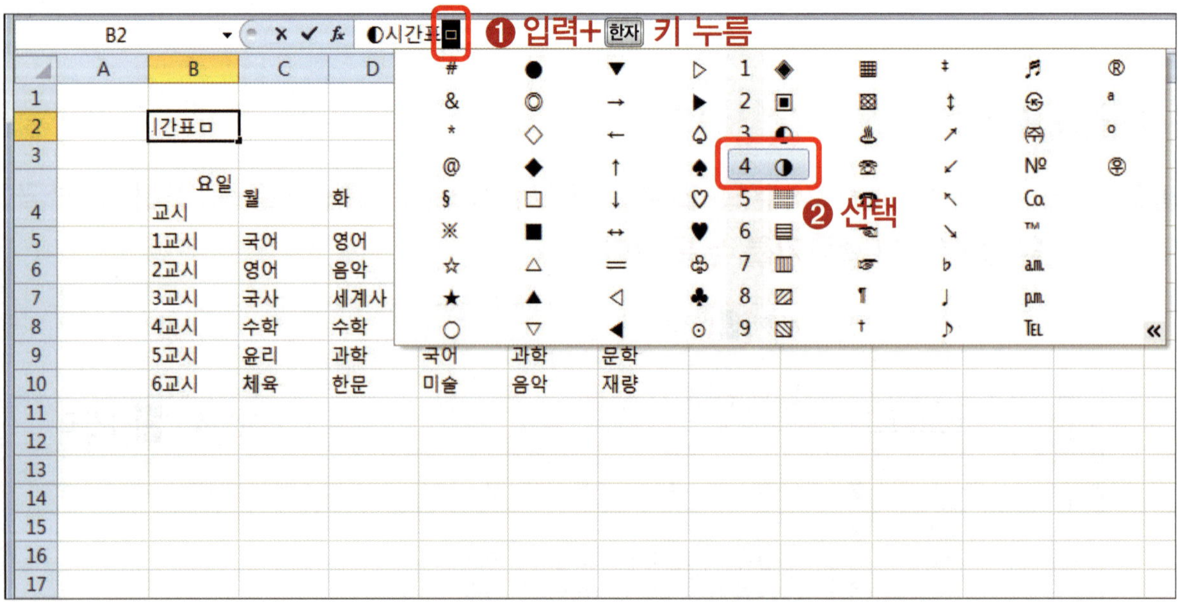

자음	기호	등록된 기호	자음	기호	등록된 기호
ㄱ	기술 기호	! ' , / : ; ^	ㅊ	분수/첨자 기호	½ ¼ ¾ ⅛
ㄴ	괄호 기호	" ( ) [ ] { } ' ' " "	ㅋ	한글 현대 자모	ㄱ ㄲ ㄳ ㄴ ㄵ ㄶ
ㄷ	학술 기호	± ÷ ≠ ∴ ∞ <	ㅌ	한글 고어 자모	ㅥ ㅦ ㅧ ㅨ ㅩ ㅪ
ㄹ	단위 기호	$ % ＼ F ' ℃ □	ㅍ	로마 문자	A, B, C, D, E, F, G
ㅁ	일반 기호	# & @ ※ ☆ ★	ㅎ	그리스 문자	Α Β Γ Δ Ε Ζ Η
ㅂ	괘선 조각	─ │ ┌ ┐ ┘ └	ㄲ	발음 기호	Æ ? Ħ IJ Ŀ Ł
ㅅ	한글 표제 기호	㉠ ㉡ ㉢ ㉣ ㉤ ㉥	ㄸ	히라가나	ぁ あ ぃ い ぅ う
ㅇ	영문 표제 기호	ⓐ ⓑ ⓒ ① ② ③	ㅃ	카타카나	ァ ア ィ イ ゥ ウ
ㅈ	로마 숫자	i iii iv v vi vii viii	ㅆ	러시아 문자	А Б В Г Д Е Ж З

[기호] 대화상자를 이용하여 입력하기

5 [G10] 셀을 선택한 후 **수식 입력줄의 '량' 뒤에 마우스 포인터를 두고 [삽입] 탭의 [텍스트] 그룹에서 [기호]를 클릭**합니다.

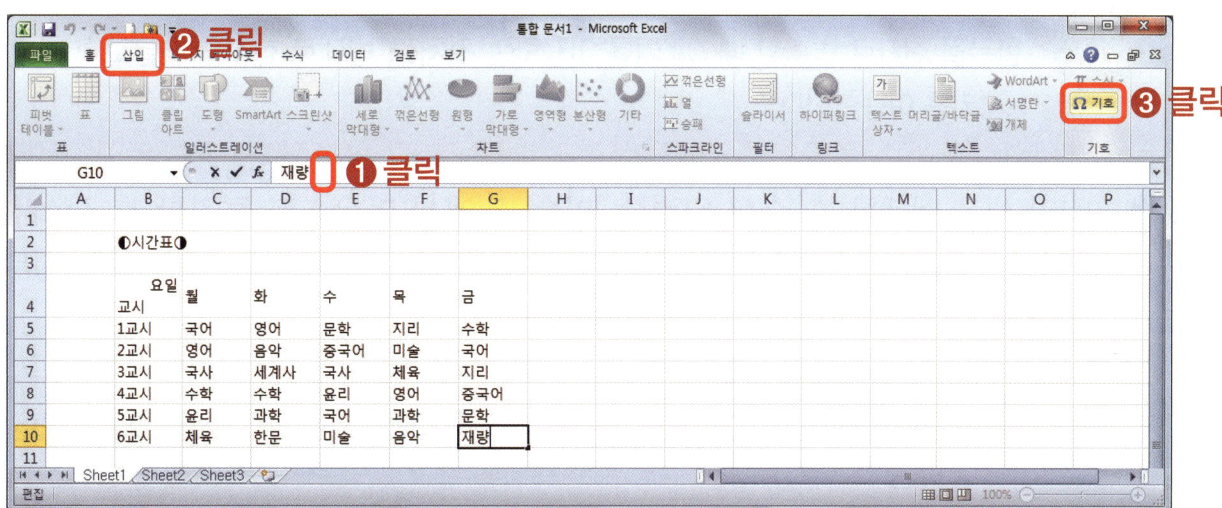

6 [기호] 대화상자의 **'글꼴'에서 'Windings'를 선택**하고 **'☺'를 클릭**한 후 **[삽입] 단추를 클릭**하고 [닫기] 단추를 클릭합니다.

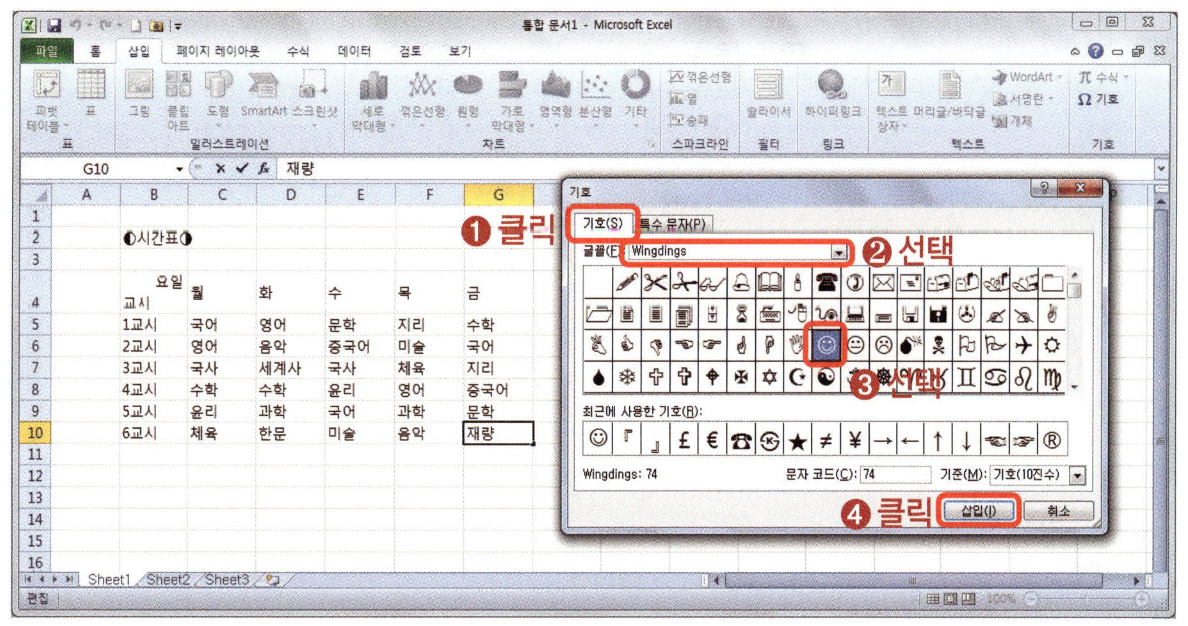

7 [C5] 셀을 선택한 후 **수식 입력줄 '국어' 뒤에서 마우스로 클릭하고** 한자 키를 누릅니다. [한글/한자 변환] 대화상자에서 **'國語'를 선택**하고 [변환] 단추를 클릭합니다.

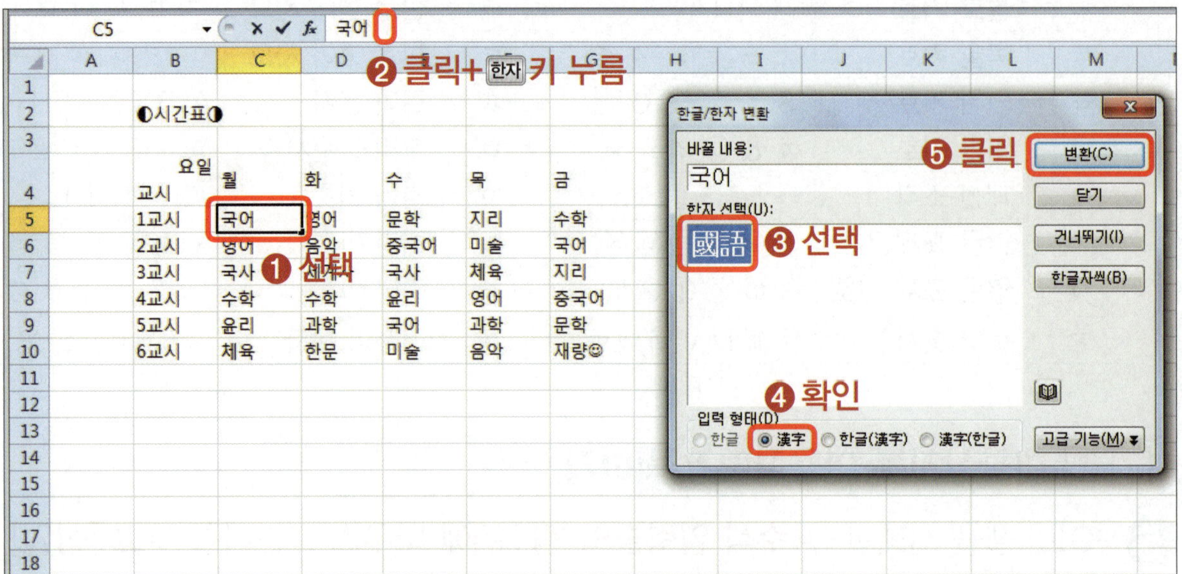

TIP 한글을 한자로 변환할 때 한자 키를 이용하는 것처럼, 반대로 한자를 한글로 변환할 때 한자 키를 이용합니다.

8 [E10] 셀을 선택한 후 **수식 입력줄 '미술' 뒤에서 마우스로 클릭한 후** 한자 키를 누릅니다. [한글/한자 변환] 대화상자에서 **'美術'을 선택**하고, 아래쪽 입력 형태에서 **'한글(漢字)'를 선택**하고 [변환] 단추를 클릭합니다.

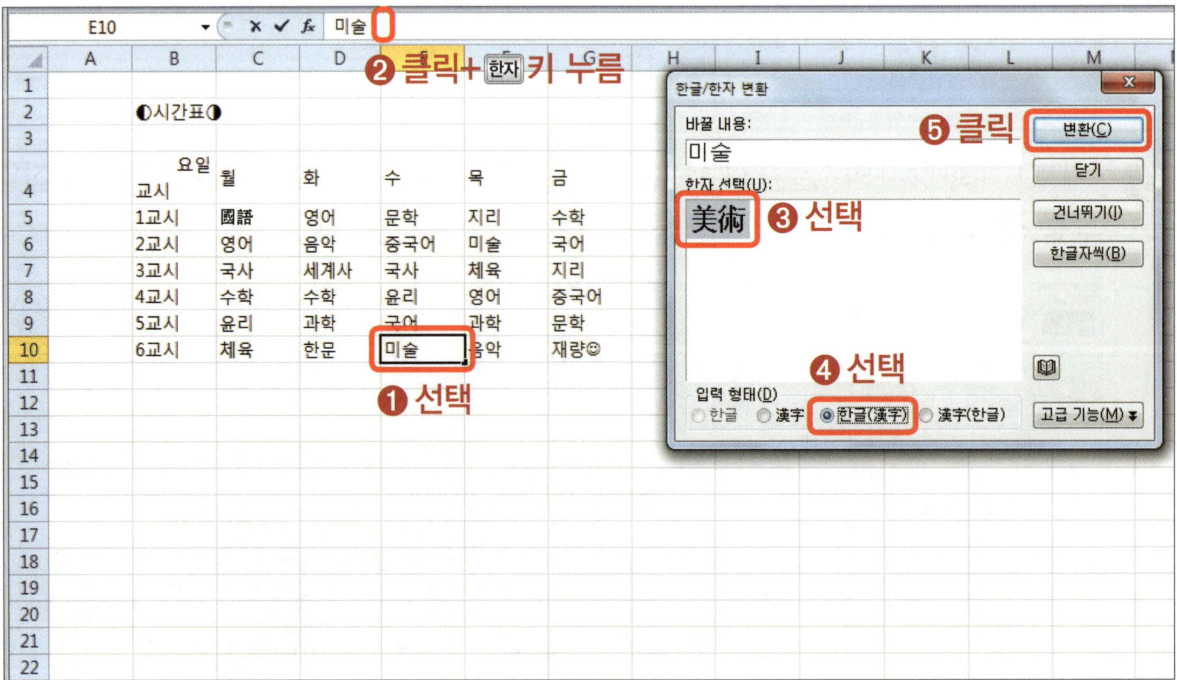

❾ 다음과 같이 한글과 한자가 동시에 표시됩니다.

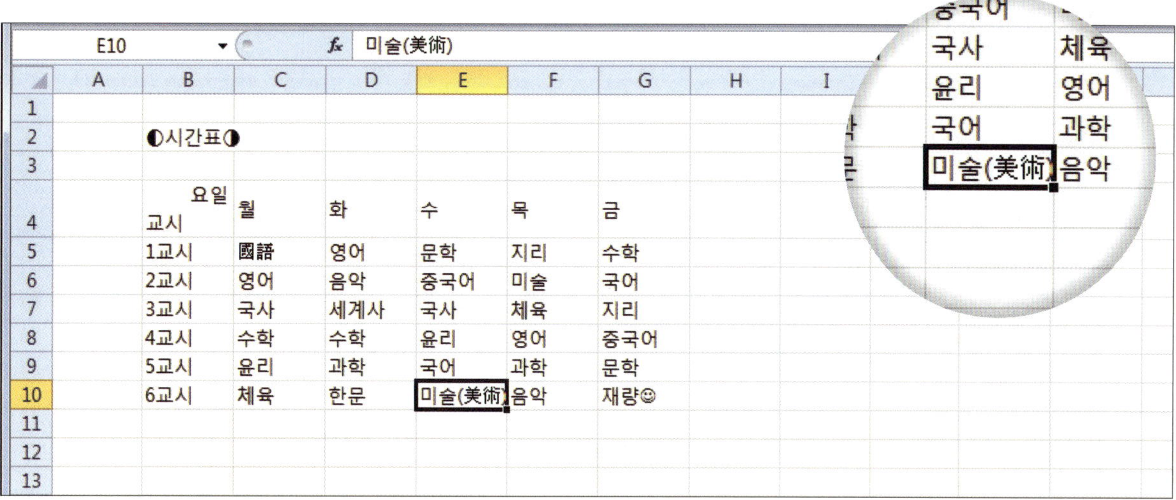

메모를 삽입하여 표시하기

우리가 일상에서 간단한 메모를 하기 위해 노트나 메모장을 사용하는 것처럼, 워크시트의 셀에 보충설명 등을 기입하기 위해 메모를 사용합니다.

메모 삽입하기

❶ [G10] 셀에서 마우스 오른쪽 단추를 클릭하여 **[메모 삽입]을 클릭**합니다.

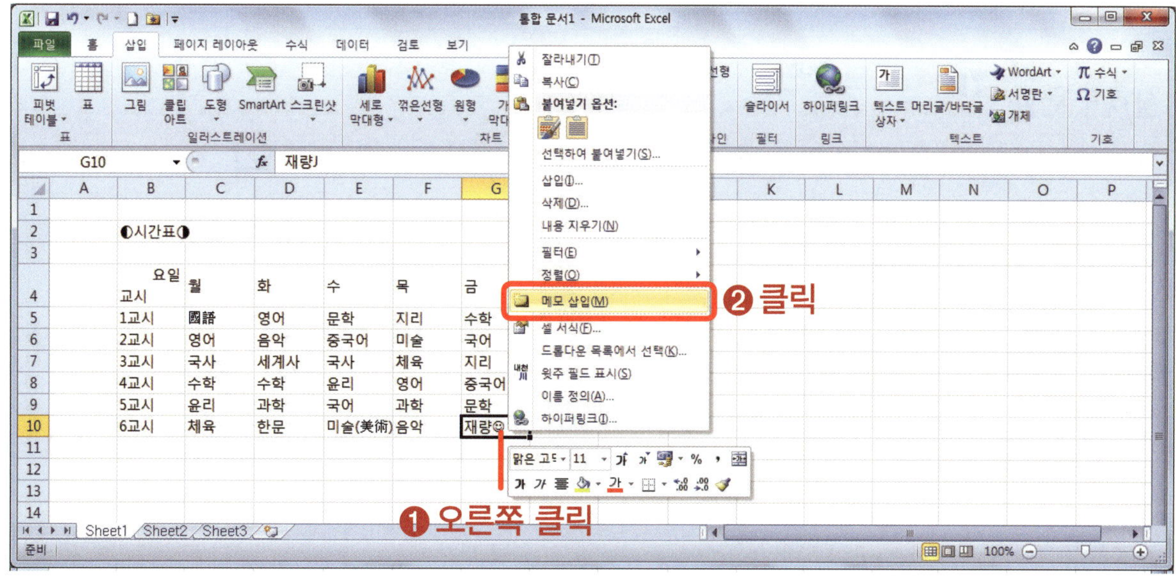

실격 쑥쑥 TIP   메모 삽입

리본 메뉴 [검토] 탭의 [메모] 그룹에서 [새 메모]를 클릭하여 메모를 삽입할 수 있습니다.

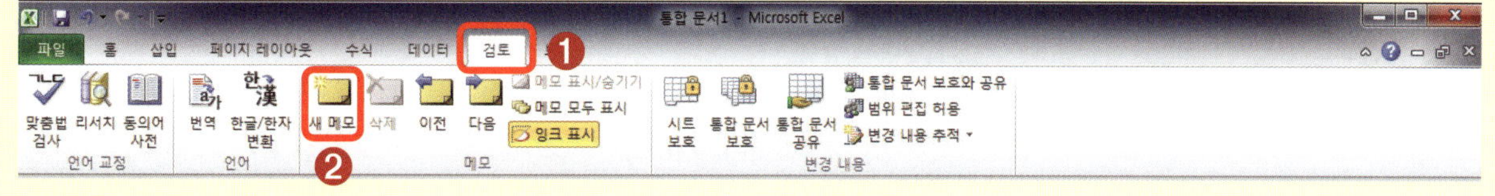

② 메모 상자에 기본 사용자 이름은 지우고, 「**창의적 재량수업 – 꿈 그리기 프로그램**」**을 입력**합니다.

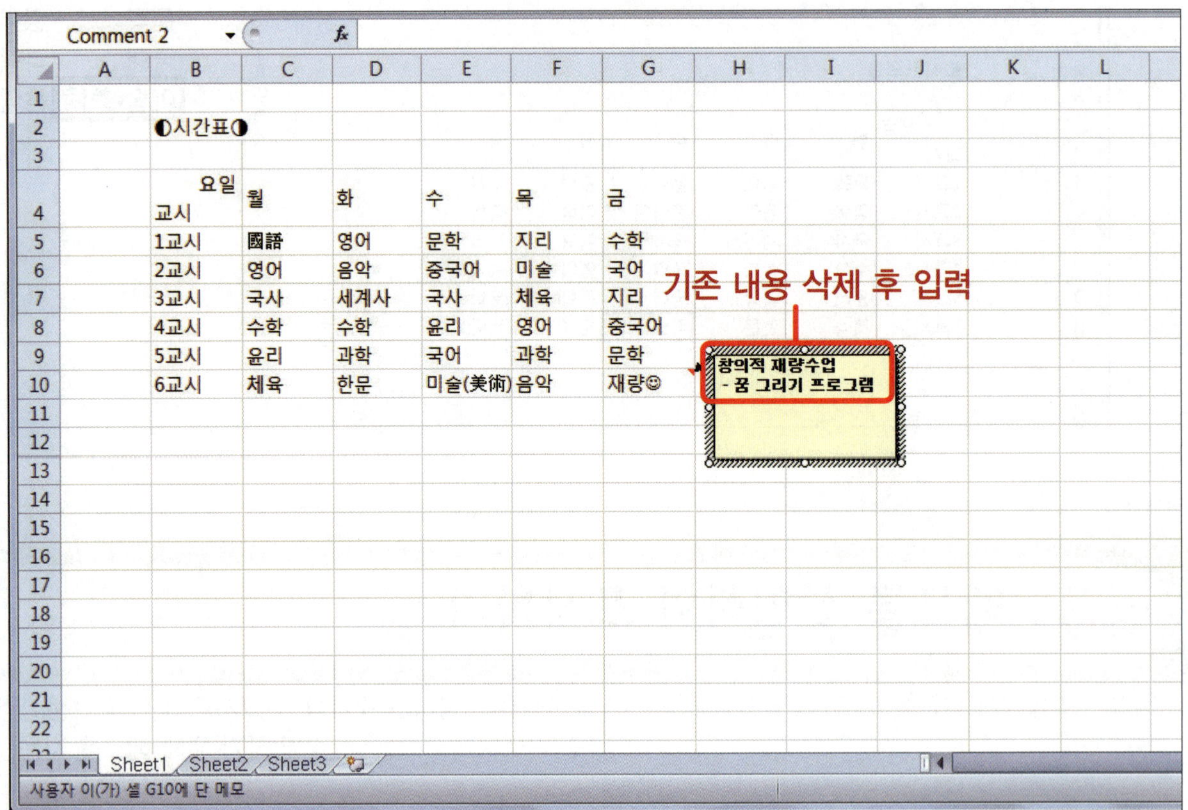

TIP 메모 내용을 입력한 후 다른 셀을 클릭하면 메모 삽입을 끝낼 수 있습니다.

실력 쑥쑥 TIP 메모 확인

메모가 삽입되면 [G10] 셀의 오른
쪽 상단에 빨강색 세모가 표시됩
니다. 마우스 포인트를 [G10] 셀
에 두었을 때 입력된 메모를 확인
할 수 있습니다.

메모 표시하기

❸ 메모를 항상 표시하기 위해 [G10] 셀에서 마우스 오른쪽 단추를 클릭하여 **[메모 표시/숨기기]를 클릭**합니다.

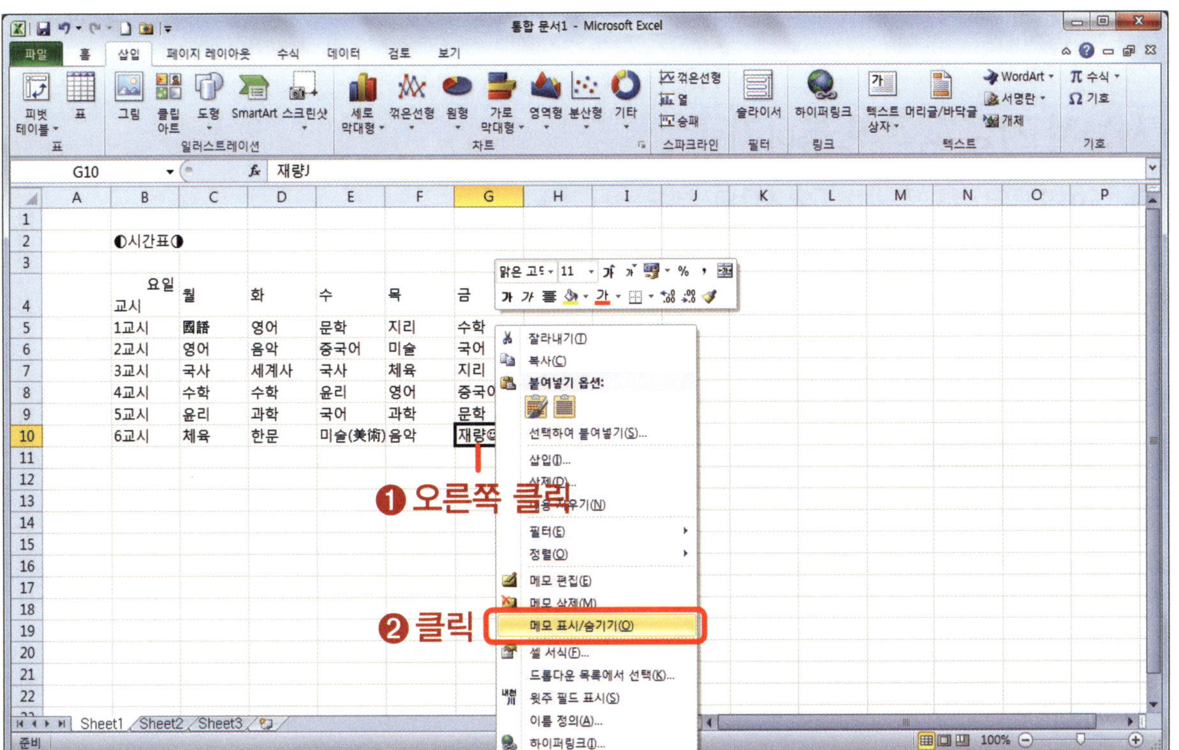

 **TIP** 메모가 워크시트 내용을 가릴 경우 메모 상자를 이동하기 위해 메모 상자 경계 라인에 마우스 포인트를 맞추어 십자형 화살표 가 되었을 때 드래그하여 이동합니다.

 **TIP 메모 삭제**

메모를 삭제할 때에는 메모를 삽입한 셀에서 마우스 오른쪽 단추를 클릭한 후 [메모 삭제]를 클릭하여 삭제할 수 있습니다.

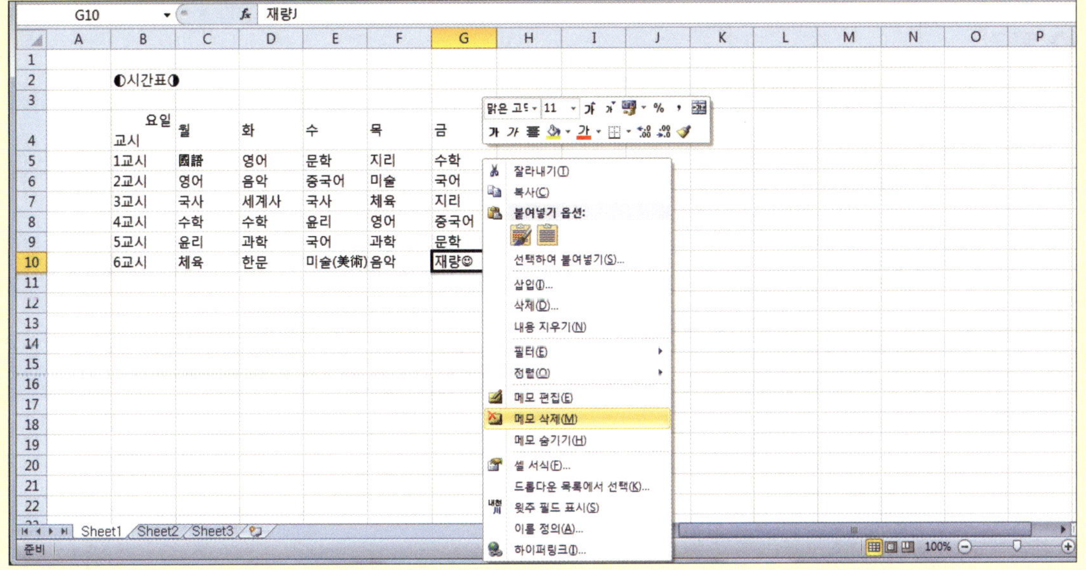

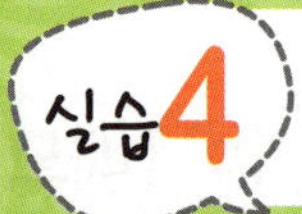

실습 4 사용자 지정 목록을 등록하여 데이터 입력하기

자주 입력을 해야 하는 문구가 있다면 사용자 지정 목록에 등록한 후 채우기 핸들을 이용하여 쉽게 데이터를 입력할 수 있습니다.

사용자 지정 목록 등록하기

1 [파일]을 클릭하고 [옵션]을 클릭합니다.

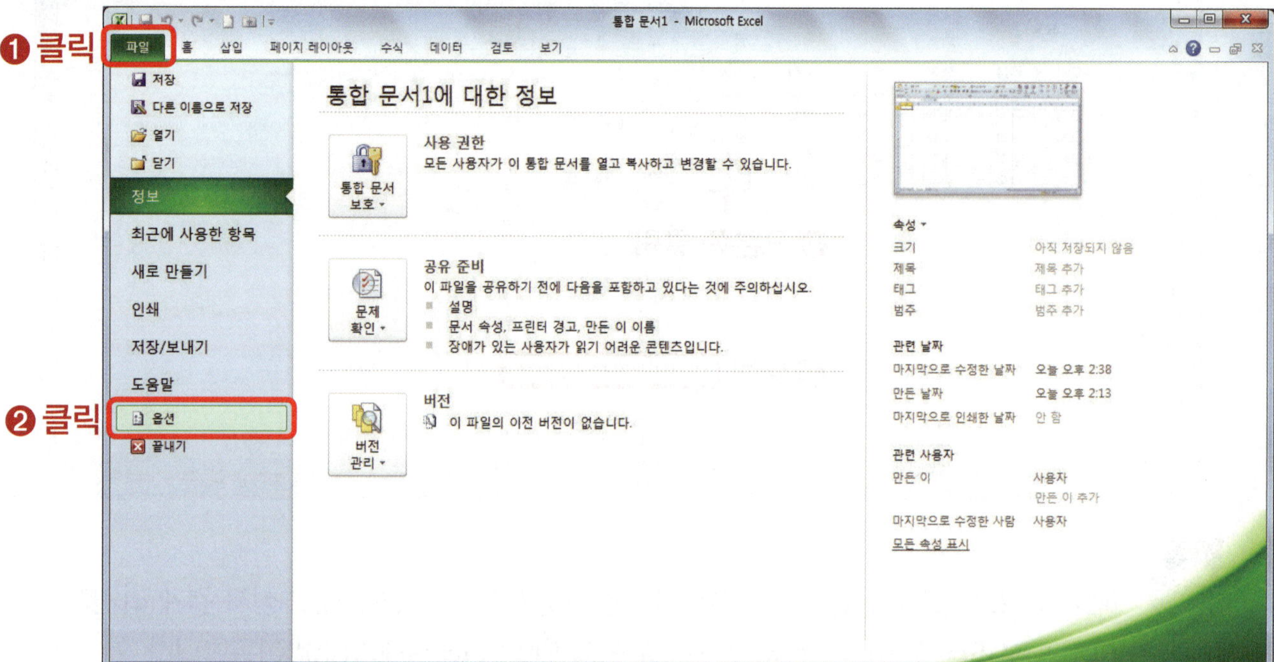

2 [Excel 옵션] 대화상자에서 '고급'을 선택한 후 세로 스크롤 바를 가장 밑으로 내린 후에 [사용자 지정 목록 편집] 단추를 클릭합니다.

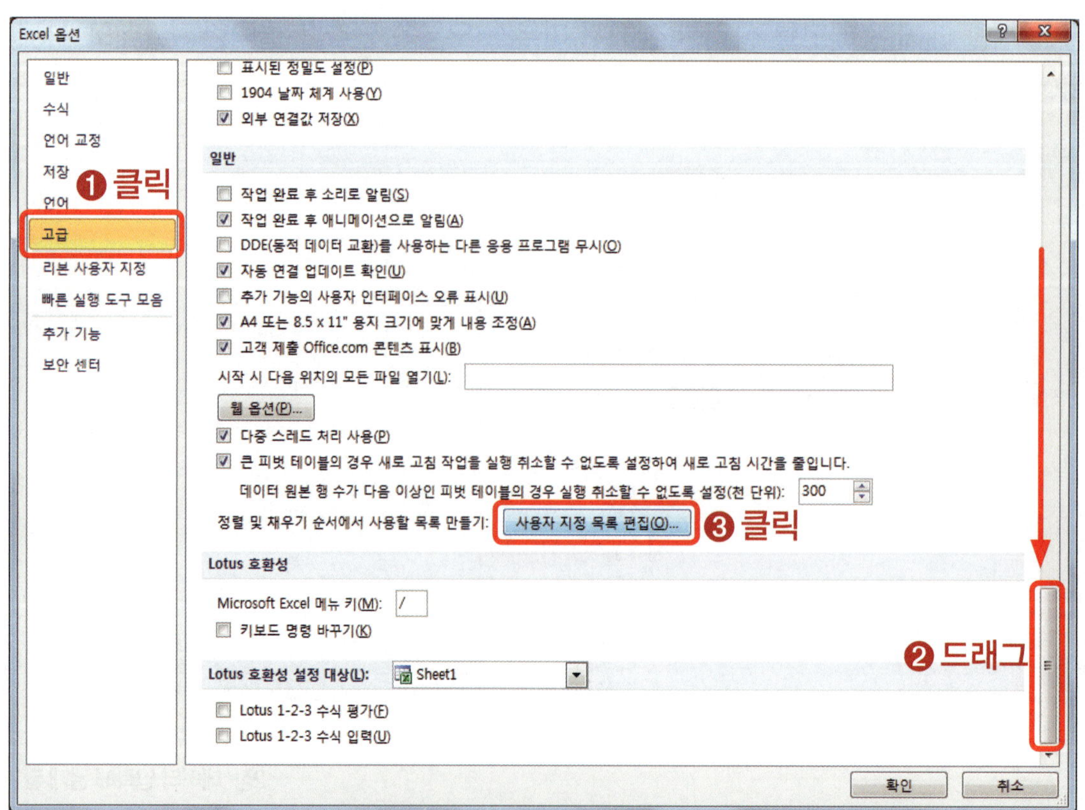

❸ 목록 항목에 「주요 과목, 국어, 영어, 수학, 과학, 국사, 중국어, 윤리, 세계사, 지리」를 입력한 후 [추가] 단추를 클릭하고 [확인] 단추를 클릭합니다. 다시 [Excel 옵션] 대화상자에서 [확인] 단추를 클릭합니다.

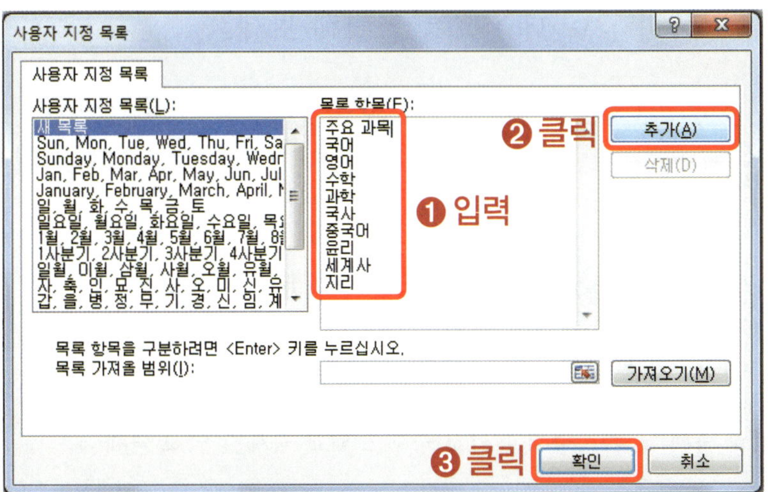

사용자 지정 목록 채우기

❹ [K4] 셀에 「주요 과목」을 입력한 후 채우기 핸들을 이용하여 [K13] 셀까지 드래그합니다. 등록된 순서로 데이터가 모두 입력되면 다시 반복해서 입력된 것을 확인할 수 있습니다.

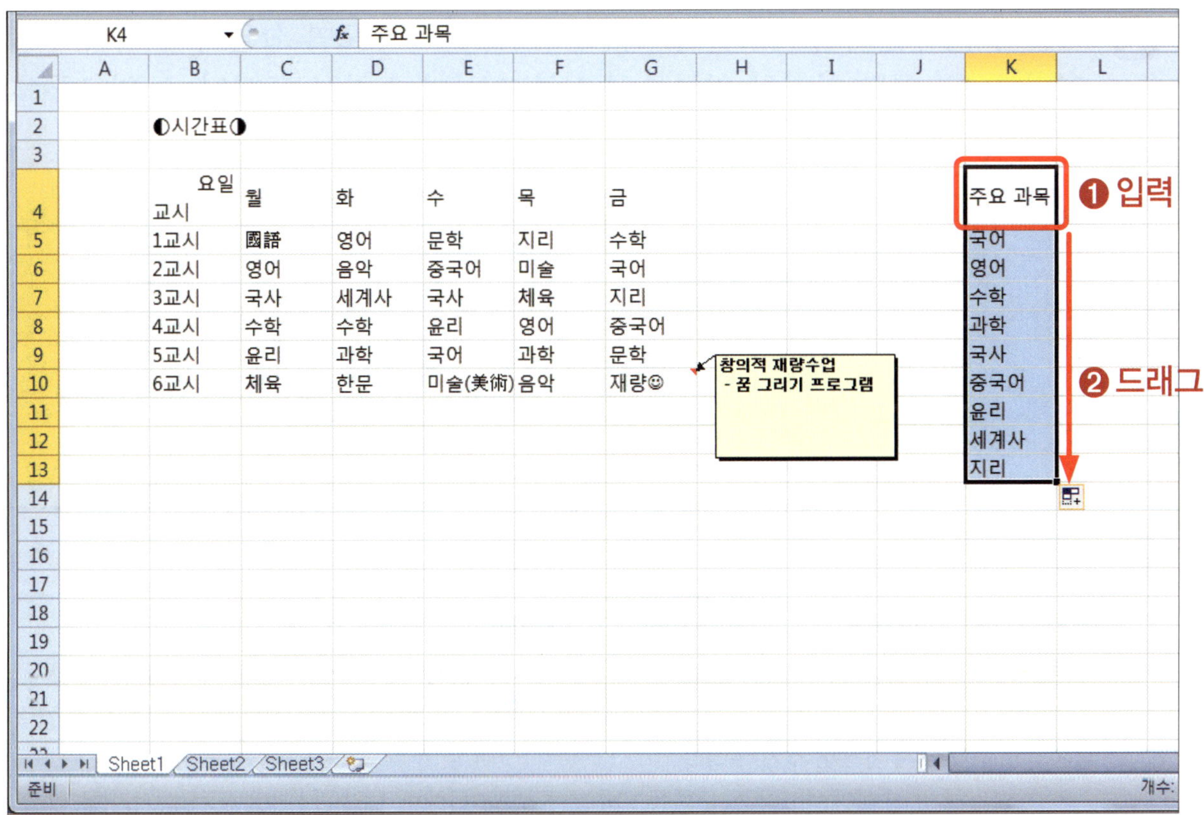

1 채우기 핸들을 활용하여 다음과 같이 데이터를 입력해 보세요.

◢	A	B	C	D	E	F	G	H
1								
2		9월 방과 후 계획						
3								
4			월	화	수	목	금	토
5		4시	태권도	학습지	태권도	학습지	태권도	
6		5시	한자교실	피아노	한자교실	피아노	한자교실	
7		6시	English	English	English	English	English	
8		7시	저녁 식사	저녁 식사	저녁 식사	저녁 식사	저녁 식사	
9		8시	학교 숙제	학교 숙제	학교 숙제	학교 숙제	학교 숙제	
10								

> **Hint!** '월', '4시', 'English', '저녁 식사', '학교 숙제' 데이터들은 채우기 핸들을 이용하여 드래그하면 증가하거나 복사할 수 있습니다.

2 다음과 같이 한자와 기호를 입력하고 [H4] 셀에 메모를 삽입하여 '가족과 함께'를 입력한 후, 메모 상자의 위치를 수정하고 화면에 항상 표시될 수 있도록 지정해 보세요.

◢	A	B	C	D	E	F	G	H	I
1									
2			♣ 9月 방과 후 계획 ♣						
3									
4			월(月)	화(火)	수(水)	목(木)	금(金)	토(土)	
5		4시	태권도	학습지	태권도	학습지	태권도		
6		5시	漢字교실	피아노	한자(漢字)교실	피아노	漢字(한자)교실	가족과 함께	
7		6시	English	English	English	English	English		
8		7시	저녁 식사	저녁 식사	저녁 식사	저녁 식사	저녁 식사		
9		8시	학교 숙제	학교 숙제	학교 숙제	학교 숙제	학교 숙제		
10									

> **Hint!**
> - 기호는 한글 자음 'ㅁ'을 입력한 후 [한자] 키를 눌러 선택할 수 있습니다.
> - 한자는 한글 뒤에 커서를 두고 [한자] 키를 눌러, 입력 형태에 따라 한자, 한글(漢字), 漢字(한글)로 표시할 수 있습니다. 글씨가 다 표시되지 않을 때에는 열 머리글의 경계라인을 더블 클릭하여 너비를 조절할 수 있습니다.
> - [H4] 셀에서 마우스 오른쪽 단추를 클릭하여 [메모 삽입]과 [메모 표시/숨기기]를 할 수 있습니다. 메모 상자의 경계라인을 드래그하여 위치를 옮길 수 있습니다.

3 다음과 같이 데이터를 입력하고 한자와 기호, 메모를 삽입해 보세요.

▲	A	B	C	D	E	F	G
1							
2		물티슈를 실험하다!		총점 1등			
3							
4			순둥이	하기스	궁중비책	그린핑거	
5		수분감	★★★★☆	♥♥♥♥♥	♣♣♣♣♣	●●●●○	
6		원단 질감	★★★★☆	♥♥♥♡♡	♣♣♣♣♣	●●●○○	
7		사이즈, 두께	★★★☆☆	♥♥♥♡♡	♣♣♣♣♣	●●●○○	
8		사용 후 느낌	★★★★☆	♥♥♥♡♡	♣♣♣♣♣	●●●●○	
9		향기	★★★★☆	♥♥♥♡♡	♣♣♣♣♣	●●●●○	
10		패키지	★★★★☆	♥♥♥♥♡	♣♣♣♣♣	●●●○○	
11		가격	★★★★☆	♥♥♥♥♡	♣♣♣♣♣	●●●●○	
12		총점(總點)	258	249	238	230	
13							

Hint!
- 기호는 한글 자음 'ㅁ'을 입력한 후 [한자] 키를 눌러 선택할 수 있습니다.
- 한자는 한글 뒤에 커서를 두고 [한자] 키를 눌러 변환합니다.
- [C4] 셀에서 마우스 오른쪽 단추를 클릭한 후 [메모 삽입]을 클릭하여 입력합니다.

4 다음과 같이 데이터를 입력하고 한자와 기호, 메모를 삽입해 보세요.

▲	A	B	C	D	E	F	G	H	I
1									
2		一	二	三	四	五			
3		한 (일)	두 (이)	석 (삼)	넉 (사)	다섯 (오)			
4						사람이 많이 모였다는 뜻			
5		人	山	人	海				
6		사람 (인)	메 (산)	사람 (인)	바다 (해)				
7						장단점이 각각 있다는 뜻			
8		一	長	一	短				
9		한 (일)	긴 (장)	한 (일)	짧을 (단)				
10						사물을 자세히 보지 않고 대충 지나쳐 본다는 뜻			
11		走	馬	看	山				
12		달릴 (주)	말 (마)	볼 (간)	산 (산)				
13									

5 사용자 지정 목록에 등록하여 채우기 핸들을 이용하여 데이터를 입력해 보세요.

	A	B	C	D	E	F
1	아침	봄	초등학교	할아버지	가	
2	점심	여름	중학교	할머니	나	
3	저녁	가을	고등학교	엄마	다	
4		겨울	대학교	아빠	라	
5				오빠	마	
6				나	바	
7				동생	사	
8					아	
9					자	
10					차	
11					카	
12					타	
13					파	
14					하	
15						

> *Hint!* [파일] 탭의 [옵션]을 클릭한 후 '고급'에서 [사용자 지정 목록 편집] 단추를 이용하여 내용을 등록하고 채우기 핸들로 데이터를 입력합니다.

6 채우기 핸들을 활용하여 다음과 같이 데이터를 입력하고 한자와 기호, 메모를 삽입해 보세요.

	A	B	C	D	E	F	G
1	◗쇼핑몰 입장객 현황◖						
2							
3	▷구분◁	날짜	요일	시간	인원수	매장명	
4	1	05월 01일	일	9시 30분	10	쥬얼리	
5	2	05월 02일	월	10시 30분	20	화장품	
6	3	05월 03일	화	11시 30분	30	신발	
7	4	05월 04일	수	12시 30분	40	여성의류	
8	5	05월 05일	목	13시 30분	50	남성의류	
9	6	05월 06일	금	14시 30분	60	유아용품	
10	7	05월 07일	토(土)	15시 30분	70	쥬얼리	
11	8	05월 08일	일	16시 30분	80	화장품	
12	9	05월 09일	월	17시 30분	90	신발	
13	10	05월 10일	화	18시 30분	100	여성의류	
14	11	05월 11일	수	19시 30분	110	남성의류	
15	12	05월 12일	목	20시 30분	120	유아용품	
16							
17				세일 50%			
18							
19							
20							

03장 셀 서식 지정하기

같은 문서라도 보는 사람에게 쉽고 빠르게 전달될 수 있도록 만드는 것이 중요합니다. 여기에는 서식이라는 기능이 빠질 수 없으며, 이러한 서식을 지정하는데 알아야 할 기본적인 지식과 활용 기술에 대해 살펴보도록 하겠습니다.

완성파일 미·리·보·기

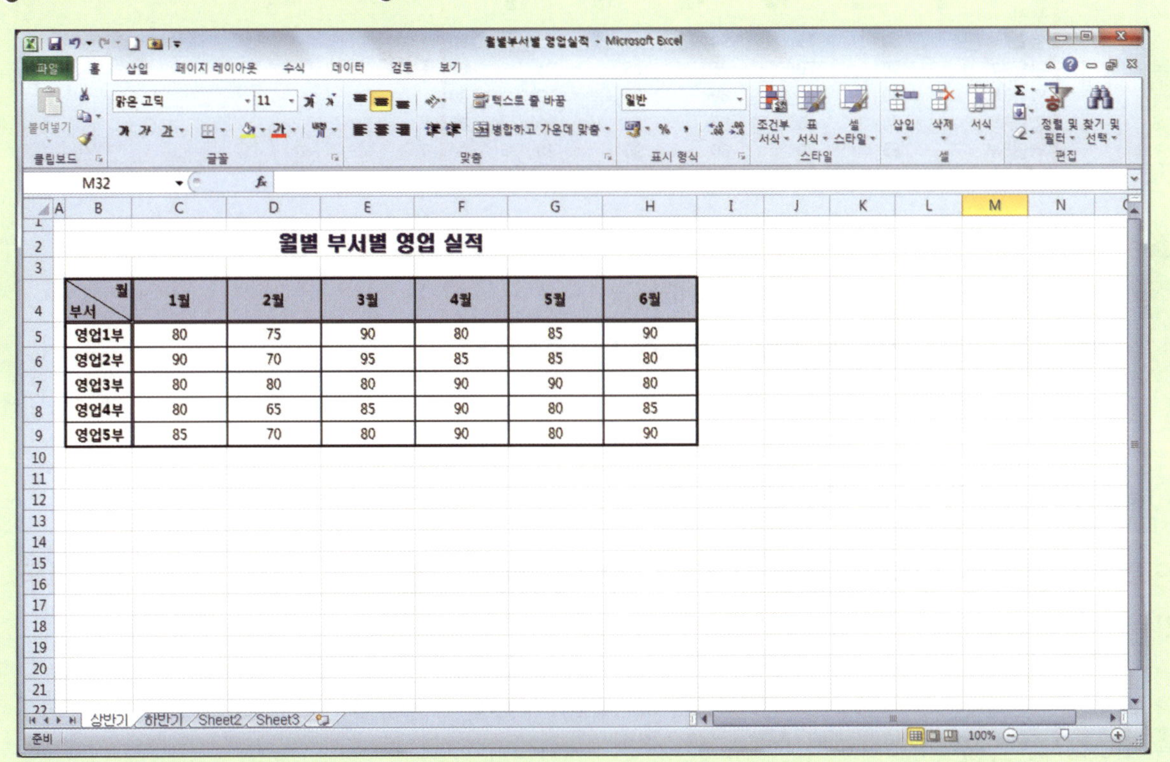

체·크·포·인·트

실습1 다양한 테두리 서식을 지정해 봅니다.

실습2 글꼴과 맞춤 서식을 지정해 봅니다.

실습3 행 높이와 열 너비를 조절하고 중간에 행을 삽입해 봅니다.

실습4 워크시트의 이름과 복사, 이동, 삭제, 삽입에 대해 실습해 봅니다.

 실습1

테두리 서식 지정하기

입력된 데이터에 테두리를 이용하여 테두리 선을 넣을 수 있습니다. 또한, 특정 셀에 대각선을 넣어 보고, 바깥쪽은 굵은 상자 테두리, 제목 행 아래와 제목 열 오른쪽에 이중선으로 테두리를 지정해 봅니다.

데이터 입력하기

1 아래와 같이 데이터를 입력합니다.

부서 \ 월	1월	2월	3월	4월	5월	6월
영업1부	80	75	90	80	85	90
영업2부	90	70	95	85	85	80
영업3부	80	80	80	90	90	80
영업4부	80	65	85	90	80	85
영업5부	85	70	80	90	80	90

입력

 TIP

[B4] 셀은 Alt + Enter 키를 이용합니다.

[C4:H4], [B5:B9] 영역은 채우기 핸들을 이용합니다.

모든 테두리 지정하기

2 [B4:H9] 영역을 범위 지정한 후 [홈] 탭의 [글꼴] 그룹에서 [테두리]-[모든 테두리]를 클릭합니다.

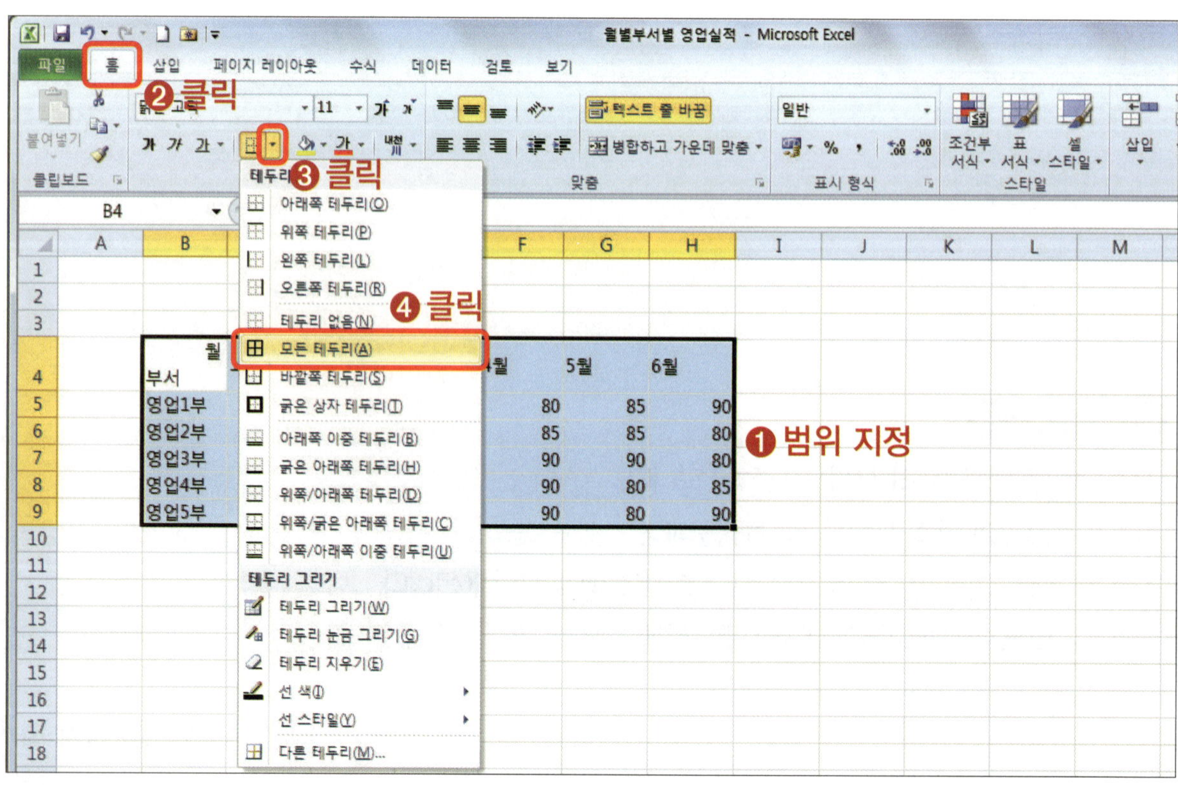

바깥쪽은 굵은 상자 테두리 지정하기

❸ 범위가 지정된 상태에서 [홈] 탭의 [글꼴] 그룹에서 [테두리]-[굵은 상자 테두리]를 클릭합니다.

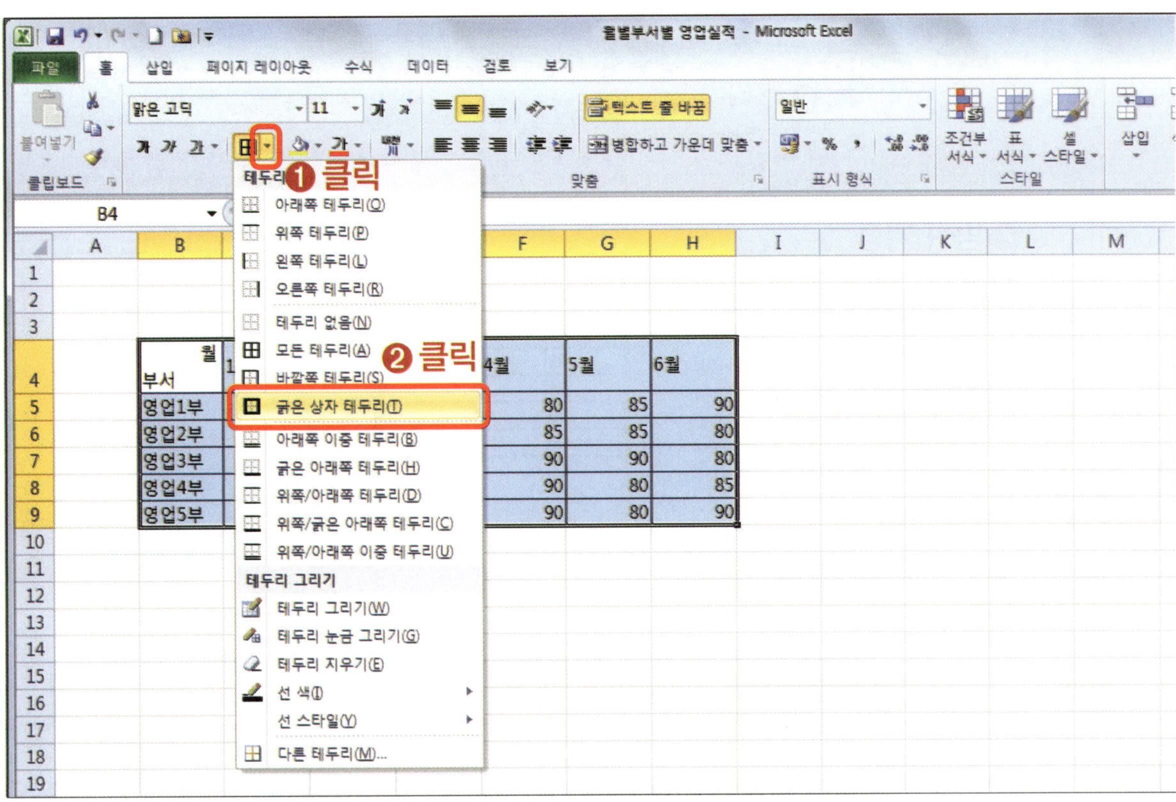

제목 행 아래와 제목 열 오른쪽에 이중 테두리 지정하기

❹ [B4:H4] 영역을 범위 지정한 후 [홈] 탭의 [글꼴] 그룹에서 [테두리]-[아래쪽 이중 테두리]를 클릭합니다.

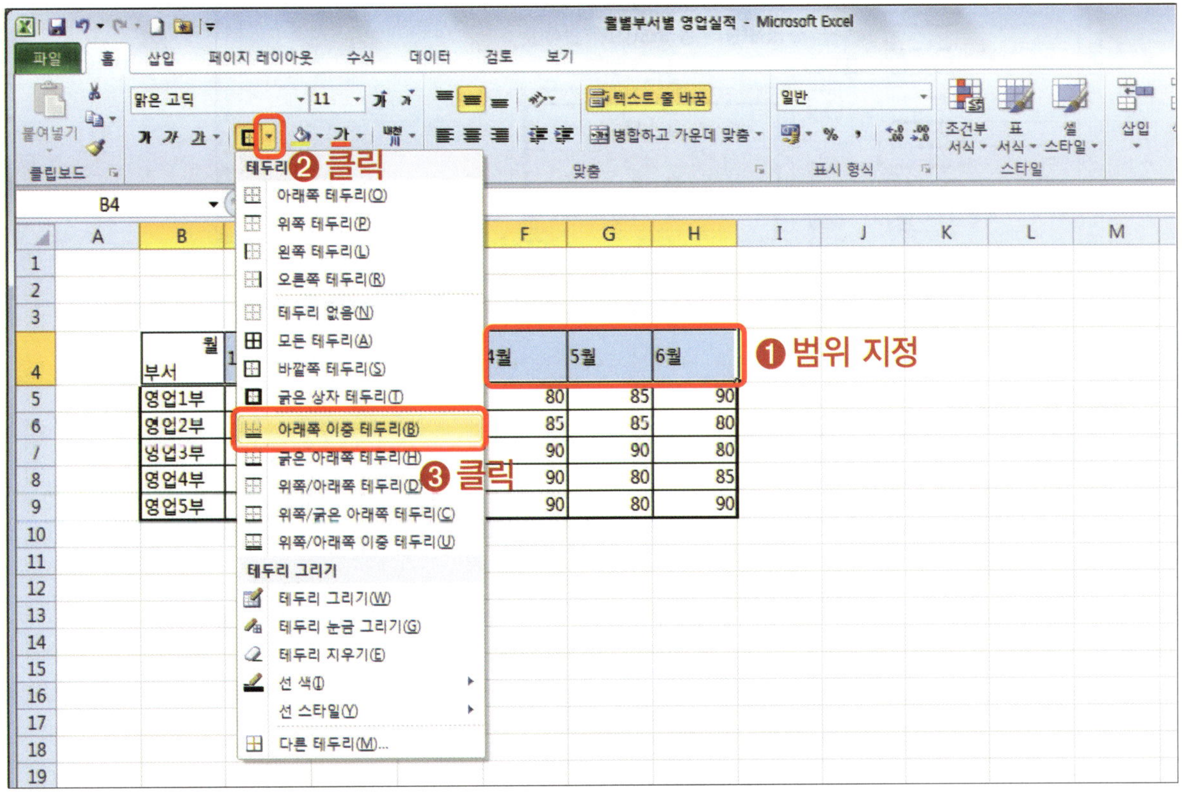

❺ [B4:B9] 영역을 범위 지정한 후 [홈] 탭의 [글꼴] 그룹에서 [테두리]–[다른 테두리]를 클릭합니다.

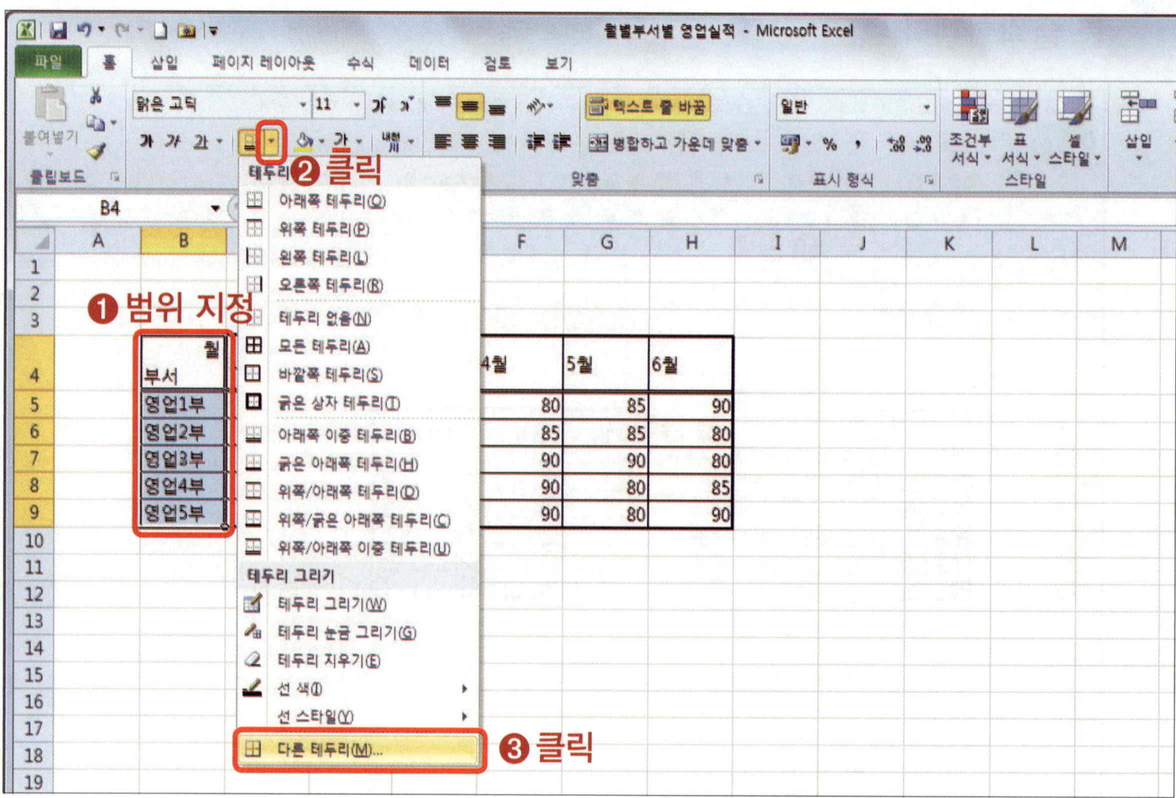

❻ [셀 서식] 대화상자의 [테두리] 탭에서 선 스타일은 '이중 선', 테두리에서 '오른쪽 선'을 선택하고 [확인] 단추를 클릭합니다.

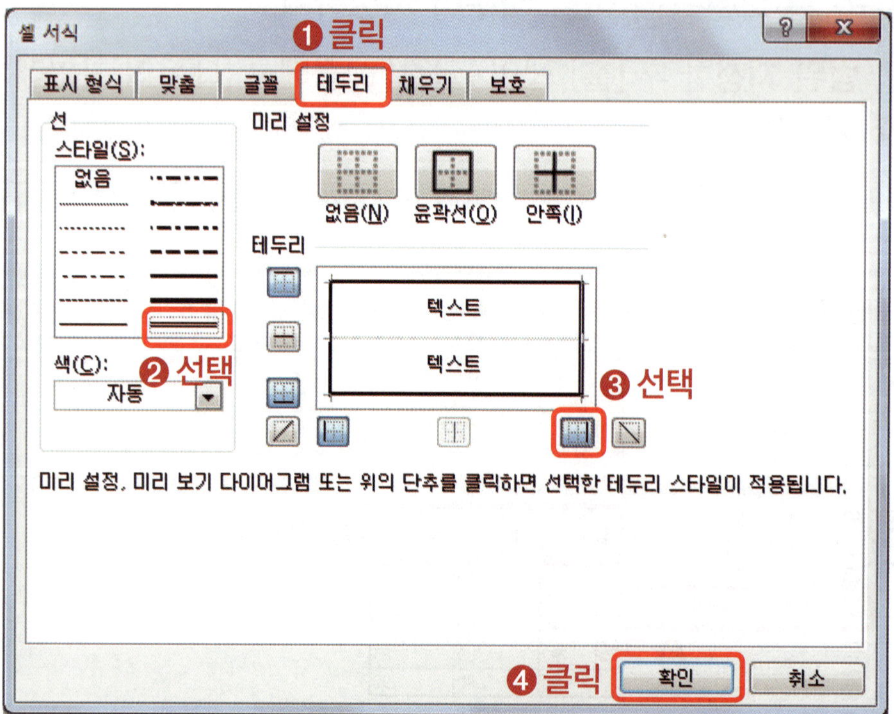

❼ [B4] 셀에서 마우스 오른쪽 단추를 클릭하여 **[셀 서식]을 클릭**합니다.

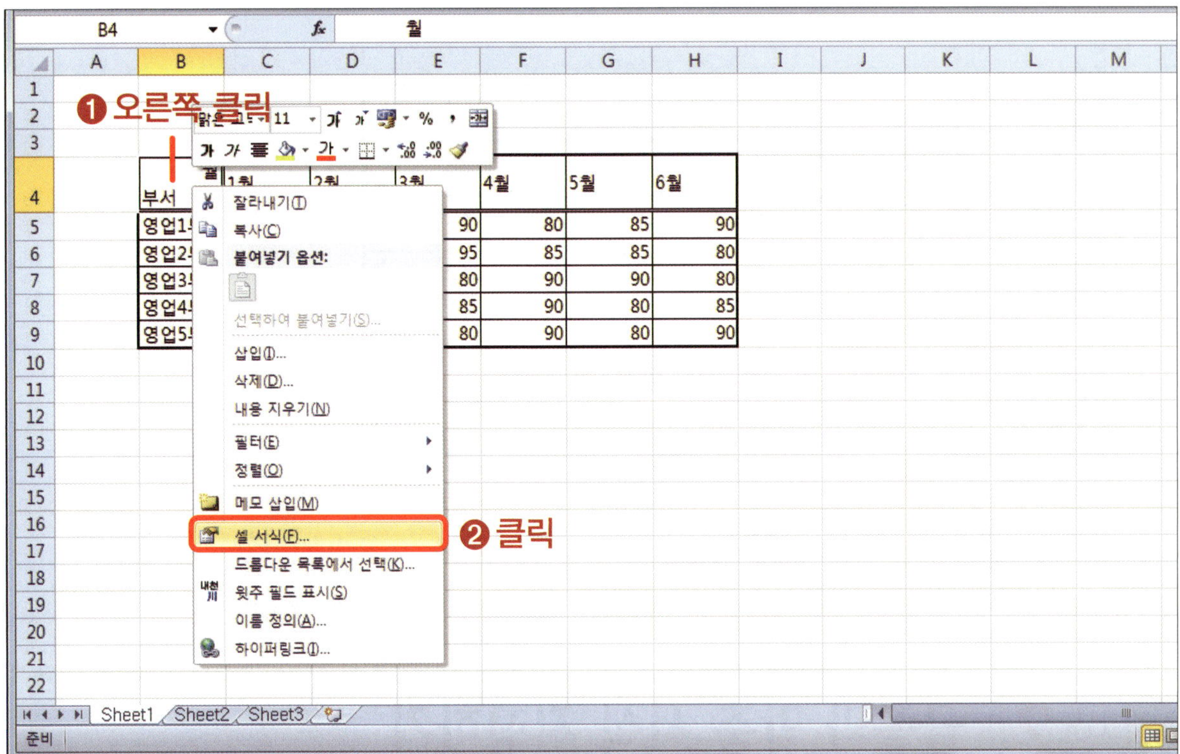

 **TIP** [B4] 셀을 선택한 후 [홈] 탭의 [글꼴] 그룹에서 [테두리]–[다른 테두리]를 클릭해도 됩니다.

❽ [셀 서식] 대화상자의 **[테두리] 탭**에서 선 스타일은 '실 선', 테두리에서 [대각선 ⬲]을 선택하고 [확인] 단추를 클릭합니다.

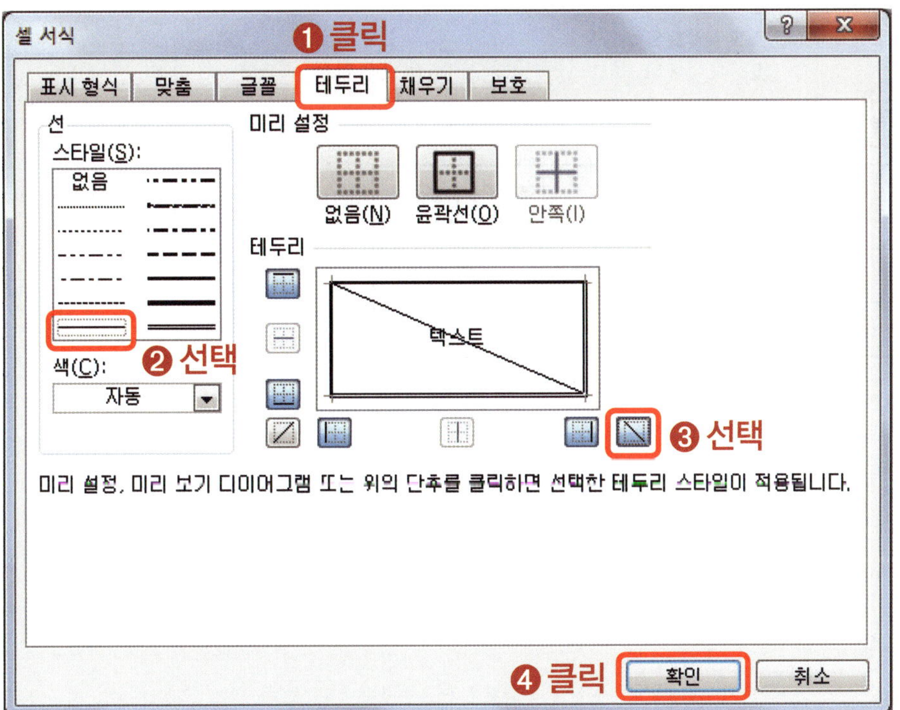

⑨ [B4] 셀에 대각선이 표시됩니다.

부서＼월	1월	2월	3월	4월	5월	6월
영업1부	80	75	90	80	85	90
영업2부	90	70	95	85	85	80
영업3부	80	80	80	90	90	80
영업4부	80	65	85	90	80	85
영업5부	85	70	80	90	80	90

실습2 글꼴과 맞춤 서식 지정하기

[병합하고 가운데 맞춤] 단추를 이용하여 제목을 데이터의 중앙에 배치할 수 있습니다. 또한 글꼴 서식을 이용하여 제목과 제목 행/열에 대해 강조하는 서식을 지정할 수 있습니다.

제목 입력하기

① [B2] 셀에「월별 부서별 영업 실적」을 **입력**합니다.

월별 부서별 영업 실적	**입력**

부서＼월	1월	2월	3월	4월	5월	6월
영업1부	80	75	90	80	85	90
영업2부	90	70	95	85	85	80
영업3부	80	80	80	90	90	80
영업4부	80	65	85	90	80	85
영업5부	85	70	80	90	80	90

제목에 맞춤 서식 지정하기

❷ [B2:H2] 영역을 범위 지정한 후 [홈] 탭의 [맞춤] 그룹에서 [병합하고 가운데 맞춤
圉] 단추를 클릭합니다.

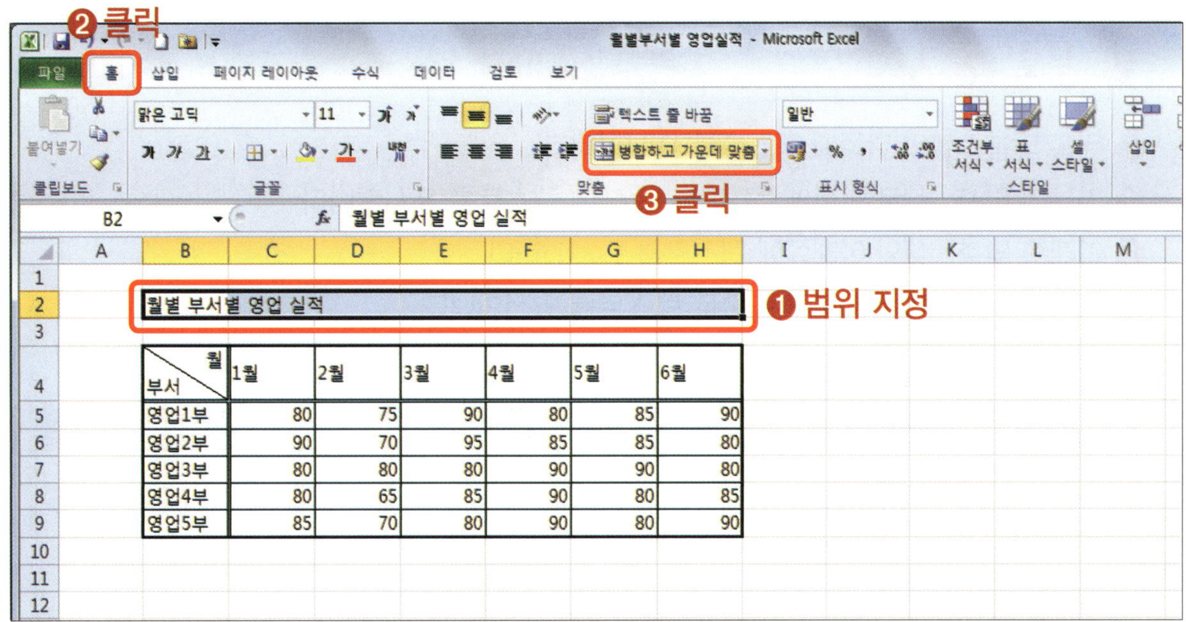

> **TIP** 셀 병합 영역을 잘못 지정한 상태에서 셀 병합을 했을 때에는 다시 [병합하고 가운데
> 맞춤圉] 단추를 클릭하여 셀 병합을 해제한 후 새롭게 범위를 지정하여 셀 병합을 할 수 있습
> 니다.

제목 행과 제목 열에 맞춤 서식 지정하기

❸ [C4:H4] 영역을 범위 지정한 후 Ctrl 키를 누른 상태에서 [B5:H9] 영역을 범위 지정
한 후 [홈] 탭의 [맞춤] 그룹에서 [가운데 맞춤 ≣] 단추를 클릭합니다.

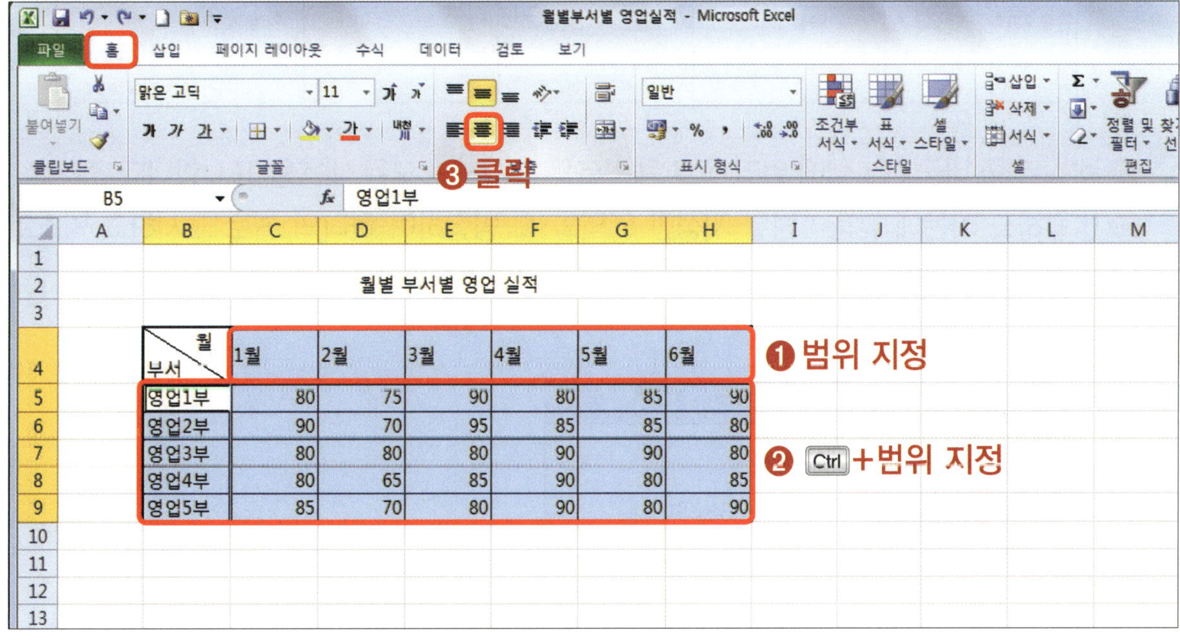

[맞춤] 그룹

① 위쪽 맞춤 : 셀의 위쪽에 텍스트를 표시합니다.

② 가운데 맞춤 : 세로 방향에서 셀의 가운데에 텍스트를 표시합니다.

③ 아래쪽 맞춤 : 셀의 아래쪽에 텍스트를 표시합니다.

④ 방향 : 대각선 또는 세로 방향으로 텍스트를 회전합니다.

	A	B	C	D	E	F	G
1							
2		위쪽 맞춤	가운데 맞춤	아래쪽 맞춤	방향(세로쓰기)	방향(텍스트 아래로 회전)	
3		엑셀 2010	엑셀 2010	엑셀 2010	엑셀 2010	엑셀 2010	
4							

⑤ 왼쪽 맞춤 : 왼쪽에 텍스트를 표시합니다.

⑥ 가운데 맞춤 : 가로 방향에서 가운데에 텍스트를 표시합니다.

⑦ 오른쪽 맞춤 : 오른쪽에 텍스트를 표시합니다.

⑧ 내어쓰기 : 셀의 테두리와 텍스트 사이의 여백을 줄입니다.

⑨ 들여쓰기 : 셀의 테두리와 텍스트 사이의 여백을 늘립니다.

	A	B	C	D	E	F	G
1							
2		텍스트 왼쪽 맞춤	가운데 맞춤	텍스트 오른쪽 맞춤	내어쓰기	들여쓰기	
3		엑셀 2010	엑셀 2010	엑셀 2010	엑셀 2010	엑셀 2010	
4							

⑩ 텍스트 줄 바꿈 : 한 셀에 여러 줄로 텍스트를 표시하여 모든 내용을 표시합니다.

⑪ 병합하고 가운데 맞춤 : 범위 지정한 영역을 셀 병합하여 하나의 셀로 표시하고 텍스트는 가운데에 표시합니다.

	A	B	C	D	E	F
1						
2		텍스트 줄 바꿈	병합하고 가운데 맞춤			
3		엑셀 2010에서는 리본 메뉴로 바뀌어 사용자에게 좀 더 편하게 사용할 수 있습니다.	엑셀 2010			
4						

⑫ 추가 옵션 : [셀 서식] 대화상자의 [맞춤] 탭을 나타냅니다.

제목에 글꼴 서식 지정하기

❹ [B2] 셀에서 마우스 오른쪽 단추를 클릭한 후 [미니] 도구 모음을 이용하여 **글꼴 (HY헤드라인M), 글꼴 스타일(굵게), 크기(16), 색(진한 파랑) 서식을 지정**합니다.

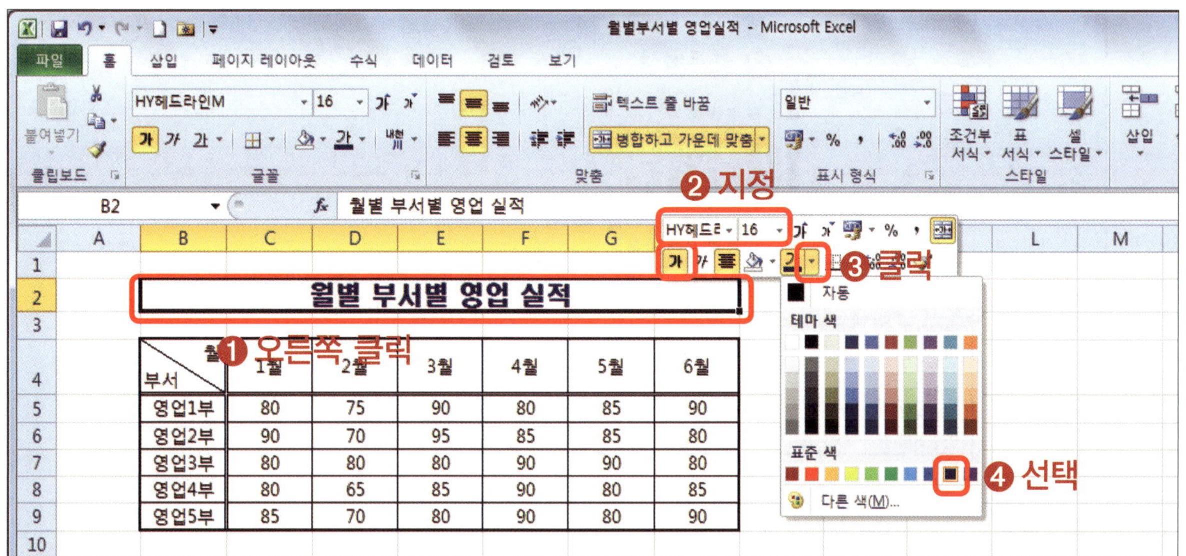

실력 쑥쑥 TIP [셀 서식] 대화상자를 실행하는 방법

- 마우스 오른쪽 단추 : [셀 서식]
- 바로 가기 키 : Ctrl + 1 키
- 리본 메뉴 : [홈] 탭의 [글꼴], [맞춤], [표시 형식] 그룹에 오른쪽 하단의 [추가 옵션 ⬛]

내용에 글꼴 서식 지정하기

❺ [B4:H4] 영역과 [B5:B9] 영역을 범위 지정한 후 [홈] 탭의 [글꼴] 그룹에서 [**굵게 가**] 단추를 클릭합니다.

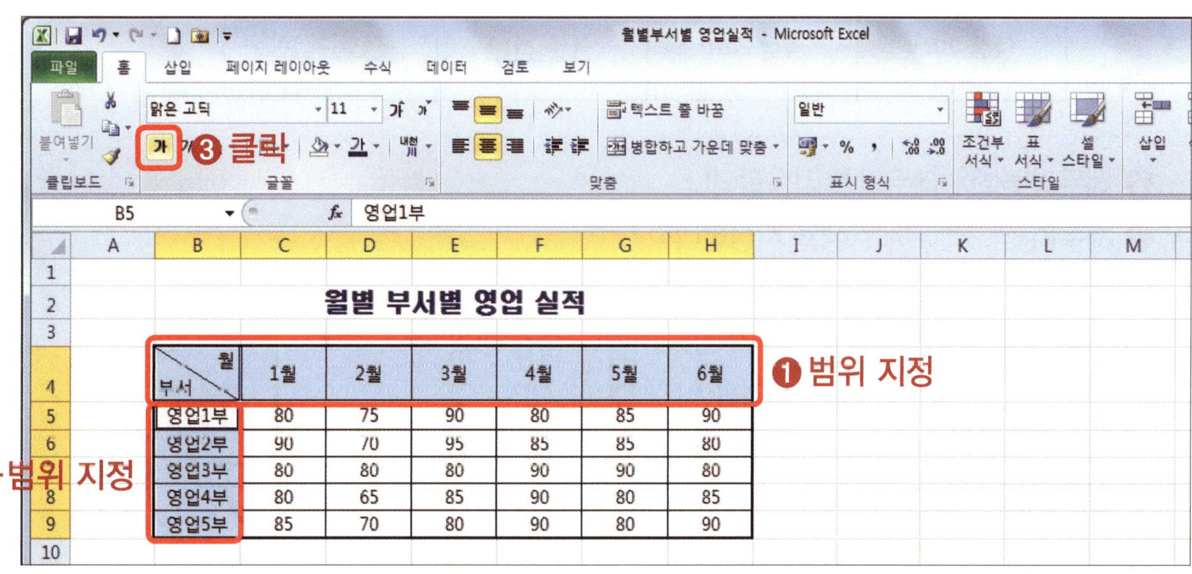

TIP 떨어져 있는 영역은 Ctrl 키를 이용하여 범위를 지정할 수 있습니다.

6 **[B4:H4]** 영역을 범위 지정한 후 [홈] 탭의 **[글꼴]** 그룹에서 **[채우기 색]** 단추를 클릭하여 **[파랑 강조 1, 60% 더 밝게]**를 클릭합니다.

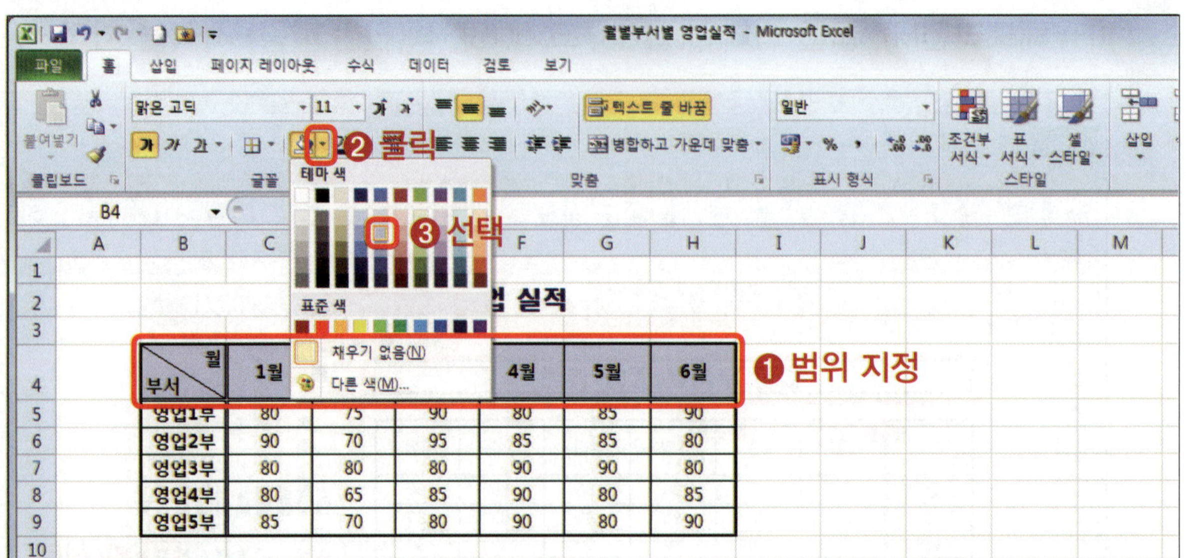

❶ 글꼴 : 글꼴 이름을 변경합니다.

❷ 글꼴 크기 : 글꼴의 크기를 변경합니다.

❸ 글꼴 크기 크게 : 글꼴의 크기를 크게 합니다.

❹ 글꼴 크기 작게 : 글꼴의 크기를 작게 합니다.

❺ 굵게 : 텍스트를 굵게 표시합니다.

❻ 기울임꼴 : 텍스트를 비스듬하게 표시합니다.

❼ 밑줄 : 텍스트 아래에 밑줄이나 이중 밑줄을 표시합니다.

	A	B	C	D	E	F
1						
2		굵게	기울임꼴	밑줄	밑줄(이중 밑줄)	
3		**엑셀 2010**	*엑셀 2010*	엑셀 2010	엑셀 2010	
4						

❽ 테두리 : 셀에 테두리를 적용합니다.

❾ 채우기 색 : 셀에 배경색을 지정합니다.

❿ 글꼴 색 : 텍스트 색을 변경합니다.

⓫ 윗주 필드 표시/숨기기 : 윗주를 표시하거나 숨깁니다. 윗주는 셀의 항목에 대한 설명을 남길 때 사용하는 것으로 주로 같은 이름의 항목이 두 개 있을 경우 각각을 한자나 영어로 구분해주는 등 다국어 기능을 지원하기 위해 사용합니다.

	A	B	C	D
1				
2		하늘 천 天	내 천 川	

⓬ 추가 옵션 : [셀 서식] 대화상자의 [맞춤] 탭을 나타냅니다.

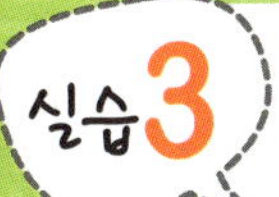 **실습3** # 행 높이와 열 너비를 조절하고 행 삽입하기

하나의 행이나 열 너비를 조절하는 방법과 여러 행 또는 여러 열을 한꺼번에 조절하는 방법을 살펴보도록 하겠습니다. 또한 중간에 행이나 열을 삽입하는 방법을 살펴보도록 하겠습니다.

행 높이 조절하기

1 행 머리글 1행을 마우스 오른쪽 단추로 클릭하여 **[행 높이]**를 클릭합니다.

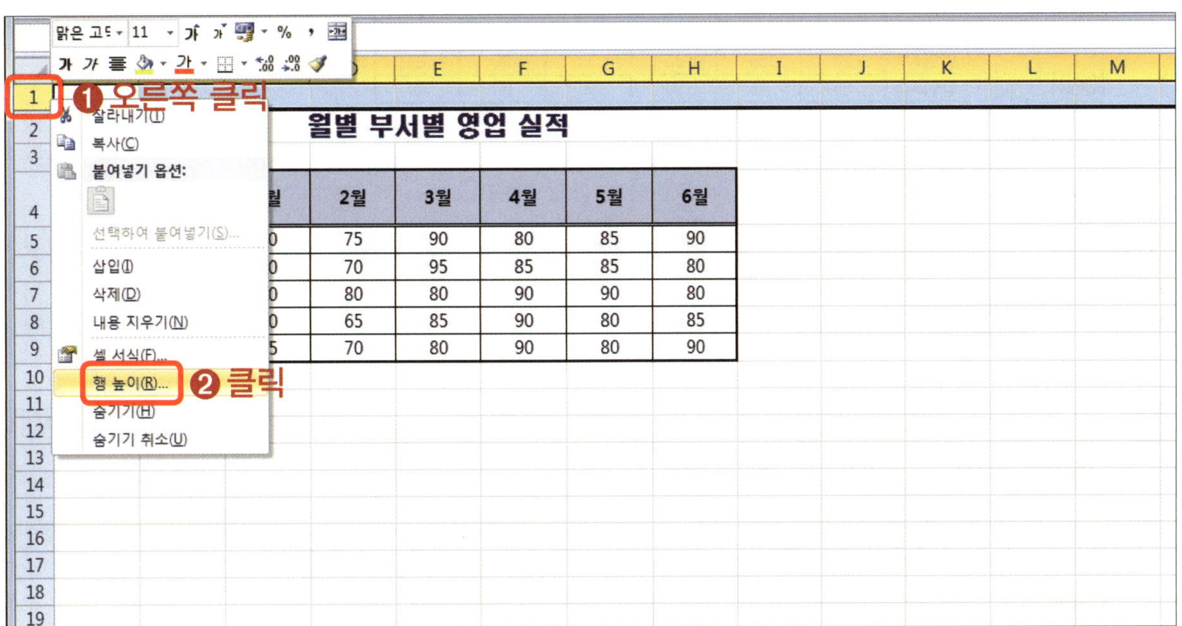

 **TIP** 행 높이를 숫자 값을 이용하여 조절하고자 할 때 [행 높이]를 이용합니다.

2 [행 높이] 대화상자에서 「10」을 입력하고 [확인] 단추를 클릭합니다.

열 너비 조절하기

③ 열 머리글 A와 B 경계라인에 마우스 포인트를 두어 양쪽 화살표 **✛** 일 때 드래그하여 열 너비를 직접 조절합니다.

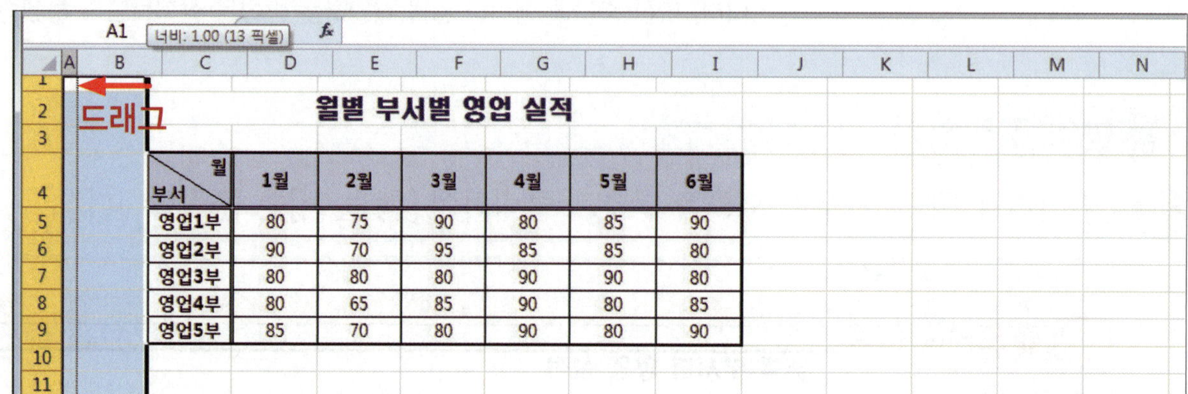

TIP 열 너비를 조절할 때에는 열의 경계라인에서 드래그하여 열의 너비를 직접 조절할 수 있습니다.

④ 열 머리글 C열에서 H열까지 드래그하여 범위를 지정한 후 **H와 I 경계라인에서 드래그**하여 열 너비를 직접 조절합니다.

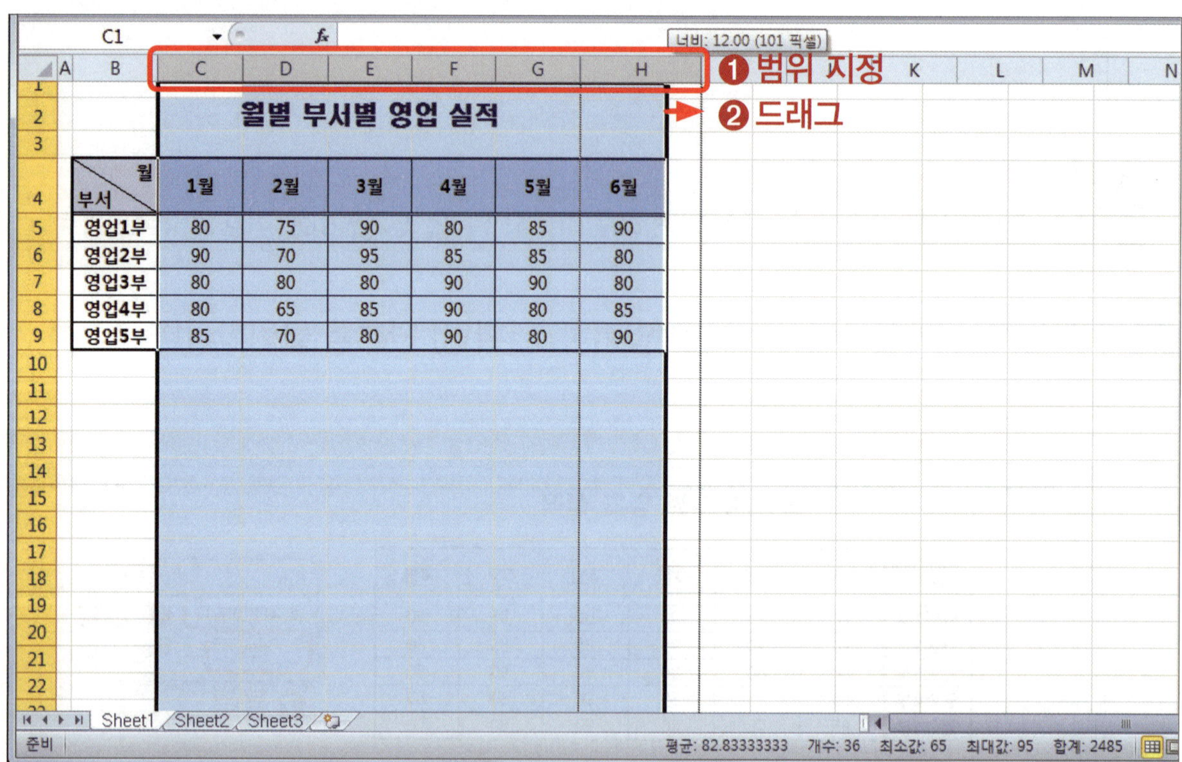

TIP 여러 열의 너비를 조절할 때에는 여러 열을 범위 지정하여 마지막 열의 경계라인에서 드래그하면 범위 지정된 열이 한꺼번에 조절됩니다.

여러 행 높이 조절하기

❺ **행 머리글 5행에서 드래그하여 9행까지 범위**를 지정한 후 마우스 오른쪽 단추를 클릭하여 **[행 높이]를 클릭**합니다.

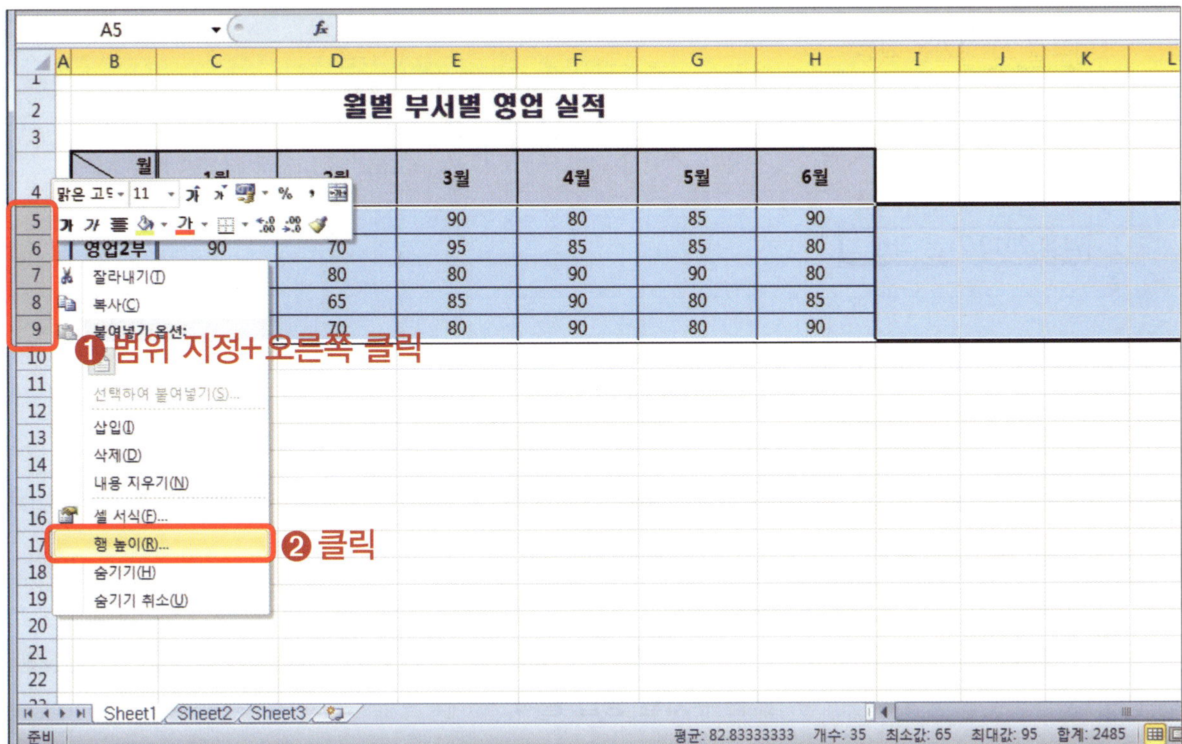

TIP   숫자 값을 이용하여 여러 행의 높이를 한꺼번에 조절하고자 할 때에는 [행 높이]를 이용합니다. 또는, 여러 개의 행을 범위 지정한 후 마지막 행의 경계라인에서 드래그하여 직접 높이를 조절할 수 있습니다.

❻ **[행 높이] 대화상자에서 「20」을 입력**하고 **[확인] 단추를 클릭**합니다.

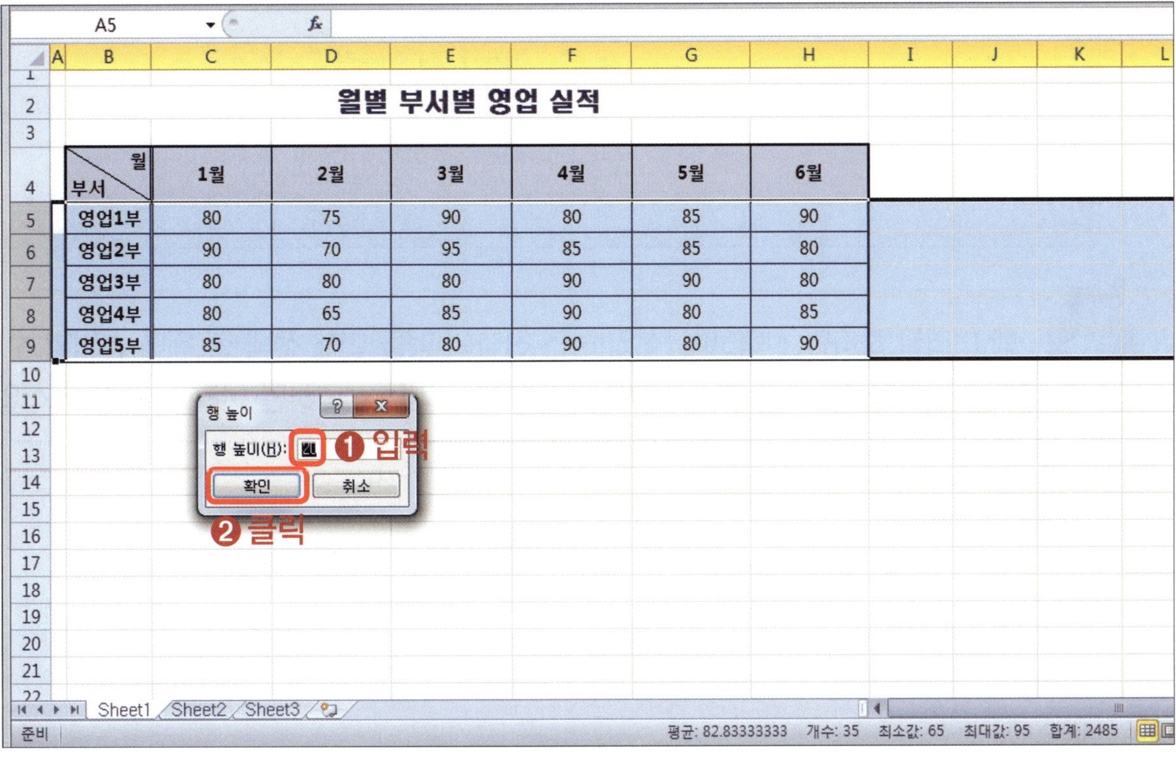

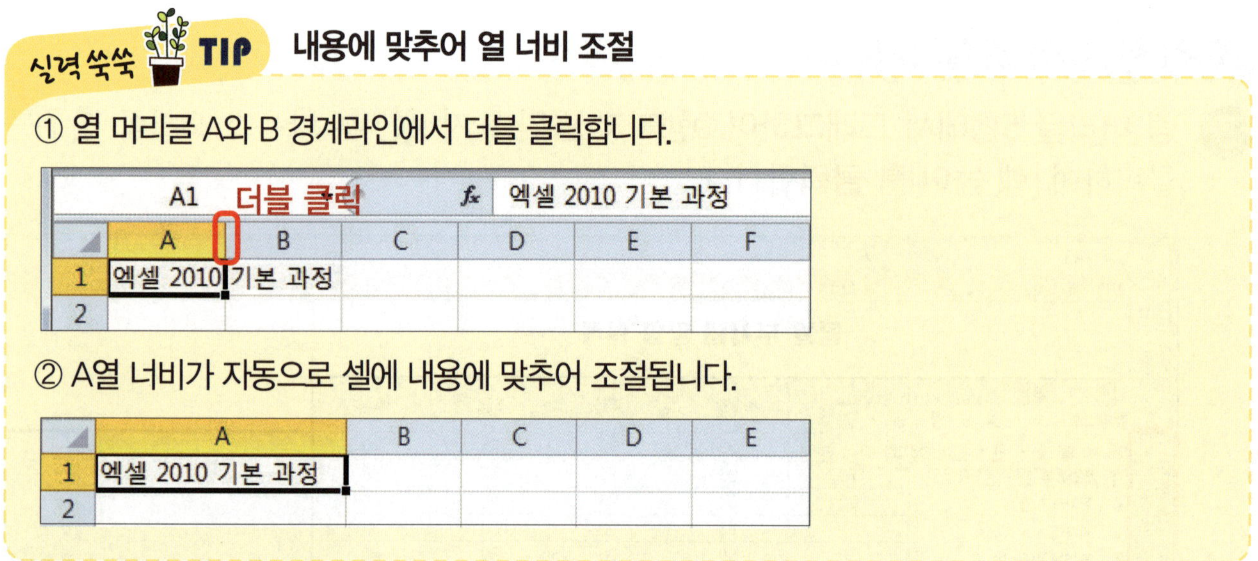

① 열 머리글 A와 B 경계라인에서 더블 클릭합니다.

② A열 너비가 자동으로 셀에 내용에 맞추어 조절됩니다.

행 삽입과 행 삭제하기

7 중간에 행을 삽입하기 위해 **행 머리글 7**에서 마우스 오른쪽 단추를 클릭하여 **[삽입]을 클릭**합니다.

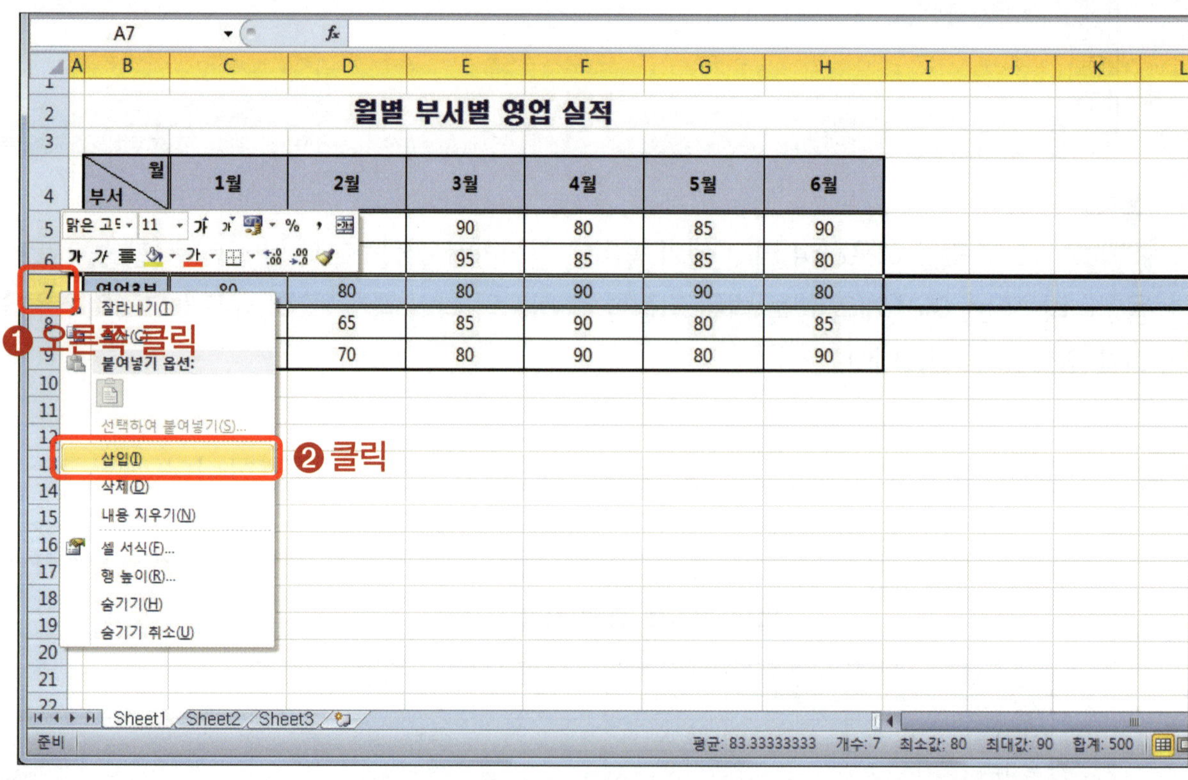

TIP 행 머리글 하나만 선택하여 [삽입]하면 하나의 행을 현재 선택 행 위에 삽입할 수 있습니다. 만약, 행 머리글을 여러 개 선택한 상태에서 [삽입]을 선택하면 여러 개의 행을 삽입할 수 있습니다.

❽ 불필요한 행을 삭제할 때에는 행 머리글(7행)을 클릭한 후 마우스 오른쪽 단추를 클릭하여 **[삭제]를 클릭**합니다.

실습4 워크시트 관리하기

동일한 내용을 각각의 워크시트에 입력하지 않고 복사해서 사용할 수 있으며, 시트에 이름을 입력하여 워크시트를 효율적으로 관리할 수 있습니다.

시트 이름 바꾸기

❶ 시트 이름을 바꾸기 위해 **'Sheet1'을 더블 클릭**합니다.

시트 이름을 바꿀 때에는 시트명에서 마우스 오른쪽 단추를 클릭하여 [이름 바꾸기]를 선택하여 수정할 수 있습니다.

② 「상반기」를 입력하고 [Enter] 키를 누릅니다.

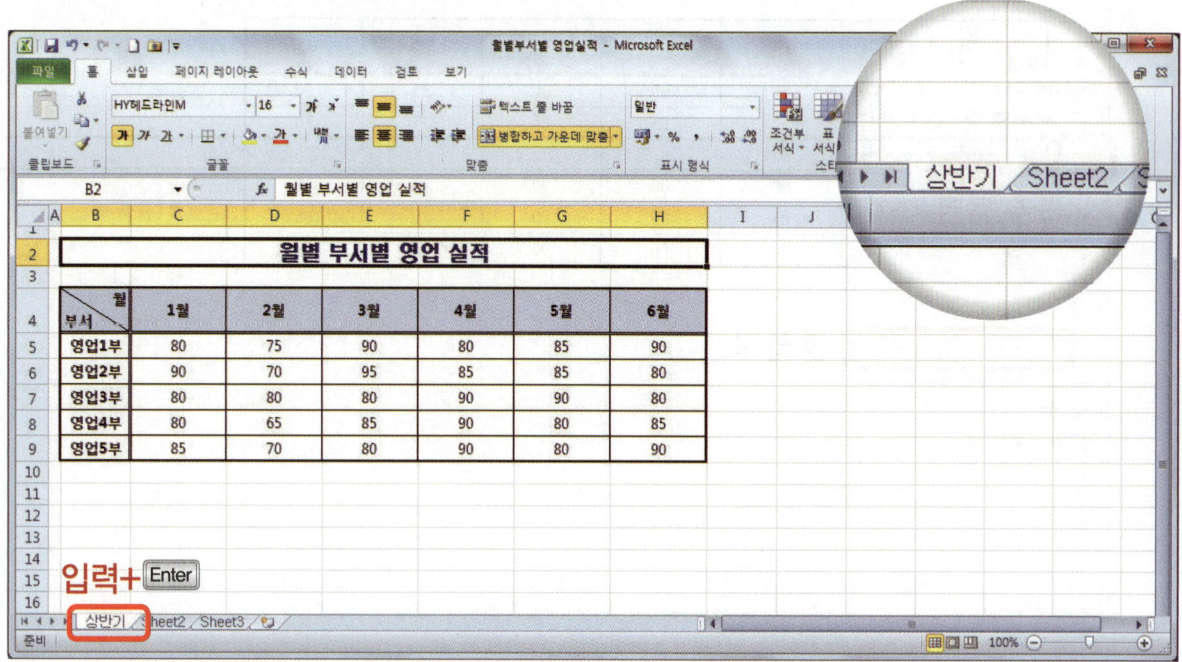

시트 복사하기

③ 시트 '상반기'를 선택한 후 [Ctrl] 키를 누른 상태로 'Sheet3' 뒤로 드래그 합니다.

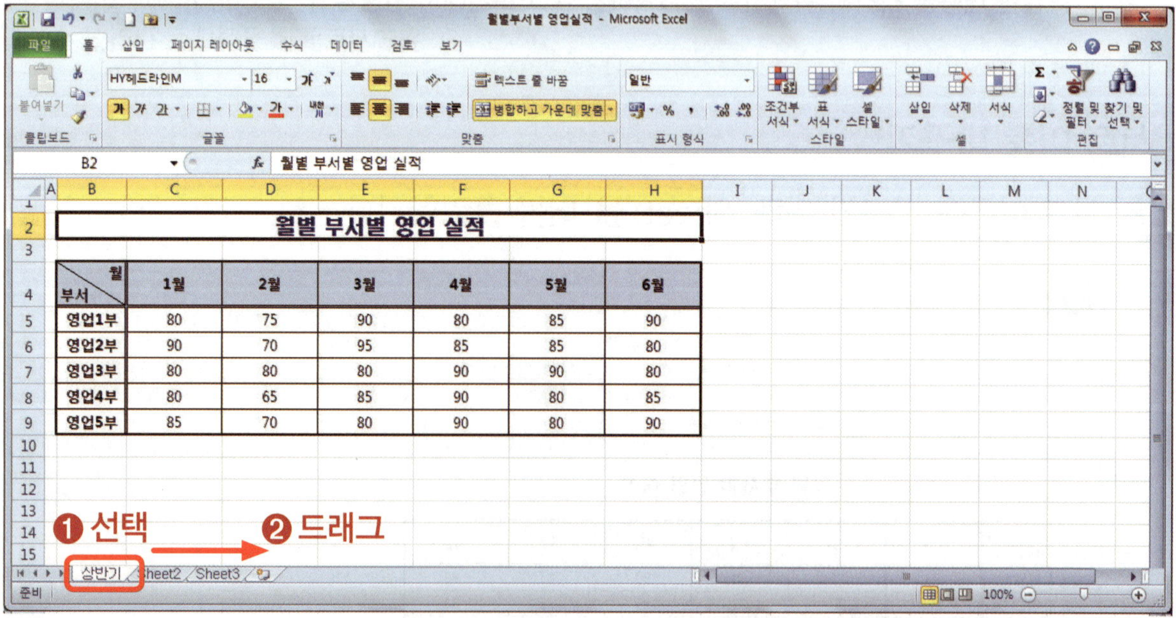

복사할 시트를 드래그하면 복사할 위치에 '▼' 가 표시됩니다.

4 시트가 복사되며 시트명이 '상반기 (2)'로 표시됩니다. 시트명을 더블 클릭하여 「하반기」를 입력하고 Enter 키를 누릅니다.

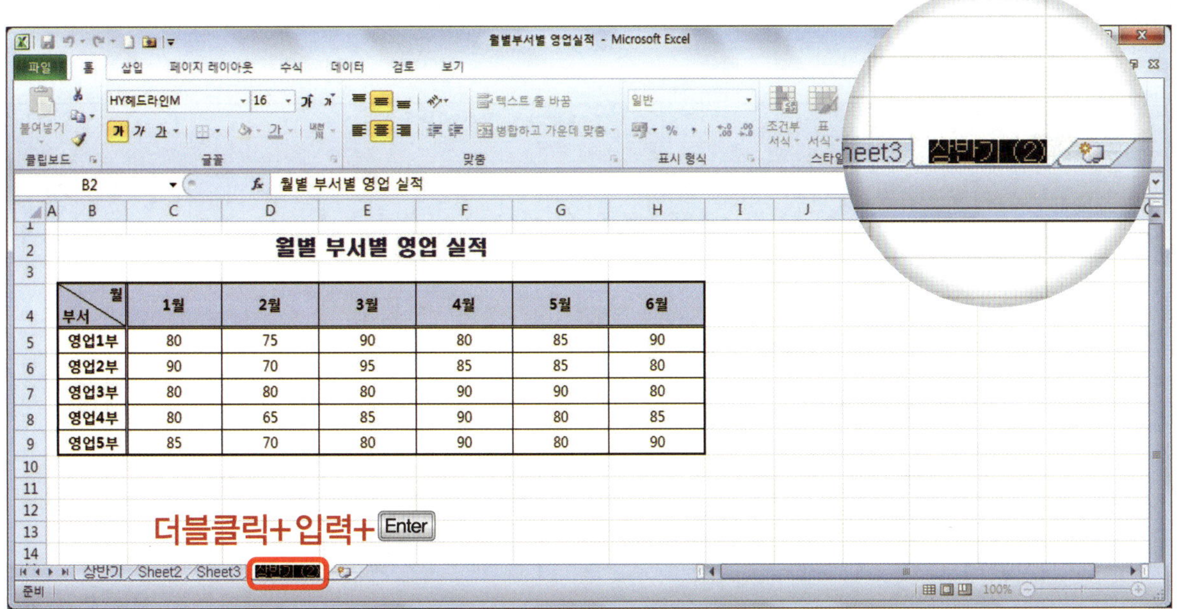

5 [C4] 셀을 「7월」로 수정하고 채우기 핸들을 이용하여 [H4] 셀까지 드래그한 후 [채우기 옵션]을 클릭하여 '서식 없이 채우기'를 선택합니다.

TIP 채우기 핸들을 드래그하면 숫자는 1씩 증가하고 문자는 복사되면서 서식까지 복사되어, 마지막 [H4] 셀이 테두리 선이 오른쪽이 굵은 선에서 실선으로 바뀝니다. 다시 테두리 작업을 하지 않게 [서식 없이 채우기]를 클릭합니다.

시트 이동하기

6 시트 '하반기'를 선택한 후 **'상반기' 뒤로 드래그** 합니다. 시트 '하반기'는 '상반기' 뒤로 이동됩니다.

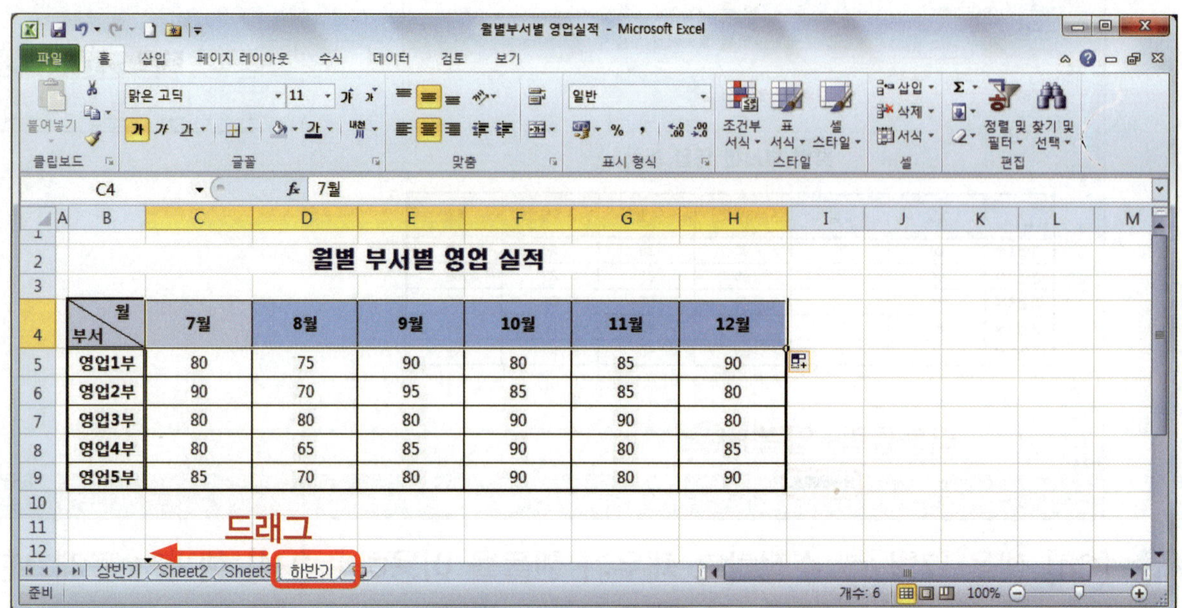

TIP 이동할 시트를 드래그하면 이동할 위치에 '▼' 가 표시됩니다.

시트 삭제하기

7 불필요한 시트를 삭제하기 위해 'Sheet3'에서 마우스 오른쪽 단추를 클릭하여 [삭제]를 클릭합니다.

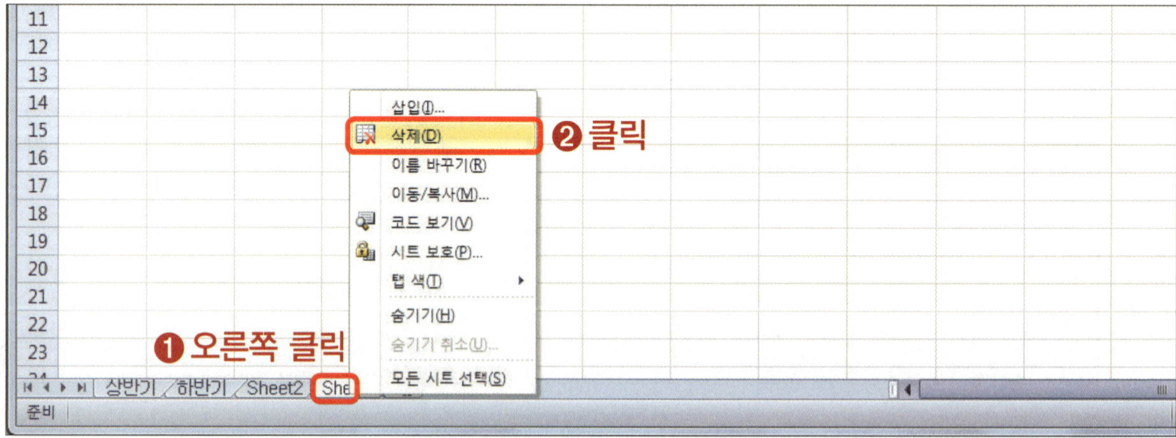

TIP 내용이 있는 시트를 삭제할 때에는 메시지 대화상자가 표시되며, 시트는 한번 삭제하면 되살릴 수 없습니다.

 **시트 삭제**

[홈] 탭의 [셀] 그룹에서 [삭제]-[시트 삭제]를 클릭
하여 시트를 삭제할 수 있습니다.

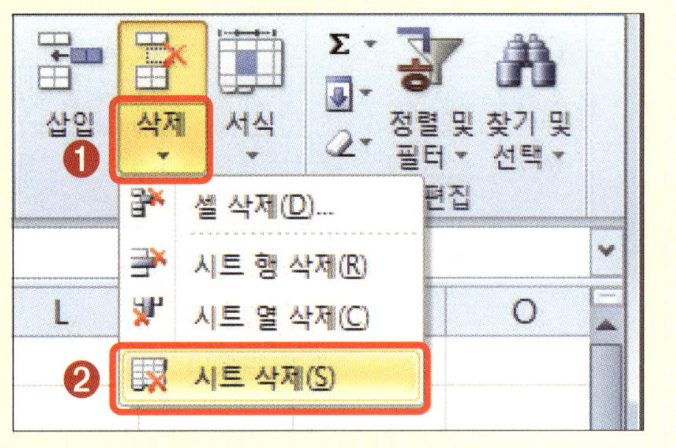

시트 삽입하기

⑧ 시트를 추가하기 위해 **[워크시트 삽입] 단추를 클릭**합니다.

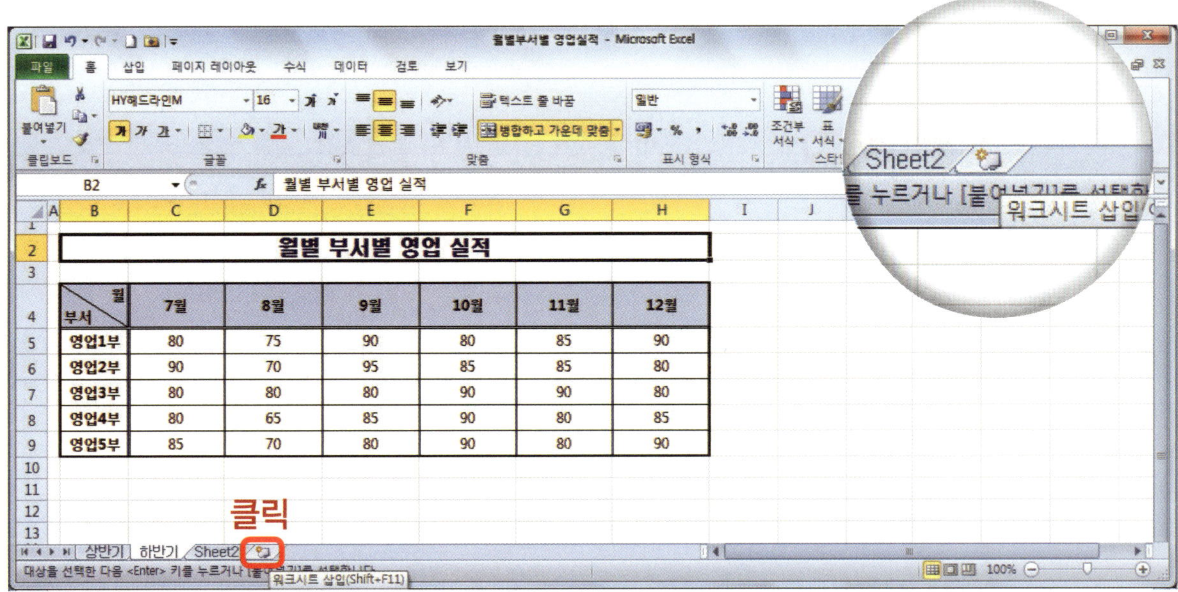

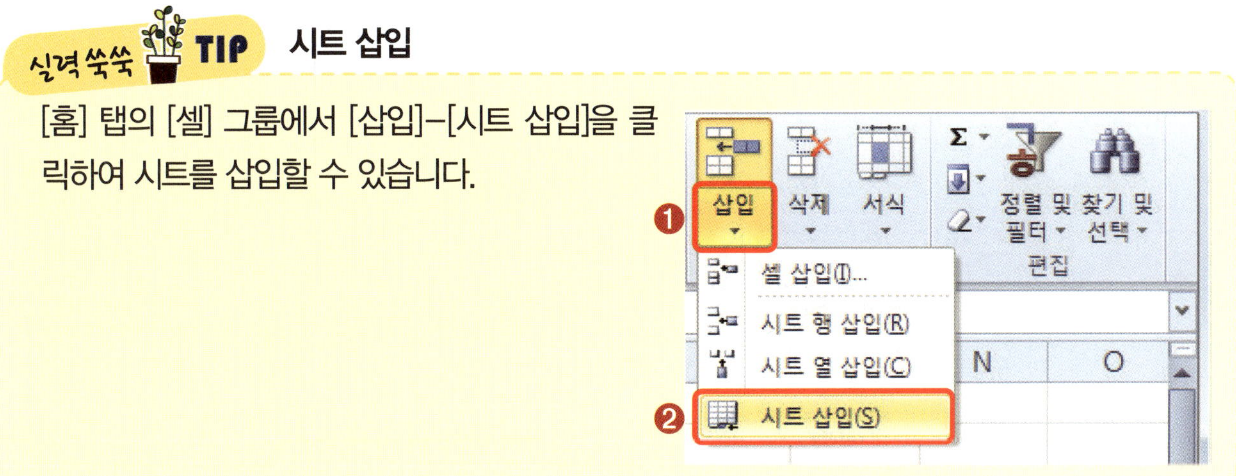 **시트 삽입**

[홈] 탭의 [셀] 그룹에서 [삽입]-[시트 삽입]을 클
릭하여 시트를 삽입할 수 있습니다.

9 현재 시트 맨 뒤에 시트가 추가됩니다.

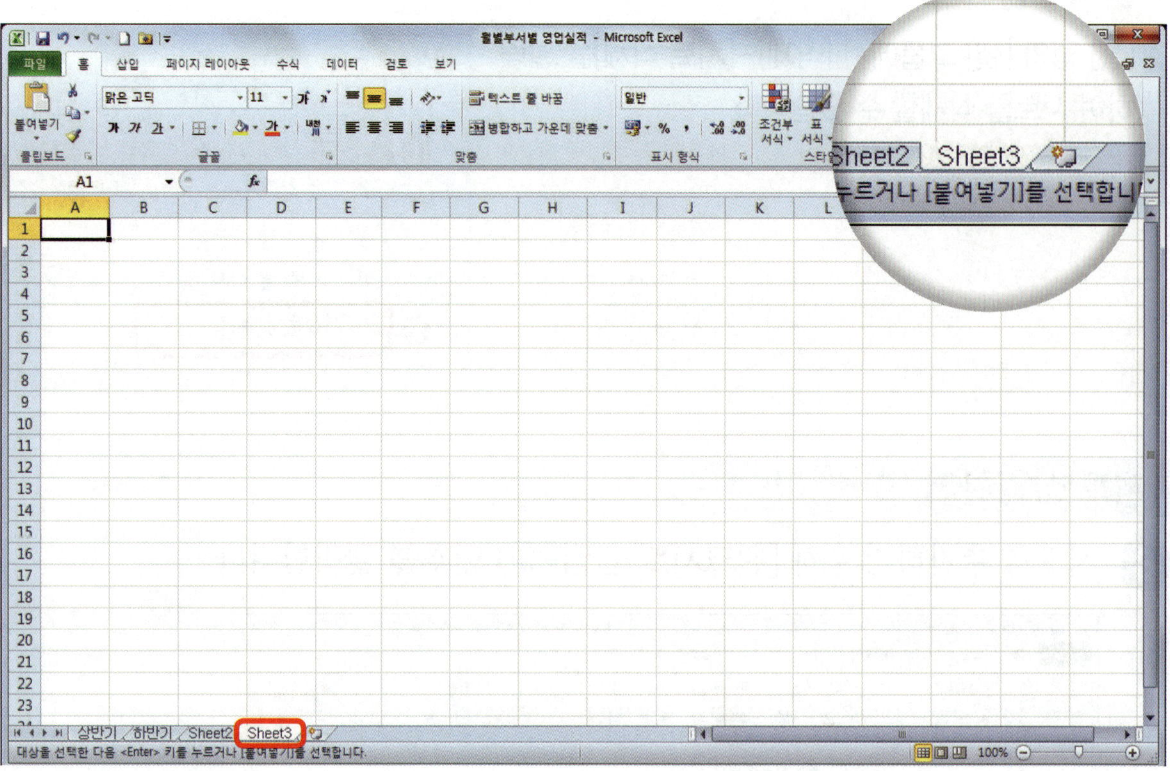

1 채우기 핸들을 활용하여 다음과 같이 데이터를 입력하고 테두리 서식을 지정해 봅니다.

	A	B	C	D	E	F	G	H	I	J	K
1											
2		셔틀 버스 시간표									
3											
4		정거장 시간	서초래미안	2호선 교대역	교육대학 후문	남부터미널	서초우체국	현대아파트	무지개아파트	신동아상가	
5		9:00	9:05	9:10	9:15	9:20	9:25	9:30	9:35	9:40	
6		10:00	10:05	10:10	10:15	10:20	10:25	10:30	10:35	10:40	
7		11:00	11:05	11:10	11:15	11:20	11:25	11:30	11:35	11:40	
8		12:00	12:05	12:10	12:15	12:20	12:25	12:30	12:35	12:40	
9		13:00	13:05	13:10	13:15	13:20	13:25	13:30	13:35	13:40	
10		14:00	14:05	14:10	14:15	14:20	14:25	14:30	14:35	14:40	
11		15:00	15:05	15:10	15:15	15:20	15:25	15:30	15:35	15:40	
12											

Hint!
- [B5] 셀에 '9:00' 시간을 입력하여 [B11] 셀까지 채우기 핸들로 드래그 합니다.
- [C5] 셀에 '9:05' 시간을 입력한 후 [B5:C5] 영역을 범위 지정하여 [J5] 셀까지 채우기 핸들로 드래그 합니다.
- 한 셀에 두 줄을 입력할 때에는 Alt + Enter 키를 활용할 수 있습니다.
- 테두리 서식을 지정할 셀 또는 범위를 지정한 후 [홈] 탭의 [글꼴] 그룹에서 [테두리] 단추를 이용합니다. 대각선은 [테두리]−[다른 테두리]를 이용해 지정할 수 있습니다.

2 다음과 같이 서식을 지정해 봅니다.
- 제목 : [B2:J2] 영역에 병합하고 가운데 맞춤, 굴림체, 크기(16), 채우기 색(자주), 글꼴 색(흰색)
- 제목 행 : [B4:J4] 영역은 글꼴 '굵게', 채우기 색(자주, 강조 4, 80% 더 밝게), 가운데 맞춤
- 본문 : [B5:J11] 영역은 가운데 맞춤
- 열 너비 : C열~J열의 너비는 '12', A열의 너비는 '1'
- 행 높이 : 2행은 '30', 5행~11행의 높이는 '25'

	A	B	C	D	E	F	G	H	I	J	K
1											
2		셔틀 버스 시간표									
3											
4		정거장 시간	서초래미안	2호선 교대역	교육대학 후문	남부터미널	서초우체국	현대아파트	무지개아파트	신동아상가	
5		9:00	9:05	9:10	9:15	9:20	9:25	9:30	9:35	9:40	
6		10:00	10:05	10:10	10:15	10:20	10:25	10:30	10:35	10:40	
7		11:00	11:05	11:10	11:15	11:20	11:25	11:30	11:35	11:40	
8		12:00	12:05	12:10	12:15	12:20	12:25	12:30	12:35	12:40	
9		13:00	13:05	13:10	13:15	13:20	13:25	13:30	13:35	13:40	
10		14:00	14:05	14:10	14:15	14:20	14:25	14:30	14:35	14:40	
11		15:00	15:05	15:10	15:15	15:20	15:25	15:30	15:35	15:40	
12											

Hint!
- [홈] 탭의 [글꼴] 그룹을 이용하여 맞춤 서식, 글꼴 서식을 지정할 수 있습니다.
- 행의 높이, 열의 너비는 같은 값을 지정할 영역을 한꺼번에 범위 지정한 후 행 머리글, 열 머리글에서 마우스 오른쪽 단추를 클릭하여 [행 높이], [열 너비] 값을 지정합니다.

❸ [B9:J9] 영역을 셀 병합하여 '점심시간'을 입력해 봅니다.

정거장 시간	서초래미안	2호선 교대역	교육대학 후문	남부터미널	서초우체국	현대아파트	무지개아파트	신동아상가
9:00	9:05	9:10	9:15	9:20	9:25	9:30	9:35	9:40
10:00	10:05	10:10	10:15	10:20	10:25	10:30	10:35	10:40
11:00	11:05	11:10	11:15	11:20	11:25	11:30	11:35	11:40
12:00	12:05	12:10	12:15	12:20	12:25	12:30	12:35	12:40
점 심 시 간								
14:00	14:05	14:10	14:15	14:20	14:25	14:30	14:35	14:40
15:00	15:05	15:10	15:15	15:20	15:25	15:30	15:35	15:40

표 제목: 서틀 버스 시간표

Hint! [B9:J9] 영역을 셀 병합하면 메시지가 표시되며 기존 데이터는 다 지워지고 [B9] 셀 하나만 표시됩니다.

❹ 다음과 같이 데이터를 입력하고 테두리 서식을 지정해 봅니다.

A	B	C	D	E	F	...
우리 아이 예방 접종 스케줄						
태명		행복이		생년월일		
종류			1차			
	결핵(B.C.G)	접종일				
		접종 기간	생후		일	
		접종 예정일				

Hint! 테두리는 [홈] 탭의 [글꼴] 그룹에서 [테두리]의 [모든 테두리]를 클릭합니다.

❺ 다음과 같이 서식을 지정해 봅니다.
- 제목 : [A1:R1] 영역에 병합하고 가운데 맞춤, HY동녘M, 크기(20), 굵게, 채우기 색(주황, 강조6), 글꼴 색(흰색)
- 셀 병합 : [A3:B3], [E3:G3], [H3:J3], [A4:C4], [D4:F4], [A5:A7], [B5:B7], [D5:F5], [D7:F7]
- 텍스트 : 가운데 맞춤

A	B	C	D	E	F	...
우리 아이 예방 접종 스케줄						
태명		행복이		생년월일		
종류			1차			
결핵(B.C.G)		접종일				
		접종 기간	생후		일	
		접종 예정일				

Hint! Ctrl 키를 이용하여 떨어져 있는 영역을 한꺼번에 범위 지정하여 [병합하고 가운데 맞춤]을 클릭합니다.

6 다음과 같이 서식을 복사한 후 데이터를 수정하고, 시트를 복사한 후 시트명을 수정해 봅니다.

- [A5:A22] 영역은 셀 병합, 텍스트 방향은 '세로 방향'
- '시트명'을 '행복이'로 수정하고, 시트를 복사하여 '사랑이', '우람이'로 수정
- 불필요한 시트는 삭제

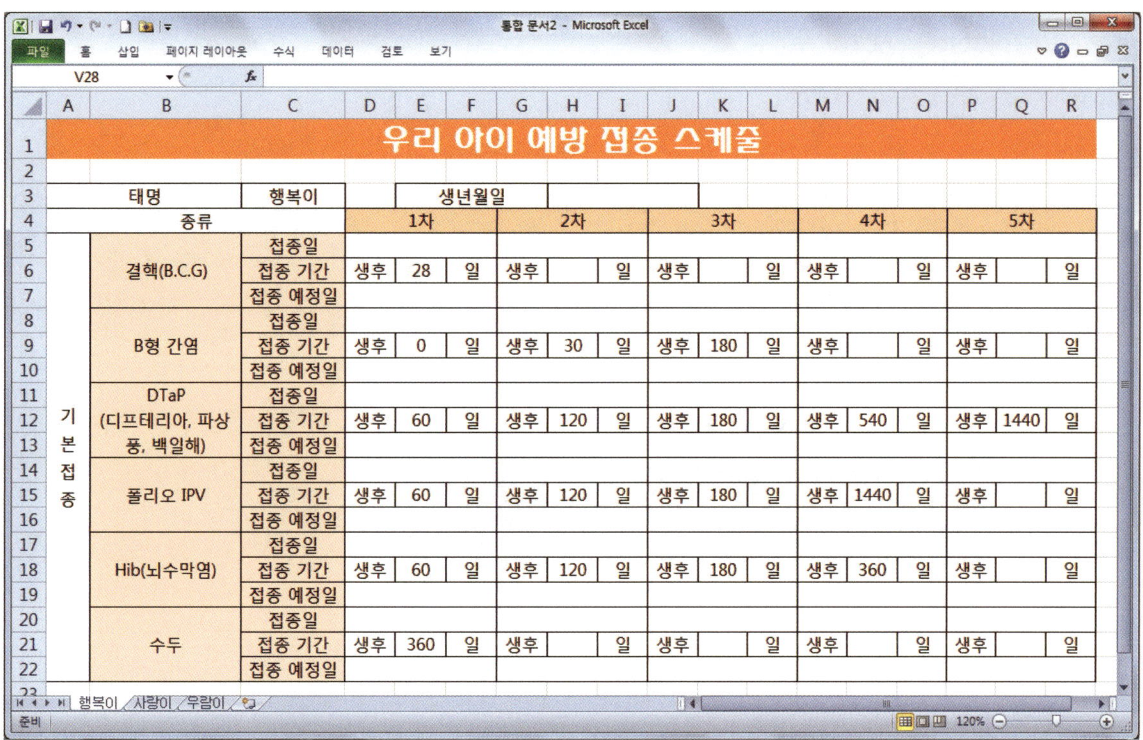

			1차			2차			3차			4차			5차		
태명	행복이		생년월일														
종류																	
기본접종	결핵(B.C.G)	접종일															
		접종 기간	생후	28	일	생후		일	생후		일	생후		일	생후		일
		접종 예정일															
	B형 간염	접종일															
		접종 기간	생후	0	일	생후	30	일	생후	180	일	생후		일	생후		일
		접종 예정일															
	DTaP (디프테리아, 파상풍, 백일해)	접종일															
		접종 기간	생후	60	일	생후	120	일	생후	180	일	생후	540	일	생후	1440	일
		접종 예정일															
	폴리오 IPV	접종일															
		접종 기간	생후	60	일	생후	120	일	생후	180	일	생후	1440	일	생후		일
		접종 예정일															
	Hib(뇌수막염)	접종일															
		접종 기간	생후	60	일	생후	120	일	생후	180	일	생후	360	일	생후		일
		접종 예정일															
	수두	접종일															
		접종 기간	생후	360	일	생후		일	생후		일	생후		일	생후		일
		접종 예정일															

> **Hint!**
> - [D4] 셀을 선택한 후 채우기 핸들을 이용하여 [R4] 셀까지 드래그 합니다.
> - [D5:F7] 영역을 범위 지정한 후 Ctrl 키를 누른 상태에서 채우기 핸들을 이용하여 [R7] 셀까지 드래그 합니다.
> - [A5:R7] 영역을 범위 지정한 후 Ctrl 키를 누른 상태에서 채우기 핸들을 이용하여 [R22] 셀까지 드래그 합니다.

04장 나만의 문서 꾸미기

좀 더 다양한 서식을 지정하기 위해 사용자 지정 서식을 사용하는 방법을 익히고 코드를 사용하여 직접 서식을 지정해 봅니다. 셀 스타일, 표 스타일을 이용하여 서식을 지정해 봅니다.

완성파일 미리보기

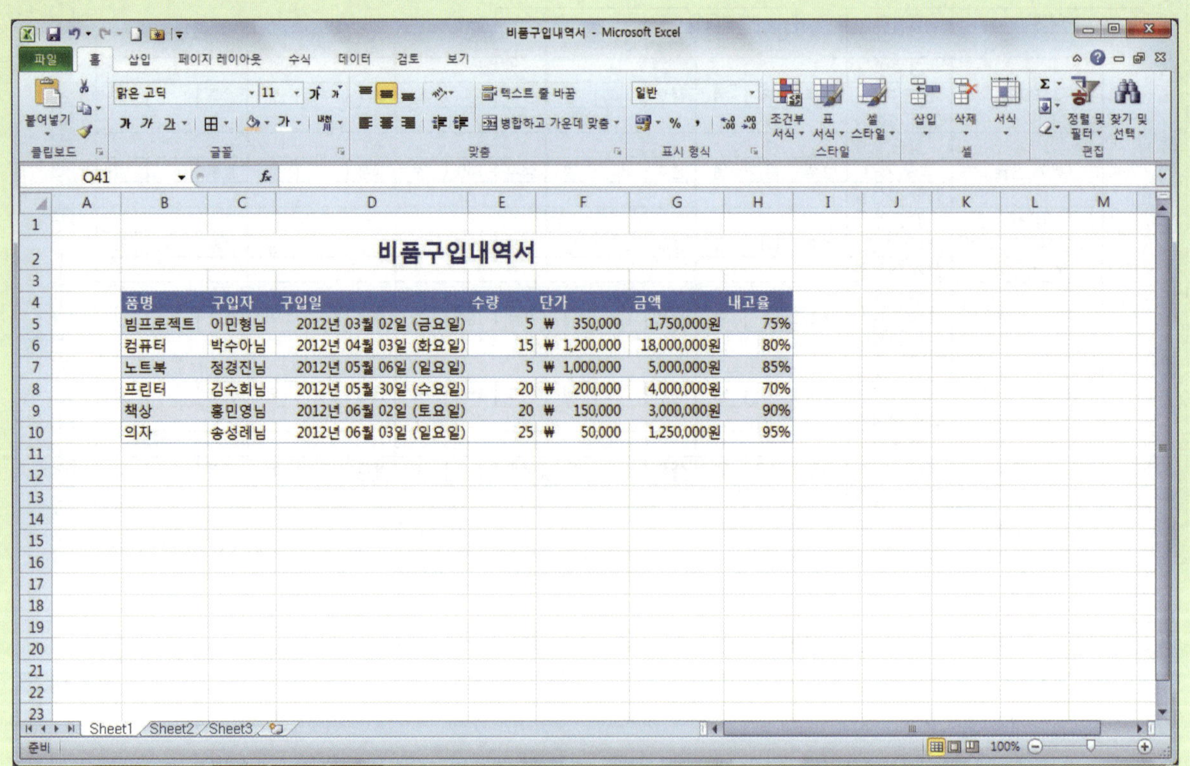

체크포인트

실습1 표시 형식을 이용하여 좀 더 쉽게 이해할 수 있는 서식을 지정해 봅니다.

실습2 셀 스타일과 표 서식을 이용하여 문서를 꾸며 봅니다.

실습3 인쇄 미리 보기를 통해 내가 만든 문서의 인쇄하기 전 상태를 확인합니다.

표시 형식 활용하기

문자, 날짜, 요일, 숫자 데이터에 서식을 지정하면 좀 더 이해하기 쉽게 표시할 수 있으며, 사용자 지정 서식을 이용하여 다양한 서식을 지정할 수 있습니다.

데이터 입력하기

1 아래와 같이 데이터를 입력합니다.

▲	A	B	C	D	E	F	G	H	I
1									
2		비품구입내역서							
3									
4		품명	구입자	구입일	수량	단가	금액	내고율	
5		빔프로젝트	이민형	2012-03-02	5	350000	1750000	0.75	
6		컴퓨터	박수아	2012-04-03	15	1200000	18000000	0.8	
7		노트북	정경진	2012-05-06	5	1000000	5000000	0.85	
8		프린터	김수희	2012-05-30	20	200000	4000000	0.7	
9		책상	홍민영	2012-06-02	20	150000	3000000	0.9	
10		의자	송성례	2012-06-03	25	50000	1250000	0.95	
11									

통화 기호와 천단위 구분 기호 표시하기

2 [F5:F10] 영역을 범위 지정한 후 [홈] 탭의 [표시 형식] 그룹에서 '회계'를 클릭합니다.

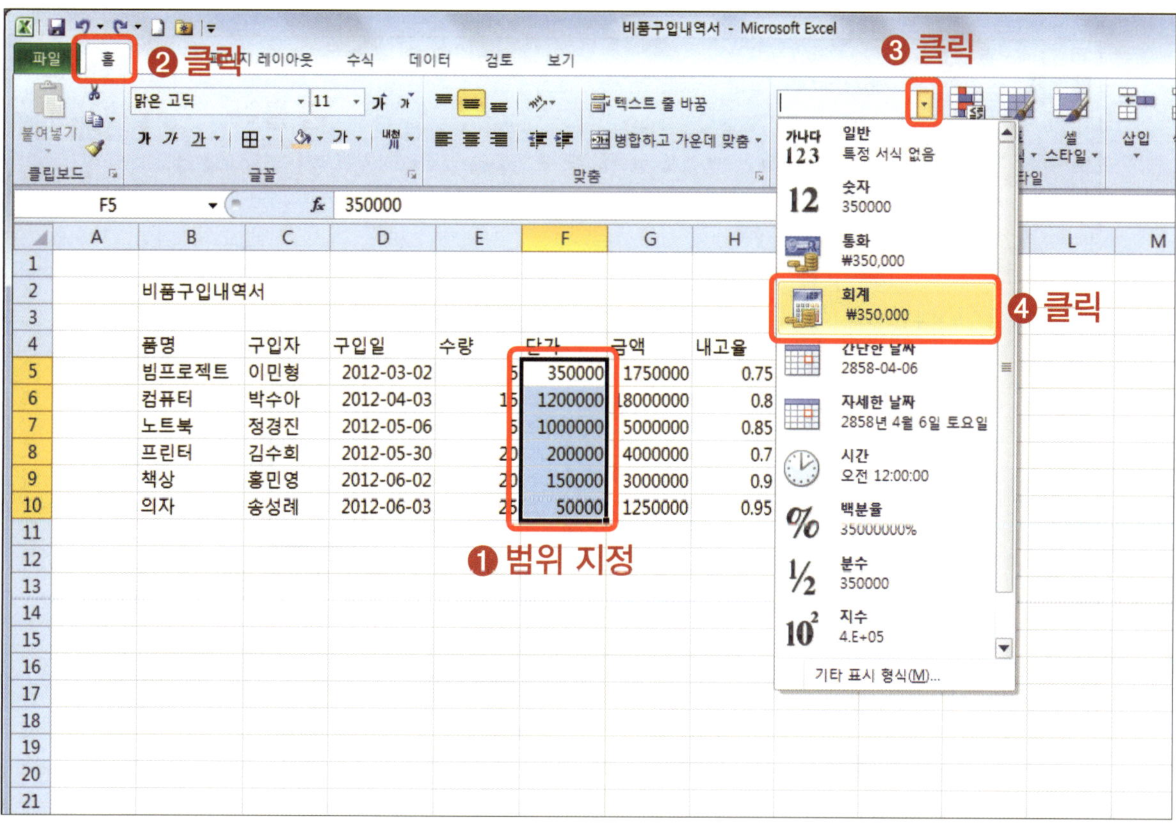

천단위 구분 기호 표시하기

❸ [G5:G10] 영역을 범위 지정한 후 [홈] 탭의 [표시 형식] 그룹에서 [쉼표 스타일 ,] 단추를 클릭합니다.

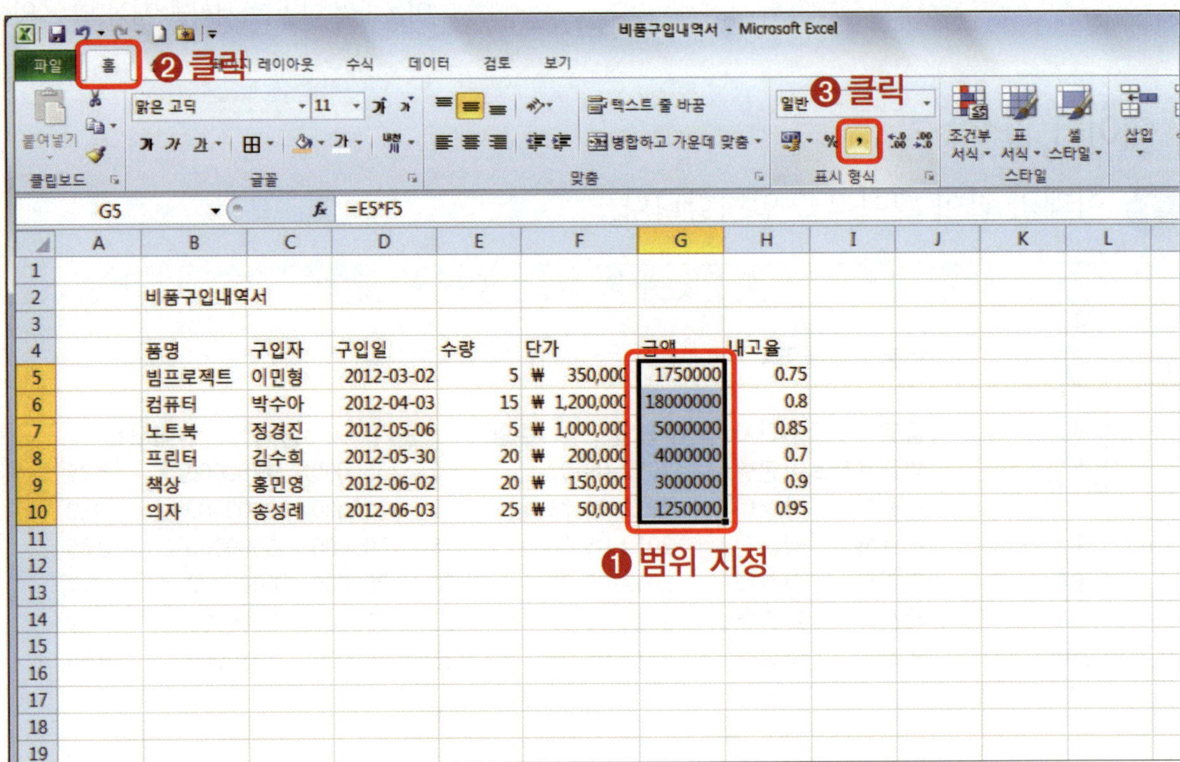

백분율로 표시하기

❹ [H5:H10] 영역을 범위 지정한 후 [홈] 탭의 [표시 형식] 그룹에서 [백분율 스타일 %] 단추를 클릭합니다.

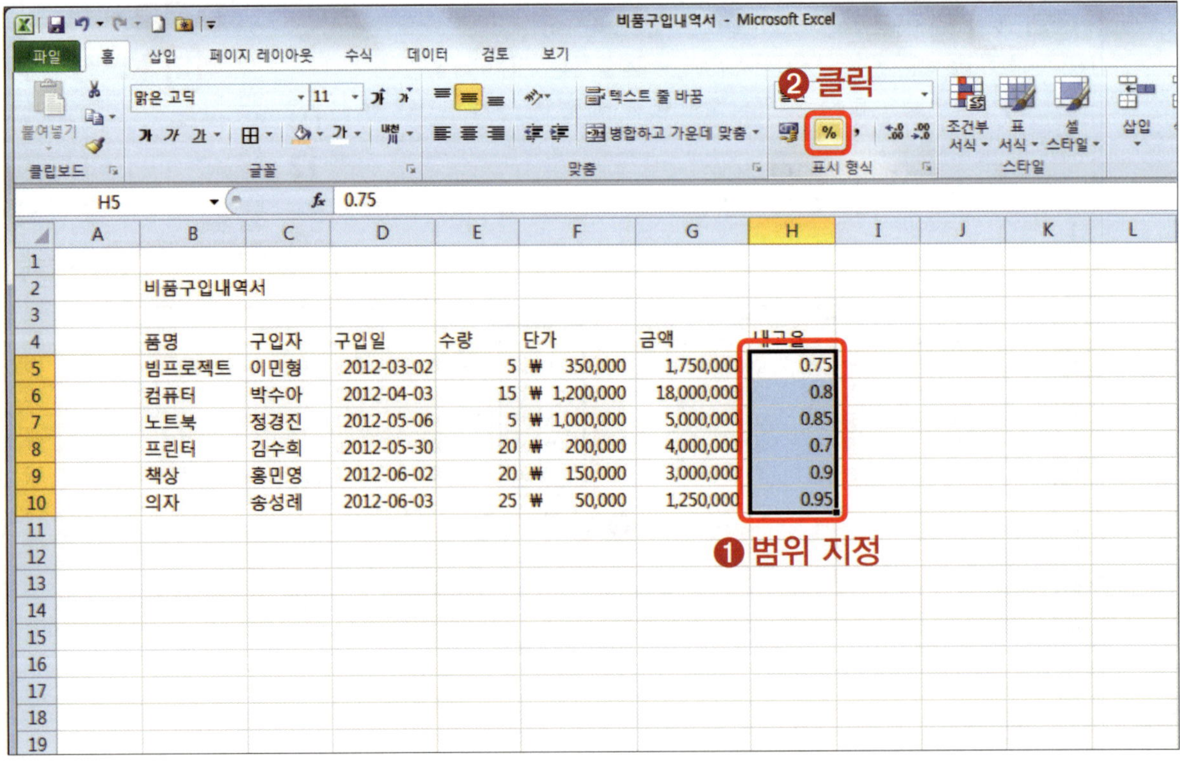

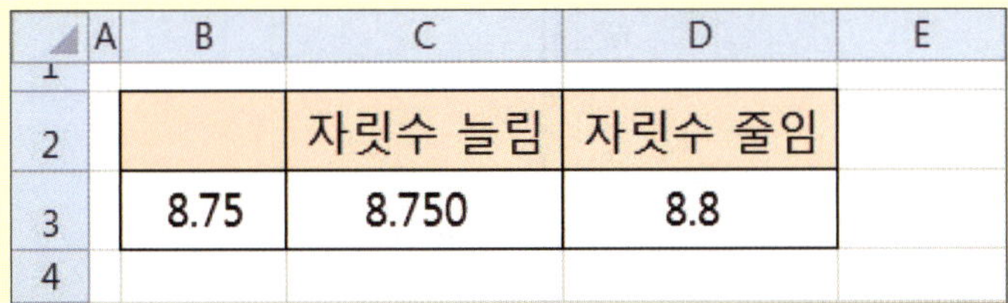

[표시 형식] 그룹

① 표시 형식 : 일반, 숫자, 통화, 간단한 날짜, 시간, 백분율 등을 선택하여 지정할 수 있습니다.

② 회계 표시 형식 : 화폐 기호(₩, ¥, ₵, £ 등)와 천단위 구분 기호(,)를 표시합니다.

③ 백분율 스타일 : 셀 값에 곱하기 100을 하여 백분율 기호(%)와 함께 표시합니다.

④ 쉼표 스타일 : 천 단위 구분 기호(,)를 표시합니다.

⑤ 자릿수 늘림 : 소수 이하 자릿수를 늘려 표시합니다.

⑥ 자릿수 줄임 : 소수 이하 자릿수를 줄여 표시합니다.

	B	C	D	E
2		자릿수 늘림	자릿수 줄임	
3	8.75	8.750	8.8	

⑦ 추가 옵션 : [셀 서식] 대화상자의 [표시 형식] 탭을 나타냅니다.

날짜에 서식 지정하기

5 [D5:D10] 영역을 범위 지정한 후 [홈] 탭의 [표시 형식] 그룹에서 오른쪽 하단의 [추가 옵션 ▣] 단추를 클릭합니다.

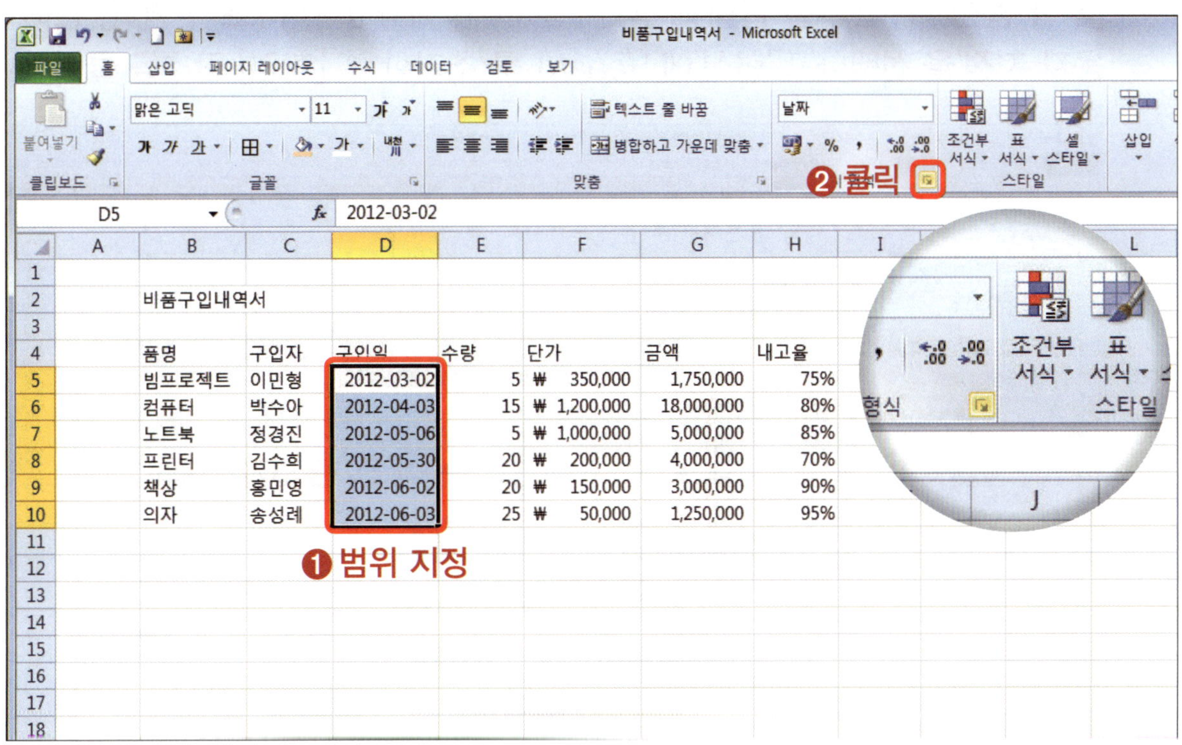

[셀 서식] 대화상자를 표시하는 방법은 범위 안에서 마우스 오른쪽 단추를 클릭하여 [셀 서식]을 선택하거나, 바로 가기 키 Ctrl + 1 키로도 가능합니다.

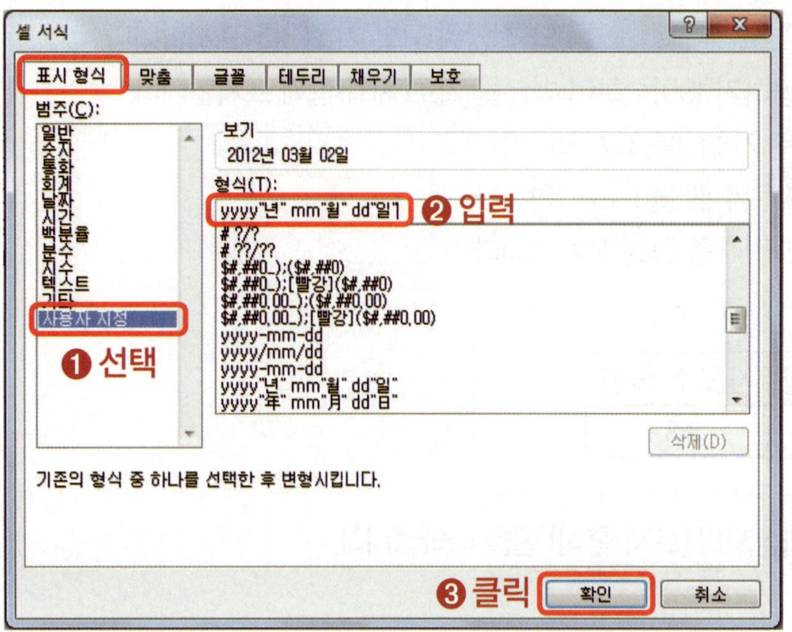

6 [셀 서식] 대화상자의 [표시 형식] 탭에서 '사용자 지정'을 선택하고 '형식'에 「yyyy"년" mm"월" dd"일"」을 입력한 후 [확인] 단추를 클릭합니다.

요일 표시하기

7 [D5:D10] 영역을 범위 지정한 후 [홈] 탭의 [표시 형식] 그룹에서 오른쪽 하단의 [추가 옵션] 단추를 클릭합니다. [셀 서식] 대화상자의 [표시 형식] 탭에서 '사용자 지정'을 선택하고 '형식'에 「(aaaa)」를 추가한 후 [확인] 단추를 클릭합니다.

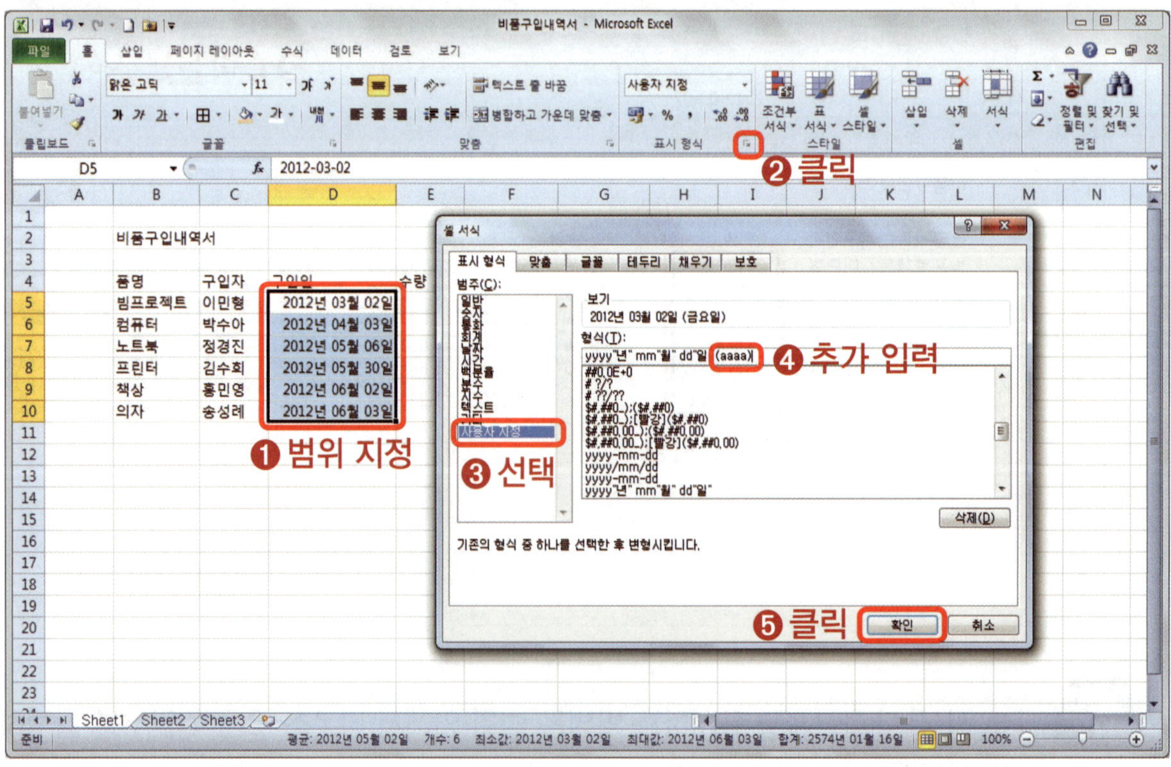

코드	의미	코드	의미
yy	년도를 2자리로 표시(12)	d	일을 1자리로 표시(1~31)
yyyy	년도를 4자리로 표시(2012)	dd	월을 2자리로 표시(01~31)
m	월을 1자리로 표시(1~12)	ddd	요일을 Mon~Sun
mm	월을 2자리로 표시(01~12)	dddd	요일을 Monday~Sunday로 표시
mmm	월을 3자리로 표시(Jan~Dec)	aaa	요일을 월~일 로 표시
mmmm	월을 January~December로 표시	aaaa	요일을 월요일~일요일로 표시

이름 뒤에 '님'을 붙여 표시하기

8 [C5:C10] 영역을 범위 지정한 후 [홈] 탭의 [표시 형식] 그룹에서 오른쪽 하단의 [추가 옵션] 단추를 클릭합니다. [셀 서식] 대화상자의 [표시 형식] 탭에서 '사용자 지정'을 선택하고 '형식'에 「@"님"」을 입력한 후 [확인] 단추를 클릭합니다.

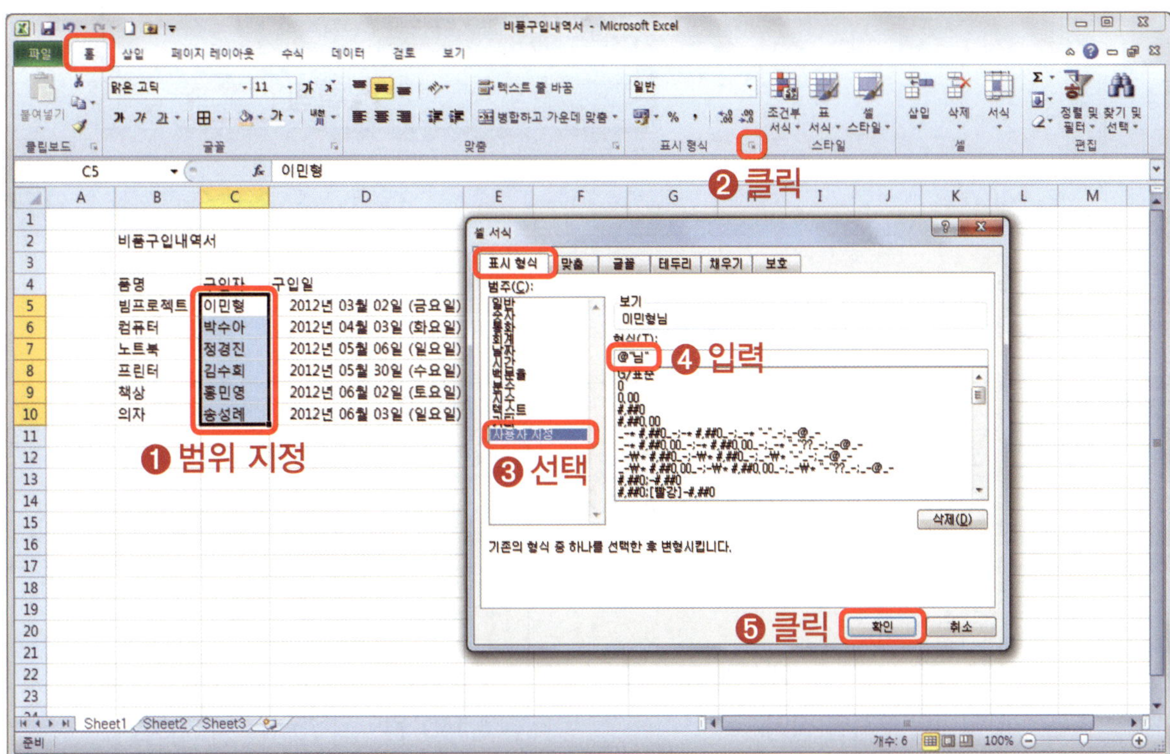

9 [G5:G10] 영역을 범위 지정한 후 [홈] 탭의 [표시 형식] 그룹에서 오른쪽 하단의 [추가 옵션 ⬚] 단추를 클릭합니다. [셀 서식] 대화상자의 [표시 형식] 탭에서 '사용자 지정'을 선택하고 '형식'에 「#,##0"원"」을 입력한 후 [확인] 단추를 클릭합니다.

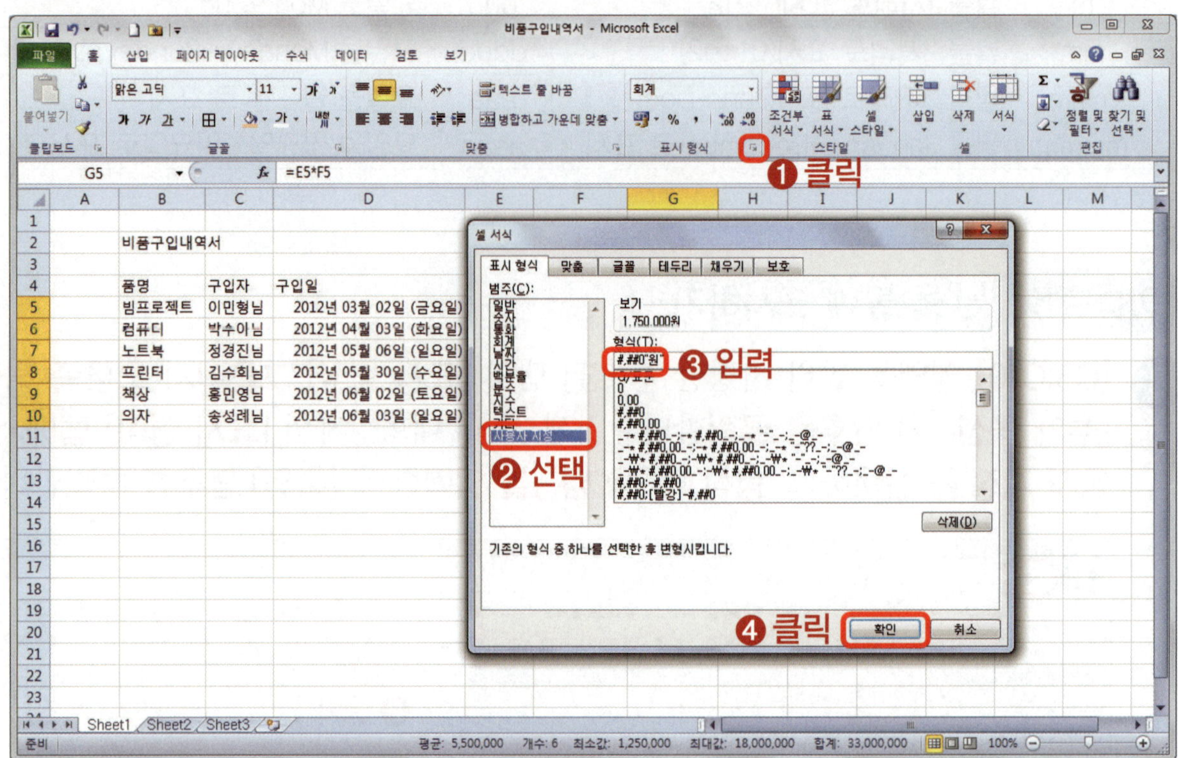

실력 쑥쑥 TIP 서식 코드

코드	의미	사용 예	결과
@	문자를 대신하는 기호	@ "귀하"	김하늘 → 김하늘 귀하
#	숫자를 대신하는 기호(필요 없는 자리는 생략)	#,###	12000 → 12,000
0	숫자를 대신하는 기호(자릿수에 숫자 0으로 표시)	0.0	12 → 12.0
,	1,000 단위 구분 기호 표시	#,##0	0 → 0, 5000 → 5,000
" "	임의의 문자열 삽입	#,##0"원"	7500 → 7,500원

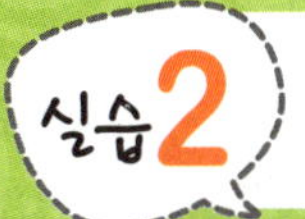 **셀 스타일과 표 서식을 적용하기**

다양한 서식이 적용되어 있는 셀 스타일과 표를 좀 더 편리하게 관리할 수 있는 표 서식을 이용하여 워크시트를 쉽게 꾸밀 수 있습니다.

제목에 셀 스타일 적용하기

1 [B2:H2] 영역을 범위 지정한 후 [홈] 탭의 [맞춤] 그룹에서 [병합하고 가운데 맞춤 ⫴] 단추를 클릭하고 [홈] 탭의 [스타일] 그룹에서 [셀 스타일]을 클릭하여 셀 스타일의 '제목 및 머리글'에서 '제목'을 선택합니다.

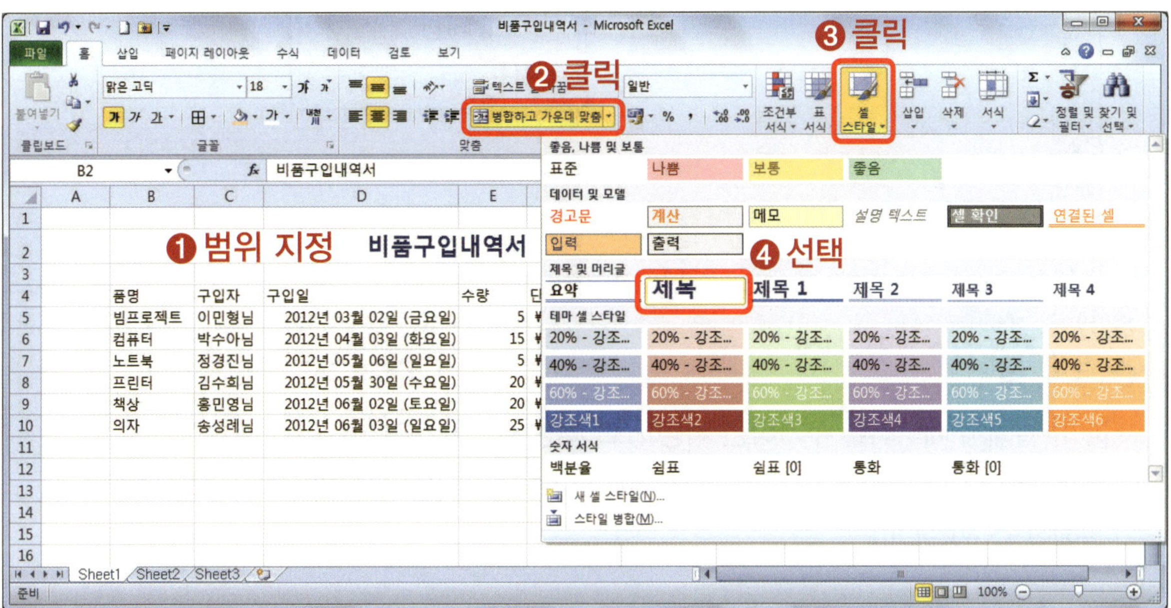

 셀 스타일에서 가장 왼쪽 상단의 [표준]을 선택하면 셀 스타일과 모든 셀 서식을 지울 수 있습니다.

표 서식 지정하기

2 [B4] 셀을 선택한 후 [홈] 탭의 [스타일] 그룹에서 [표 서식]을 클릭합니다. 표 서식의 '보통'에서 '표 스타일 보통 2'를 선택합니다.

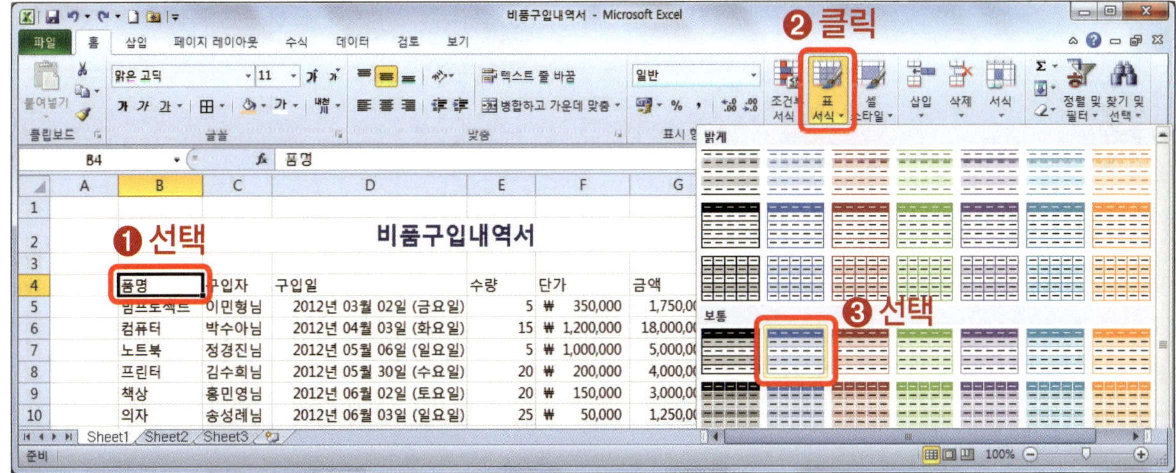

3 [표 서식] 대화상자에 [B4:H10] 영역이 표시되면 [확인] 단추를 클릭합니다.

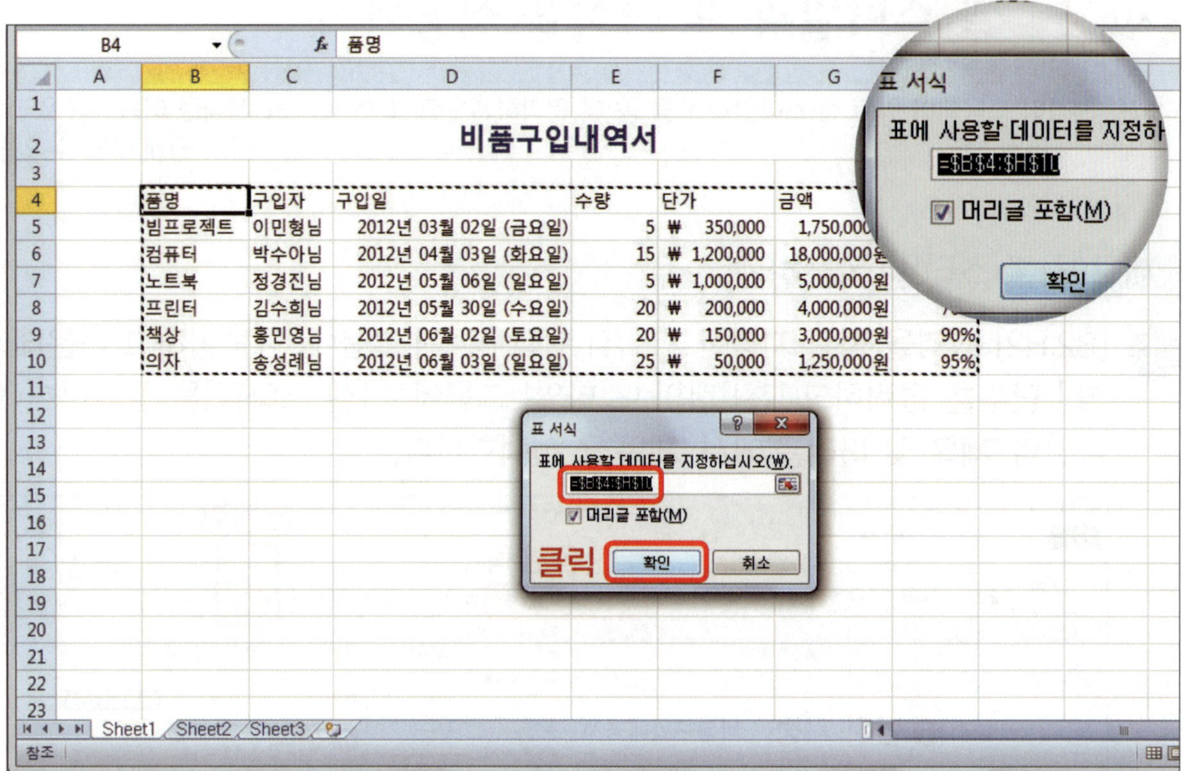

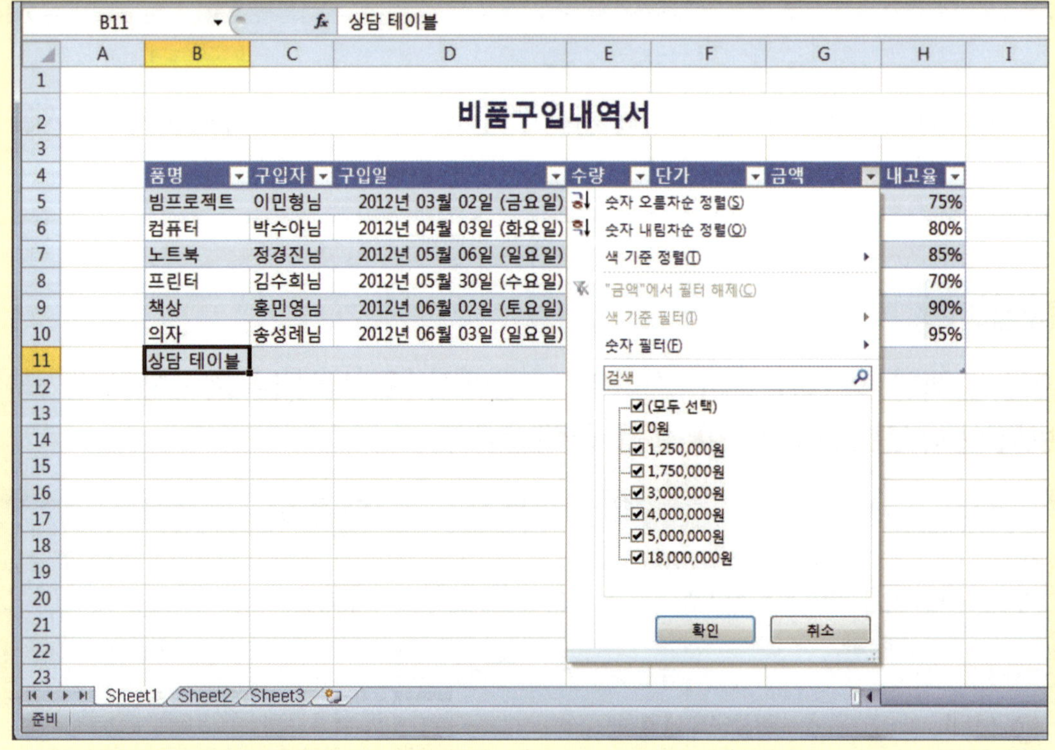

실격 쑥쑥 **TIP**   **표 서식**

- [B11] 셀에서 데이터를 추가하면 자동으로 같은 서식이 적용됩니다.
- 제목 행[B4:H4]에서 [목록 단추▼]를 클릭하여 데이터를 정렬하거나 필요한 데이터를 쉽게 실행할 수 있습니다.

4 [D5] 셀을 선택한 후 [표 도구]–[디자인] 탭의 [도구] 그룹에서 [범위로 변환]을 클릭합니다.

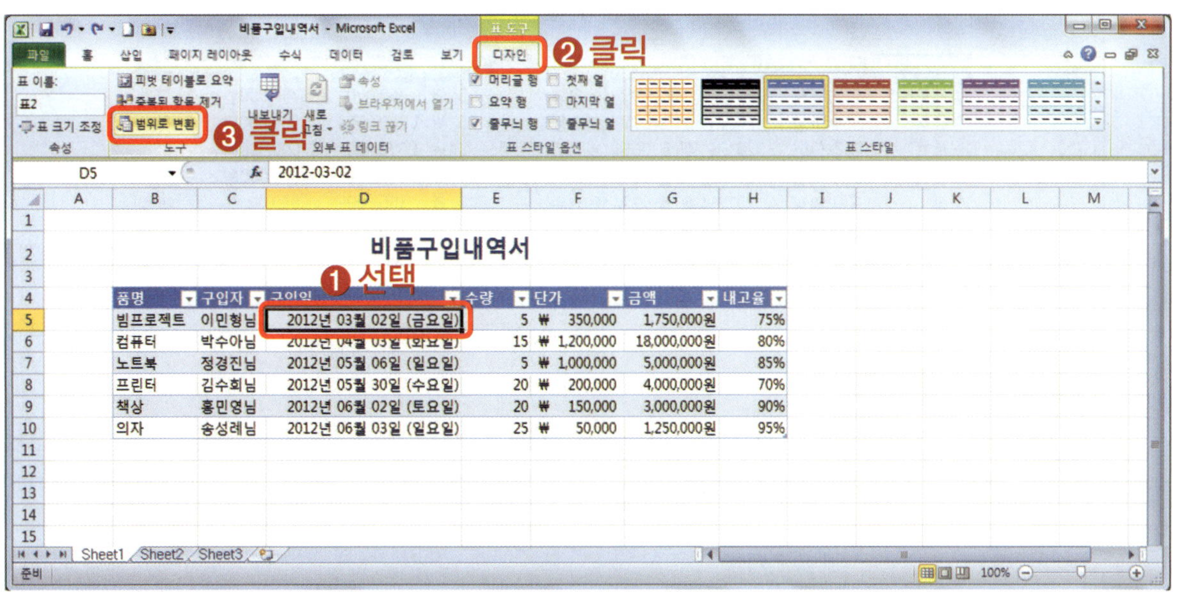

실격 쑥쑥 **TIP** **표에서 셀 병합/삽입/삭제**

표 서식을 지정하면 데이터를 추가할 때 자동으로 서식이 지정되고, 필터 기능을 이용하여 정렬과 필요한 데이터를 추출할 수 있는 장점이 있습니다. 하지만 표 서식 안에서 셀을 병합하거나 셀을 삽입, 삭제할 수 없는 불편함이 있습니다. 셀 병합이나 셀 삽입, 삭제를 하고자할 때에는 표를 정상 범위로 변환해야 합니다.

5 화면의 대화상자에서 [예] 단추를 클릭합니다.

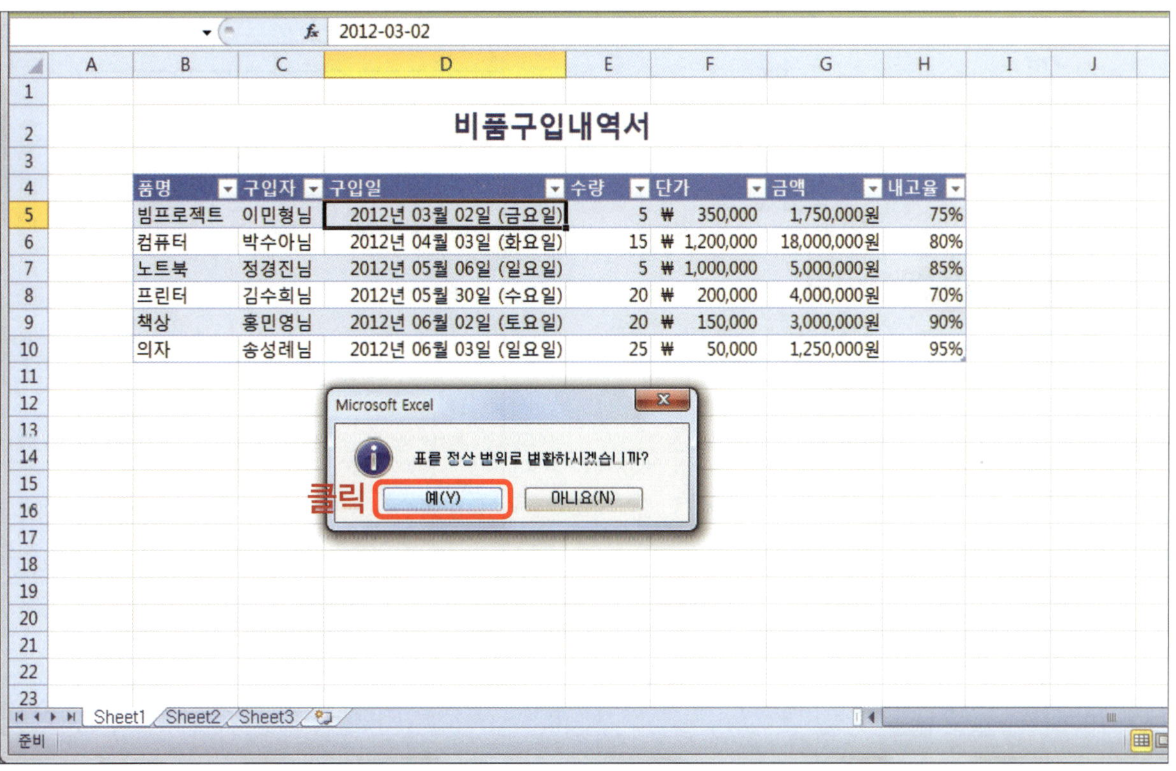

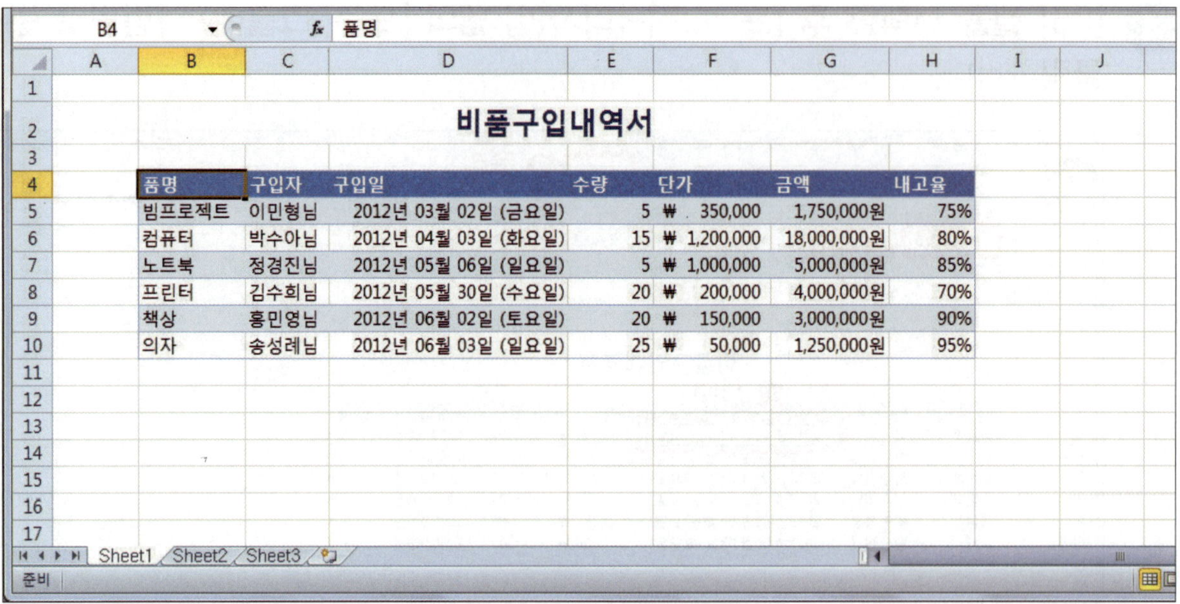

실습 3 인쇄 미리 보기

내가 작성한 내용을 인쇄했을 때 어떻게 인쇄가 될 것인지를 인쇄 미리 보기를 통해 미리 확인할 수 있으며,
또한 용지의 방향과 여백 등을 지정할 수 있습니다.

인쇄 미리 보기

❶ [파일] 탭의 [인쇄]를 클릭합니다.

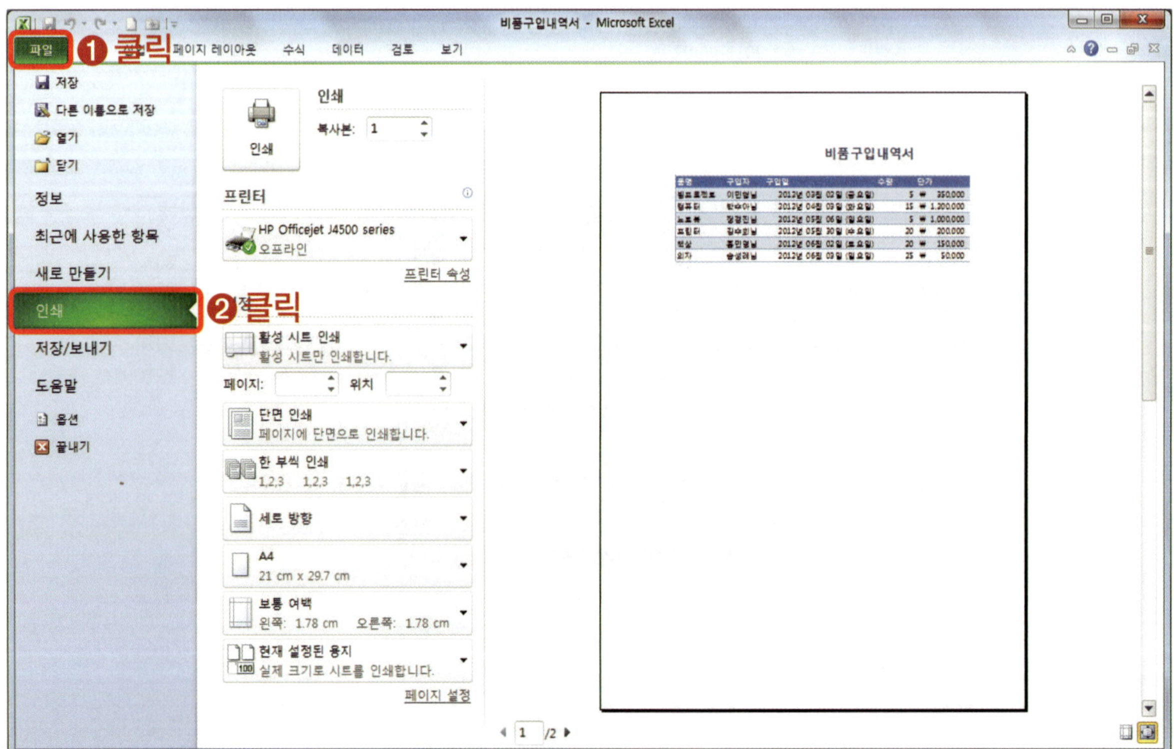

빠른 실행 도구 모음에 [인쇄 미리 보기 및 인쇄] 단추가 있다면 클릭하여 인쇄 미리 보기로 이동할 수 있습니다.

용지 방향 바꾸기

2 용지 방향에서 **'가로 방향'을 클릭**합니다.

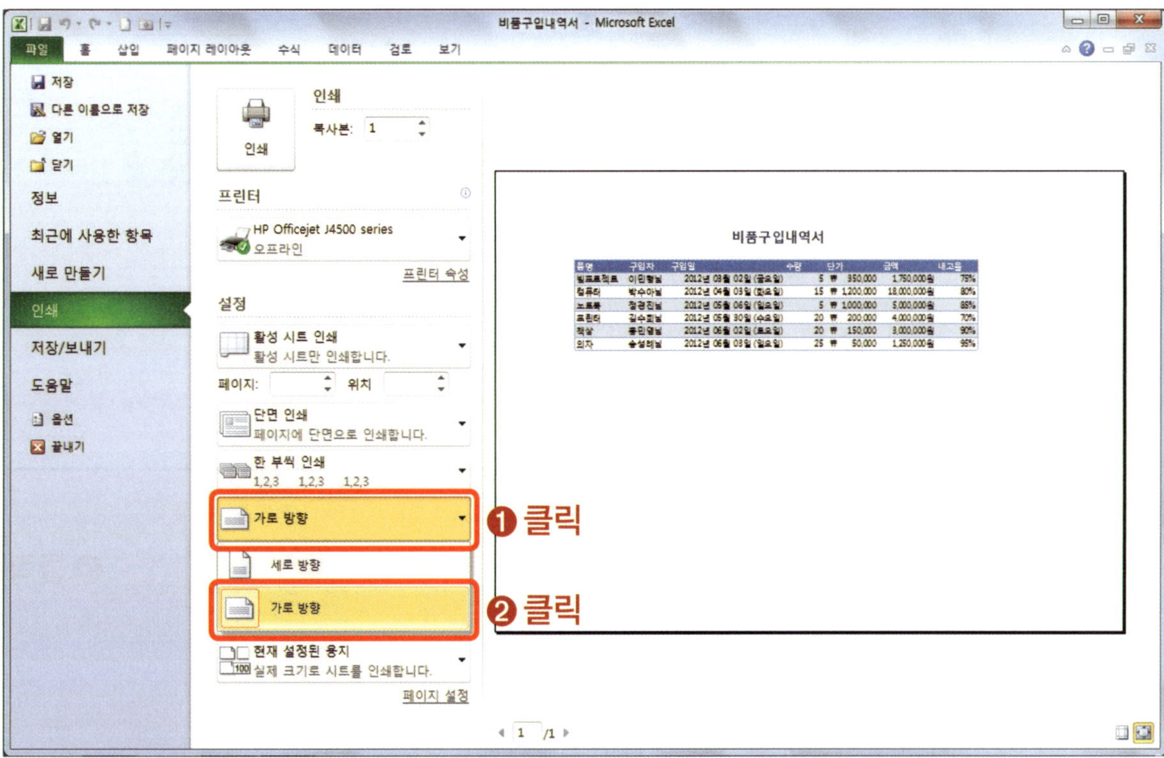

화면 확대하기

3 오른쪽 하단의 [페이지 확대/축소] 단추를 클릭합니다.

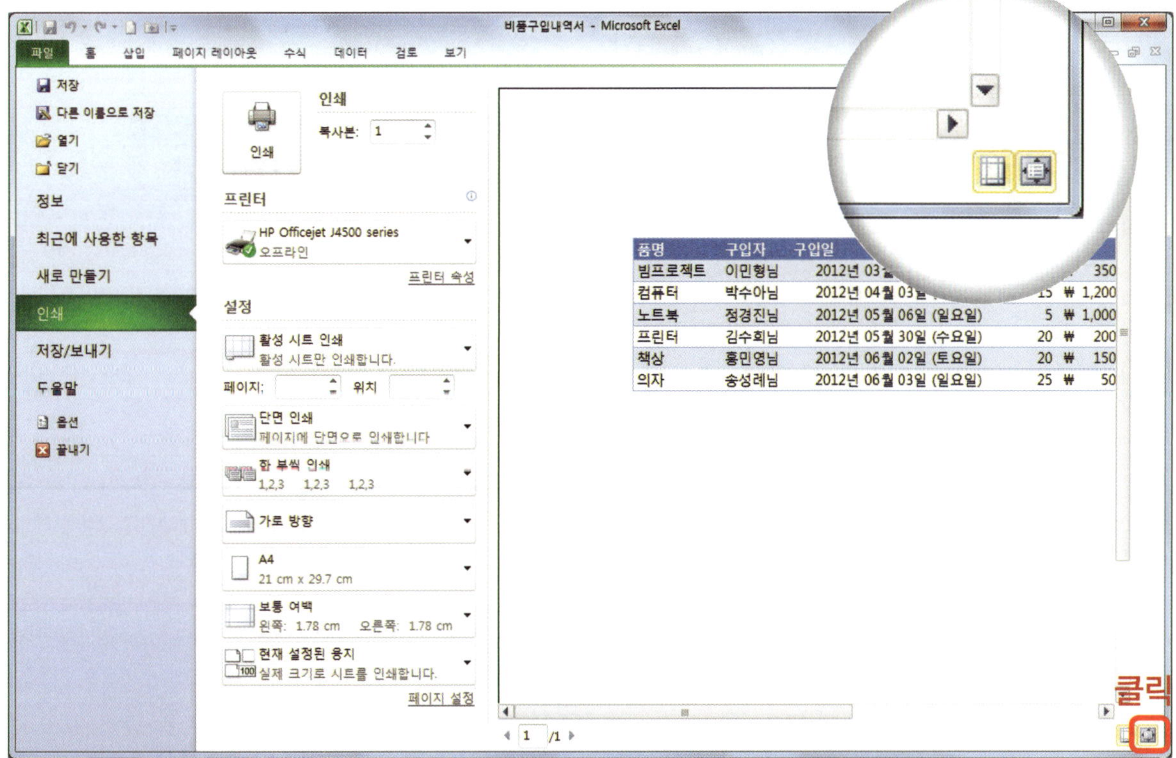

여백 표시하기

4 오른쪽 하단의 **[페이지 확대/축소]** 단추를 클릭하여 한 페이지가 화면에 표시되도록 설정하고, **[여백 표시]** 단추를 클릭합니다.

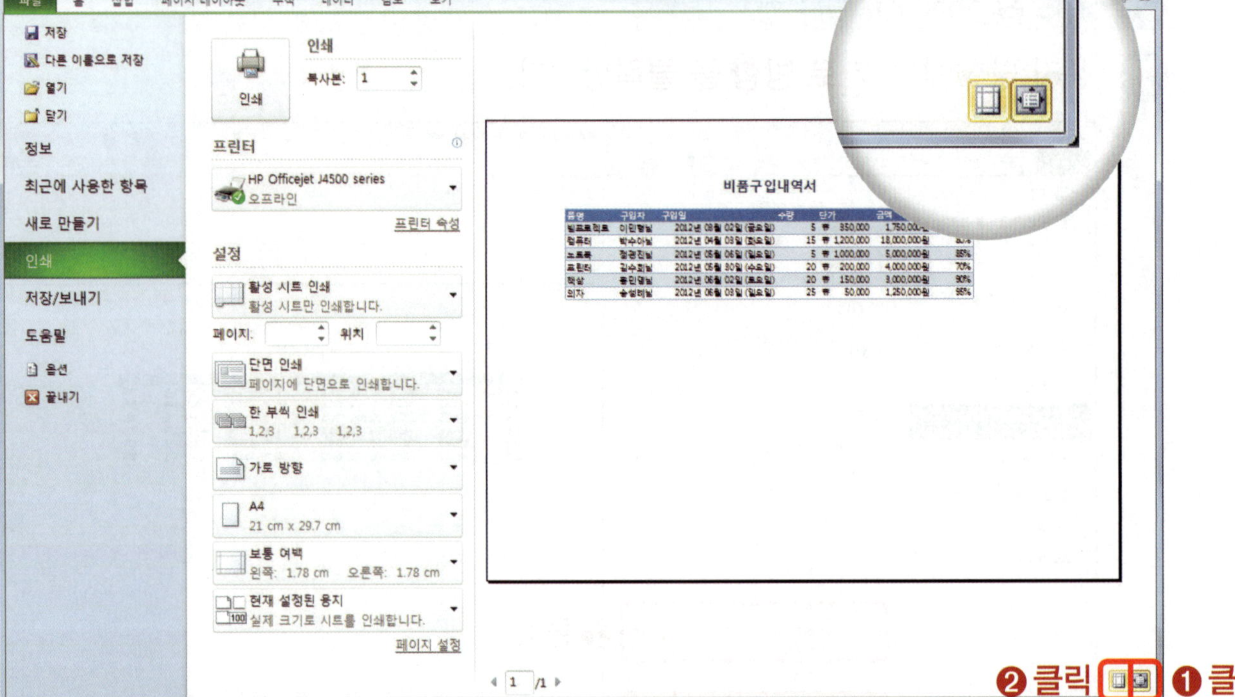

용지 여백 넓게하기

5 여백을 클릭하여 **'넓게'**를 클릭합니다.

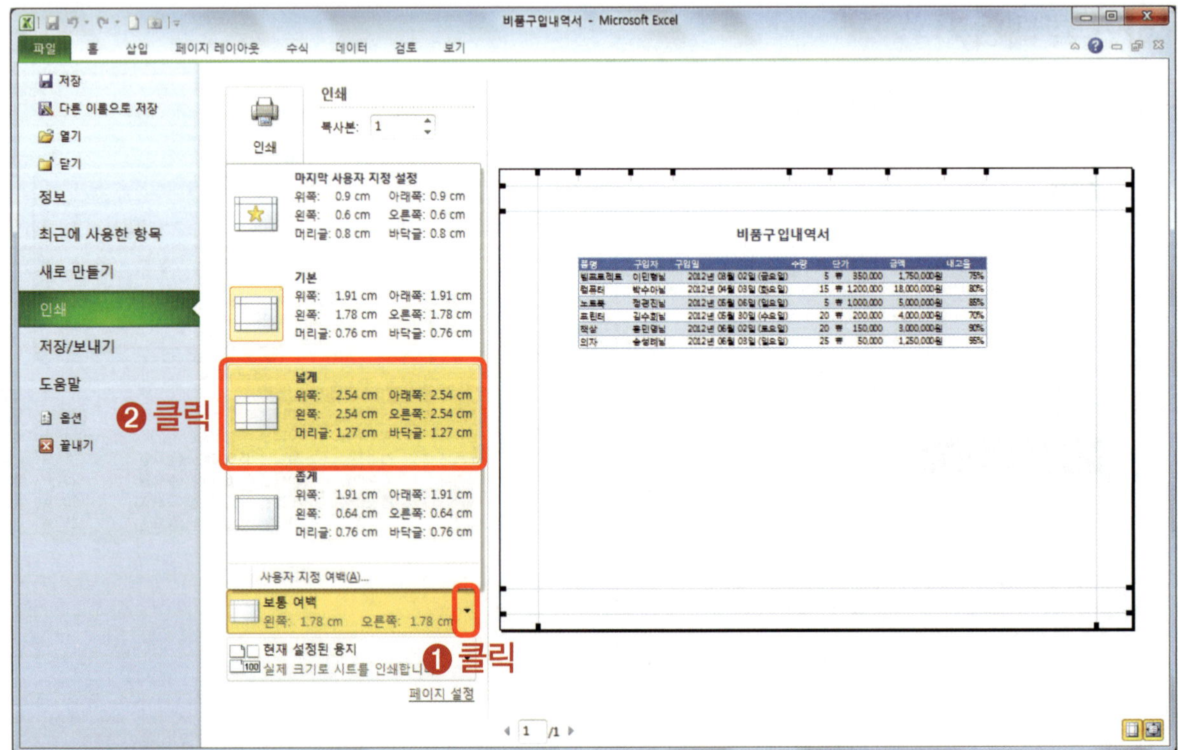

6 인쇄 내용을 가로 가운데에 배치하기 위해 **[페이지 설정]**을 **클릭**합니다.

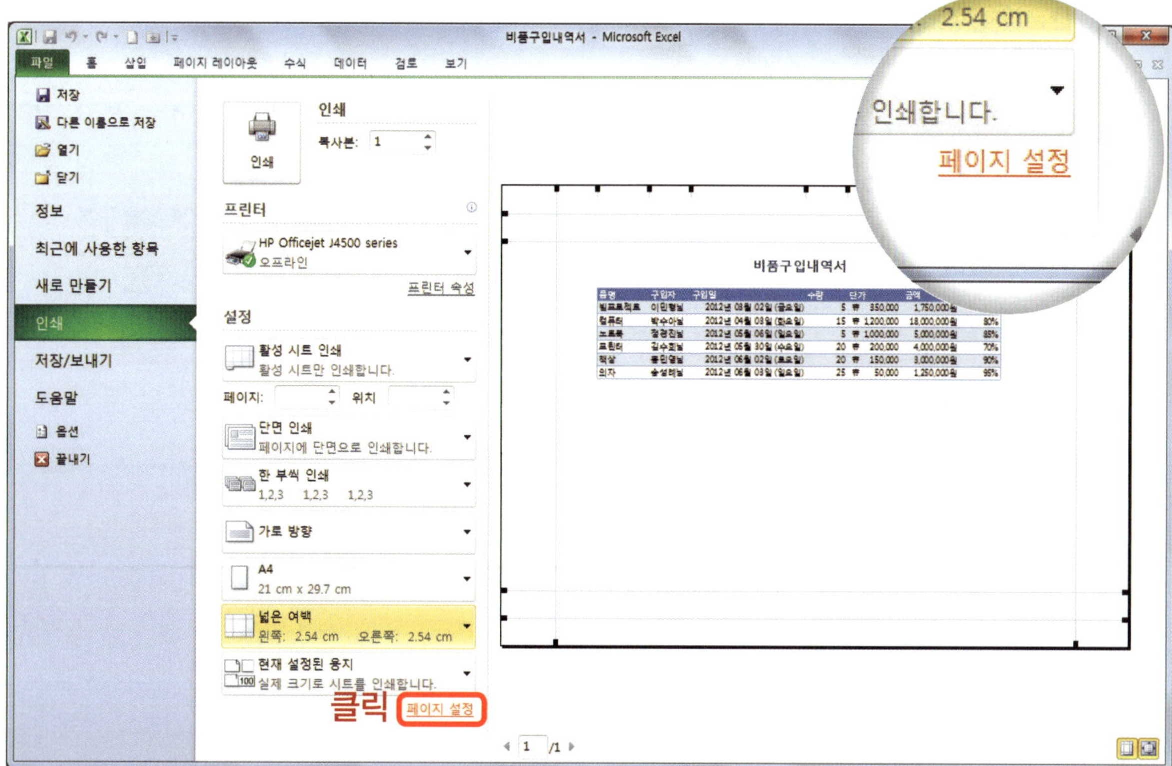

7 **[페이지 설정]** 대화상자의 **[여백]** 탭에서 '페이지 가운데 맞춤'의 '가로'를 선택하고 **[확인]** 단추를 **클릭**합니다.

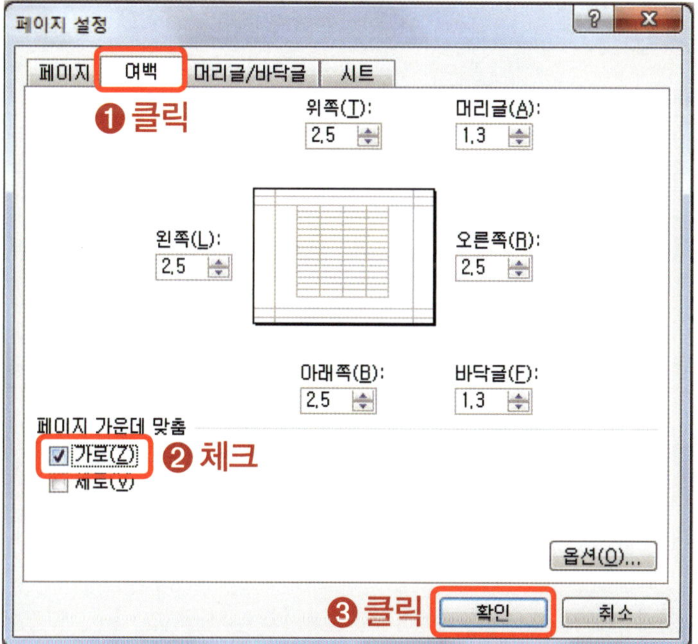

8 인쇄 내용이 가로 가운데에 배치됩니다.

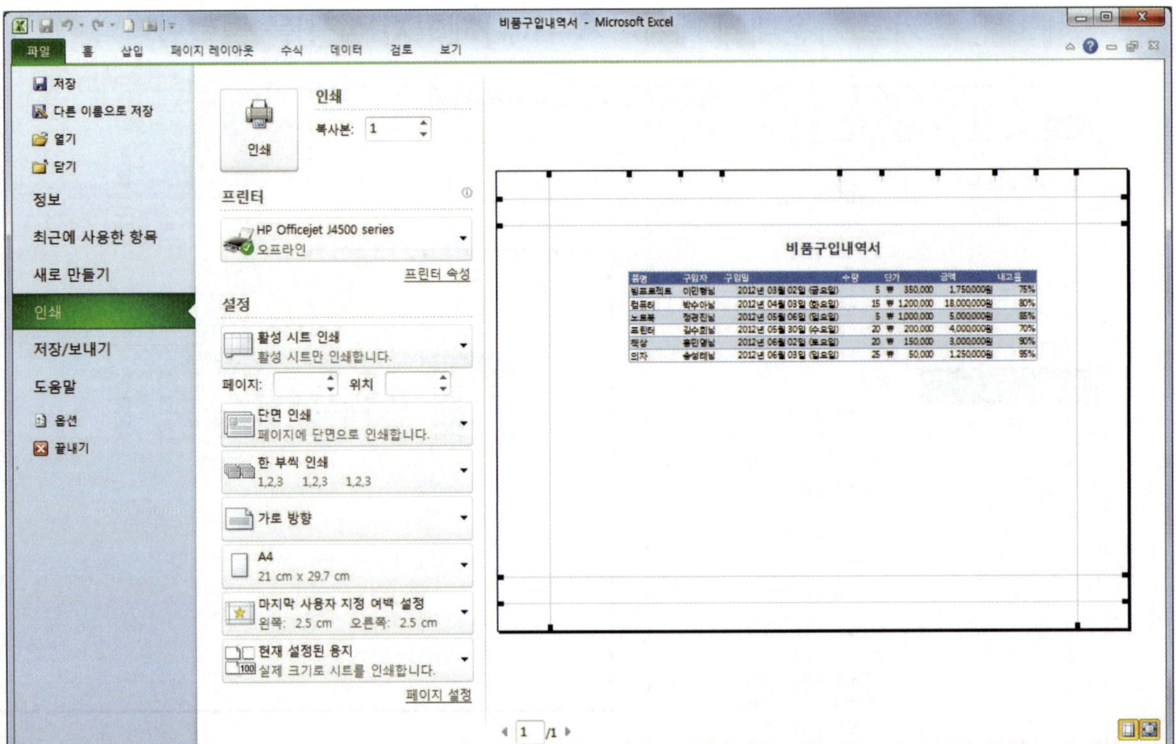

내용을 편집하기 위해서 인쇄 미리 보기에서 빠져 나갈 때에는 [파일] 탭이나 [홈] 탭 등을 클릭합니다.

1 다음과 같이 사용자 지정 서식을 지정해 보세요.('혼자 풀어보기' 예제 파일 활용)
- 회사명 : 회사명 뒤에 '전자' 붙이기
- 사용기간 : 사용기간 뒤에 '년' 붙이기
- 고장횟수 : 고장횟수 뒤에 '번' 붙이기
- 금액 : 천 단위 구분 기호와 '원' 붙이기

	A	B	C	D	E	F	G	H	I	J
1										
2					우리집 가전 제품 목록					
3										
4									기준 년도 :	2012-12-31
5		제품명	회사명	모델명	구입일	구입요일	사용기간	5년 이상 사용 여부	고장횟수	금액
6		김치냉장고	LG전자	KIM-101	2007-12-20	2007-12-20	5년	O	0번	1,200,000원
7		냉장고	LG전자	NJG-203	2007-05-19	2007-05-19	5년	O	2번	1,400,000원
8		세탁기	삼성전자	STG-111	2005-10-31	2005-10-31	7년	O	1번	600,000원
9		식기세척기	LG전자	SGS-5-3	2006-08-08	2006-08-08	6년	O	0번	800,000원
10		에어컨	삼성전자	AAK00-12	2008-08-14	2008-08-14	4년	X	3번	1,500,000원
11		전자레인지	LG전자	SSL-2101-1	2003-08-20	2003-08-20	9년	O	0번	200,000원
12		청소기	삼성전자	CHA-T-33	2008-01-30	2008-01-30	4년	X	0번	500,000원
13		홈시어터	삼성전자	HL-A-00	2005-10-01	2005-10-01	7년	O	2번	800,000원
14		TV	삼성전자	DM-Q-01	2005-09-30	2005-09-30	7년	O	1번	2,000,000원
15										

Hint!
- 회사명: @"전자", 사용기간 : 0"년" 또는 #"년"
- 고장횟수 : 0"번" 또는 #"번", 금액 : #,##0"원"

2 다음과 같이 사용자 지정 서식을 지정해 보세요.
- [J4] 셀 날짜 : 년도만을 4자리로 표시하고 '년'을 붙이기
- 구입일 : 년, 월, 일을 한자로 표기하여 각각 2자리로 표시
- 구입요일 : 월, 화, 수 ... 형식으로 표시

	A	B	C	D	E	F	G	H	I	J
1										
2					우리집 가전 제품 목록					
3										
4									기준 년도 :	2012년
5		제품명	회사명	모델명	구입일	구입요일	사용기간	5년 이상 사용 여부	고장횟수	금액
6		김치냉장고	LG전자	KIM-101	07年 12月 20日	목	5년	O	0번	1,200,000원
7		냉장고	LG전자	NJG-203	07年 05月 19日	토	5년	O	2번	1,400,000원
8		세탁기	삼성전자	STG-111	05年 10月 31日	월	7년	O	1번	600,000원
9		식기세척기	LG전자	SGS-5-3	06年 08月 08日	화	6년	O	0번	800,000원
10		에어컨	삼성전자	AAK00-12	08年 08月 14日	목	4년	X	3번	1,500,000원
11		전자레인지	LG전자	SSL-2101-1	03年 08月 20日	수	9년	O	0번	200,000원
12		청소기	삼성전자	CHA-T-33	08年 01月 30日	수	4년	X	0번	500,000원
13		홈시어터	삼성전자	HL-A-00	05年 10月 01日	토	7년	O	2번	800,000원
14		TV	삼성전자	DM-Q-01	05年 09月 30日	금	7년	O	1번	2,000,000원
15										

Hint!
[J4] 셀 : yyyy"년"
구입일 : yy"年" mm"月" dd"日"
구입요일 : aaa

3 다음과 같이 셀 스타일과 표 서식을 지정해 보세요.

– 셀 스타일 : 제목 및 머리글(제목 1), 글꼴 크기(20)

– 표 서식 : '표 스타일 보통 2', 정상 범위로 변환

우리집 가전 제품 목록

							기준 년도 :		2012년
제품명	회사명	모델명	구입일	구입요일	사용기간	5년 이상 사용 여부	고장횟수		금액
김치냉장고	LG전자	KIM-101	07年 12月 20日	목	5년	O	0번		1,200,000원
냉장고	LG전자	NJG-203	07年 05月 19日	토	5년	O	2번		1,400,000원
세탁기	삼성전자	STG-111	05年 10月 31日	월	7년	O	1번		600,000원
식기세척기	LG전자	SGS-5-3	06年 08月 08日	화	6년	O	0번		800,000원
에어컨	삼성전자	AAK00-12	08年 08月 14日	목	4년	X	3번		1,500,000원
전자레인지	LG전자	SSL-2101-1	03年 08月 20日	수	9년	O	0번		200,000원
청소기	삼성전자	CHA-T-33	08年 01月 30日	수	4년	X	0번		500,000원
홈시어터	삼성전자	HL-A-00	05年 10月 01日	토	7년	O	2번		800,000원
TV	삼성전자	DM-Q-01	05年 09月 30日	금	7년	O	1번		2,000,000원

Hint!
- 셀 스타일 : [B2] 셀에서 [홈] 탭의 [스타일] 그룹에서 [셀 스타일]을 클릭합니다.
- 표 서식 : [B5:J14] 영역에 범위 지정한 후 [홈] 탭의 [스타일] 그룹에서 [표 서식]을 클릭합니다.
- 정상 범위로 변환 : 표 서식이 지정된 상태에서 [표]–[도구] 탭의 [디자인] 그룹에서 [범위로 변환]을 클릭합니다.

4 다음과 같이 사용자 지정 서식을 지정해 보세요.

– 이름 : 이름 뒤에 '님' 붙이기

– 주민등록번호 : 주민등록번호 형식으로 지정

– 생년월일 : '1970년 05월 05일' 형식으로 표시

– 탄생요일 : 요일을 월요일, 화요일, 수요일 … 형식으로 표시

주아네 가족 소개

관계	이름	주민등록번호	생년월일	탄생요일	1달 용돈	교육비	참석율
할아버지	이자상님	480812-1074157	1948년 08월 12일	목요일	100000	50000	0.8
할머니	김온화님	500715-2068741	1950년 07월 15일	토요일	100000	50000	0.9
아빠	이민형님	680202-1578012	1968년 02월 02일	금요일	300000	100000	0.6
엄마	박아름님	701212-2036789	1970년 12월 12일	토요일	200000	80000	0.9
오빠	이재현님	990305-1023456	1999년 03월 05일	금요일	80000	250000	0.5
나	이주아님	110194-1234567	2001년 10월 19일	금요일	50000	180000	0.7
동생	이나은님	306044-0123456	2003년 06월 04일	수요일	30000	120000	0.8

Hint!
- 이름 : @"님"
- 주민등록번호 : [표시 형식] 탭의 '기타'
- 생년월일 : yyyy"년" mm"월" dd"일"
- 탄생요일 : aaaa

5 다음과 같이 사용자 지정 서식을 지정해 보세요.

– 1달 용돈 : '회계' 형식으로 표시

– 교육비 : 천단위 구분기호와 '원'을 붙여서 표시

– 참석율 : 백분율로 표시

◢	A	B	C	D	E	F	G	H	I	J
1										
2					주아네 가족 소개					
3										
4		관계	이름	주민등록번호	생년월일	탄생요일	1달 용돈	교육비	참석율	
5		할아버지	이자상님	480812-1074157	1948년 08월 12일	목요일	₩100,000	50,000원	80%	
6		할머니	김온화님	500715-2068741	1950년 07월 15일	토요일	₩100,000	50,000원	90%	
7		아빠	이민형님	680202-1578012	1968년 02월 02일	금요일	₩300,000	100,000원	60%	
8		엄마	박아름님	701212-2036789	1970년 12월 12일	토요일	₩200,000	80,000원	90%	
9		오빠	이재현님	990305-1023456	1999년 03월 05일	금요일	₩ 80,000	250,000원	50%	
10		나	이주아님	110194-1234567	2001년 10월 19일	금요일	₩ 50,000	180,000원	70%	
11		동생	이나은님	306044-0123456	2003년 06월 04일	수요일	₩ 30,000	120,000원	80%	
12										

Hint!
- 1달 용돈 : [표시 형식] 그룹에서 '회계'
- 교육비 : #,##0"원"
- 참석율 : [표시 형식] 그룹에서 [백분율]

6 다음과 같이 셀 스타일과 표 서식을 지정해 보세요.

– 셀 스타일 : 제목, 글꼴 크기 20, 글꼴 색 '주황, 강조 6, 25% 더 어둡게'

– 표 서식 : '표 스타일 보통 7', 정상 범위로 변환

◢	A	B	C	D	E	F	G	H	I	J
1										
2					**주아네 가족 소개**					
3										
4		관계	이름	주민등록번호	생년월일	탄생요일	1달 용돈	교육비	참석율	
5		할아버지	이자상님	480812-1074157	1948년 08월 12일	목요일	₩100,000	50,000원	80%	
6		할머니	김온화님	500715-2068741	1950년 07월 15일	토요일	₩100,000	50,000원	90%	
7		아빠	이민형님	680202-1578012	1968년 02월 02일	금요일	₩300,000	100,000원	60%	
8		엄마	박아름님	701212-2036789	1970년 12월 12일	토요일	₩200,000	80,000원	90%	
9		오빠	이재현님	990305-1023456	1999년 03월 05일	금요일	₩ 80,000	250,000원	50%	
10		나	이주아님	110194-1234567	2001년 10월 19일	금요일	₩ 50,000	180,000원	70%	
11		동생	이나은님	306044-0123456	2003년 06월 04일	수요일	₩ 30,000	120,000원	80%	
12										

Hint!
- 셀 스타일 : [B2] 셀에서 [홈] 탭의 [스타일] 그룹에서 [셀 스타일]을 클릭합니다.
- 표 서식 : [B4:I11] 영역에 범위 지정한 후 [홈] 탭의 [스타일] 그룹에서 [표 서식]을 클릭합니다.
- 정상 범위로 변환 : 표 서시이 지정된 상태에서 [표]–[도구] 탭의 [디자인] 그룹에서 [범위로 변환]을 클릭합니다.

간단하게 작성된 문서에 도형과 그림, 클립아트, WordArt 삽입으로 시각적인 문서를 만들 수 있습니다. 엑셀에서 제공되는 WordArt 스타일, 도형 스타일을 이용하여 쉽게 문서를 꾸밀 수 있으며, 도형에 색과 다양한 입체적인 효과를 줄 수 있습니다.

완성파일 미·리·보·기

관계	이름	주민등록번호	생년월일	탄생요일	취미 생활	좋아하는 음식
할아버지	이자상	480812-1074157	1948년 08월 12일	목요일	등산	초밥
할머니	김온화	500715-2068741	1950년 07월 15일	토요일	아쿠아	호박죽
아빠	이민형	680202-1578012	1968년 02월 02일	금요일	축구	맥주
엄마	박아름	701212-2036789	1970년 12월 12일	토요일	영화 감상	커피
형	이재현	030510-3345612	2003년 05월 10일	토요일	수영	초콜렛
누나	이주아	050920-4123456	2005년 09월 20일	화요일	피아노	아이스크림
나	이도원	070420-3012345	2007년 04월 20일	금요일	잠자기	사탕

체크포인트

실습 1 WordArt를 이용하여 제목을 입력하고 WordArt 스타일을 이용하여 서식을 지정해 봅니다.

실습 2 클립아트를 검색하여 삽입하고 도형 스타일을 이용하여 서식을 지정해 봅니다.

실습 3 도형과 그림을 삽입하고 서식을 지정해 봅니다.

WordArt를 삽입하고 편집하기

WordArt 스타일을 이용하여 제목을 입력하고 글꼴 서식을 지정하여 작성된 표를 좀 더 시각적으로 표현해 봅니다.

WordArt 삽입하여 텍스트 입력하기('가족소개' 예제 파일 활용)

1 [삽입] 탭의 [텍스트] 그룹에서 [WordArt]를 클릭하여 '그라데이션 채우기–파랑, 강조 1, 윤곽선–흰색'을 선택합니다.

관계	이름	주민등록번호	생년월일	탄생요일	취미 생활	좋아하는 음식
할아버지	이자상	480812-1074157	1948년 08월 12일	목요일	등산	초밥
할머니	김온화	500715-2068741	1950년 07월 15일	토요일	아쿠아	호박죽
아빠	이민형	680202-1578012	1968년 02월 02일	금요일	축구	맥주
엄마	박아름	701212-2036789	1970년 12월 12일	토요일	영화 감상	커피
형	이재현	030510-3345612	2003년 05월 10일	토요일	수영	초콜렛
누나	이주아	050920-4123456	2005년 09월 20일	화요일	피아노	아이스크림
나	이도원	070420-3012345	2007년 04월 20일	금요일	잠자기	사탕

2 '필요한 내용을 적으십시오.'라는 WordArt가 삽입되면 바로 「도원이네 가족소개」를 입력합니다.

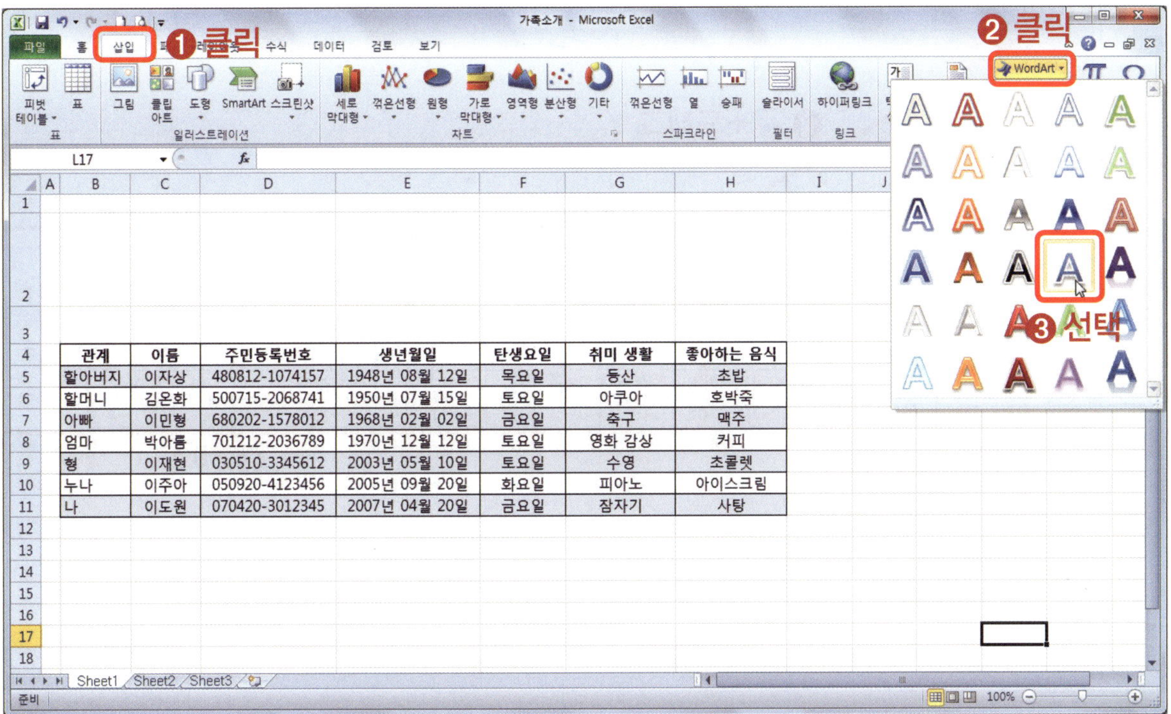

텍스트를 입력하면 기존에 표시된 '필요한 내용을 적으십시오.'는 없어지고 사용자가 입력된 문구가 표시됩니다.

WordArt 이동과 크기 조절하기

❸ WordArt를 선택한 후 **시작점을 [B2] 셀로 맞추어 이동**합니다. Alt 키를 이용하면 셀 눈금선에 맞추어 이동할 수 있습니다.

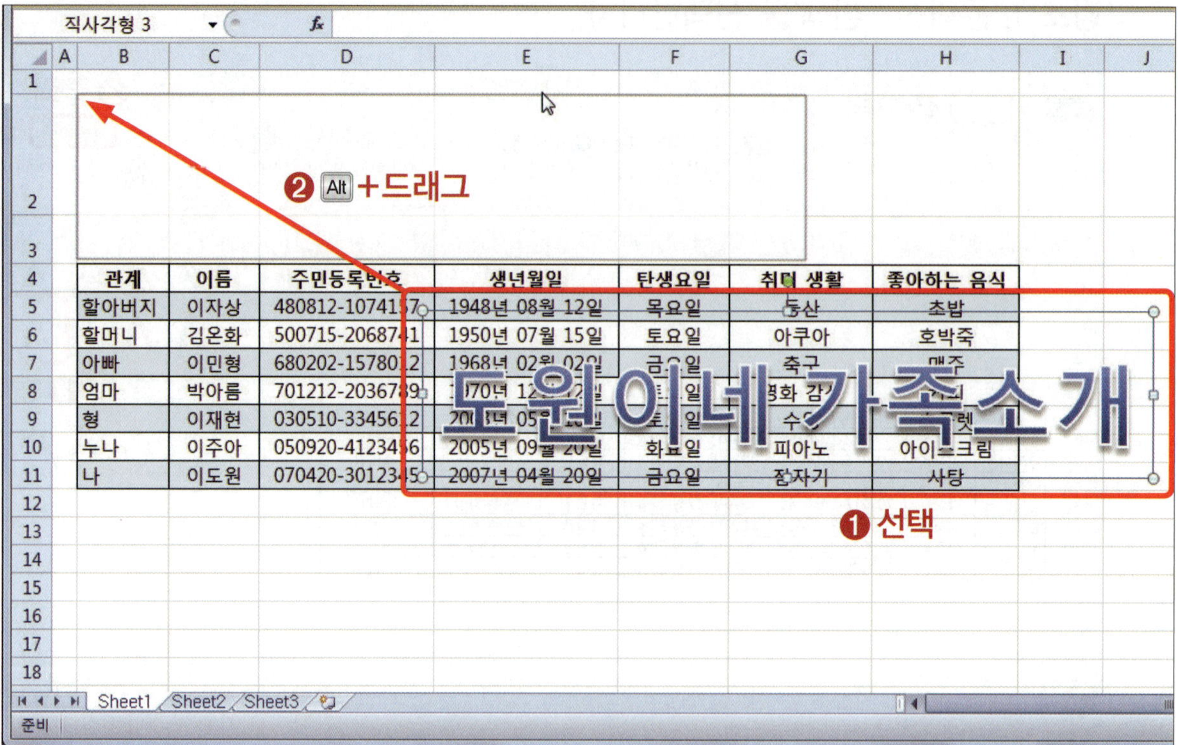

❹ 오른쪽 하단의 **크기 조절점을 이용하여 [G2] 셀까지 크기를 조절**합니다. Alt 키를 이용하면 셀 눈금선을 맞출 수 있습니다.

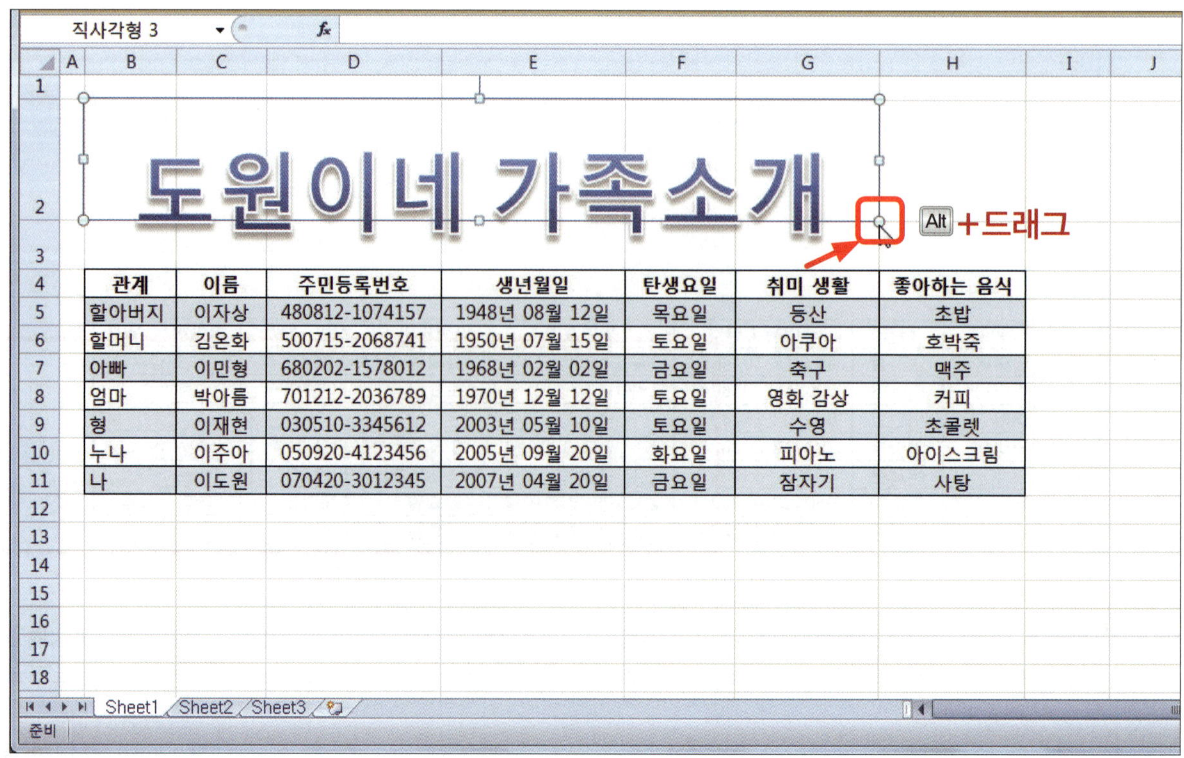

❺ WordArt를 선택하고 [홈] 탭의 [글꼴] 그룹에서 **글꼴은 'HY헤드라인M'을 선택**합니다.

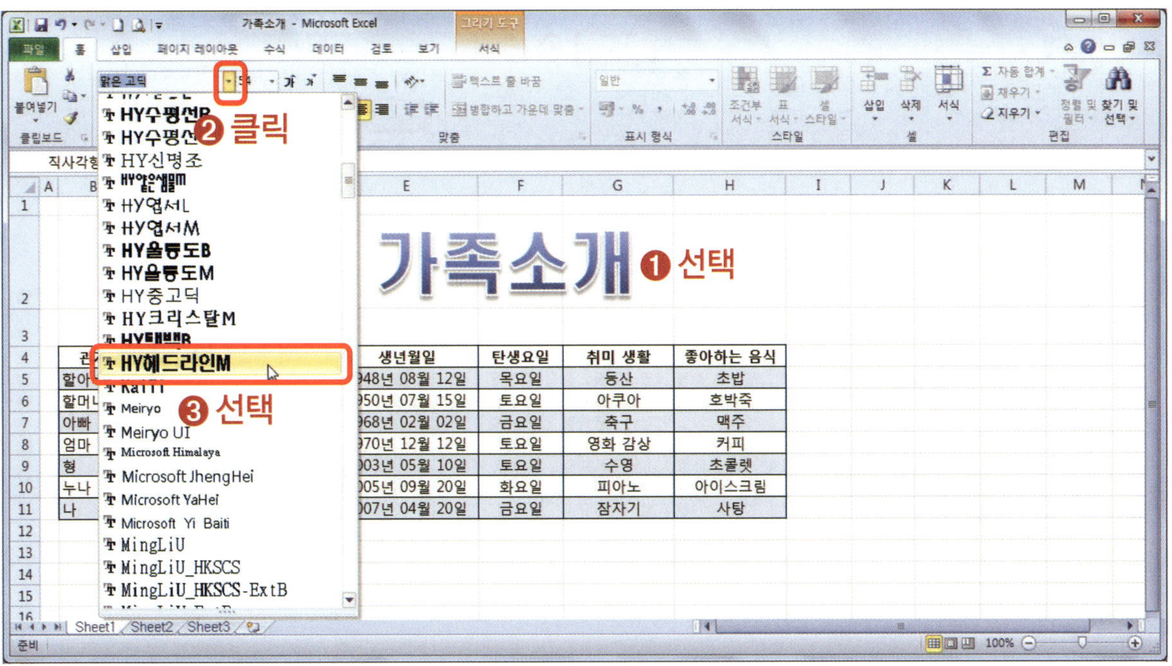

❻ [홈] 탭의 [글꼴] 그룹에서 **[글꼴 크기 작게 _가] 단추를 클릭**하여 글꼴 크기를 조절합니다.

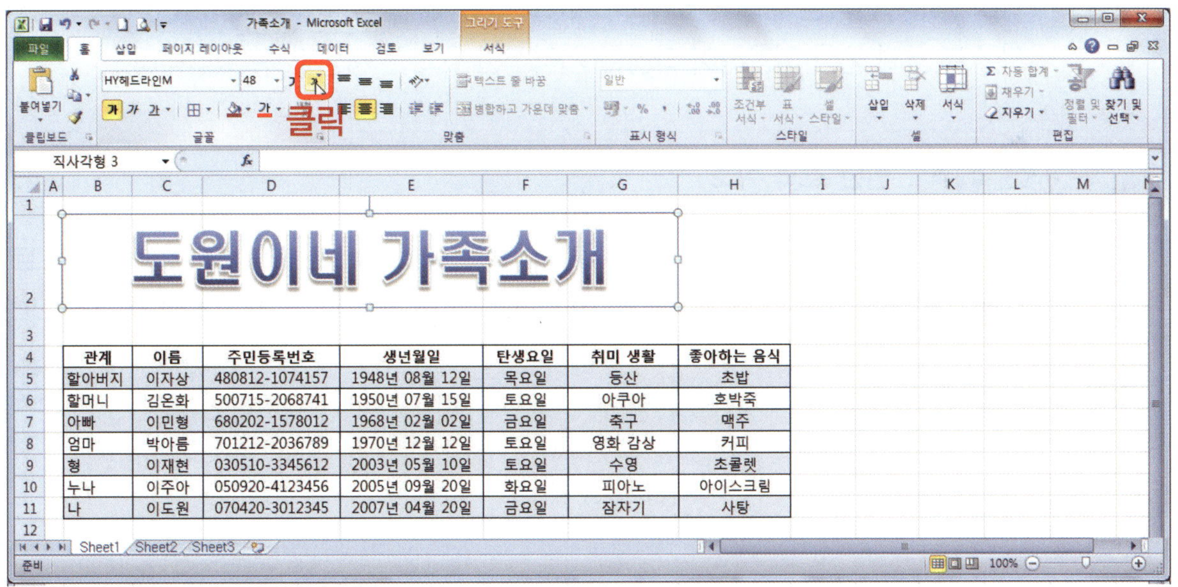

실격 쑥쑥 TIP 미니 도구 모음

WordArt, 도형 등에서 간단한 글꼴 서식을 바꿀 때에는 WordArt 또는 도형에서 마우스 오른쪽 단추를 클릭하면 [미니 도구 모음]을 표시할 수 있습니다. 처음에는 [미니 도구 모음]이 흐릿하게 표시되지만, 마우스 포인트를 이동하면 활성화되며 바로 글꼴 서식을 바꿀 수 있습니다.

텍스트 효과

7 WordArt를 선택한 상태에서 [그리기 도구]–[서식] 탭의 [WordArt 스타일] 그룹에서 [텍스트 효과]–[변환]을 클릭한 후 '수축'을 선택합니다.

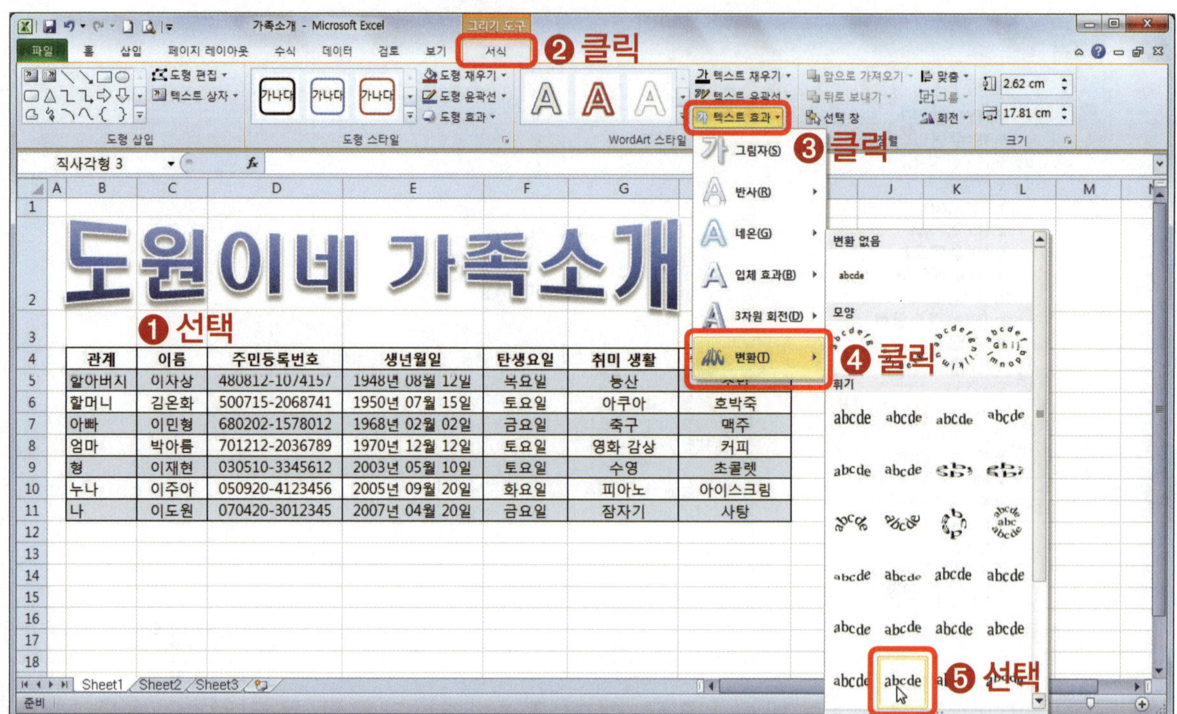

TIP WordArt를 선택한 상태에서 'WordArt' 스타일에서 텍스트 채우기 색, 텍스트 외곽선, 텍스트 효과 등을 이용하여 다양한 시각적인 효과를 지정할 수 있습니다.

실력 쑥쑥 TIP 변환 효과 취소

WordArt를 선택한 상태에서 [그리기 도구]–[서식] 탭의 [WordArt 스타일] 그룹에서 [텍스트 효과]–[변환]을 클릭하여 '변환 없음'을 선택하면 변환 효과를 주었던 것을 취소할 수 있습니다.

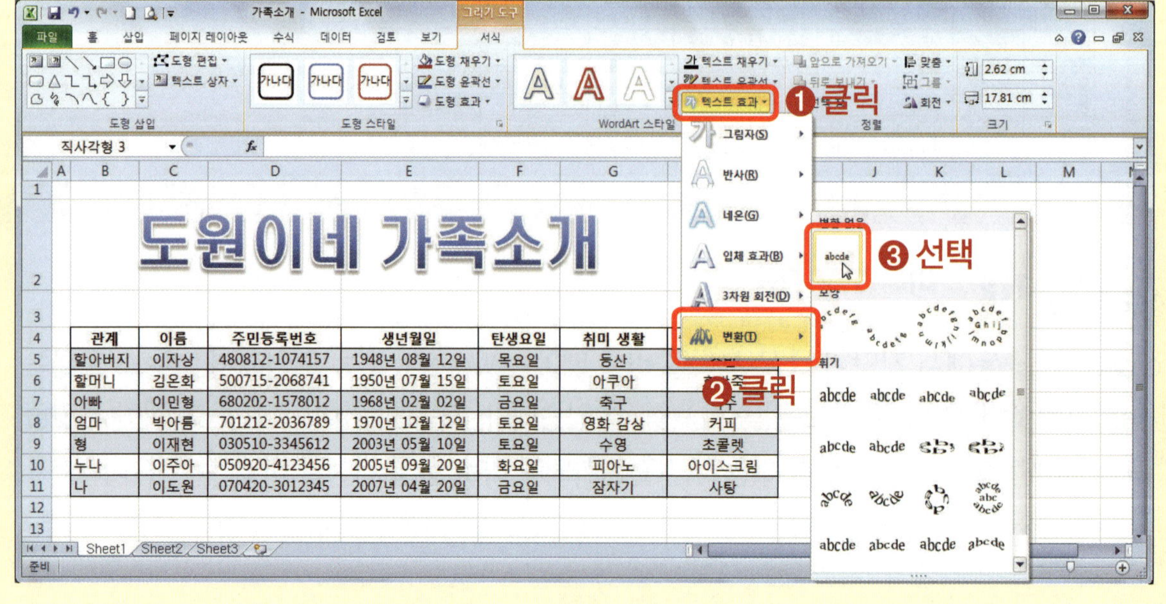

[텍스트 효과]로 그림자, 반사, 네온, …. 등을 지정한 후 효과를 취소하고 싶을 때에는 각각
효과를 넣었던 곳에서 '그림자 없음' 또는 '반사 없음' .. 등을 클릭하여 효과를 취소할 수

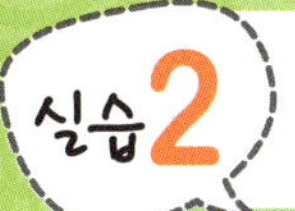

클립아트를 삽입하고 편집하기

문서와 관련된 이미지를 클립아트 삽입을 이용하여 문서에 삽입하고 크기 조절과 효과를 지정해 봅니다.

클립아트 삽입하기

1 [삽입] 탭의 [일러스트레이션] 그룹에서 **[클립아트]를 클릭**합니다.

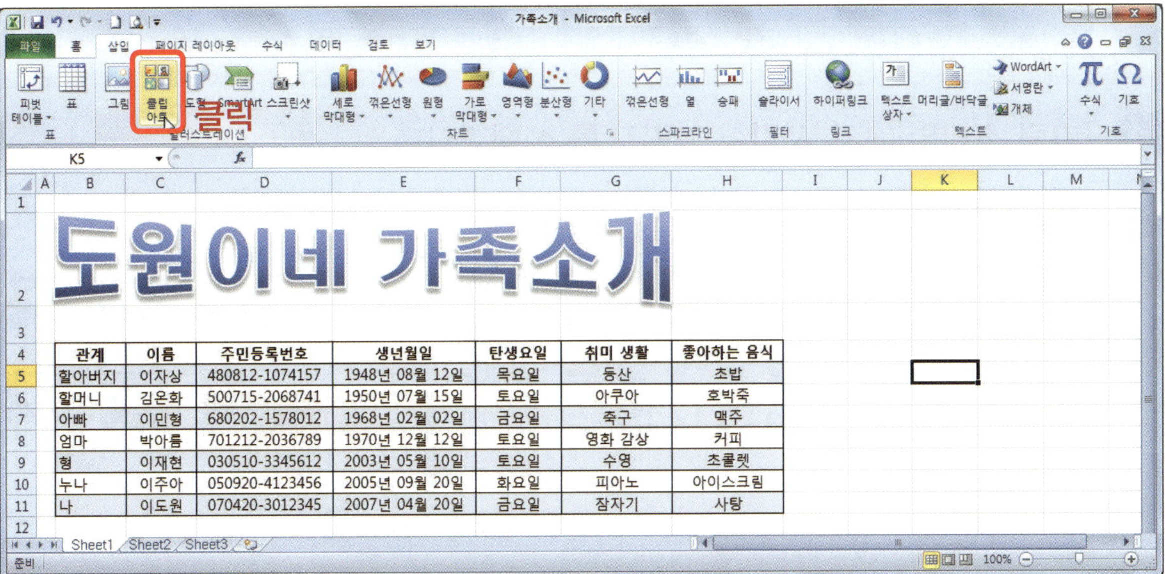

2 화면 오른쪽에 클립아트 작업 창이 나타나며, **검색 대상에 「가족」을 입력한 후**
Enter **키 또는 [이동] 단추를 클릭**합니다. 삽입하고자 하는 클립아트를 마우스로
클릭하여 문서에 삽입합니다.

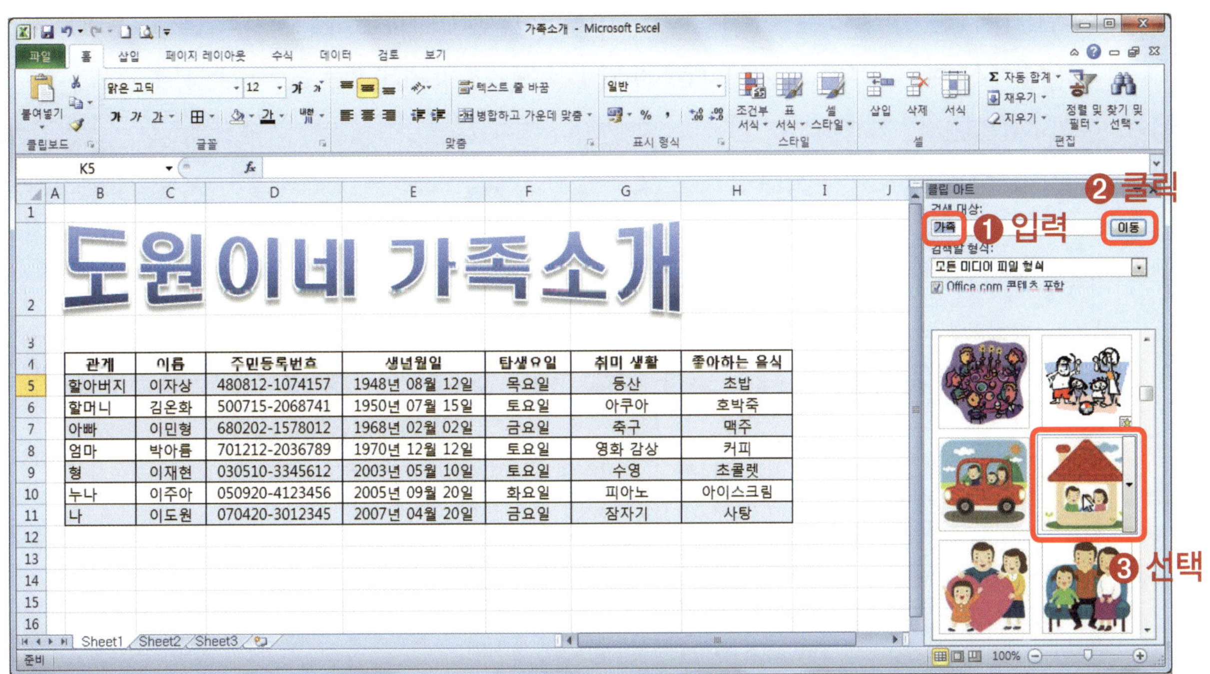

3. 삽입된 클립아트를 마우스로 드래그하여 적당한 위치로 이동하여 크기를 조절합
니다. 클립아트를 선택한 후 [그림 도구]–[서식] 탭의 [그림 스타일] 그룹에서 [자
세히] 단추를 클릭합니다.

4. [그림 스타일]에서 '사각형 그림자'를 선택합니다.

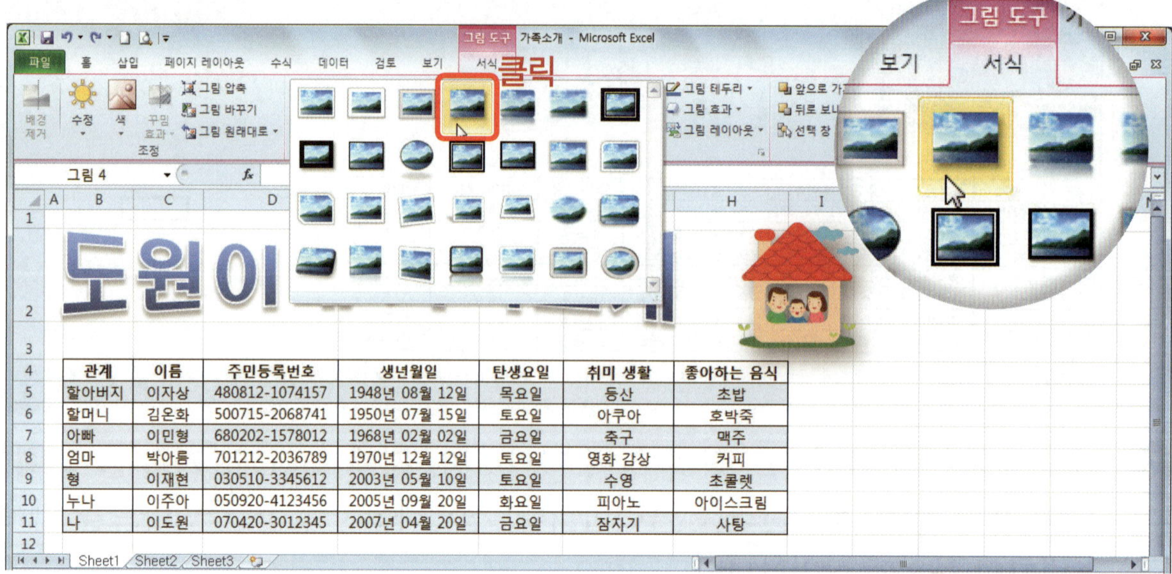

5. 그림이나 클립아트의 서식을 해제하고자 할 때에는 클립아트를 선택한 후 [그림
도구]–[서식] 탭의 [조정] 그룹에서 [그림 원래대로]를 클릭합니다.

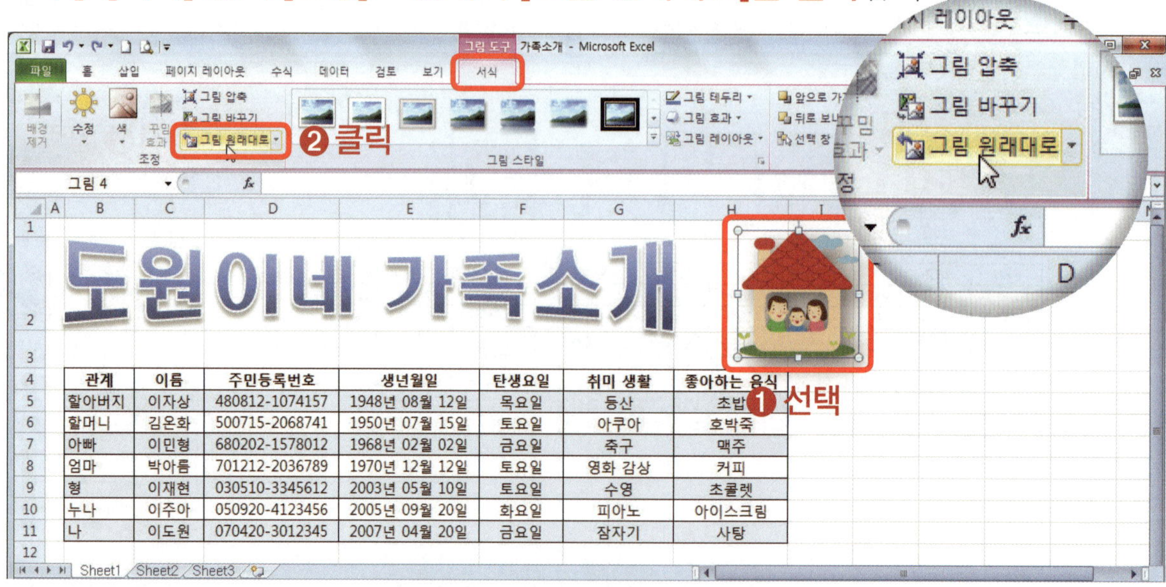

실습3 도형과 그림 삽입하기

도형을 이용하여 제목을 입체적으로 표현할 수 있고, 내용 전달을 보다 효과적으로 할 수 있습니다. 문서에 내가 찍은 사진이나 관련된 이미지를 직접 넣고자 할 때에는 그림 삽입을 이용하여 문서에 삽입할 수 있으며, 삽입된 그림에 다양한 효과를 지정해 봅니다.

도형 삽입하기

1 'Sheet2'에서 [삽입] 탭의 [일러스트레이션] 그룹에서 [도형]을 클릭하여 [기본 도형]의 '하트'를 선택합니다.

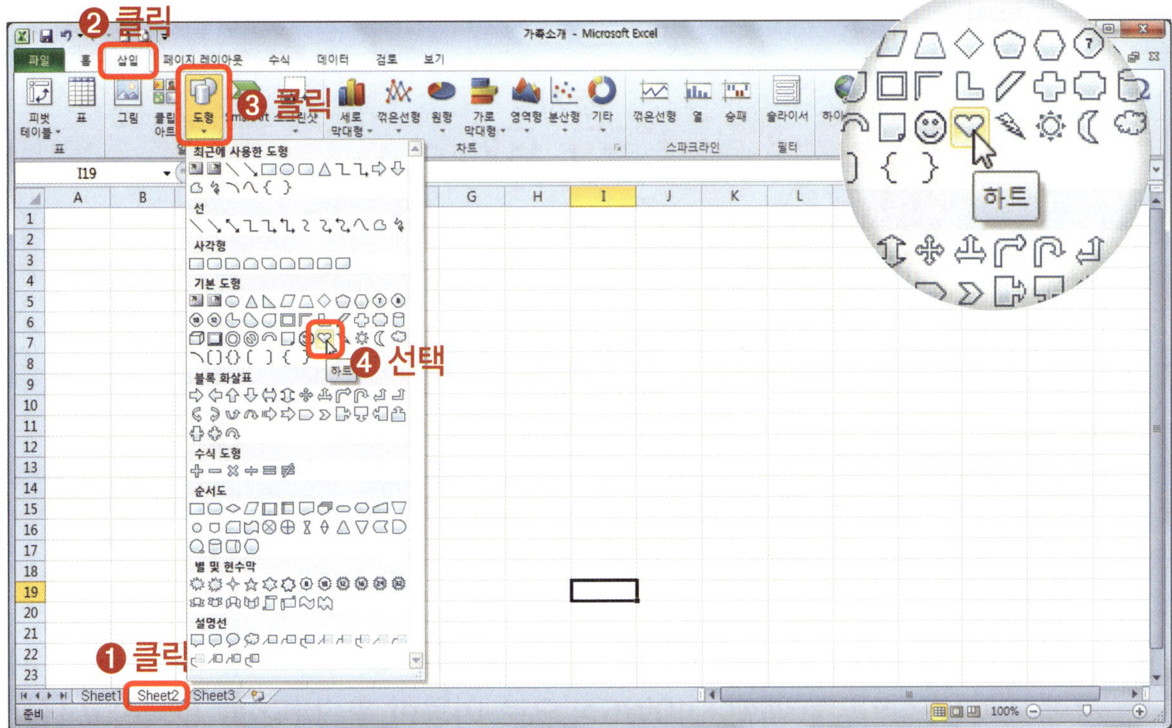

2 마우스 포인터가 +모양일 때 드래그하여 **하트를 그린 후에 「사 랑」을 입력**합니다. [그리기 도구]–[서식] 탭의 [도형 스타일] 그룹에서 [자세히 ▾] 단추를 클릭한 후 **도형 스타일에서 '강한 효과–주황, 강조6'을 선택**합니다.

- Shift 키 : 도형의 가로 세로를 동일하게 그립니다. (예 : 정사각형, 정원, ...)
- Ctrl 키 : 처음 클릭한 부분을 도형의 중심점으로 하여 점점 밖으로 그려집니다.
- Alt 키 : 엑셀에서 셀 눈금선에 맞추어 도형을 그립니다.

③ 도형을 선택한 후 마우스 오른쪽 단추를 클릭하여 [미니 도구 모음]에서 'HY태백 B'를 선택하고 [글꼴 크기 크게 가] 단추를 클릭하여 글꼴 크기를 조절하고 [가운 데 맞춤 ▤]을 클릭합니다.

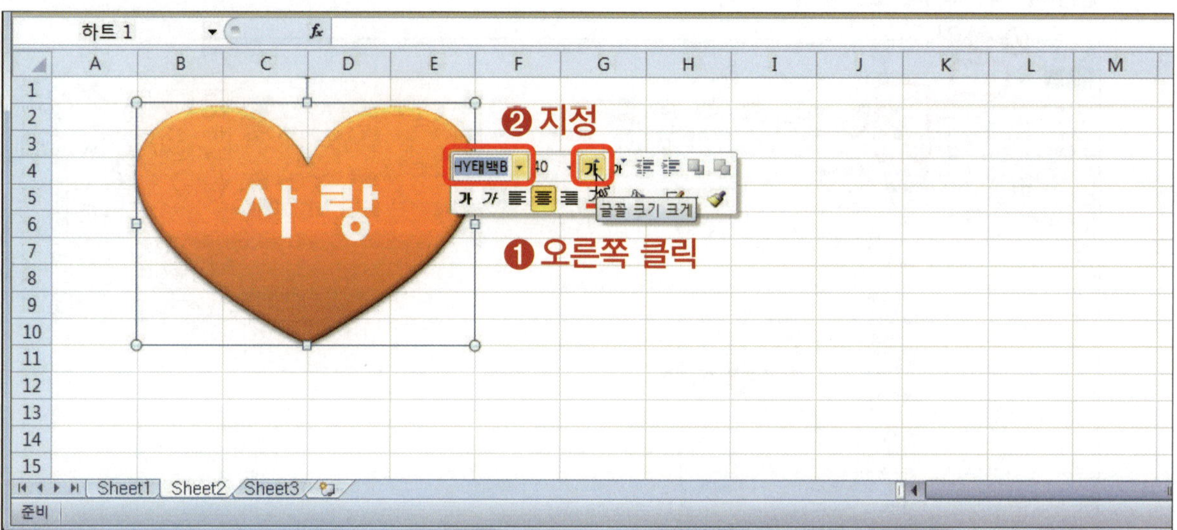

그림 삽입하기

④ [삽입] 탭의 [일러스트레이션] 그룹에서 [그림]을 클릭합니다. [그림 삽입] 대화상 자에서 'C:₩성안당₩엑셀2010₩5장'으로 이동한 후 '바다'를 선택하고 [삽입] 단 추를 클릭합니다.

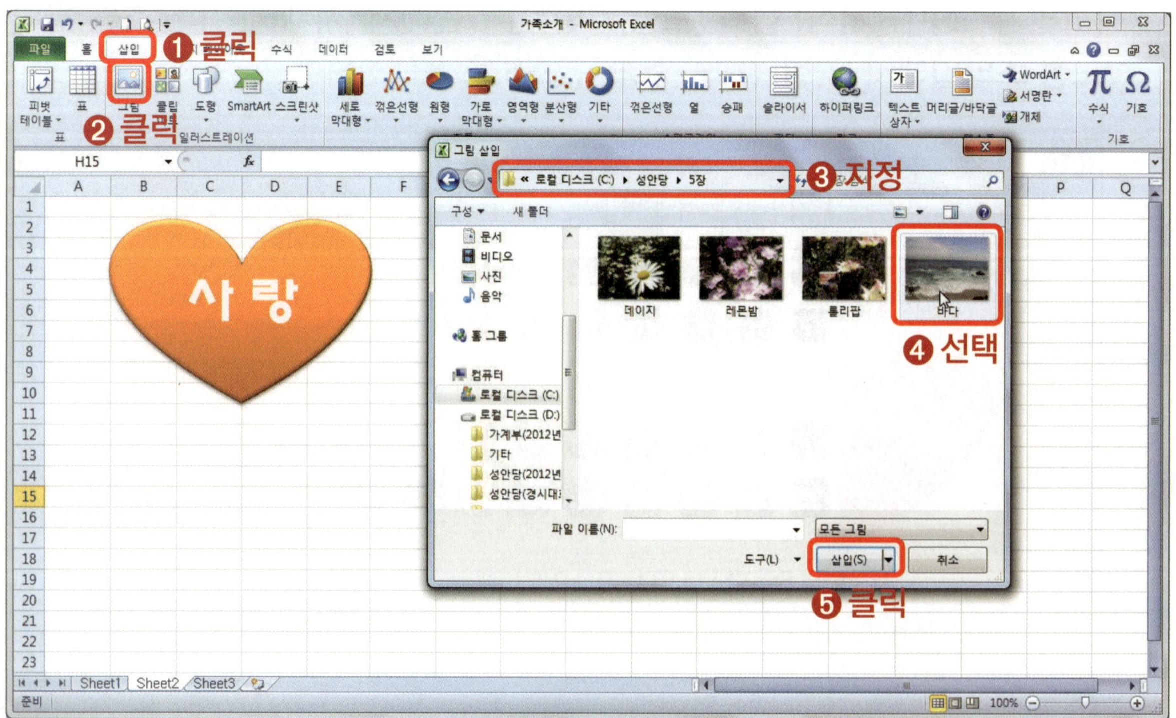

5 그림을 선택하여 적당한 위치에 드래그하여 삽입한 후 [그림 도구]–[서식] 탭의 [그림 스타일] 그룹에서 [자세히 ▾] 단추를 클릭하여 '입체 직사각형'을 선택합니다.

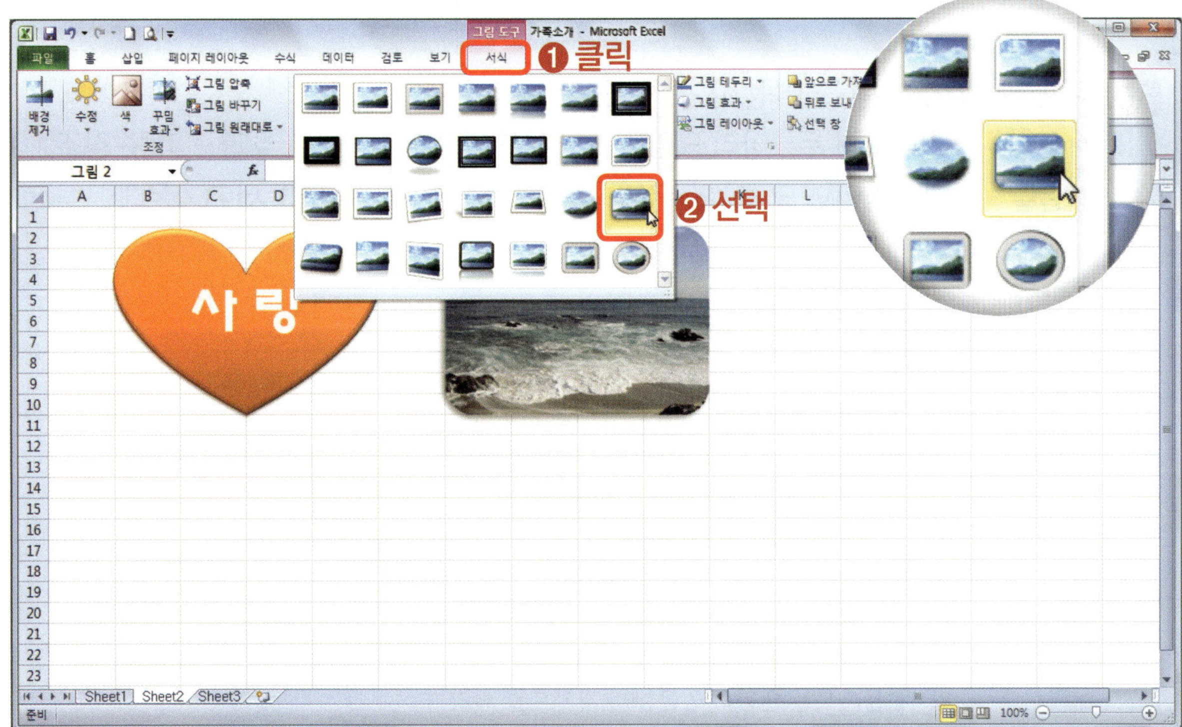

1 다음과 같이 도형을 이용하여 제목을 입력하시오.

▶도형 : 가로로 말린 두루마리 모양 　　▶도형 스타일 : 미세 효과 – 파랑, 강조 1

▶글꼴 : HY헤드라인M, 크기 '18', 굵게 　　▶맞춤 : 가로(가운데), 세로(가운데)

	A	B	C	D	E
1			신혼부부 재테크 10계명		
2					
3			1. 허례허식 결혼자금 아껴 종자돈을 만들어라.		
4			2. 딴 주머니 차지 말고 재무상태를 공유하라.		
5			3. 머리 맞대고 인생의 목표를 공유하라.		
6			4. 청약통장 가입이 먼저다.		
7			5. 60% 이상을 선 저축 후 소비하라.		
8			6. 2세 출산 전 최대한 목돈을 모아라.		
9			7. 3개월간의 비상금을 CMA로 준비하라.		
10			8. 신용카드는 연봉이 높은 배우자카드를 써라.		
11			9. 지금 당장 소액이라도 노후설계를 시작하라.		
12			10. 절대로 빚지지 마라.		

> **Hint!** ・도형 : [삽입] 탭의 [일러스트레이션] 그룹의 '도형'를 이용합니다.
> ・도형 스타일 : [그리기 도구]–[서식] 탭의 [도형 스타일] 그룹을 이용합니다.

2 다음과 같이 클립아트를 삽입하여 서식을 지정해 보세요.

▶클립아트 : '자산'으로 검색 　　▶다시 칠하기 : 바다색, 밝은 강조색 5

	A	B	C	D	E	F
1			신혼부부 재테크 10계명			
2						
3			1. 허례허식 결혼자금 아껴 종자돈을 만들어라.			
4			2. 딴 주머니 차지 말고 재무상태를 공유하라.			
5			3. 머리 맞대고 인생의 목표를 공유하라.			
6			4. 청약통장 가입이 먼저다.			
7			5. 60% 이상을 선 저축 후 소비하라.			
8			6. 2세 출산 전 최대한 목돈을 모아라.			
9			7. 3개월간의 비상금을 CMA로 준비하라.			
10			8. 신용카드는 연봉이 높은 배우자카드를 써라.			
11			9. 지금 당장 소액이라도 노후설계를 시작하라.			
12			10. 절대로 빚지지 마라.			

> **Hint!** ・클립아트 : [삽입] 탭의 [일러스트레이션] 그룹의 '클립아트'를 이용합니다.
> ・다시 칠하기 : [그리기 도구]–[서식] 탭의 [조정] 그룹을 이용합니다.

3 다음과 같이 도형을 이용하여 제목을 입력하고, 클립아트를 삽입하시오.

▶도형 : 모서리가 둥근 직사각형　　　　▶도형 스타일 : 보통 효과 – 황록색, 강조 3
▶글꼴 : HY그래픽, 크기 '20', 굵게　　　▶맞춤 : 가로(가운데), 세로(가운데)
▶클립아트 : '가족 여행'으로 검색(그림자 효과 – 오프셋 대각선 오른쪽 아래)

우리 가족 1년 여행 예산표

월	숙박시설	기간	여행지	숙박비	기본식비	기타비용	교통비	합계
3월	텐트	2일	용인	4,000	42,000	60,000	50,000	156,000
4월	콘도	2일	단양	83,000	42,000	60,000	50,000	235,000
5월	콘도	3일	경주	166,000	63,000	90,000	75,000	394,000
6월	휴양림	2일	양평	78,000	42,000	60,000	50,000	230,000
7월	펜션	2일	양주	150,000	42,000	60,000	50,000	302,000
8월	텐트	5일	강원도	16,000	105,000	150,000	125,000	396,000
9월	펜션	3일	해남	300,000	63,000	90,000	75,000	528,000
10월	휴양림	3일	제주도	156,000	63,000	90,000	75,000	384,000
총합계				953,000	462,000	660,000	550,000	2,625,000

4 다음과 같이 WordArt를 이용하여 제목을 입력하고, 클립아트를 검색한 후 삽입해 보세요.

▶WordArt : '채우기 – 주황, 강조 6, 그라데이션 윤곽선 – 강조 6'
▶클립아트 : '요가'로 검색

아름반 주소록

번호	이름	전화번호	생일	주소
1	김애란	010-9747-8045	04월 20일	서초1동
2	박선정	010-8529-7717	01월 31일	우면동
3	송은주	011-9078-8941	05월 09일	서초1동
4	오현남	010-4095-9748	06월 15일	우면동
5	이진영	010-5841-7714	07월 01일	양재동
6	전영옥	010-7884-4172	11월 20일	서초2동
7	정나미	010-7299-9898	12월 04일	방배1동
8	조수미	010-8898-7988	03월 04일	방배1동
9	최은경	010-8950-7951	09월 03일	방배2동
10	황신희	010-9252-9812	10월 19일	양재농

5 다음과 같이 WordArt를 이용하여 제목을 입력하고, 클립아트를 검색한 후 삽입해 보세요.

▶WordArt : '그라데이션 채우기 – 파랑, 강조 1, 윤곽선 – 흰색', [텍스트 효과]–[변환]의 '중지'

▶클립아트 : '독서'로 검색

	월	화	수	목	금	토
04시	태권도	학습지	태권도	학습지	태권도	가족과 함께
05시	漢字교실	피아노	漢字교실	피아노	漢字교실	
06시	English	English	English	English	English	
07시			저녁 식사			
08시	학교 숙제	학교 숙제	학교 숙제	학교 숙제	학교 숙제	

6 다음과 같이 도형을 이용하여 제목을 입력하고, 그림을 삽입해 보세요.

▶제목 : 도형(갈매기형 수장), 도형 스타일(강한 효과 – 주황, 강조 6), 글꼴(HY태백B), 크기(32)

▶그림 : 파일 경로(C:₩성안당₩엑셀2010₩5장), 그림 스타일(부드러운 가장자리 타원)

Hint!
• 그림 : [삽입] 탭의 [일러스트레이션] 그룹의 '그림'을 이용합니다.
• 같은 서식으로 지정할 그림을 Ctrl 키를 이용하여 동시에 선택한 후 서식을 지정합니다.

06 장 알아두면 유용한 기능 익히기

데이터 유효성 검사를 이용하여 입력의 오류를 줄이고 반복적인 작업을 효율적으로 할 수 있습니다. 엑셀에서는 너비가 다른 표를 작업할 때 카메라 기능이나 그림 복사를 이용하여 불편함을 해결할 수 있으며, 조건부 서식을 이용하여 특정 셀 또는 특정 행을 강조할 수 있도록 서식을 지정할 수 있습니다.

완성파일 미·리·보·기

	둘째	첫째	엄마	아빠
확인란				

가 계 부

날짜	항목	지출방법	내용	수입	지출	잔액
05월 01일	급여	현금	5월 급여	2,500,000		2,500,000
05월 05일	식대	신용카드	어린이날 외식		70,000	2,430,000
05월 07일	병원	체크카드	감기		2,500	2,427,500
05월 10일	자동차	신용카드	주유		50,000	2,377,500
05월 15일	적금	현금	적금		200,000	2,177,500
05월 20일	문화생활	신용카드	영화		16,000	2,161,500
05월 25일	공과금	현금	아파트 관리비		170,000	1,991,500
05월 25일	공과금	현금	도시가스		50,000	1,941,500
05월 26일	병원	체크카드	아토피		2,500	1,939,000
05월 28일	자동차	신용카드	주유		50,000	1,889,000
05월 30일	식대	신용카드	마트 장		100,000	1,789,000

체·크·포·인·트

실습1 데이터 유효성 검사를 이용하여 데이터를 오류 없이 편리하게 입력해 봅니다.

실습2 카메라 기능을 이용하여 너비가 다른 표를 작성해 봅니다.

실습3 조건부 서식을 이용하여 조건에 만족하는 데이터에 서식을 지정해 봅니다.

데이터 유효성 검사는 셀에 잘못된 데이터를 입력하는 것을 방지할 수 있으며, 데이터를 직접 입력하지 않고 선택할 수 있어 편리합니다. 데이터 유효성을 지정하여 데이터를 입력하면 올바른 데이터만 입력되므로 데이터의 통계 작업을 오류 없이 할 수 있습니다.

값을 입력하여 데이터 유효성 검사 지정하기

① [D11:D21] 영역을 범위 지정한 후 [데이터] 탭의 [데이터 도구] 그룹에서 [데이터 유효성 검사 📑] 단추의 위쪽 그림 부분을 클릭합니다.

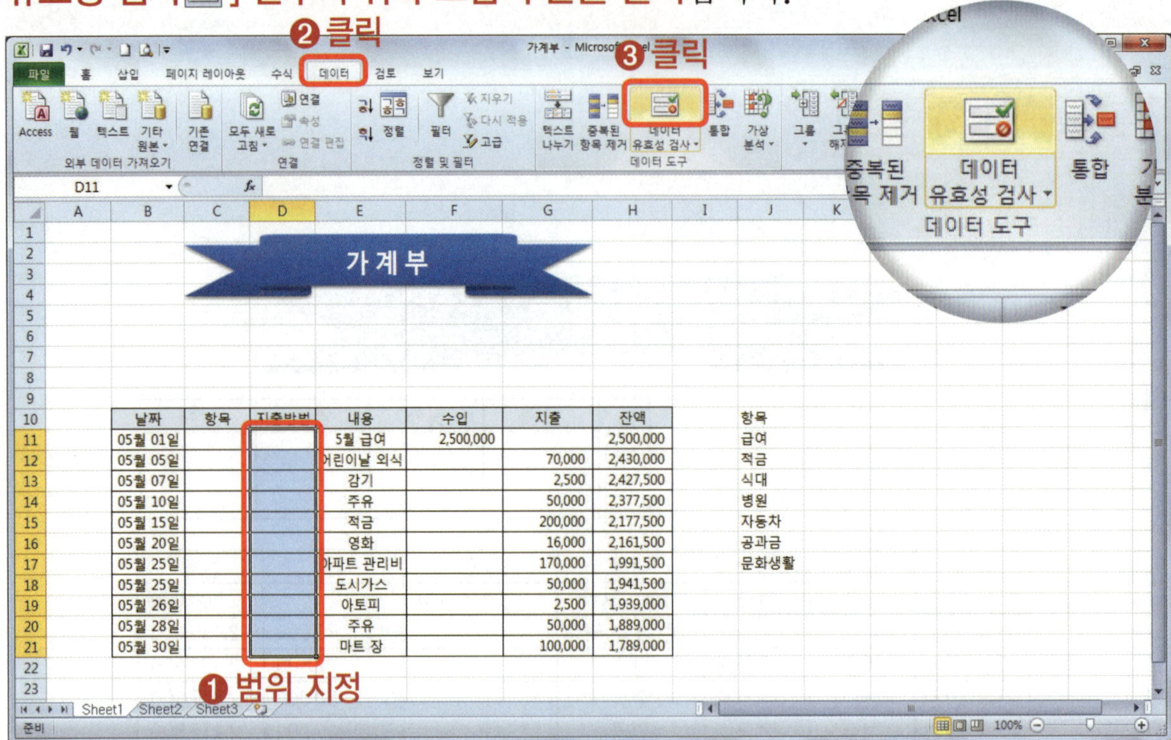

TIP [데이터 유효성 검사] 단추의 그림 부분을 클릭하면 바로 [데이터 유효성] 대화상자를 불러올 수 있습니다. 만약, 글씨 부분을 클릭했다면 다시 한 번 하단의 [데이터 유효성 검사]를 클릭하여 실행합니다.

② [데이터 유효성] 대화상자에서 [설정] 탭의 '제한 대상'에서 '목록'을 선택합니다. '원본'에 「현금, 체크카드, 신용카드」를 입력하고 [확인] 단추를 클릭합니다.

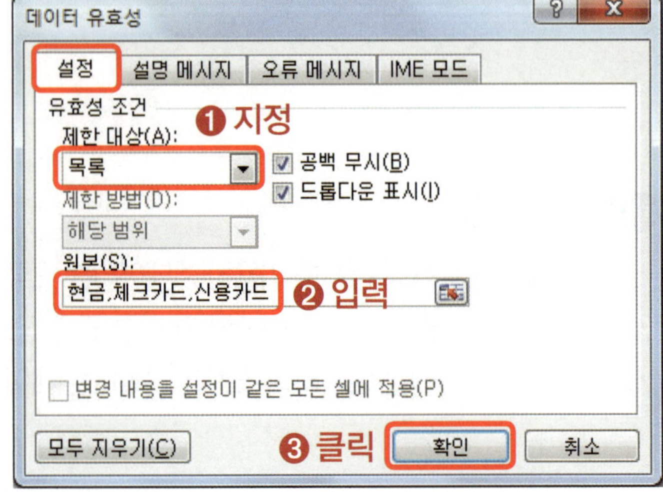

❸ [D11]~[D21] 셀까지 [목록 단추▼]가 표시되며 [목록 단추▼]를 클릭한 후 데이터를 마우스로 선택하여 입력할 수 있습니다.

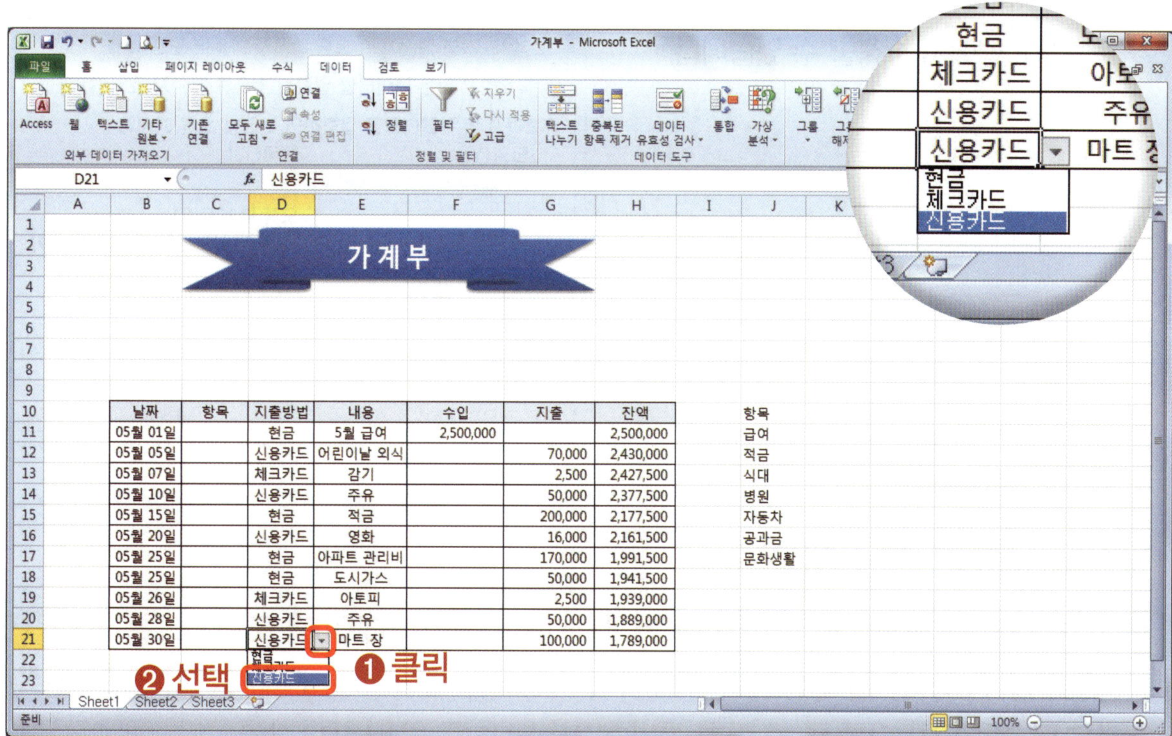

❹ **[D11] 셀에「현 금」이라고 한 칸을 띄어서 데이터를 입력**하면 '입력한 값이 잘못되었습니다.' 라는 메시지가 표시됩니다. **[취소] 단추를 클릭**하여 목록에 있는 내용을 직접 입력하거나 선택하여 입력할 수 있습니다.

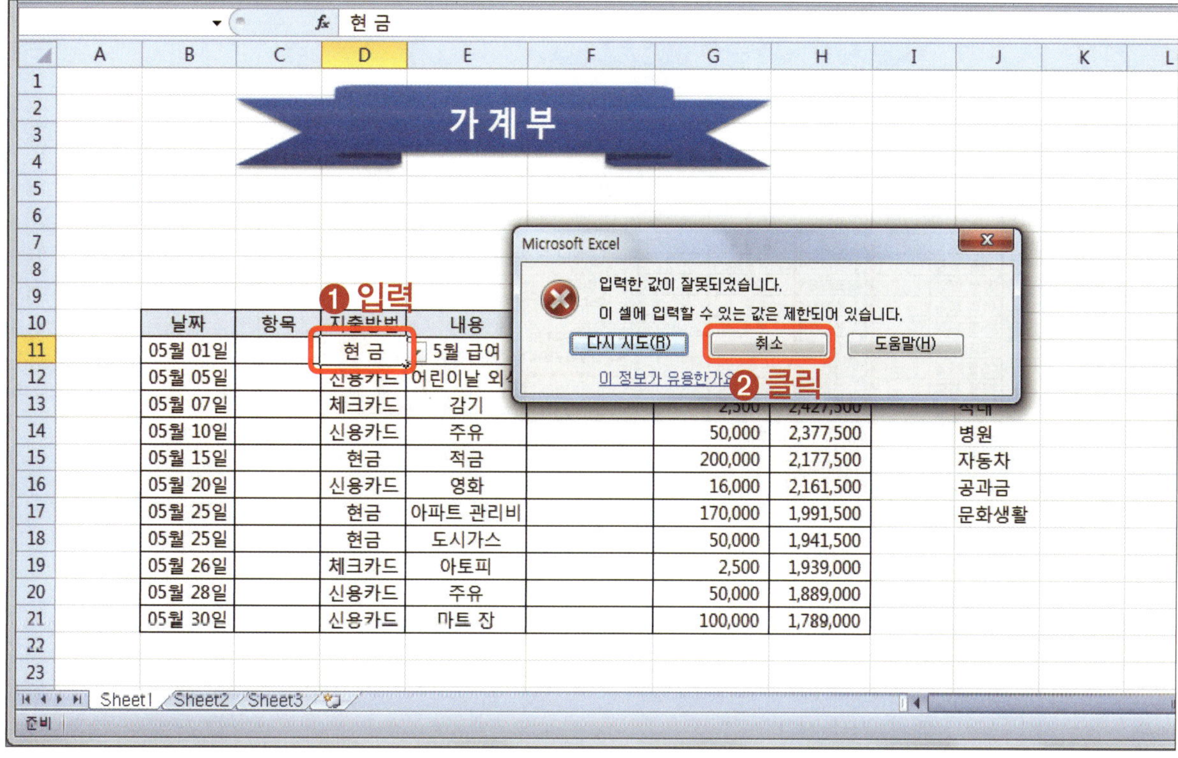

TIP 데이터 유효성 검사에서 '목록'을 지정하게 되면 목록에 없는 내용은 사용자가 입력할 수 없습니다.

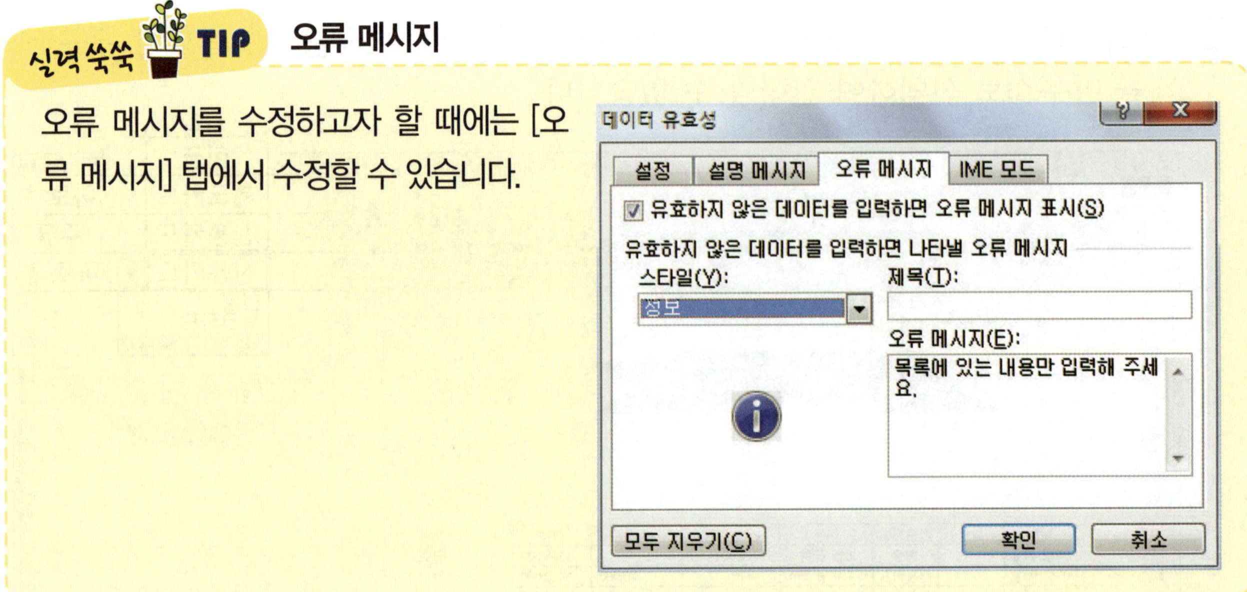

오류 메시지를 수정하고자 할 때에는 [오류 메시지] 탭에서 수정할 수 있습니다.

데이터 유효성 검사 지우기

❺ [D11:D21] 영역을 범위 지정한 후 [데이터] 탭의 [데이터 도구] 그룹에서 [데이터 유효성 검사]를 클릭합니다. [데이터 유효성] 대화상자에서 [설정] 탭의 왼쪽 하단 [모두 지우기] 단추를 클릭한 후 [확인] 단추를 클릭합니다.

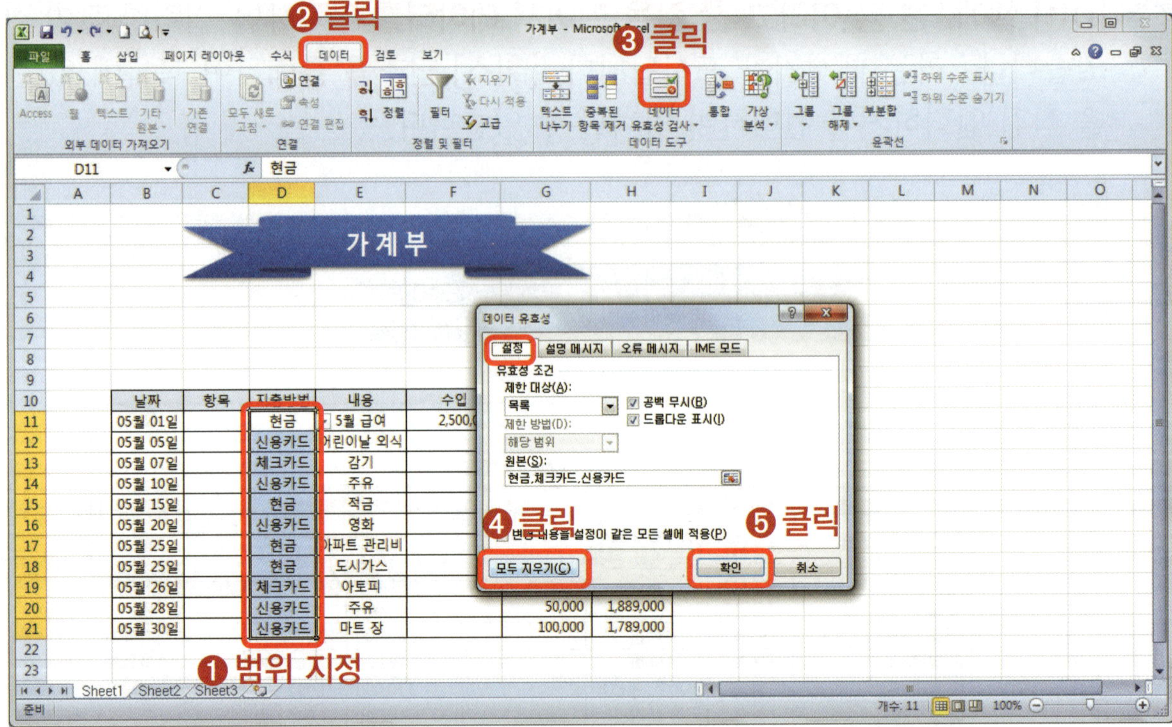

6 [C11:C21] 영역을 범위 지정한 후 [데이터] 탭의 [데이터 도구] 그룹에서 [데이터 유효성 검사]를 클릭합니다.

7 [데이터 유효성] 대화상자의 [설정] 탭에서 '목록'을 선택한 후 '원본'에 커서를 두고 [J11:J17] 영역을 드래그하여 추가한 후 [확인] 단추를 클릭합니다.

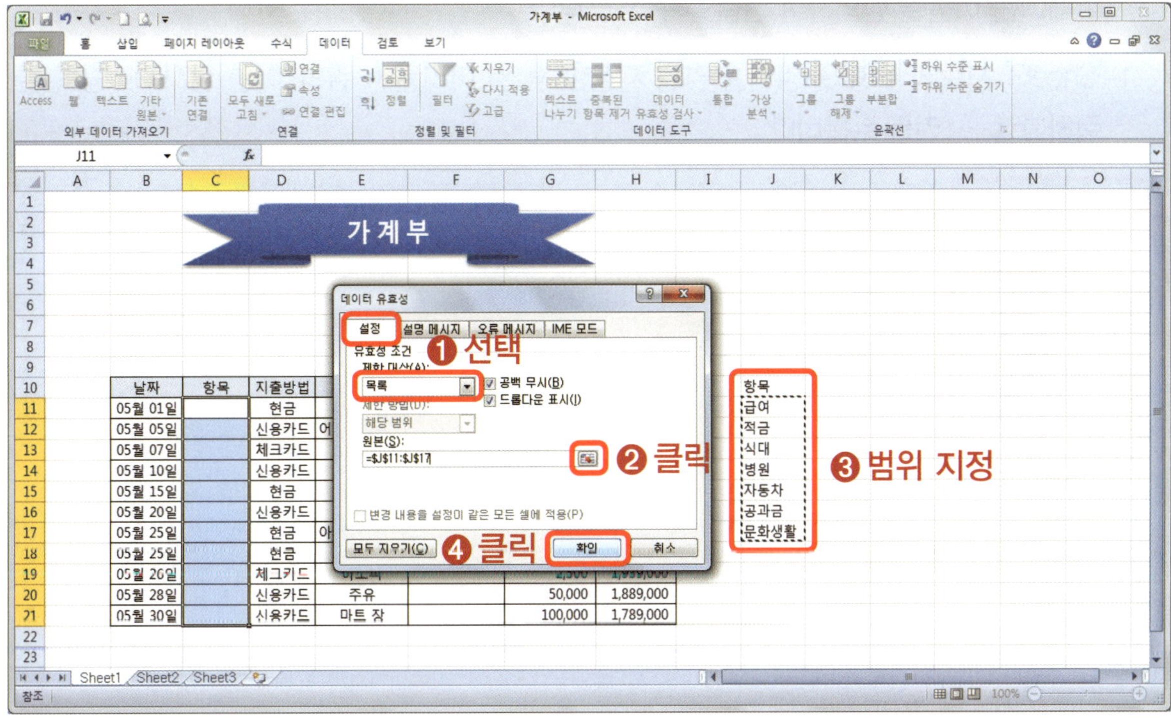

8 [C11:C21] 영역에 다음과 같이 입력합니다.

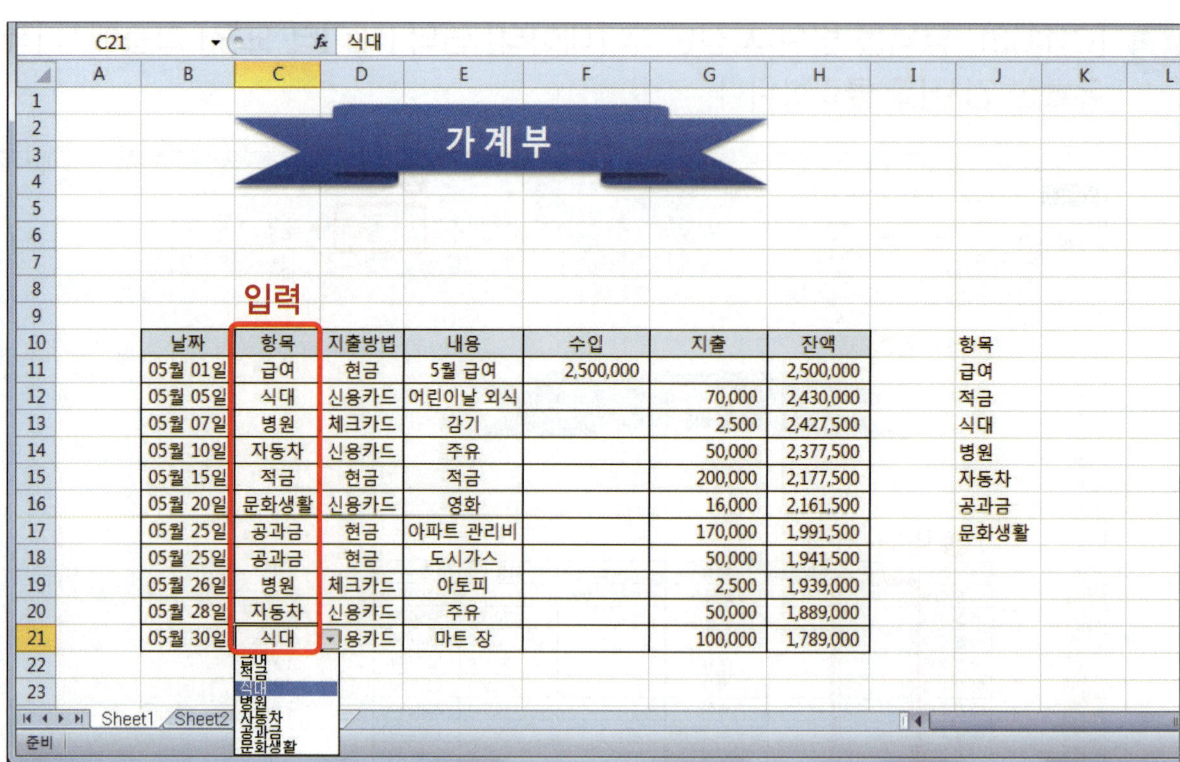

실력 쑥쑥 TIP 다른 시트 목록

- 같은 시트의 한쪽에 목록이 표시되는 것이 싫다면, 다른 시트에 목록을 작성하여 사용할 수 있습니다.
- 같은 시트가 아닌 다른 시트에 목록을 작성한 후 그 목록을 데이터 유효성으로 지정하고자 할 때에는 이름을 정의하여 연결할 수 있습니다.

① 'Sheet3' 시트의 [B3:B9] 영역을 범위 지정한 후 열 머리글 A 위의 '이름 상자'에 「항목」을 입력하고 Enter 키를 누릅니다.

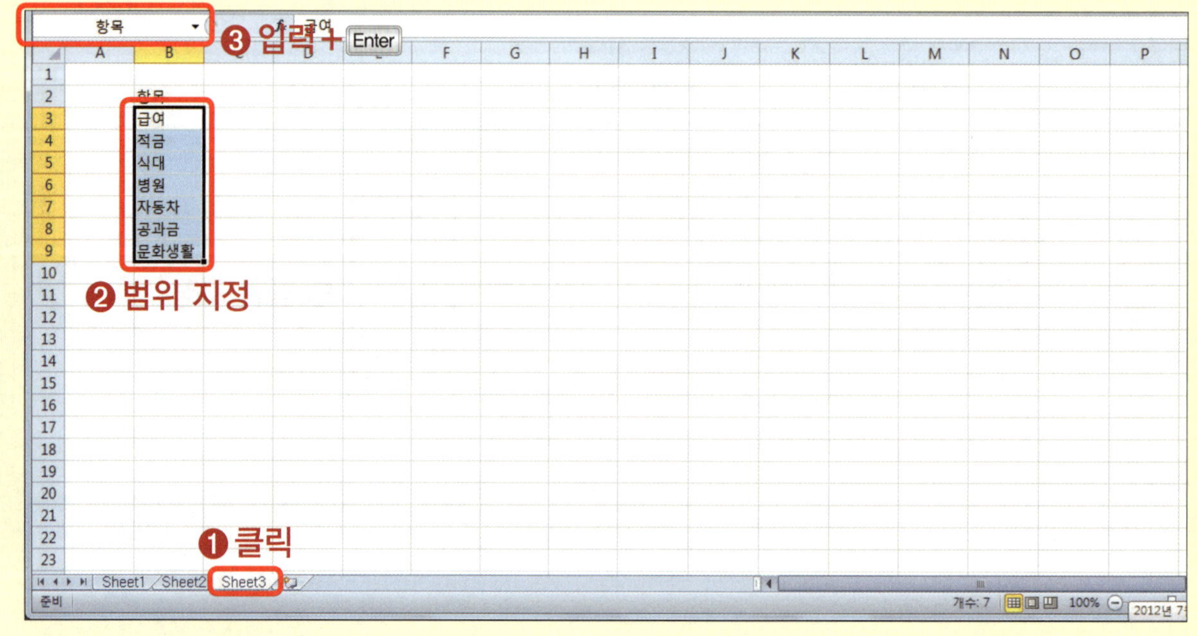

② [데이터 유효성] 대화상자에서 '목록'을 선택한 후 '원본'에 「=항목」을 입력하고 [확인] 단추
를 클릭합니다.

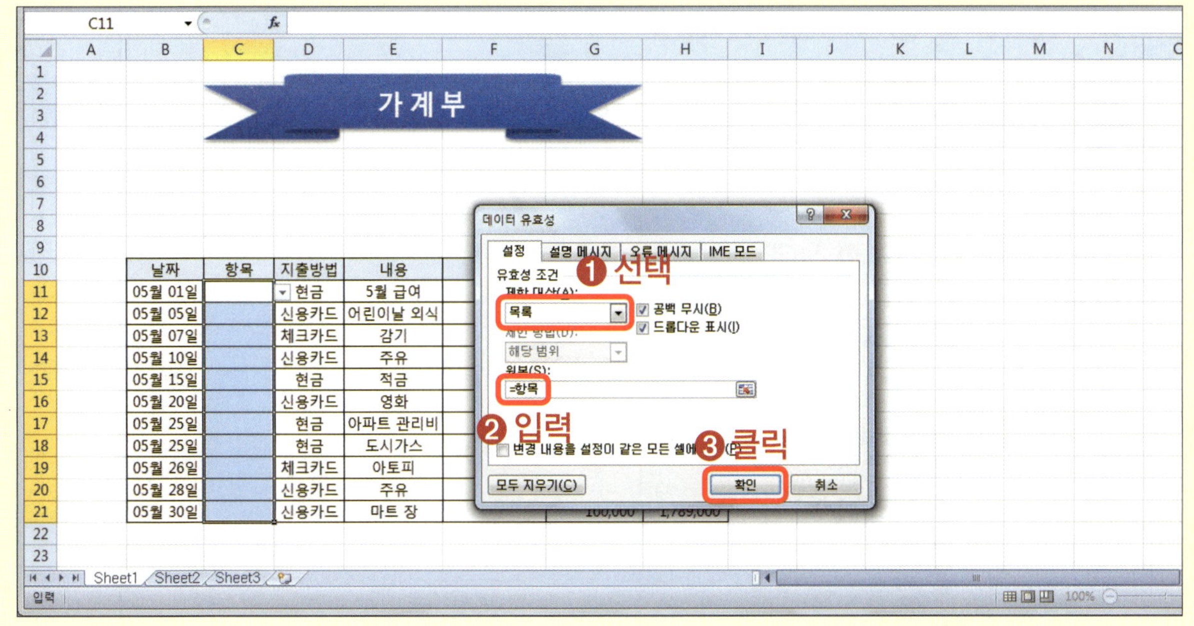

실습2 **카메라**

엑셀에서는 열 너비가 다른 표를 만들 때 불편함이 있습니다. 이럴 경우 셀을 병합하여 표를 만들거나 카메라
또는 그림 복사를 사용합니다. 카메라 도구를 추가하여 너비가 다른 표를 만들어 붙여 넣는 방법을 실습해
보도록 하겠습니다.

카메라 도구 추가하기

❶ 빠른 실행 도구 모음에 [빠른 실행 도구 모음 사용자 지정] 단추를 클릭한 후
[기타 명령]을 클릭합니다.

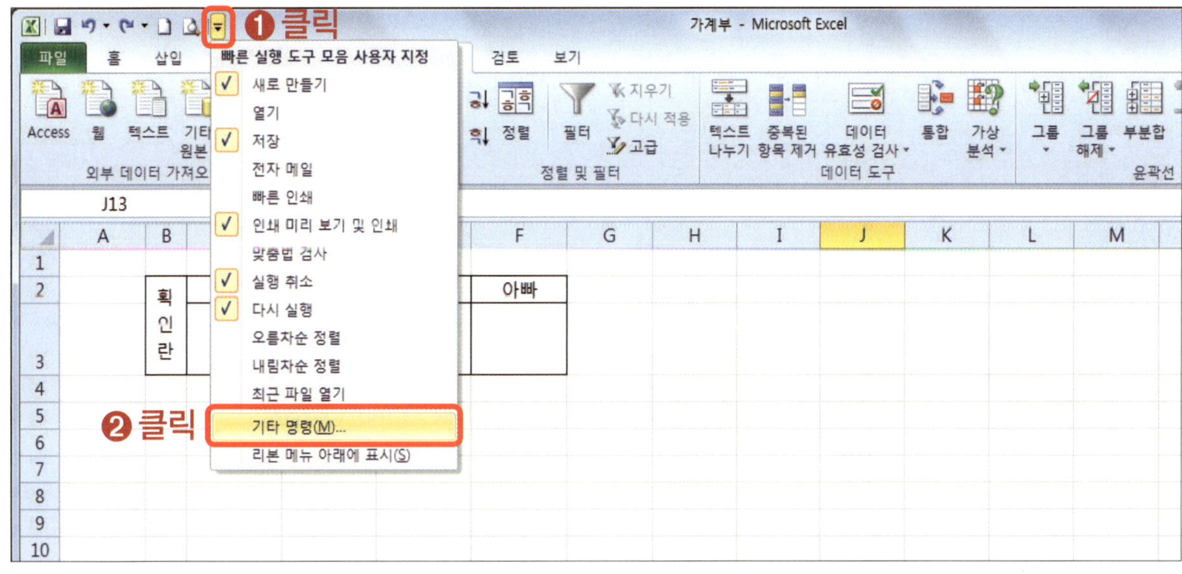

❷ [Excel 옵션] 대화상자에서 '모든 명령'을 선택하고, '카메라'를 찾아 선택한 후 [추가] 단추를 클릭하고 [확인] 단추를 클릭합니다.

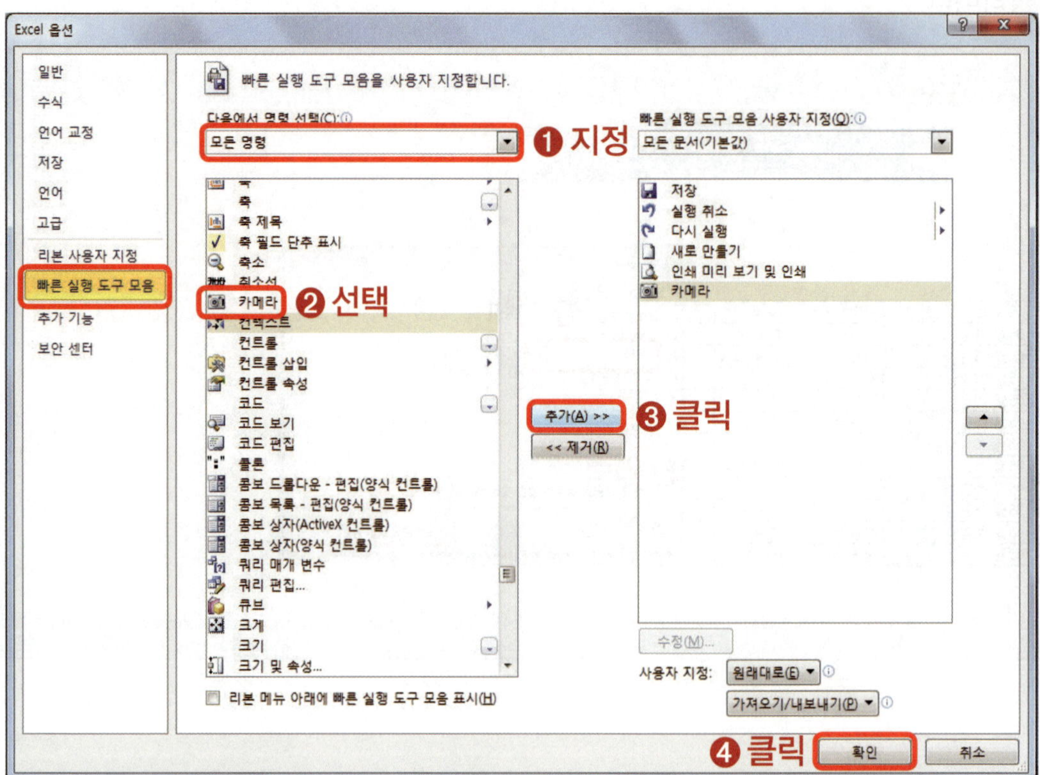

카메라 도구 사용하기

❸ 'Sheet2' 시트의 [B2:F3] 영역을 범위 지정한 후 빠른 실행 도구 모음의 [카메라 📷] 단추를 클릭합니다.

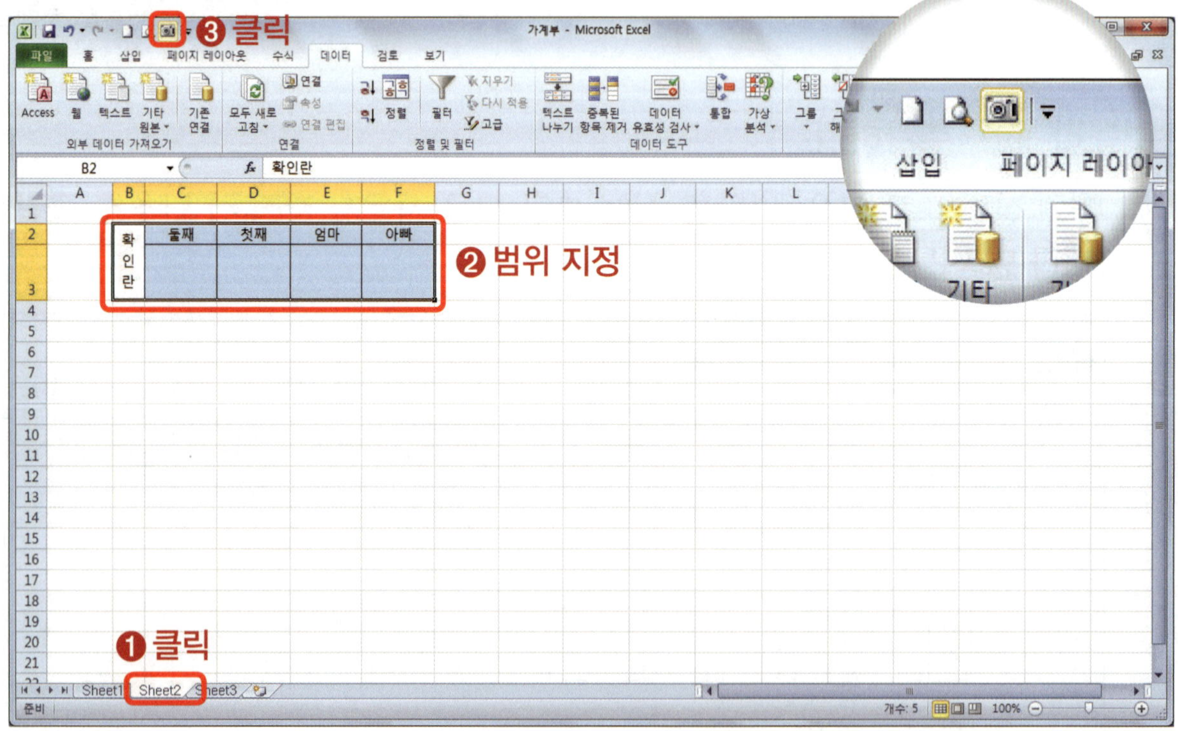

④ 'Sheet1' 시트에서 +모양의 마우스 포인트가 표시되면 마우스를 클릭하여 붙여넣고, 드래그하여 위치를 수정합니다.

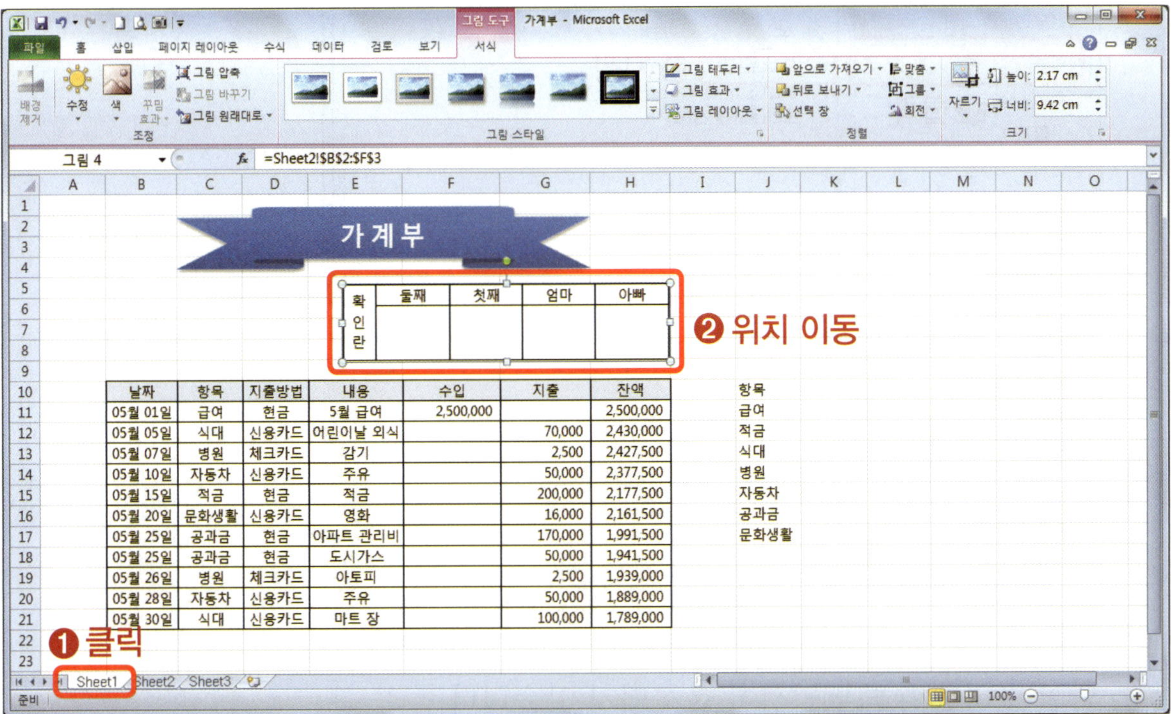

바깥쪽 그림 테두리 선 없애기

⑤ 확인란에서 마우스 오른쪽 단추를 클릭하여 [그림 서식]을 클릭합니다.

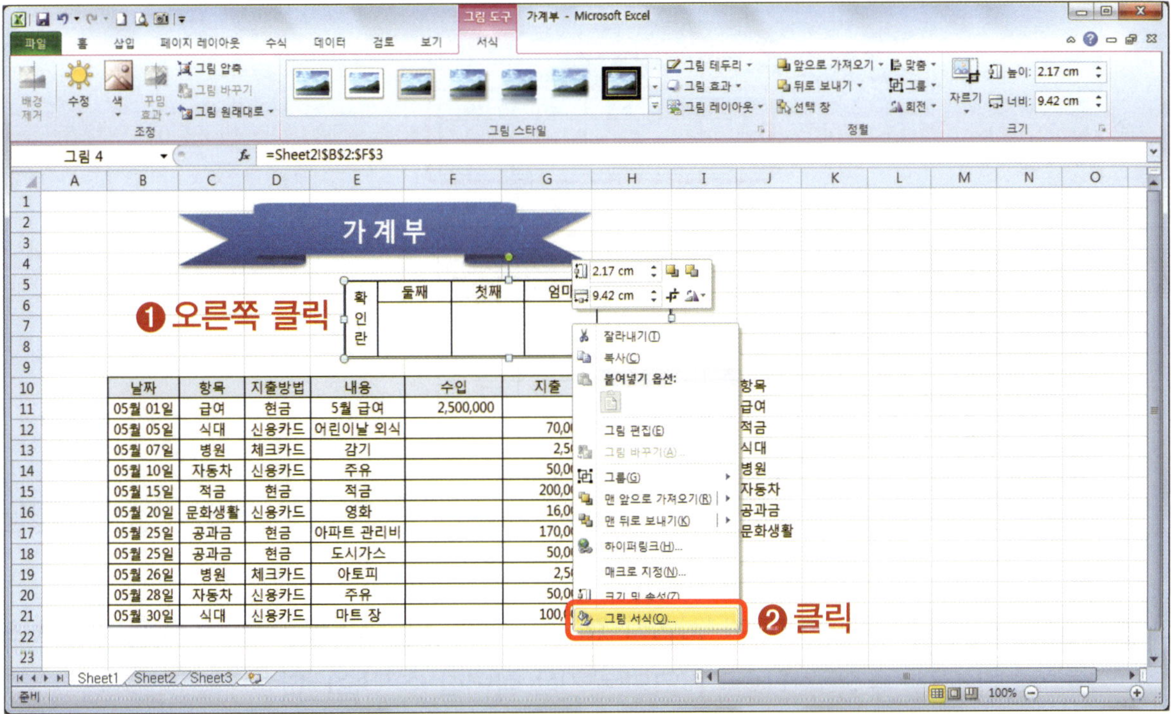

6 [그림 서식] 대화상자의 [**선 색**]에서 '**선 없음**'을 **선택**하고 [**닫기**] 단추를 클릭합니다.

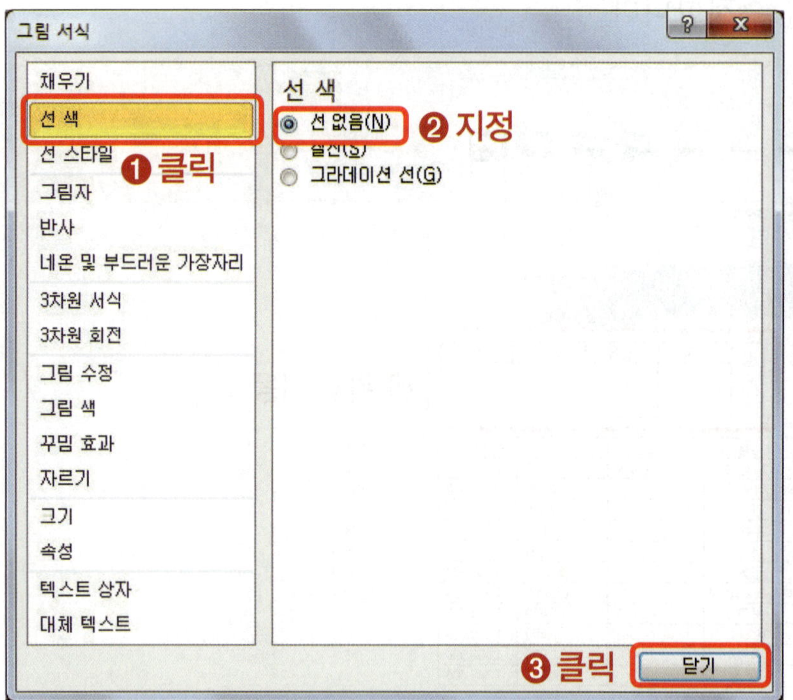

7 확인란 바깥쪽 테두리선이 표시되지 않습니다.

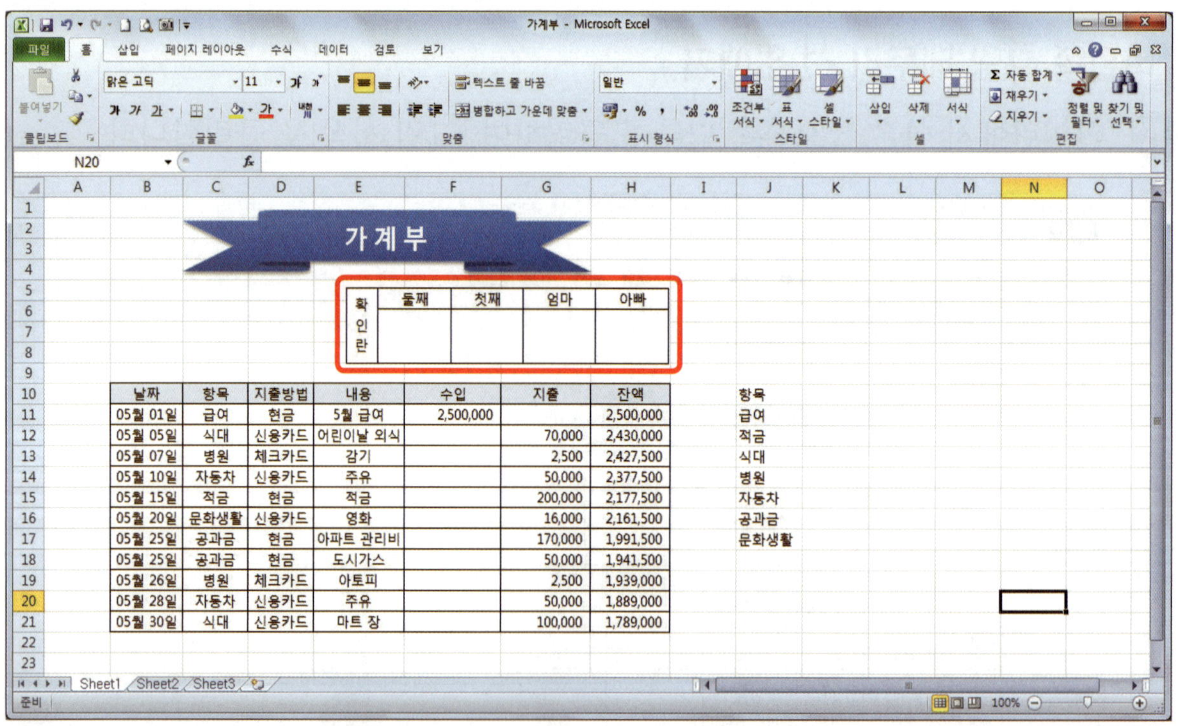

TIP 확인란을 더블 클릭하면 '확인란'이 만들어져 있는 시트(Sheet2)로 이동되며, 서식이나 내용을 수정하면 바로 반영되는 것을 확인할 수 있습니다.

① 'Sheet2' 시트에서 [B2:F3] 영역을 범위 지정한 후 [홈] 탭의 [클립보드] 그룹에서 [복사]를 클릭합니다.

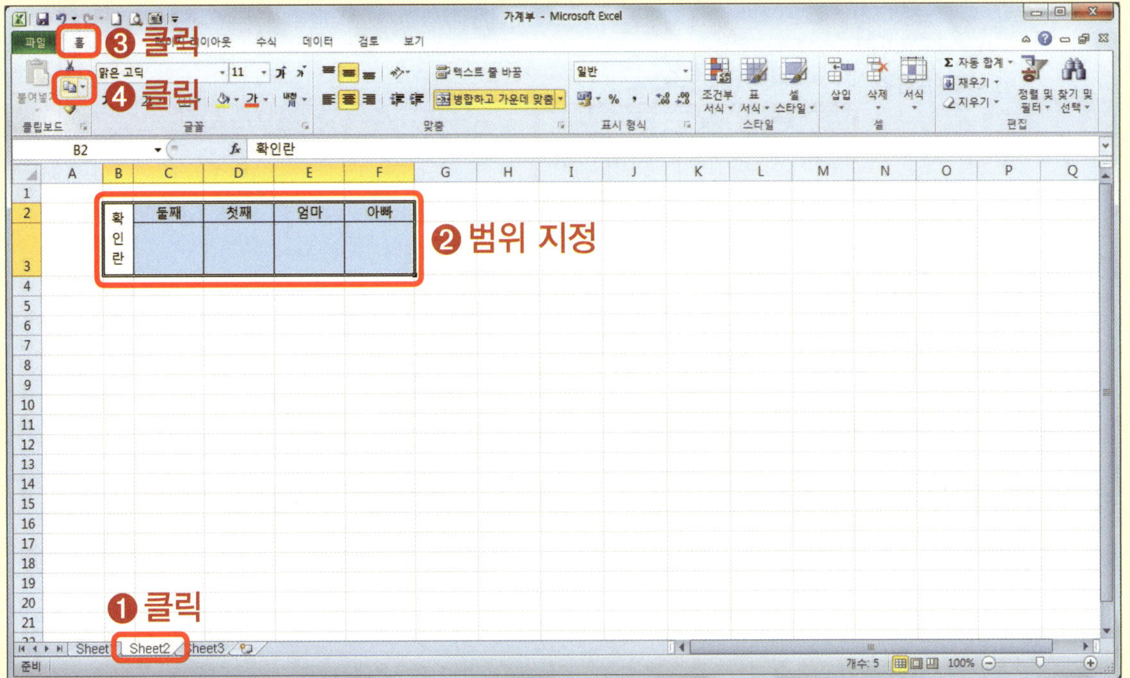

② 'Sheet1' 시트에서 붙여넣을 위치에 마우스 포인터를 두고, [홈] 탭의 [클립보드] 그룹에서 [붙여넣기]−[기타 붙여넣기 옵션]에서 [그림]을 선택합니다.

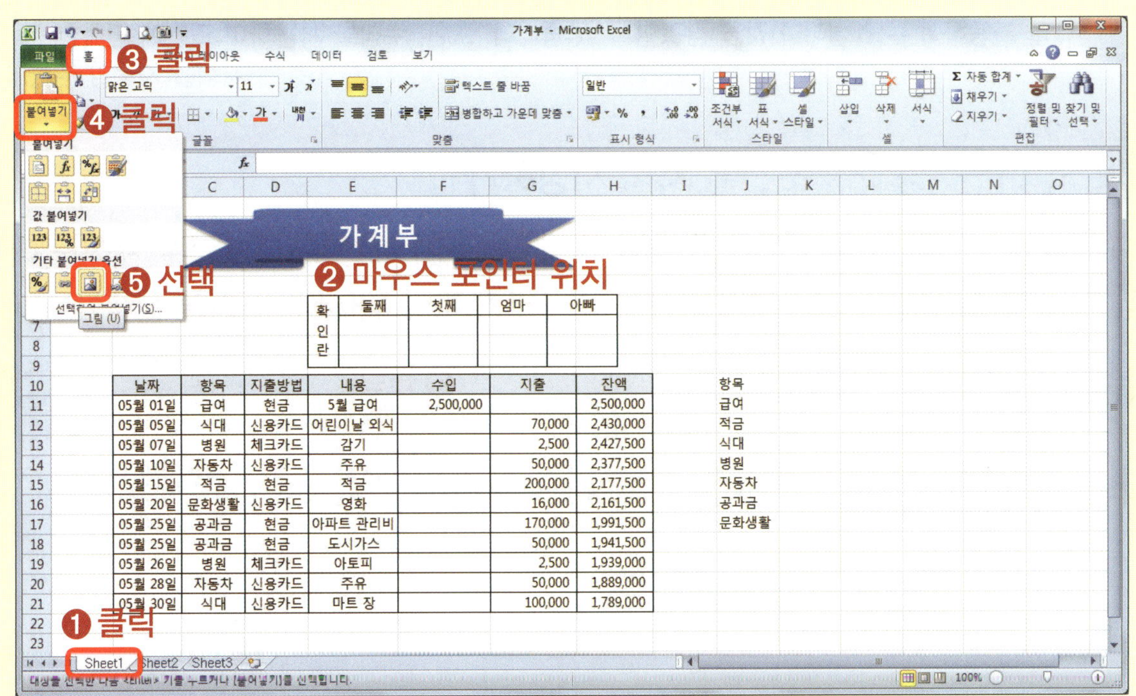

③ 그림 형식으로 확인란이 붙여진 것을 확인할 수 있습니다.

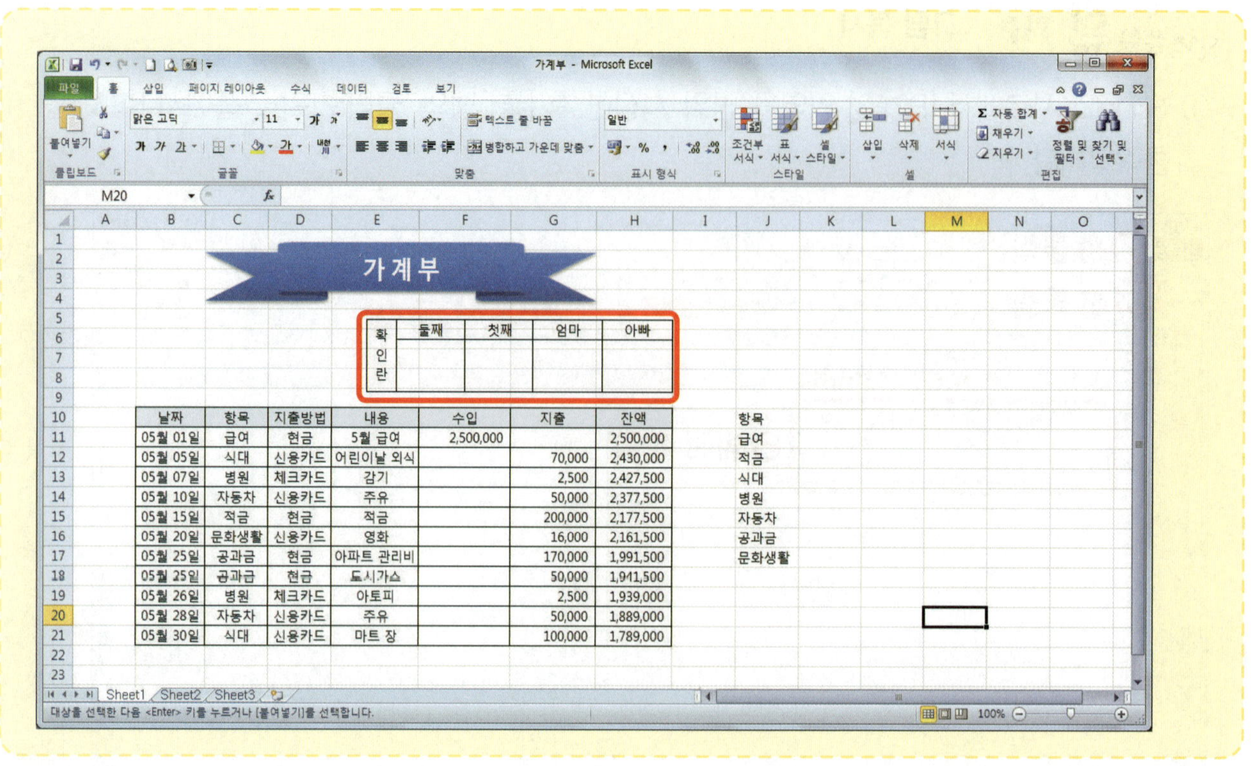

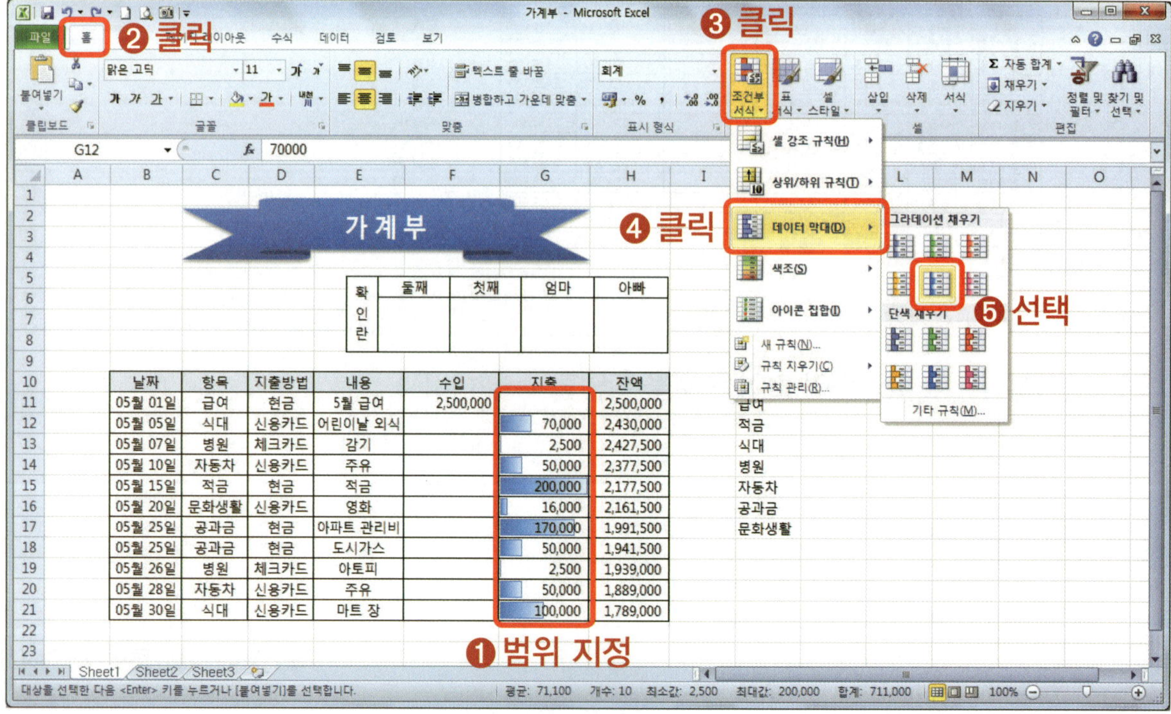

실습3 조건부 서식

숫자 데이터를 좀 더 시각적으로 표시하기 위해 조건부 서식을 사용하는데 조건에 따라 데이터 막대, 색조 또는 아이콘 집합을 사용하여 주요 셀이나 값을 강조할 수 있습니다. 또한, 수식을 사용하여 조건에 만족한 전체 행에 서식을 지정할 수 있습니다.

데이터 막대를 이용하여 조건부 서식 지정하기

① [G11:G21] 영역을 범위 지정한 후 [홈] 탭의 [스타일] 그룹에서 [조건부 서식]–[데이터 막대]를 클릭하여 [그라데이션 채우기]–[연한 파랑 데이터 막대]를 선택합니다.

데이터 막대 길이는 셀 값을 나타내는 것으로 막대가 길수록 높은 값을 나타냅니다.

셀 강조 규칙을 이용하여 조건부 서식 지정하기

② [D11:D21] 영역을 범위 지정한 후 [홈] 탭의 [스타일] 그룹에서 [조건부 서식]–[셀 강조 규칙]을 클릭하여 '같음'을 선택합니다.

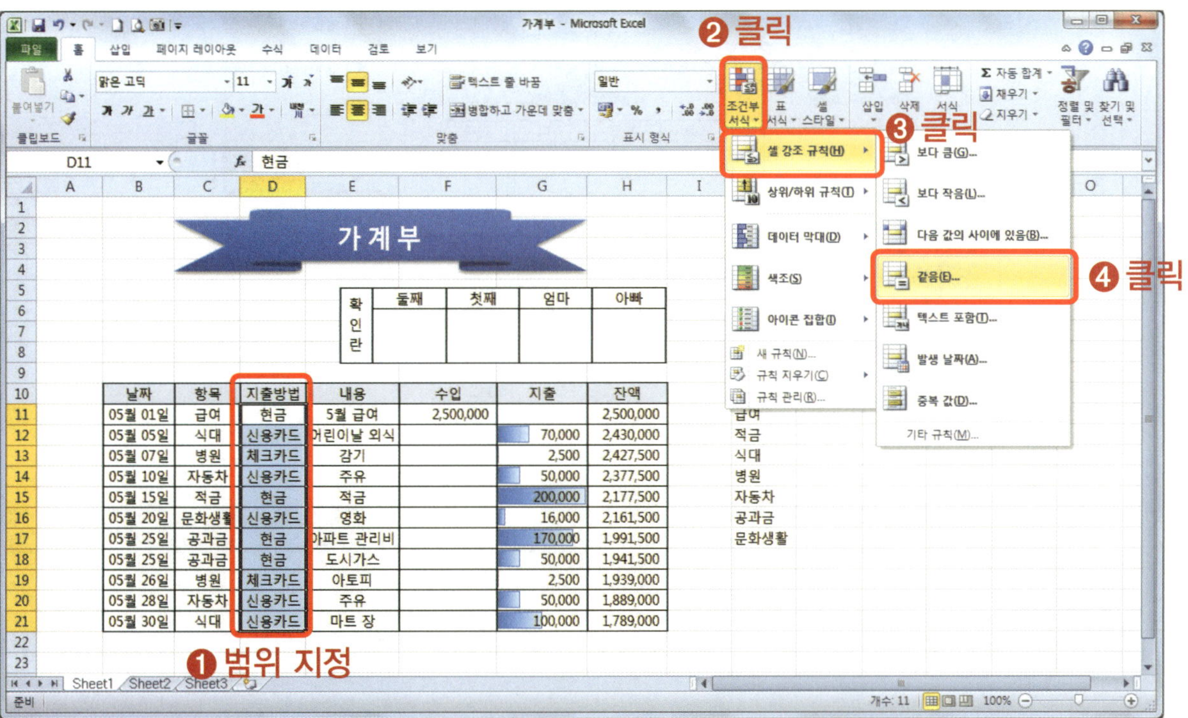

③ 「신용카드」를 입력하고, 적용할 서식에는 '진한 빨강 텍스트가 있는 연한 빨강 채우기'를 선택하고 [확인] 단추를 클릭합니다.

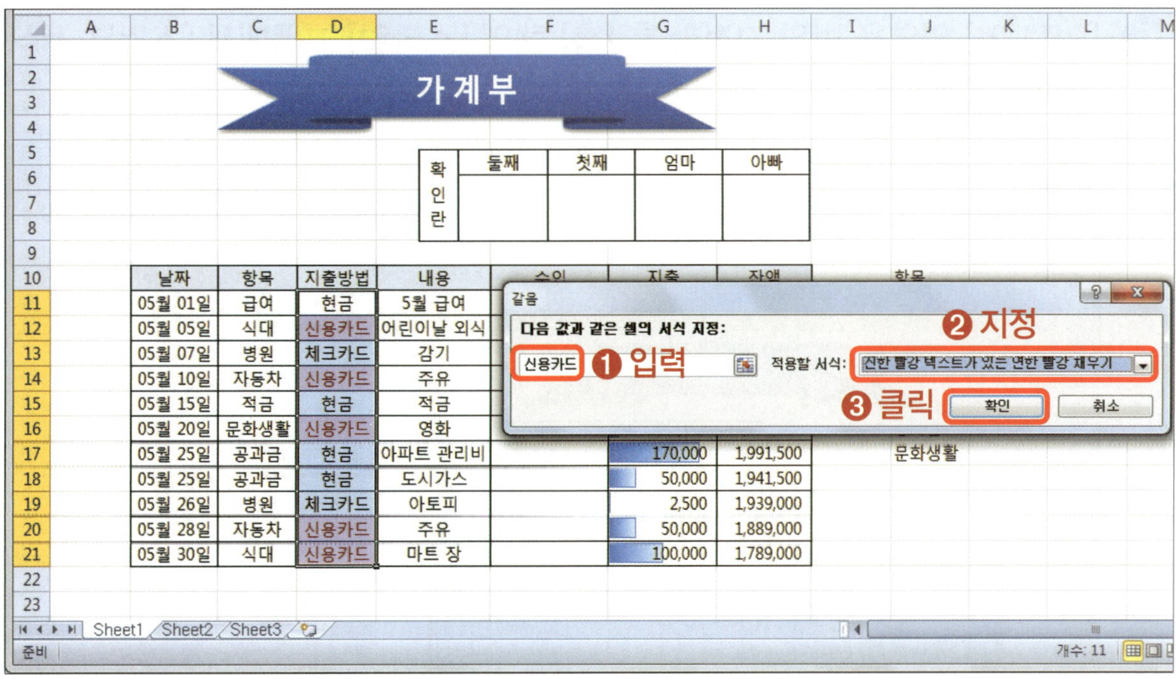

조건부 서식 지우기

④ 현재 시트에 2개의 조건부 서식을 모두 제거하고자 할 때에는 [홈] 탭의 [스타일] 그룹에서 [조건부 서식]–[규칙 지우기]–[시트 전체에서 규칙 지우기]를 클릭합니다.

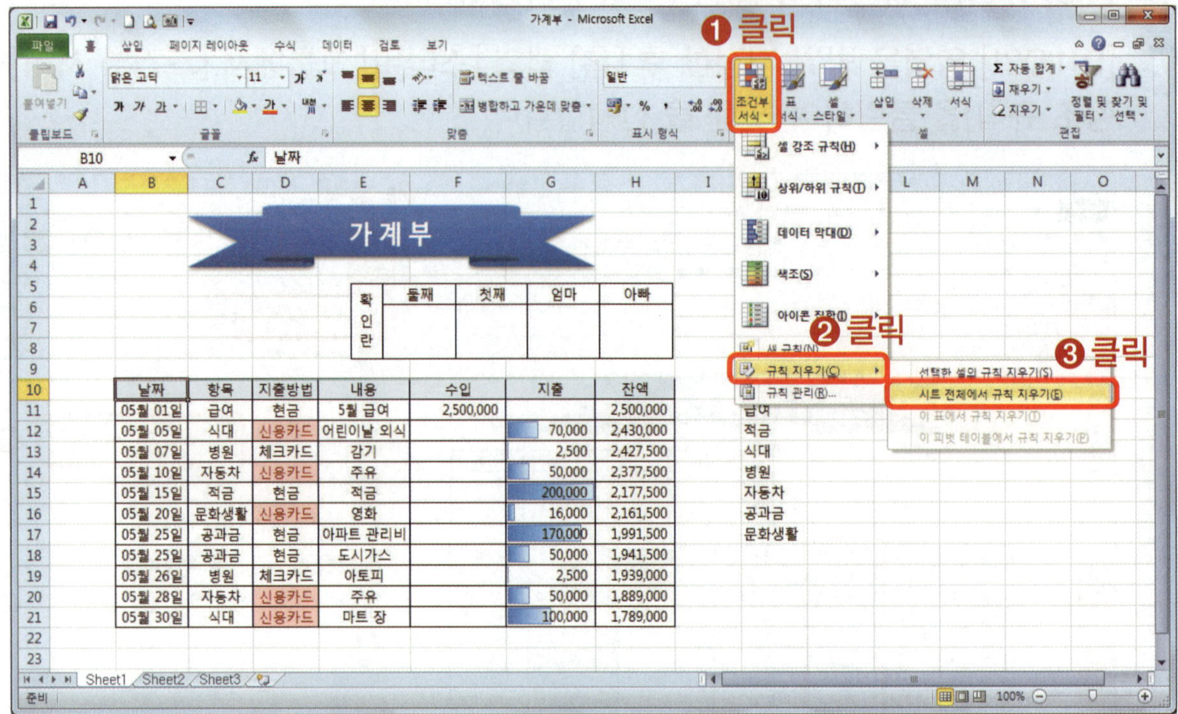

TIP 특정 영역에 대해서 조건부 서식을 지울 때에는 [선택한 셀의 규칙 지우기]를 클릭합니다.

지출이 100,000 이상인 데이터 전체 행에 서식 지정하기

⑤ [B11:H21] 영역을 범위 지정한 후 [홈] 탭의 [스타일] 그룹에서 [조건부 서식]–[새 규칙]을 선택합니다.

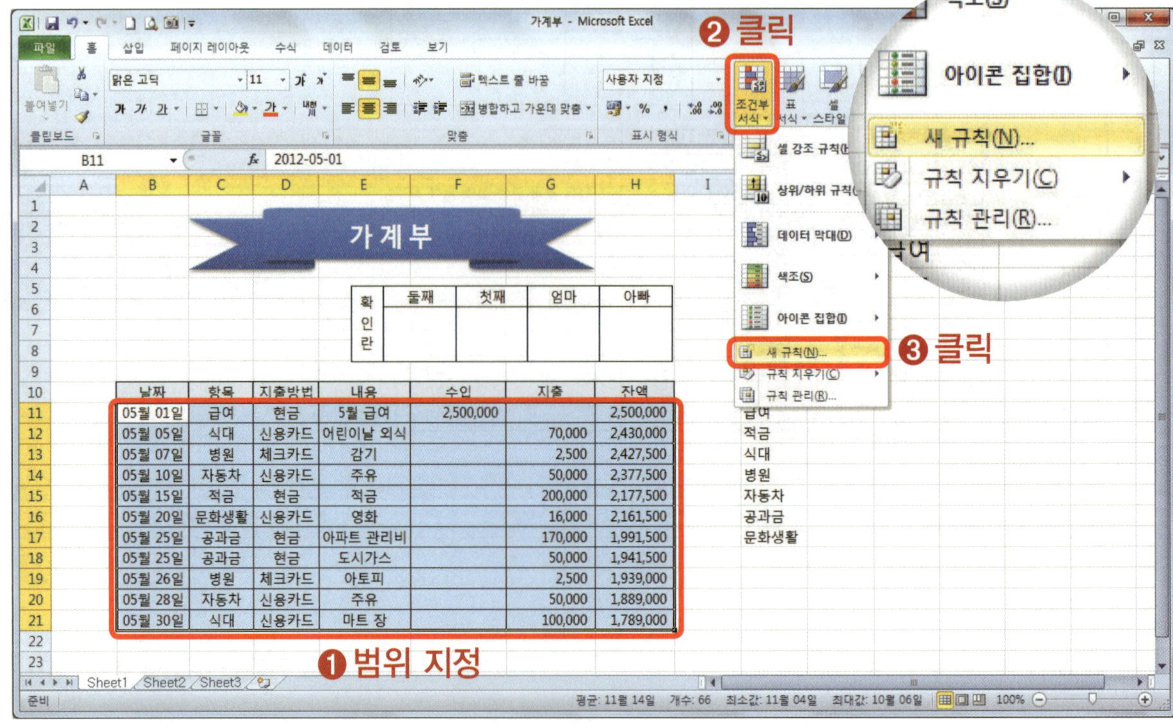

❻ [새 서식 규칙] 대화상자에서 '▶ 수식을 사용하여 서식을 지정할 셀 결정'을 선택한 후 「=$G11>=100000」을 입력하고 [서식] 단추를 클릭합니다.

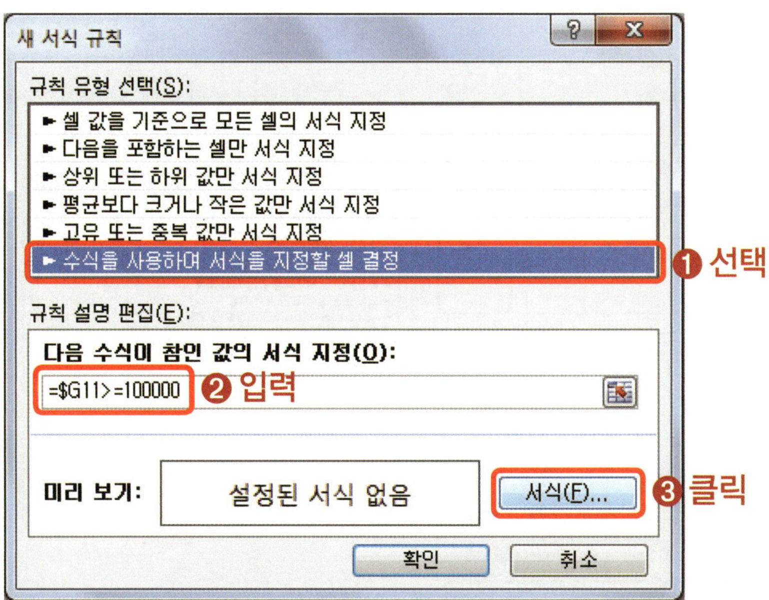

TIP $G11 : [G]열은 고정하고 11, 12, 13, 14,... 로 행의 위치는 바뀌면서 값을 비교하기 위해 G열에만 $를 붙입니다.

❼ [셀 서식] 대화상자의 [채우기] 탭에서 '빨강, 강조 2, 80% 더 밝게'를 선택하고 [확인] 단추를 클릭합니다.

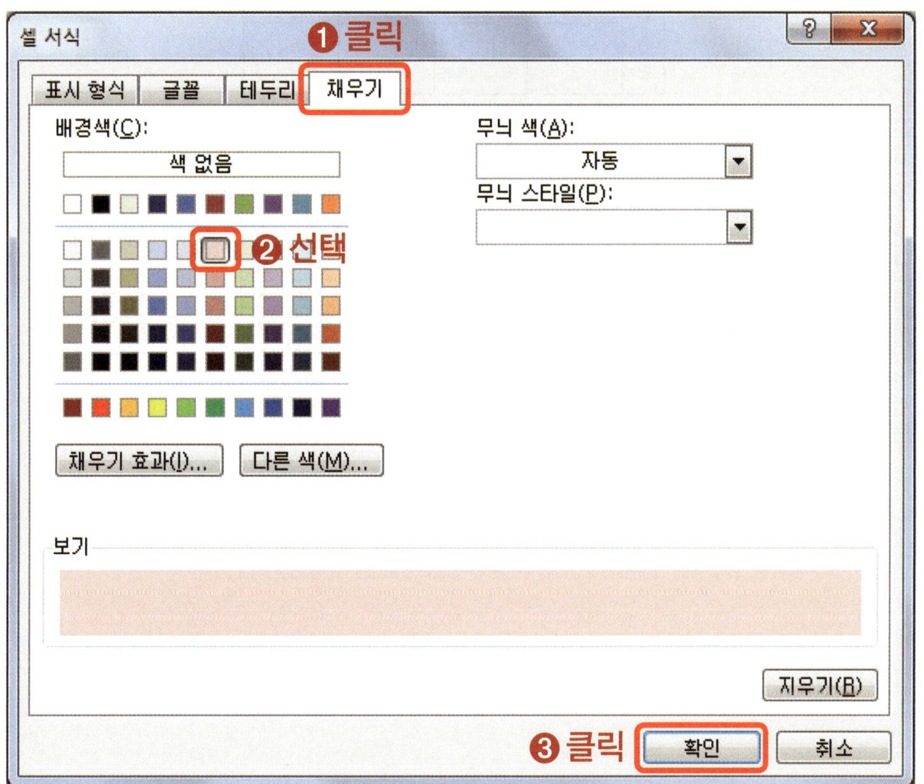

TIP [채우기] 탭에서 색상을 선택하면 색상명이 표시되지 않습니다. 색상명을 확인할 때에는 [무늬 색]을 클릭하여 색상명을 확인하고 '배경색'에서 해당 색상을 선택합니다.

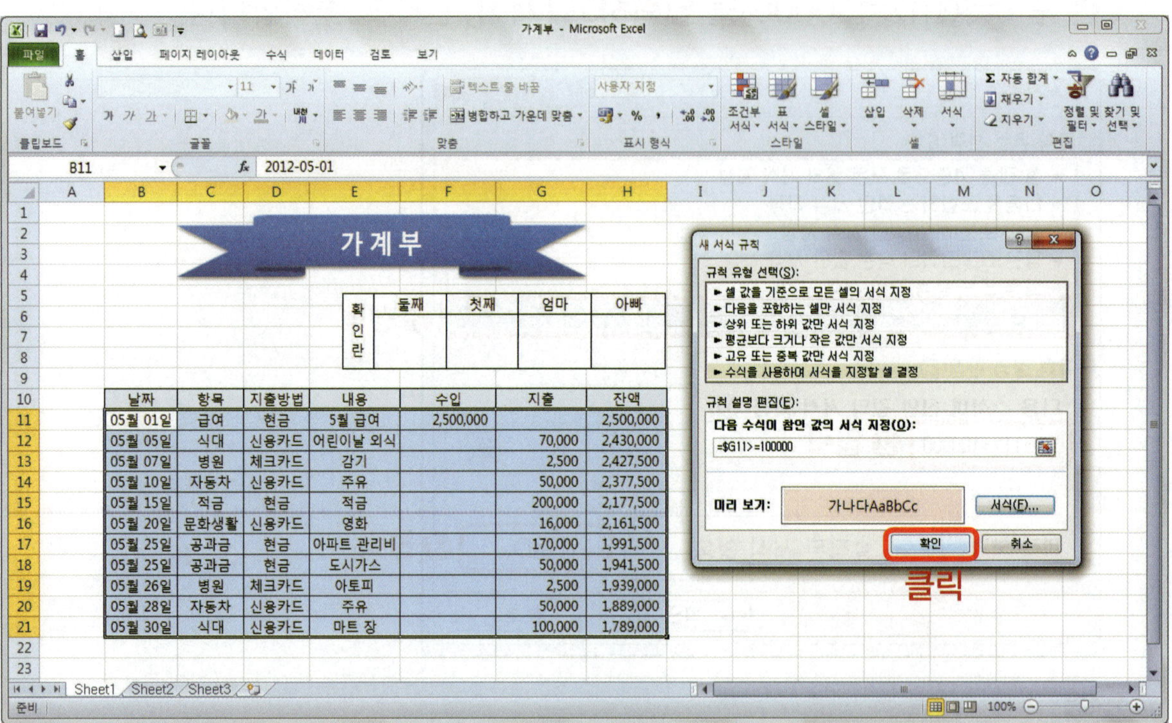

9 지출이 100,000 이상에 해당하는 데이터의 전체 행에 색깔이 채워집니다.

1 '예산표' 시트에서 숙박시설[C9:C16]에 '텐트, 콘도, 휴양림, 펜션'만 입력될 수 있도록 유효성 검사를 설정하고, '확인란' 시트에서 [B2:F3] 영역의 데이터를 카메라 기능을 이용하여 그림과 같이 붙여 넣으시오.

우리 가족 1년 여행 예산표

	둘째	첫째	엄마	아빠
확인란				

월	숙박시설	기간	여행지	숙박비	기본식비	기타비용	교통비	합계
3월	텐트	2일	용인	4,000	42,000	60,000	50,000	156,000
4월	콘도	2일	단양	83,000	42,000	60,000	50,000	235,000
5월	콘도	3일	경주	166,000	63,000	90,000	75,000	394,000
6월	휴양림	2일	양평	78,000	42,000	60,000	50,000	230,000
7월	펜션	2일	양주	150,000	42,000	60,000	50,000	302,000
8월	텐트	5일	강원도	16,000	105,000	150,000	125,000	396,000
9월	펜션	3일	해남	300,000	63,000	90,000	75,000	528,000
10월	휴양림	3일	제주도	156,000	63,000	90,000	75,000	384,000
				953,000	462,000	660,000	550,000	2,625,000

Hint!
- 데이터 유효성 검사 : 범위를 지정한 후 [데이터] 탭의 [데이터 도구] 그룹에서 [데이터 유효성 검사]를 클릭합니다.
- 카메라 : 빠른 실행 도구 모음에 추가한 [카메라] 단추를 이용합니다.

2 '예산표 서식' 시트에 다음과 같은 조건부 서식을 지정하시오.

▶ [F9:J16] 영역에 파랑 데이터 막대를 이용하여 최대, 최소값을 표시

▶ [D9:D16] 영역에 [아이콘 집합]의 표시기 '3색 플러그' 표시

	월	숙박시설	기간	여행지	숙박비	기본식비	기타비용	교통비	합계
						둘째	첫째	엄마	아빠
					확인란				
9	3월	텐트	2일	용인	4,000	42,000	60,000	50,000	156,000
10	4월	콘도	2일	단양	83,000	42,000	60,000	50,000	235,000
11	5월	콘도	3일	경주	166,000	63,000	90,000	75,000	394,000
12	6월	휴양림	2일	양평	78,000	42,000	60,000	50,000	230,000
13	7월	펜션	2일	양주	150,000	42,000	60,000	50,000	302,000
14	8월	텐트	5일	강원도	16,000	105,000	150,000	125,000	396,000
15	9월	펜션	3일	해남	300,000	63,000	90,000	75,000	528,000
16	10월	휴양림	3일	제주도	156,000	63,000	90,000	75,000	384,000
17	총합계				953,000	462,000	660,000	550,000	2,625,000

Hint! [홈] 탭의 [스타일] 그룹에서 [조건부 서식]을 이용합니다.

3 '유효성검사' 시트에서 종류[C5:C22]와 지역[G5:G22] 영역에 종류코드[K5:K9], 지역코드[K12:K16]에 있는 데이터만 입력될 수 있도록 유효성 검사를 설정하시오. (제한 대상 : 목록)

번호	종류	식당명	주메뉴	전화번호	지역	상세 위치	방문		종류코드
1	한식	터식당	보리밥, 된장찌개	0356-82-0015	경기	가평			한식
2		평가든	장어구이	0356-584-2662	경기	가평			중식
3		물공원	조림, 매운탕	032-431-1533	인천	남동구			베트남
4		마솥 추어탕	추어탕	032-432-2770	인천	남동구			태국
5	일식	우미식당	생선초밥 (횟집)	032-433-8383	인천	남구			일식
7	일식	마쯔야	일식 스낵바	02-392-5689	서울	마포구			
8	한식	삼봉냉면	회냉면	02-563-5775	서울	강남구			지역코드
9	한식	소문난순두	순두부	033-652-7377	강원	강릉			서울
10	한식	토담순두부	순두부	033-652-0336	강원	강릉			경기
11	한식	할머니순두부	순두부	033-652-2033	강원	강릉			인천
12	한식	전주식당	돌솥밥	051-469-0771	부산	중구			강원
13	한식	개미집	수중전골, 낙지볶음	051-245-3311	부산	중구			부산
14	한식	숟가락젓가락	뚝배기	051-248-0135	부산	중구			
15	일식	마이돈	일식 돈가스	02-517-6663	서울	강남구			

Hint! 범위를 지정한 후 [데이터] 탭의 [데이터 도구] 그룹에서 [데이터 유효성 검사]를 클릭합니다.

4 '유효성검사' 시트에서 지역[G5:G22] 영역에 지역코드 외의 다른 데이터를 입력하면 다음과 같은 메시지가 나오도록 처리하시오.

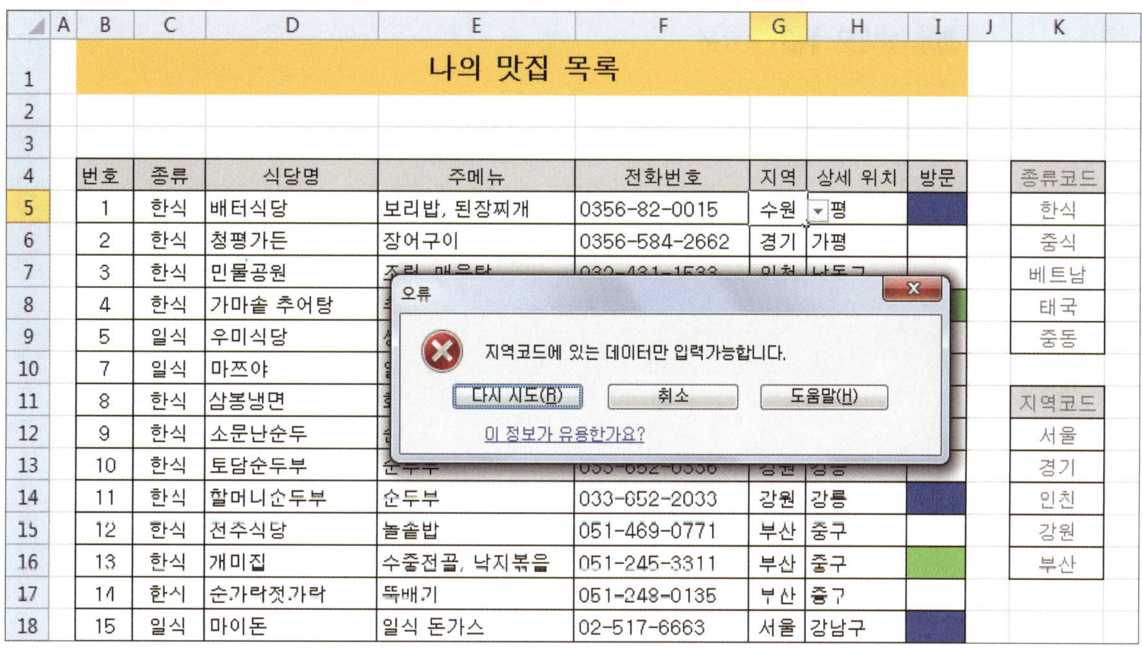

Hint! [데이터 유효성] 대화상자의 [오류 메시지] 탭에서 설정합니다.

5 'Sheet1' 시트에 있는 [B4:E4] 영역의 데이터를 카메라 기능을 이용하여 '카메라' 시트의 3행에 그림과 같이 붙여 넣으시오.

번호	종류	식당명	주메뉴	전화번호	지역	상세 위치	방문		종류코드
			나의 맛집 목록						
						1회방문	2회방문		
1	한식	배터식당	보리밥, 된장찌개	0356-82-0015	경기	가평			한식
2	한식	청평가든	장어구이	0356-584-2662	경기	가평			중식
3	한식	민물공원	조림, 매운탕	032-431-1533	인천	남동구			베트남
4	한식	가마솥 추어탕	추어탕	032-432-2770	인천	남동구			태국
5	일식	우미식당	생선초밥 (횟집)	032-433-8383	인천	남구			중동
7	일식	마쯔야	일식 스넥바	02-392-5689	서울	마포구			
8	한식	삼봉냉면	회냉면	02-563-5775	서울	강남구			지역코드
9	한식	소문난순두	순두부	033-652-7377	강원	강릉			서울
10	한식	토담순두부	순두부	033-652-0336	강원	강릉			경기
11	한식	할머니순두부	순두부	033-652-2033	강원	강릉			인천
12	한식	전주식당	돌솥밥	051-469-0771	부산	중구			강원
13	한식	개미집	수중전골, 낙지볶음	051-245-3311	부산	중구			부산
14	한식	숟가락젓가락	뚝배기	051-248-0135	부산	중구			
15	일식	마이돈	일식 돈가스	02-517-6663	서울	강남구			
16	중식	차이니즈투고	중국식 테이크아웃	02-536-1001	서울	강남구			
17	베트남	포베이	쌀국수, 월남쌈	031-586-9654					
18									

유효성검사 / 카메라 / Sheet1 / 조건부서식

Hint! 빠른 실행 도구 모음에 추가한 [카메라] 단추를 이용합니다.

6 '조건부서식' 시트에 다음과 같은 조건부 서식을 지정하시오.
  ▶ '종류'가 '일식'인 행에 대해 글꼴을 '빨강' 지정
  ▶ '식당명'이 중복된 셀을 찾아 '진한 파랑, 텍스트 2, 60% 더 밝게' 채우기 지정

나의 맛집 목록

번호	종류	식당명	주메뉴	전화번호	지역	상세 위치	방문		종류코드
1	한식	배터식당	보리밥, 된장찌개	0356-82-0015	경기	가평			한식
2	한식	청평가든	장어구이	0356-584-2662	경기	가평			중식
3	한식	민물공원	조림, 매운탕	032-431-1533	인천	남동구			베트남
4	한식	가마솥 추어탕	추어탕	032-432-2770	인천	남동구			태국
5	일식	우미식당	생선초밥 (횟집)	032-433-8383	인천	남구			중동
7	일식	마쯔야	일식 스넥바	02-392-5689	서울	마포구			
8	한식	삼봉냉면	회냉면	02-563-5775	서울	강남구			지역코드
9	한식	소문난순두	순두부	033-652-7377	강원	강릉			서울
10	한식	토담순두부	순두부	033-652-0336	강원	강릉			경기
11	한식	할머니순두부	순두부	033-652-2033	강원	강릉			인천
12	한식	전주식당	돌솥밥	051-469-0771	부산	중구			강원
13	한식	개미집	수중전골, 낙지볶음	051-245-3311	부산	중구			부산
14	한식	숟가락젓가락	뚝배기	051-248-0135	부산	중구			
15	일식	마이돈	일식 돈가스	02-517-6663	서울	강남구			
16	중식	차이니즈투고	중국식 테이크아웃	02-536-1001	서울	강남구			
17	한식	청평가든	장어구이	0356-584-2662	경기	가평			

(범례: ■ 1회방문 ■ 2회방문)

Hint!
- 종류 : [B5:I20] 영역을 범위 지정한 후 [홈] 탭의 [스타일] 그룹에서 [조건부 서식]–[새 규칙]을 선택하여 '종류'가 '일식'인 행에 대해 글꼴을 '빨강'으로 지정합니다.
- 식당명 : [D5:D20] 영역에서 [홈] 탭의 [스타일] 그룹에서 [조건부 서식]–[새 규칙]을 선택하여 '식당명'이 중복된 셀을 찾아 '진한 파랑, 텍스트 2, 60% 더 밝게'로 채우기 지정합니다.

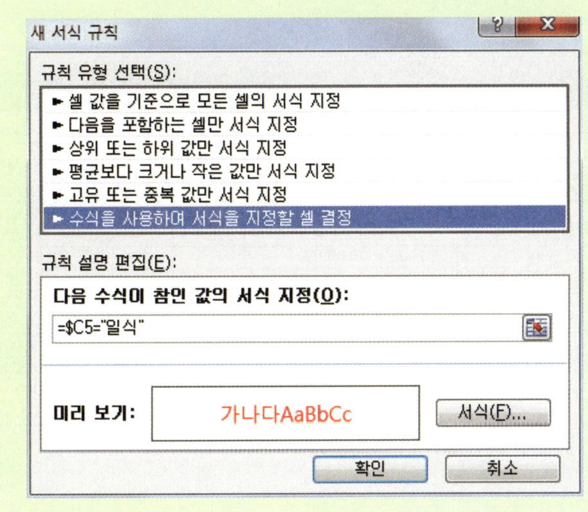

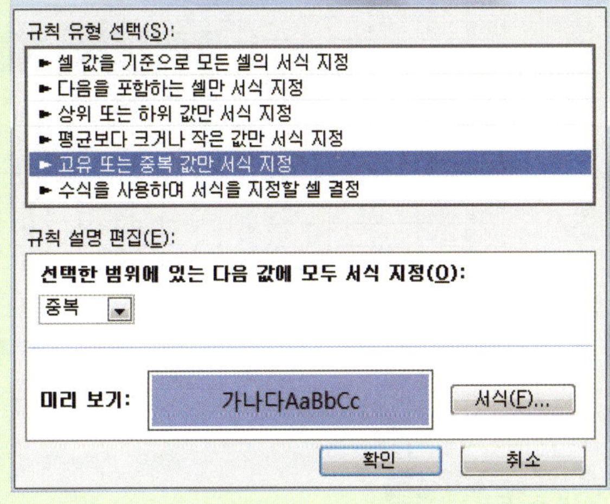

07장 수식 이해하기

수식은 등호로 시작하여 숫자 또는 셀 주소와 연산자로 이루어진 계산식입니다. 수식을 입력하면 셀에는 수식의 결과 값이 표시되고, 입력한 수식은 수식 입력줄에 표시됩니다. 수식을 입력할 때 직접 숫자를 입력하지 않고, 숫자가 입력된 셀 주소를 사용하는 것을 셀 참조라고 합니다.

완성파일 미리보기

가계부

	날짜	항목	지출방법	내용	수입	지출	잔액
4	05월 01일	급여	현금	5월 급여	1,800,000		1,800,000
5	05월 05일	육아	신용카드	어린이 날 선물		50,000	1,750,000
6	05월 05일	식대	신용카드	외식		60,000	1,690,000
7	05월 10일	자동차	체크카드				
8	05월 18일	식대	체크카드				
9	05월 21일	의류	현금				
10	05월 22일	경조사	현금				
11	05월 25일	도시가스	자동이체				
12	05월 25일	아파트관리비	자동이체				
13	05월 27일	통신요금	자동이체				
14	05월 27일	통신요금	자동이체				
18			합계				

연도별 고령 인구

(단위:천명)

년도	남자			여자		
	인구	65세 이상	구성비	인구	65세이상	구성비
1960년	12,551	289	2.3%	12,462	438	3.5%
1970년	16,309	408	2.5%	15,932	583	3.7%
1980년	19,236	545	2.8%	18,888	911	4.8%
1990년	21,568	822	3.8%	21,301	1,373	6.4%
2000년	23,667	1,300	5.5%	23,341	2,095	9.0%
2006년	24,268	1,835	7.6%	24,030	2,751	11.4%
2007년	24,344	1,939	8.0%	24,112	2,872	11.9%
2008년	24,416	2,032	8.3%	24,191	2,984	12.3%
2009년	24,481	2,113	8.6%	24,265	3,080	12.7%
2010년	24,540	2,190	8.9%	24,334	3,167	13.0%

5월 아르바이트 비

		시간당 금액	
날짜	근무시간	금액	
05월 02일	6	30,000	
05월 03일	4		
05월 04일	6		
05월 11일	5		
05월 12일	7		
05월 13일	4		
05월 16일	4		
05월 17일	5		
05월 18일	5		
05월 20일	6		
05월 23일	6		
05월 24일	5		
05월 25일	7		
05월 26일	4		
05월 27일	6		

★ 일송 산악회 회비현황 ★

번호	이름	직책	1월	2월	3월	4월	5월	6월	찬조금	합계
1	김은순	회장	20,000	20,000	20,000	20,000				80,000
2	장희욱	부회장	20,000	20,000	20,000	X			100,000	160,000
3	김원민	총무	면제	면제	면제	면제			250,000	250,000
4	이순자	회원	20,000	20,000	X	20,000				60,000
5	한장수	회원	20,000	X	20,000	20,000				60,000
6	노민혁	회원	20,000	20,000	20,000	20,000				80,000
7	이기화	회원	20,000	20,000	20,000	20,000			100,000	180,000
8	황인숙	회원	20,000	20,000	X	X			50,000	90,000
9	성연미	회원	20,000	20,000	X	X				40,000
합계			160,000	140,000	100,000	100,000			500,000	1,000,000
찬조금을 낸 회원 수			4명				평균 찬조금액			125,000
최고 찬조금액			250,000				최저 찬조금액			50,000

체크포인트

실습1 수식과 절대참조를 이용하여 값을 계산합니다.

실습2 자동 합계 단추를 이용하여 합계, 평균, 개수, 최대값, 최소값을 구합니다.

수식 입력하기

수식을 입력할 때 직접 숫자를 입력하지 않고, 숫자가 입력된 셀 주소를 사용하는 것을 셀 참조라고 합니다. 연산자를 이용하여 값을 구하고, 고정된 셀을 참조할 수 있는 절대참조를 이용하는 방법을 살펴보도록 하겠습니다.

잔액 구하기('가계부' 시트에서)

1 [G4] 셀에 「=E4-F4」를 입력합니다. (잔액=수입-지출)

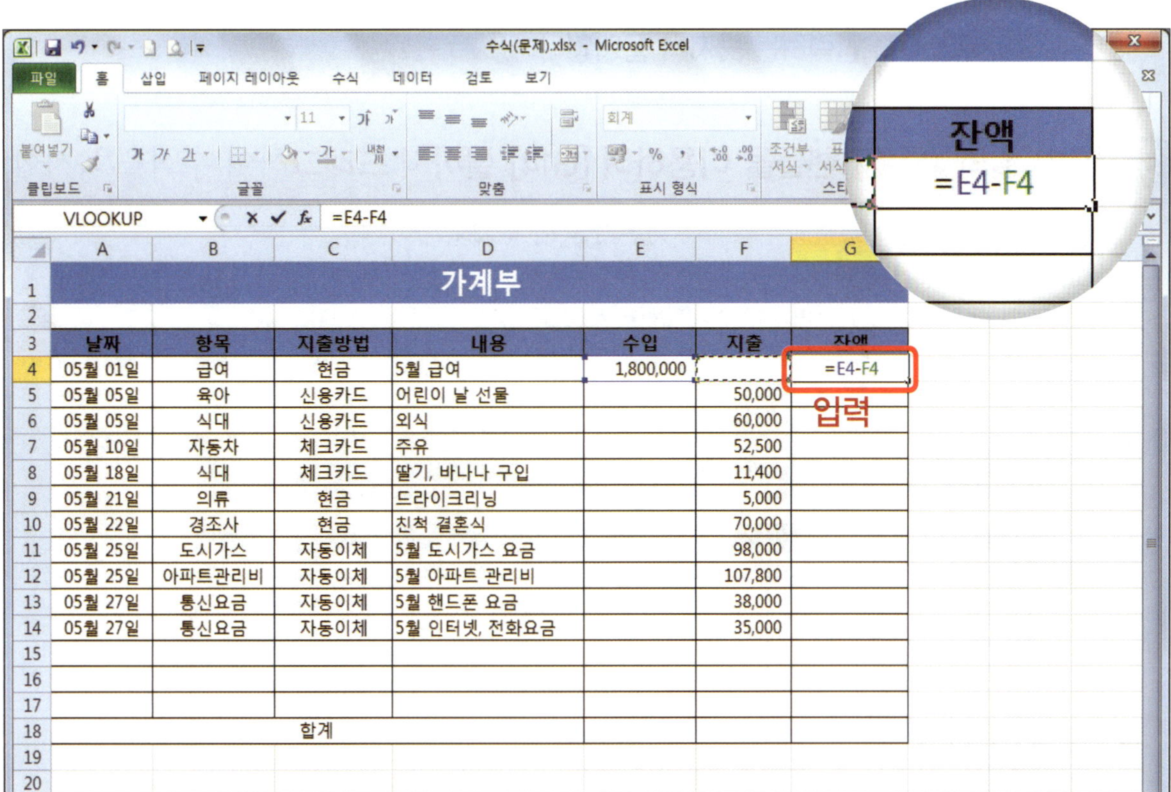

2 [G5] 셀에 「=G4+E5-F5」를 입력합니다. (수식 '=전일 잔액+수입-지출')

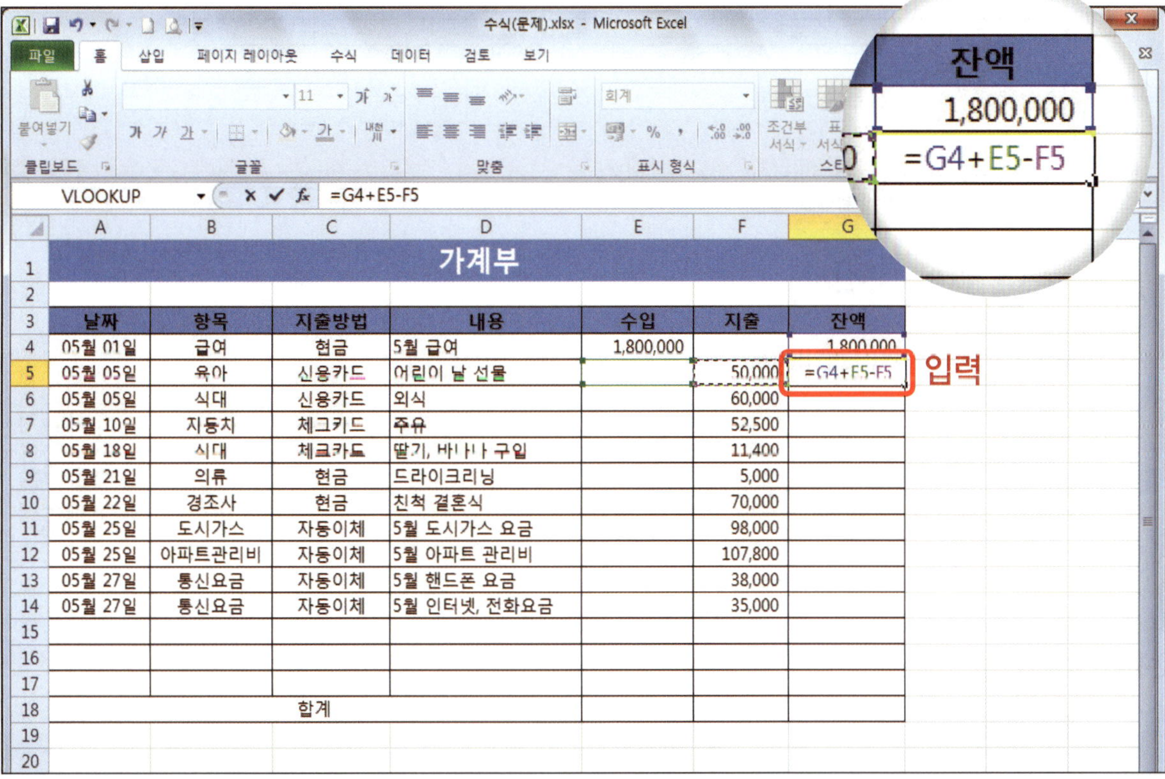

```
=E4 - F4 * 5000
```

① 등호 : 엑셀에서는 수식을 입력할 때 등호를 먼저 입력해야 합니다. 등호 다음에 오는 내용이 수식이라는 것을 나타냅니다.
② 참조 : 직접 값을 입력하여 수식을 작성할 수 있고, 또는 값이 입력된 주소를 입력하여 수식을 작성할 수 있습니다. 셀 주소를 이용하여 값을 계산하는 것을 '참조'라고 합니다.
③ 연산자 : 계산의 종류를 나타냅니다. (예 : − (빼기), *(곱하기))
④ 상수 : 수식에 직접 입력하는 숫자나 문자입니다.

3 [G5] 셀의 채우기 핸들을 이용하여 [G14] 셀까지 드래그하여 수식을 복사합니다.

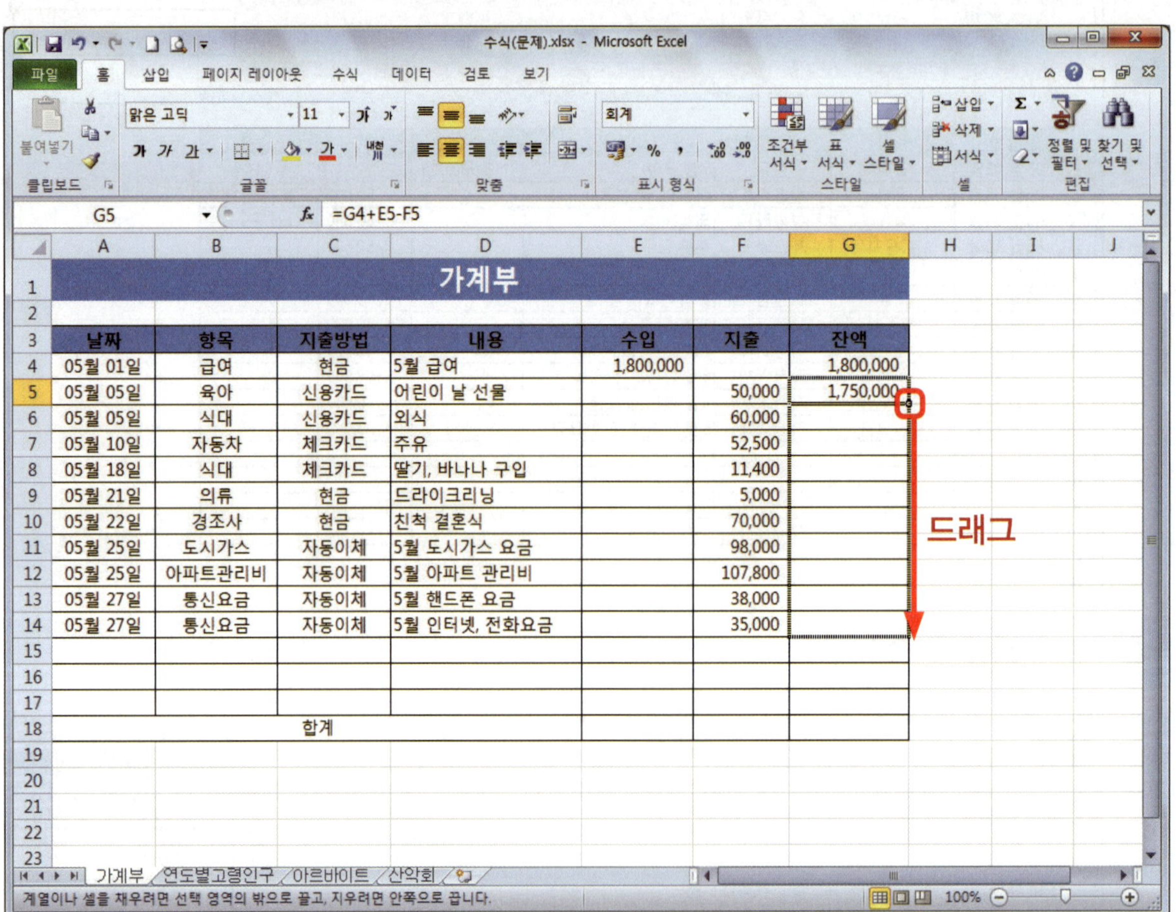

① 산술 연산자 : 수치 데이터에 대한 사칙 연산을 수행합니다.

연산자	기능	연산자	기능	연산자	기능
+	더하기	*	곱하기	^	거듭제곱
−	빼기	/	나누기	%	백분율

② 비교 연산자 : 데이터의 크기를 비교하여 식이 맞으면 TRUE(참), 그렇지 않으면 FALSE(거짓)로 결과를 표시합니다.

연산자	기능	연산자	기능	연산자	기능
〉	크다(초과)	〈	작다(미만)	=	같다
〉=	크거나 같다(이상)	〈=	작거나 같다(이하)	〈 〉	같지 않다

③ 데이터 연결 연산자(&) : 두 개의 데이터를 하나로 연결하여 표시합니다.

수식	결과	수식	결과
="상수리"&"나무"	상수리나무	=100&"점"	100점

④ 참조 연산자 : 두 개의 데이터를 하나로 연결하여 표시합니다.
- 참조 연산자 : 참조할 셀이나 영역을 지정한다.

연산자	사용 예	기능
콜론(:)	(A1:E1)	왼쪽 셀에서 오른쪽 셀까지의 모든 범위를 참조하는 연산자
쉼표(,)	(A1, C1)	쉼표(,)로 구분된 모든 셀(또는 범위)을 참조하는 연산자
공백	(A1:C3 C2:P3)	왼쪽 범위와 오른쪽 범위의 공통 범위 (결과 :[C2:C3])

구성비 구하기 ('연도별고령인구' 시트에서)

④ [E6] 셀에 「=D6/C6」을 입력하고 Enter 키를 누릅니다. (구성비 = 65세 이상 / 남자 인구)

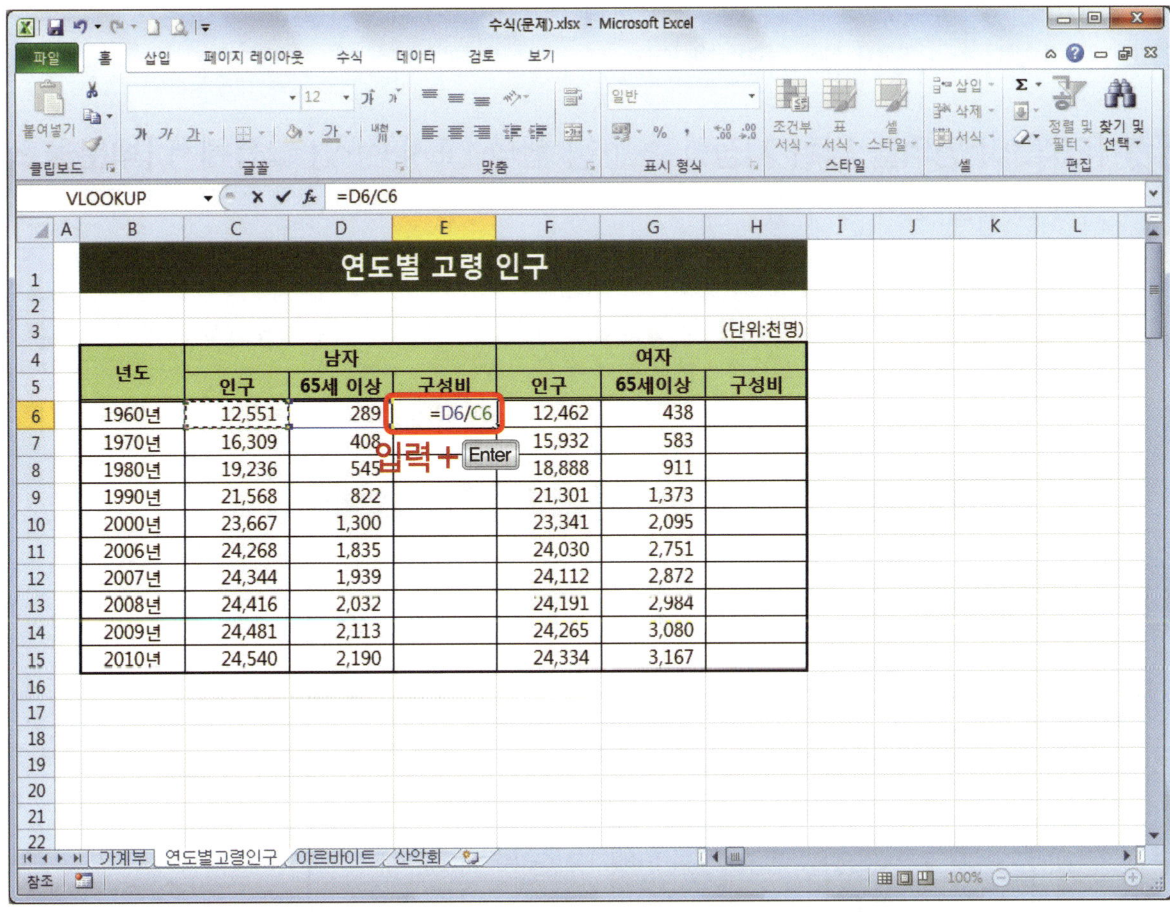

❺ [E6] 셀에서 채우기 핸들을 이용하여 [E15] 셀까지 수식을 복사합니다. [자동 채우기 옵션🔳] 단추를 클릭하여 '서식 없이 채우기'를 선택합니다.

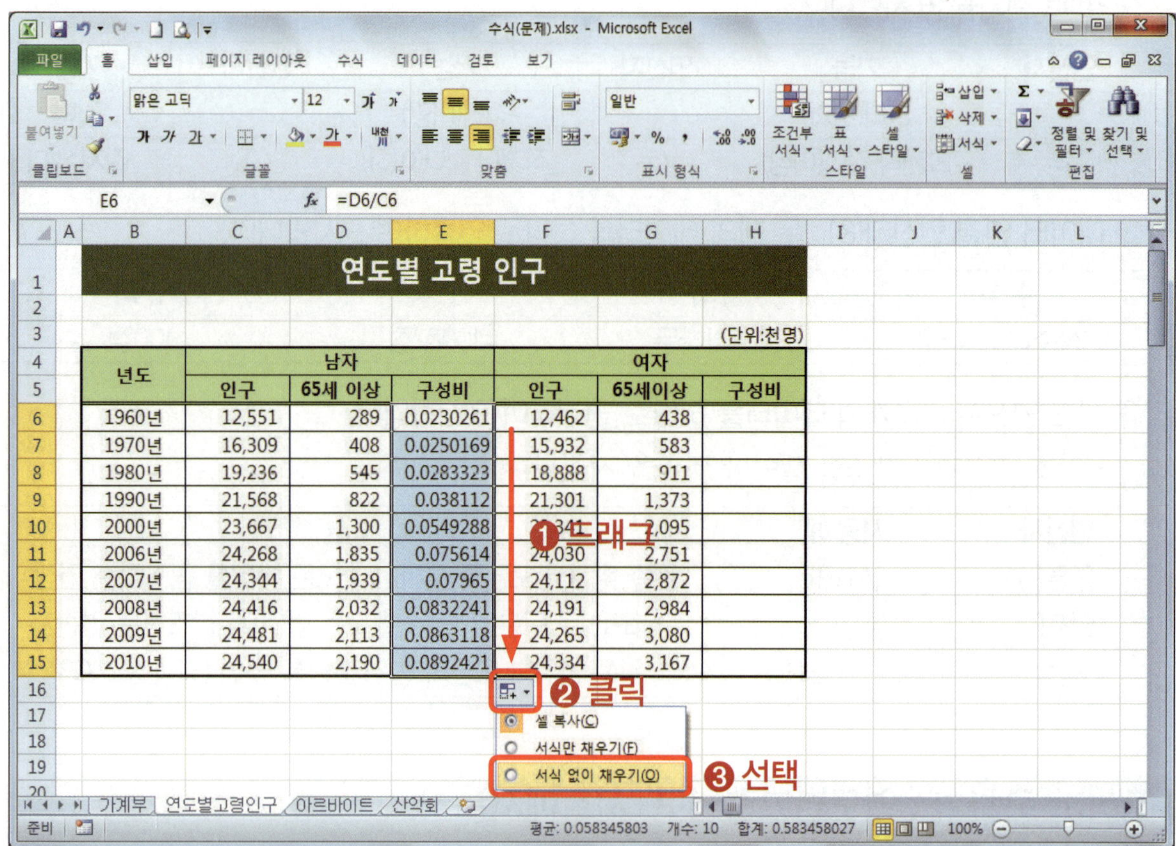

TIP 채우기 핸들을 이용하여 수식을 복사할 경우에는 기본적으로 서식도 함께 복사됩니다. 이 경우 서식과 함께 복사되면 [E14] 셀의 표 가장자리 테두리 굵은 선이 보통 선으로 바뀝니다. 따라서 서식 없이 채워야만 합니다.

❻ [E6:E15] 영역을 범위 지정한 후 [홈] 탭의 [표시 형식] 그룹에서 [백분율 스타일 %] 단추를 클릭합니다.

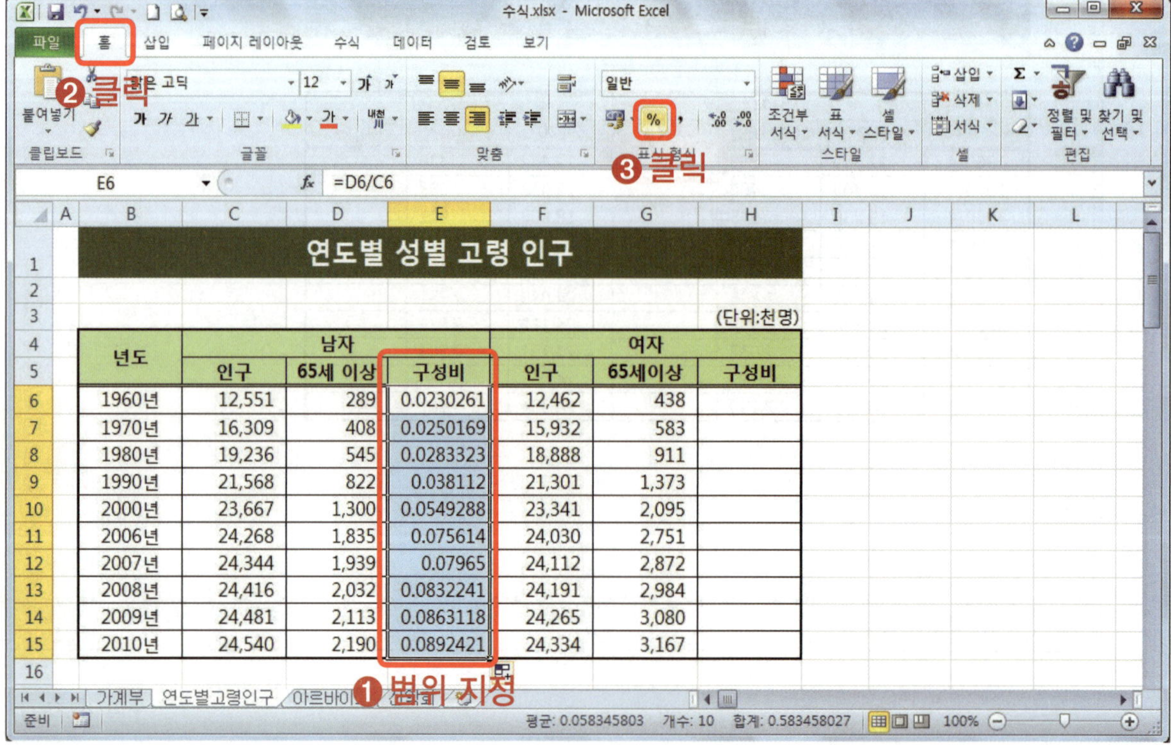

백분율 스타일은 숫자에 곱하기(*) 100을 한 후 % 기호가 표시됩니다.

❼ 범위가 지정된 상태에서 [홈] 탭의 [표시 형식] 그룹에서 [자릿수 늘림 .00] 단추를 **한 번 클릭**하면 소수 이하 1자리까지 표시합니다.

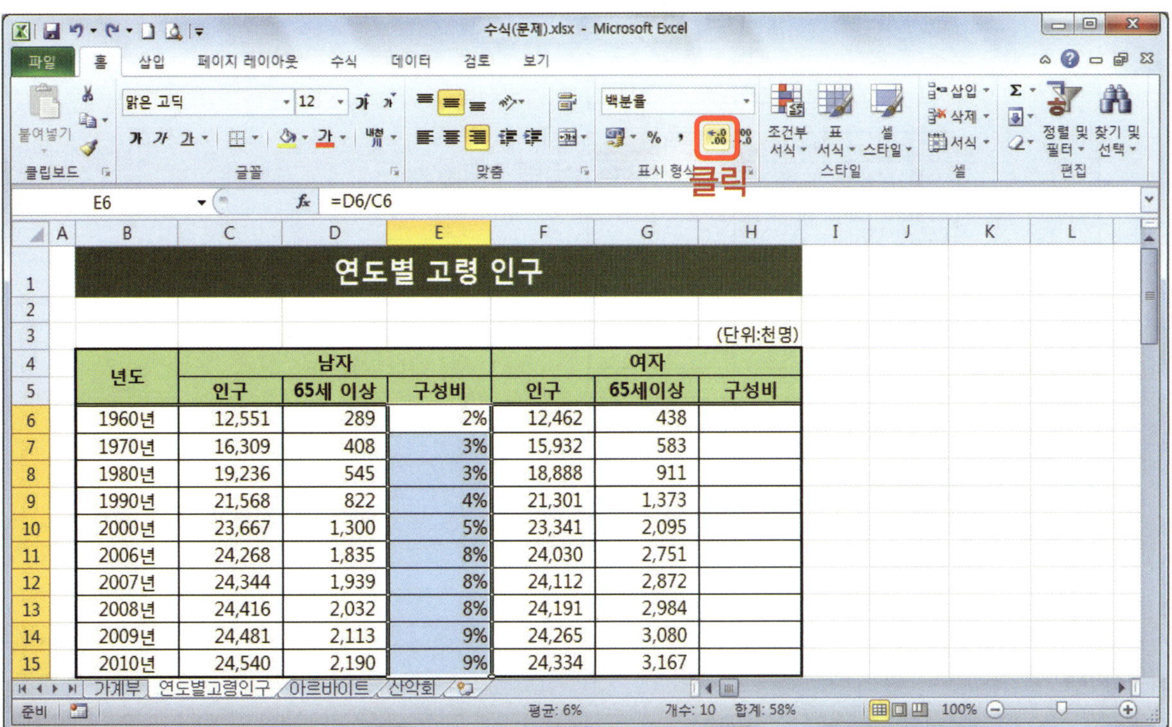

[자릿수 늘림] 단추를 클릭할 때마다 소수 이하 1자리씩 늘어나면서 표시됩니다.

❽ [H6] 셀에 「=G6/F6」을 입력하고 Enter 키를 누른 다음 [H15] 셀까지 서식 없이 채우기로 수식을 복사합니다. [홈] 탭의 [표시 형식] 그룹에서 [**백분율 스타일 %**] 단추, [**자릿수 늘림 .00**] 단추를 각각 클릭합니다.

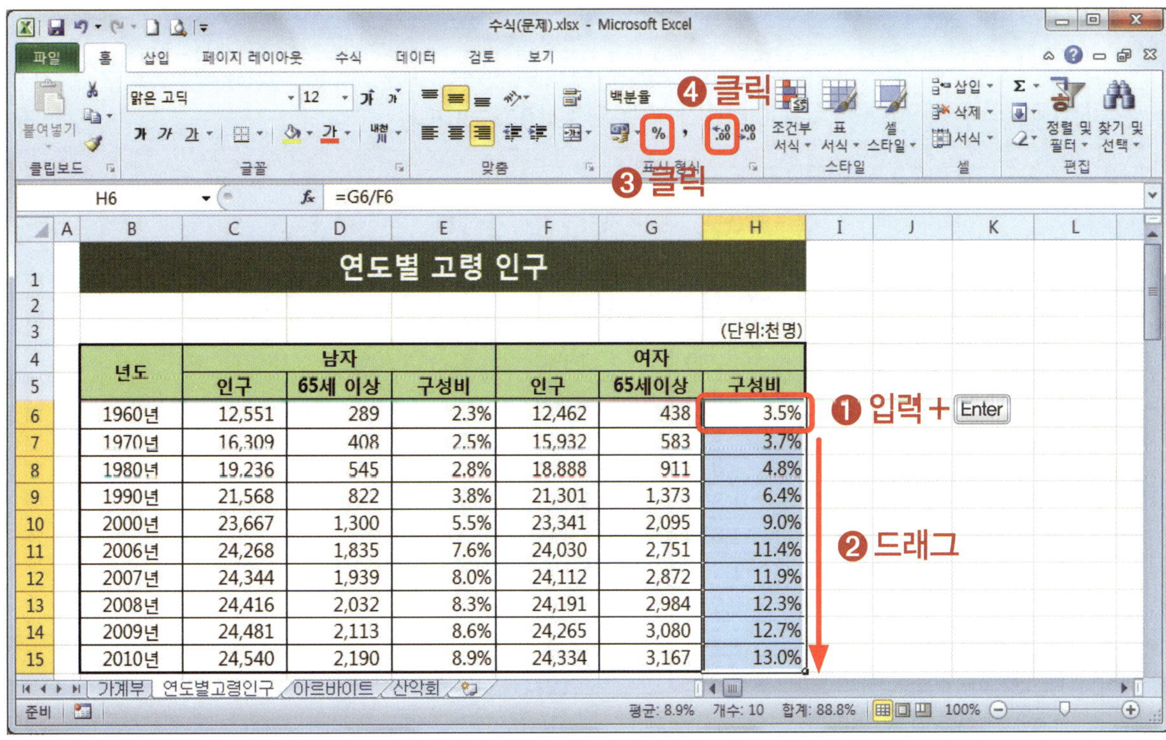

9 [D6] 셀에 「=C6*$D$3」을 입력하고 Enter 키를 누릅니다.

	A	B	C	D	E
1			**5월 아르바이트 비용**		
2					
3			시간당 금액	5,000	
4					
5			날짜	근무시간	금액
6			05월 02일	6	=C6*$D$3
7			05월 03일	4	
8			05월 04일	6	
9			05월 11일	5	
10			05월 12일	7	
11			05월 13일	4	
12			05월 16일	4	
13			05월 17일	5	
14			05월 18일	5	
15			05월 20일	6	
16			05월 23일	6	
17			05월 24일	5	
18			05월 25일	7	
19			05월 26일	4	
20			05월 27일	6	

TIP $D$3은 [D3] 셀을 클릭한 후 F4 키를 누르면 자동으로 D3에 $가 표시되어 $D$3으로 바뀝니다.

실력 쑥쑥 **TIP 참조**

수식을 입력할 때 직접 숫자를 입력하지 않고, 숫자가 입력된 셀 주소를 사용하는 것을 셀 참조라고 합니다.

① 상대참조

가장 일반적인 셀 주소 유형입니다. 수식이 입력된 셀을 다른 위치로 이동하거나 복사하면 참조하는 셀 주소가 상대적 위치에 따라 자동으로 변경됩니다.

E6 | | | f_x =D6/C6

	A	B	C	D	E
3					
4		년도	남자		
5			인구	65세 이상	구성비
6		1960년	12,551	289	2.3%
7		1970년	16,309	408	2.5%
8		1980년	19,236	545	2.8%
9		1990년	21,568	822	3.8%
10		2000년	23,667	1,300	5.5%
11		2006년	24,268	1,835	7.6%
12		2007년	24,344	1,939	8.0%
13		2008년	24,416	2,032	8.3%
14		2009년	24,481	2,113	8.6%
15		2010년	24,540	2,190	8.9%
16					

	E
3	
4	
5	구성비
6	=D6/C6
7	=D7/C7
8	=D8/C8
9	=D9/C9
10	=D10/C10
11	=D11/C11
12	=D12/C12
13	=D13/C13
14	=D14/C14
15	=D15/C15
16	

② **절대참조**

행 번호, 열 문자 앞에 $ 기호를 붙여줍니다. 절대참조는 다른 곳으로 이동하거나 복사해도 변하지 않고 항상 같은 셀을 참조합니다.

D6			fx	=C6*$D$3

	A	B	C	D	E
1		5월 아르바이트 비용			
2					
3			시간당 금액	5,000	
4					
5		날짜	근무시간	금액	
6		05월 02일	6	30,000	
7		05월 03일	4	20,000	
8		05월 04일	6	30,000	
9		05월 11일	5	25,000	
10		05월 12일	7	35,000	
11		05월 13일	4	20,000	
12		05월 16일	4	20,000	
13		05월 17일	5	25,000	
14		05월 18일	5	25,000	
15		05월 20일	6	30,000	

D6			fx	

	D
1	비용
2	
3	5000
4	
5	금액
6	=C6*$D$3
7	=C7*$D$3
8	=C8*$D$3
9	=C9*$D$3
10	=C10*$D$3
11	=C11*$D$3
12	=C12*$D$3
13	=C13*$D$3
14	=C14*$D$3
15	=C15*$D$3

③ **혼합참조**

행 문자, 열 번호 중 한쪽에만 $를 붙이며, $ 기호가 붙은 부분만 변하지 않습니다. 한 방향으로만 수식을 복사할 때에는 절대참조를 쓰지만, 양쪽 방향으로 수식을 복사해야 하는 경우에는 혼합참조를 사용합니다.

	A	B	C	D	E	F	G
1							
2				할 인 율			
3				5%	10%	15%	20%
4			5,000	4,750	4,500	4,250	4,000
5			10,000	9,500	9,000	8,500	8,000
6		입고가	15,000	14,250	13,500	12,750	12,000
7			20,000	19,000	18,000	17,000	16,000
8			25,000	23,750	22,500	21,250	20,000
9			30,000	28,500	27,000	25,500	24,000
10			35,000	33,250	31,500	29,750	28,000
11			40,000	38,000	36,000	34,000	32,000
12							

```
=$C4-($C4*D$3)
=$C5-($C5*D$3)
=$C6-($C6*D$3)
=$C7-($C7*D$3)
=$C8-($C8*D$3)
=$C9-($C9*D$3)
=$C10-($C10*D$3)
=$C11-($C11*D$3)
```

④ **F4 키를 이용하여 참조 바꾸기**

주소를 입력하고 F4 키를 누를 때마다 다음 순서대로 '$' 기호기 자동으로 붙여집니다.

H3 → F4 키 → $H$3 → F4 키 → H$3 → F4 키 → $H3 → F4 키 → H3

상대참조　　　절대참조　　　　혼합참조　　　　혼합참조　　　상대참조

⑩ [D6] 셀의 채우기 핸들을 이용하여 [D20] 셀까지 수식을 복사합니다.

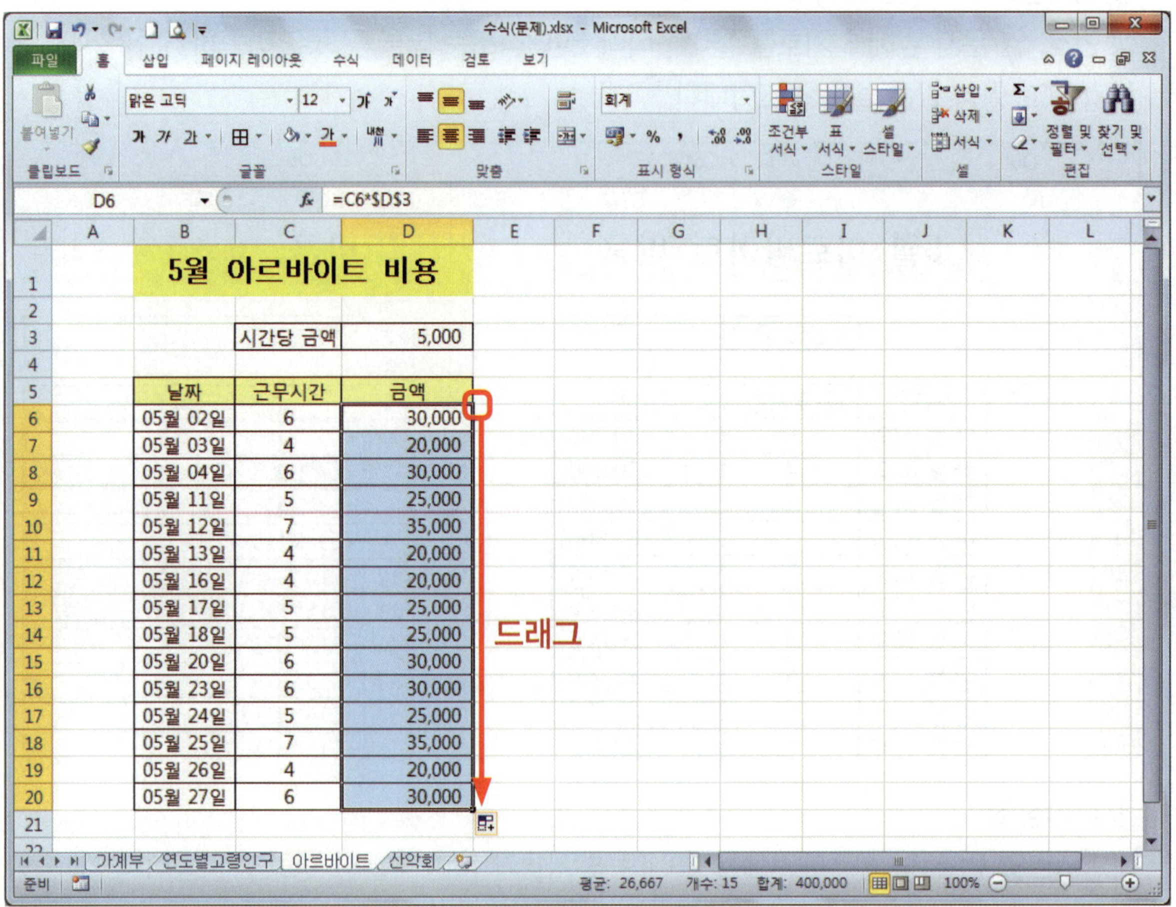

TIP 시간당 금액 5,000원인 [D3] 셀을 참조하지 않고, 직접 수식에 입력하여도 값은 구해집니다. 하지만, 금액이 5,000원이 아닌 6,000원으로 바뀔 때 수식을 수정하고 다시 수식을 복사해야 하는 번거로움이 있습니다. 만약, 셀을 참조할 경우 [D3] 셀의 값만 바꾸면 자동으로 결과 값은 달라집니다.

자동 합계 활용하기

엑셀에서 가장 많이 사용하는 함수인 합계, 평균, 최대값, 최소값, 숫자 개수 등은 [자동 합계] 단추를 클릭하면 쉽게 사용할 수 있습니다.

합계 구하기 ('가계부' 시트에서)

① [F18] 셀을 선택한 후 [수식] 탭의 [함수 라이브러리] 그룹에서 [자동 합계 Σ] 단추를 클릭합니다.

가계부 표(①):

	날짜	항목	지출방법	내용	수입	지출	잔액
4	05월 01일	급여	현금	5월 급여	1,800,000		1,800,000
5	05월 05일	육아	신용카드	어린이 날 선물		50,000	1,750,000
6	05월 05일	식대	신용카드	외식		60,000	1,690,000
7	05월 10일	자동차	체크카드	주유		52,500	1,637,500
8	05월 18일	식대	체크카드	딸기, 바나나 구입		11,400	1,626,100
9	05월 21일	의류	현금	드라이크리닝		5,000	1,621,100
10	05월 22일	경조사	현금	친척 결혼식		70,000	1,551,100
11	05월 25일	도시가스	자동이체	5월 도시가스 요금		98,000	1,453,100
12	05월 25일	아파트관리비	자동이체	5월 아파트 관리비		107,800	1,345,300
13	05월 27일	통신요금	자동이체	5월 핸드폰 요금		38,000	1,307,300
14	05월 27일	통신요금	자동이체	5월 인터넷, 전화요금		35,000	1,272,300
15							
16							
17							
18			합계				
19							

② 합계를 구할 범위로 [F5] 셀부터 [F17] 셀까지 드래그하여 범위를 수정합니다.

가계부 표(②), 수식 입력줄 `=SUM(F5:F17)`:

	날짜	항목	지출방법	내용	수입	지출	잔액
4	05월 01일	급여	현금	5월 급여	1,800,000		1,800,000
5	05월 05일	육아	신용카드	어린이 날 선물		50,000	1,750,000
6	05월 05일	식대	신용카드	외식		60,000	1,690,000
7	05월 10일	자동차	체크카드	주유		52,500	1,637,500
8	05월 18일	식대	체크카드	딸기, 바나나 구입		11,400	1,626,100
9	05월 21일	의류	현금	드라이크리닝		5,000	1,621,100
10	05월 22일	경조사	현금	친척 결혼식		70,000	1,551,100
11	05월 25일	도시가스	자동이체	5월 도시가스 요금		98,000	1,453,100
12	05월 25일	아파트관리비	자동이체	5월 아파트 관리비		107,800	1,345,300
13	05월 27일	통신요금	자동이체	5월 핸드폰 요금		38,000	1,307,300
14	05월 27일	통신요금	자동이체	5월 인터넷, 전화요금		35,000	1,272,300
15							
16							드래그
17							
18			합계			=SUM(F5:F17)	
19						SUM(**number1**, [number2], ...)	

3 [F18] 셀에 지출의 합계를 확인할 수 있습니다.

		수식(문제).xlsx - Microsoft Excel

F18   =SUM(F5:F17)

	A	B	C	D	E	F	G
1				가계부			
2							
3	날짜	항목	지출방법	내용	수입	지출	잔액
4	05월 01일	급여	현금	5월 급여	1,800,000		1,800,000
5	05월 05일	육아	신용카드	어린이 날 선물		50,000	1,750,000
6	05월 05일	식대	신용카드	외식		60,000	1,690,000
7	05월 10일	자동차	체크카드	주유		52,500	1,637,500
8	05월 18일	식대	체크카드	딸기, 바나나 구입		11,400	1,626,100
9	05월 21일	의류	현금	드라이크리닝		5,000	1,621,100
10	05월 22일	경조사	현금	친척 결혼식		70,000	1,551,100
11	05월 25일	도시가스	자동이체	5월 도시가스 요금		98,000	1,453,100
12	05월 25일	아파트관리비	자동이체	5월 아파트 관리비		107,800	1,345,300
13	05월 27일	통신요금	자동이체	5월 핸드폰 요금		38,000	1,307,300
14	05월 27일	통신요금	자동이체	5월 인터넷, 전화요금		35,000	1,272,300
15							
16							
17							
18			합계			527,700	

= SUM(A1:A5,A10)

해설 : [A1:A5]와 [A10] 영역의 합계를 구합니다.

① 등호(=) : 함수식 앞에 쓰입니다.

② 함수명 : 수식을 함축하고 있는 함수 이름입니다.

③ 괄호 : 인수가 들어가는 공간입니다.

④ 인수 : 계산을 하기위해 사용하는 값입니다.

⑤ 콜론(:) : 연속된 범위를 지정할 때 사용합니다.

⑥ 쉼표(,) : 인수를 구분하기 위해 사용합니다.

가로, 세로 합계 구하기('산악회' 시트에서)

❹ **[E4:L13] 영역을 범위 지정**한 후 [수식] 탭의 [함수 라이브러리] 그룹에서 **[자동 합계 Σ] 단추를 클릭**합니다.

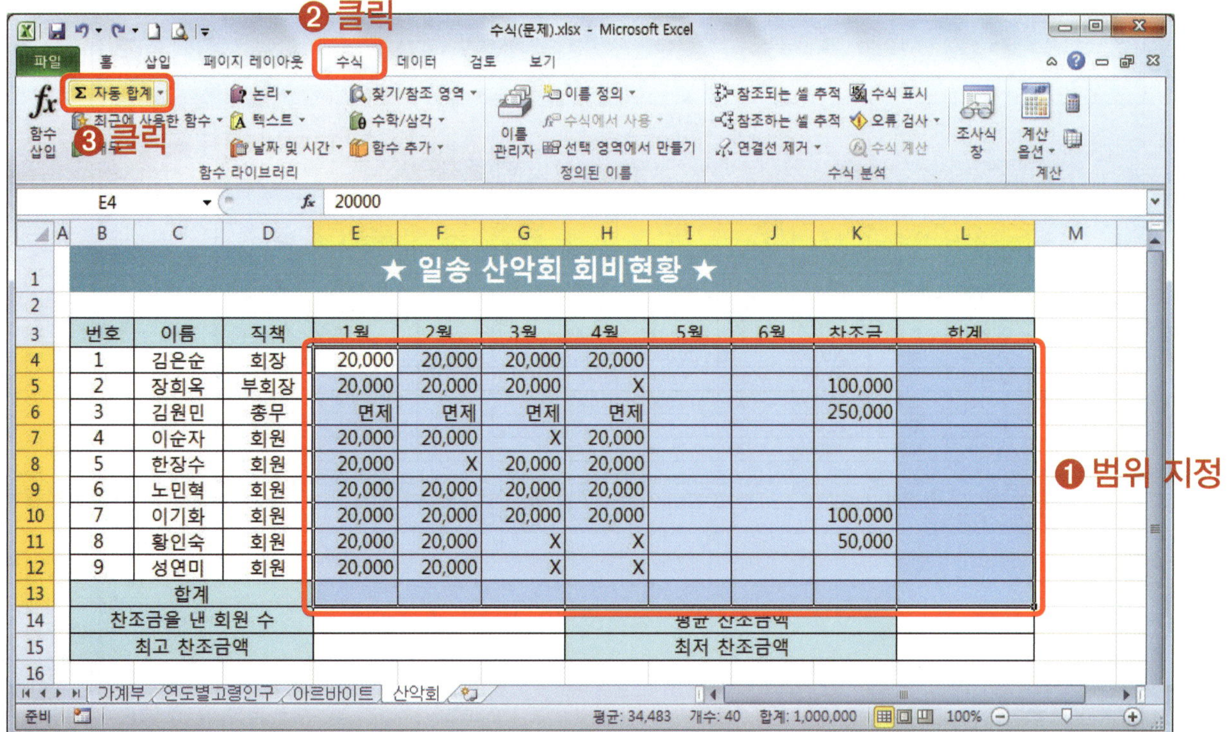

TIP 값을 구하여 표시할 영역까지 블록을 지정하여 [자동 합계] 단추에서 함수를 선택하면 가장 오른쪽, 맨 아래줄에 합계 또는 평균… 등을 구할 수 있습니다.

❺ [L4:L13] 영역에 세로 합계, [E13:K13] 영역에 가로 합계가 표시됩니다.

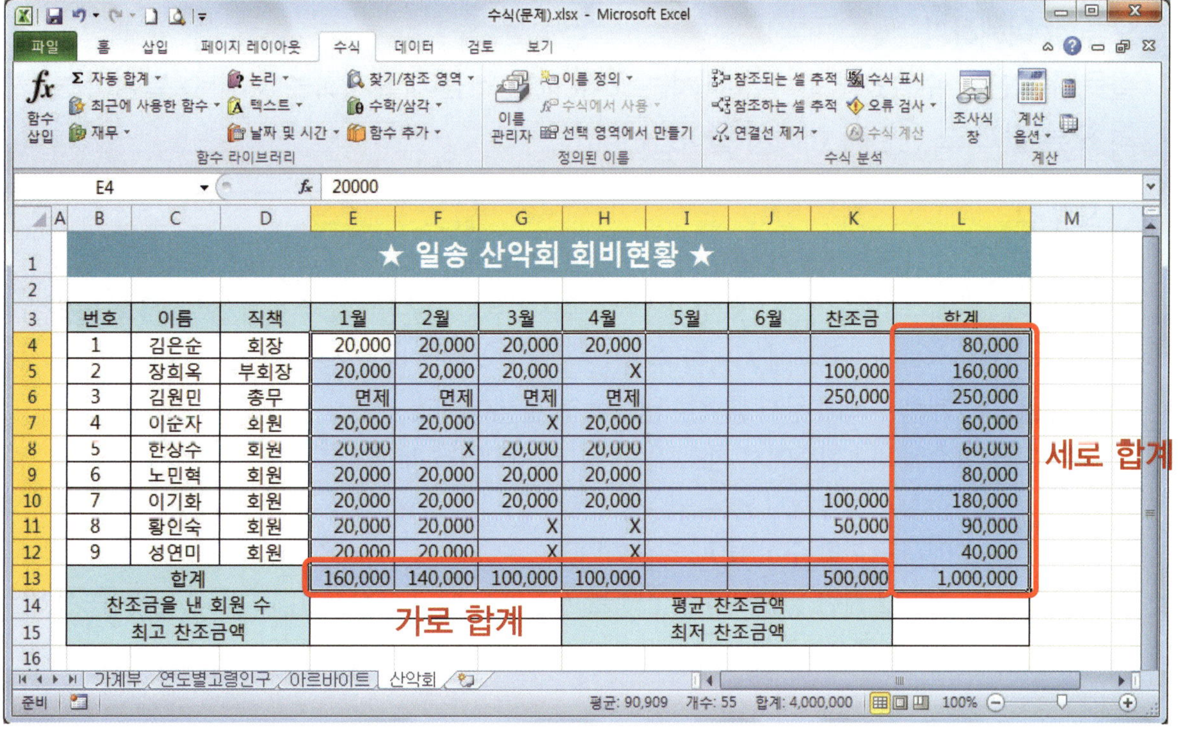

[L4] 셀에 「=E4+F4+G4+H4+I4+K4」를 입력한 후 [L13] 셀까지 수식을 복사한 예제입니다.

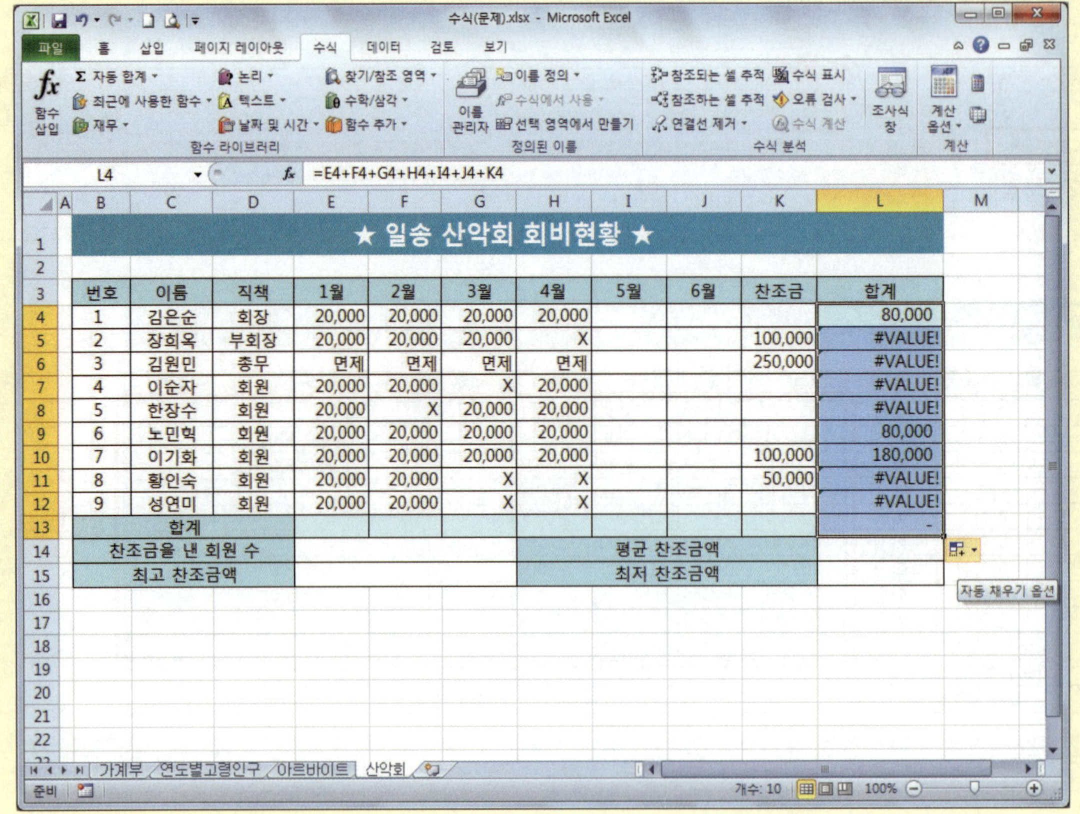

엑셀에서 산술 연산자는 숫자 값만을 계산할 수 있으며, 문자를 산술 연산자로 계산할 경우 #VALUE! 오류 값이 발생합니다. 예제에서 데이터에 '면제' 또는 'X' 등의 문자가 입력되어 오류 값이 발생하며, 이렇게 문자가 혼합된 데이터를 이용하여 합계를 구할 때에는 '함수'를 이용하면 해결할 수 있습니다.

오류 값 이해하기

잘못된 연산을 수행했을 때 엑셀에서는 오류 값을 화면에 표시하는데, 자주 발생하는 7가지의 오류 값과 그 원인에 대해서 알아봅시다.

오류 값	원인
#DIV/O	숫자를 0이나 빈 셀로 나누려 했을 때 발생합니다.
#NAME?	함수 이름을 잘못 입력했거나 큰따옴표로 묶지 않은 문자를 수식에 입력했을 때 발생합니다.
#N/A	수식이나 함수에 사용할 수 없는 값을 지정했을 때 발생합니다.
#VALUE!	계산 수식에 문자 항목을 입력할 때 발생합니다.
#REF	수식이나 함수에서 참조하는 셀이 삭제되었을 때 발생합니다.
#NUM	함수에 유효하지 않은 인수를 입력했거나 수식의 결과 값이 너무 크거나 작아서 엑셀에서 표현할 수 없을 때 발생합니다.
#NULL!	잘못된 범위 연산자나 셀 참조를 사용했을 때 발생하거나 교차되지 않는 두 개 영역의 논리곱을 지정할 때 발생합니다.

6 [E14] 셀을 선택한 후 [수식] 탭의 [함수 라이브러리] 그룹에서 **[자동 합계Σ] 단추의 [목록 단추▼]를 클릭**하여 **'숫자 개수'를 선택**합니다.

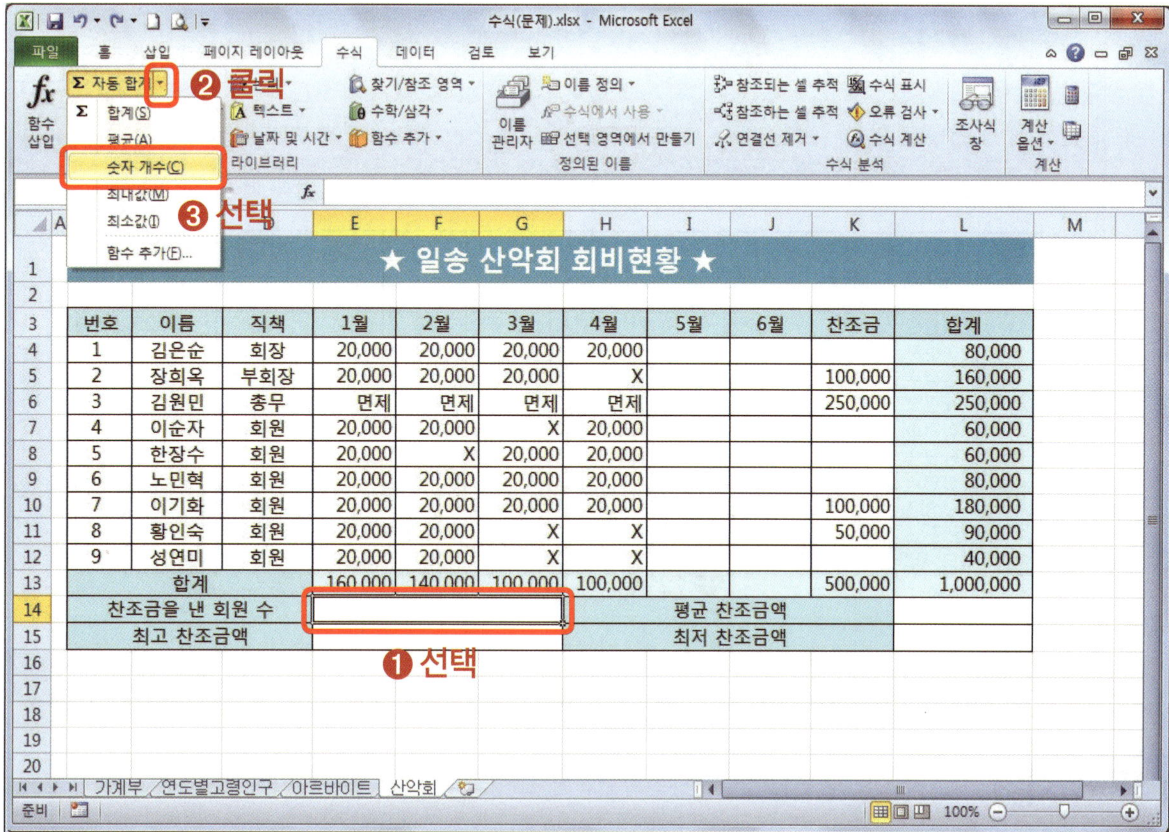

7 **[K4:K12] 영역을 드래그**하여 개수를 구할 범위를 수정합니다.

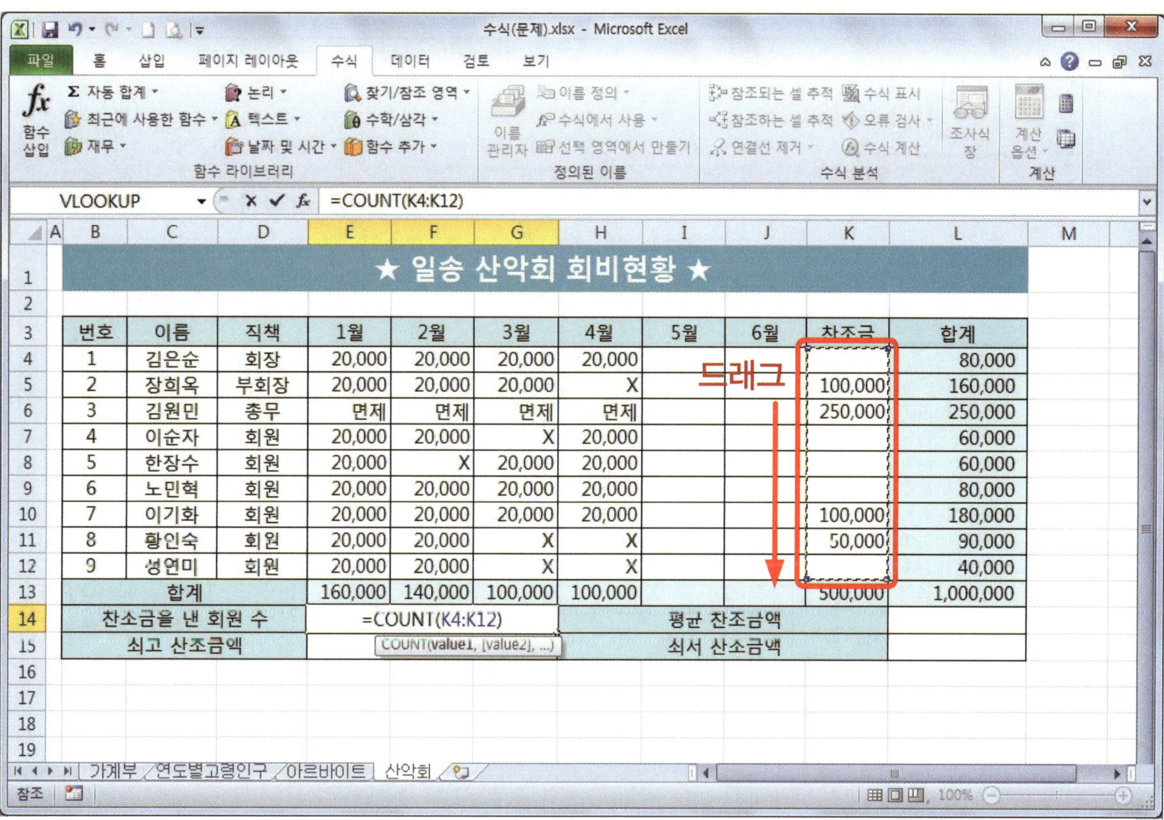

❽ **[E14] 셀을 선택**한 후 수식 입력줄에서 「&"명"」을 **추가적으로 입력**하여 개수 뒤에 '명'을 붙입니다.

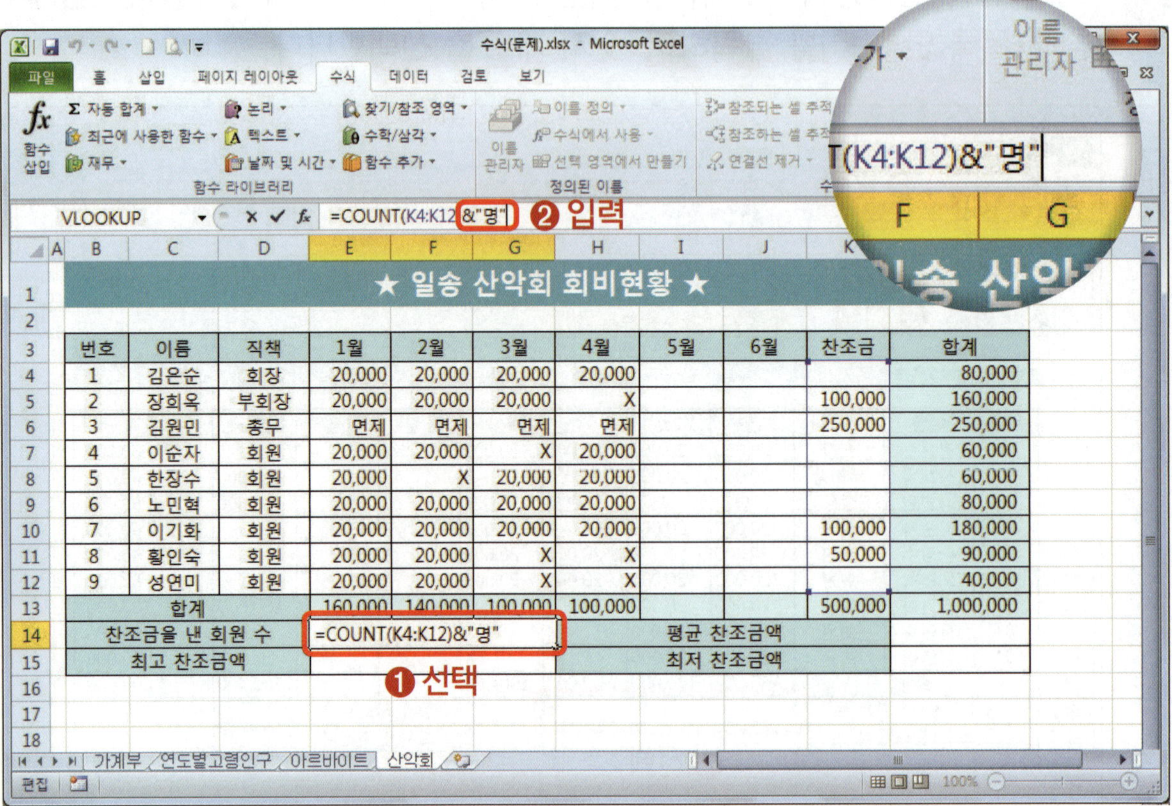

평균, 최대, 최소값 구하기

❾ **[L14] 셀을 선택**한 후 [수식] 탭의 [함수 라이브러리] 그룹에서 [자동 합계 Σ] 단추의 [목록 단추 ▼]를 클릭하여 '평균'을 선택합니다.

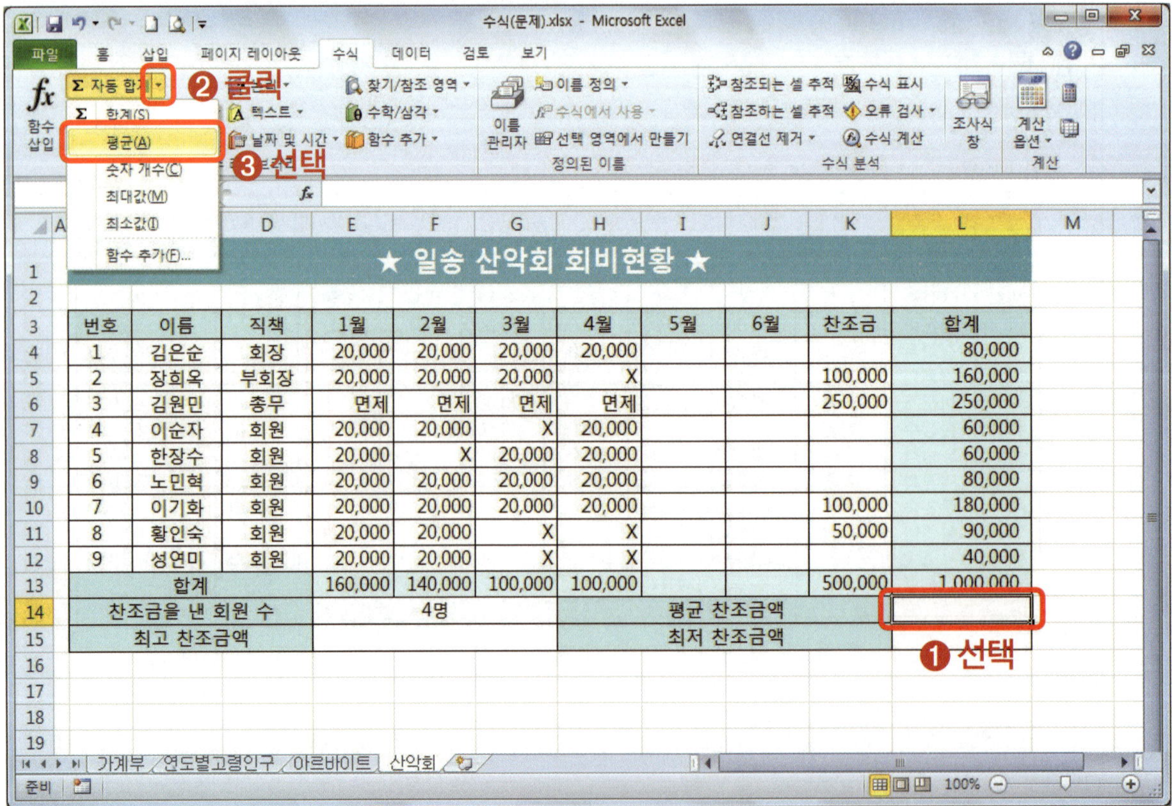

⑩ **[K4:K12] 영역을 드래그**하여 평균을 구할 범위를 수정합니다.

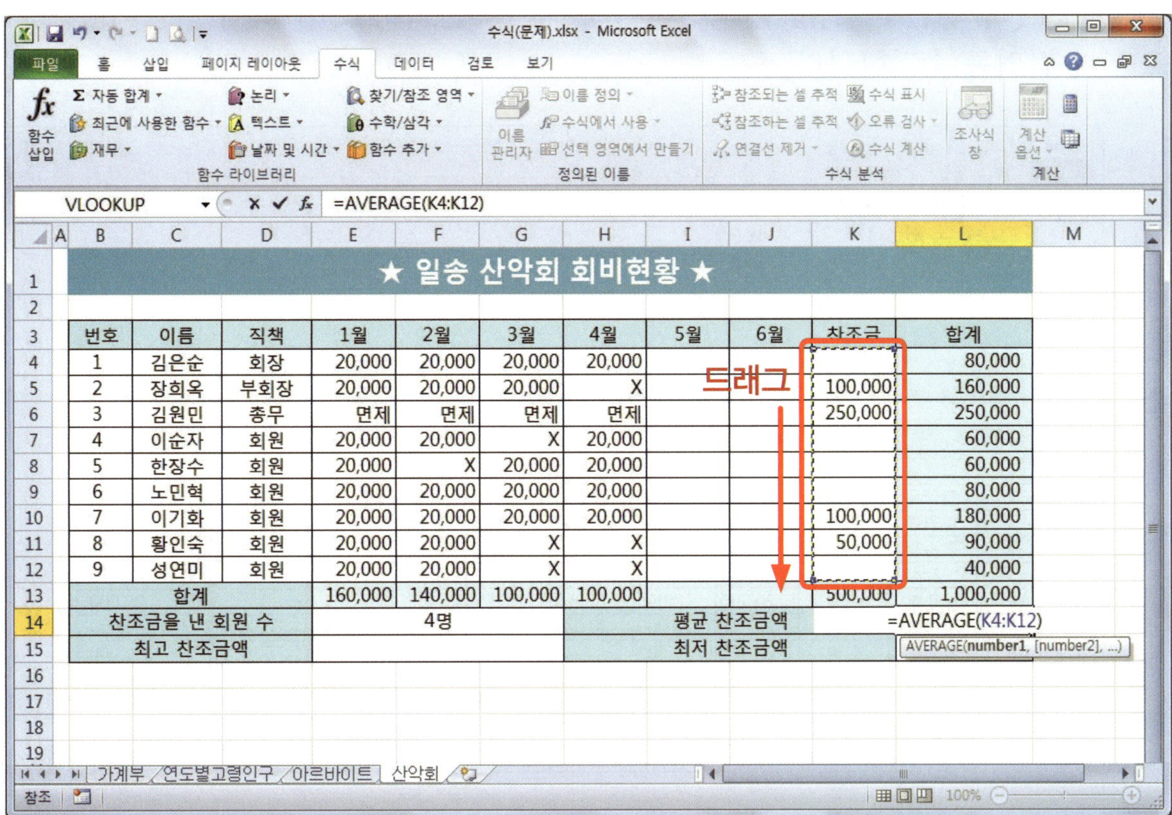

⑪ **[E15] 셀을 선택**한 후 [수식] 탭의 [함수 라이브러리] 그룹에서 **[자동 합계 ∑] 단추의 [목록 단추 ▼]**를 클릭하여 '**최대값**'을 선택하고, **[K4:K12] 영역을 드래그**하여 범위를 수정합니다.

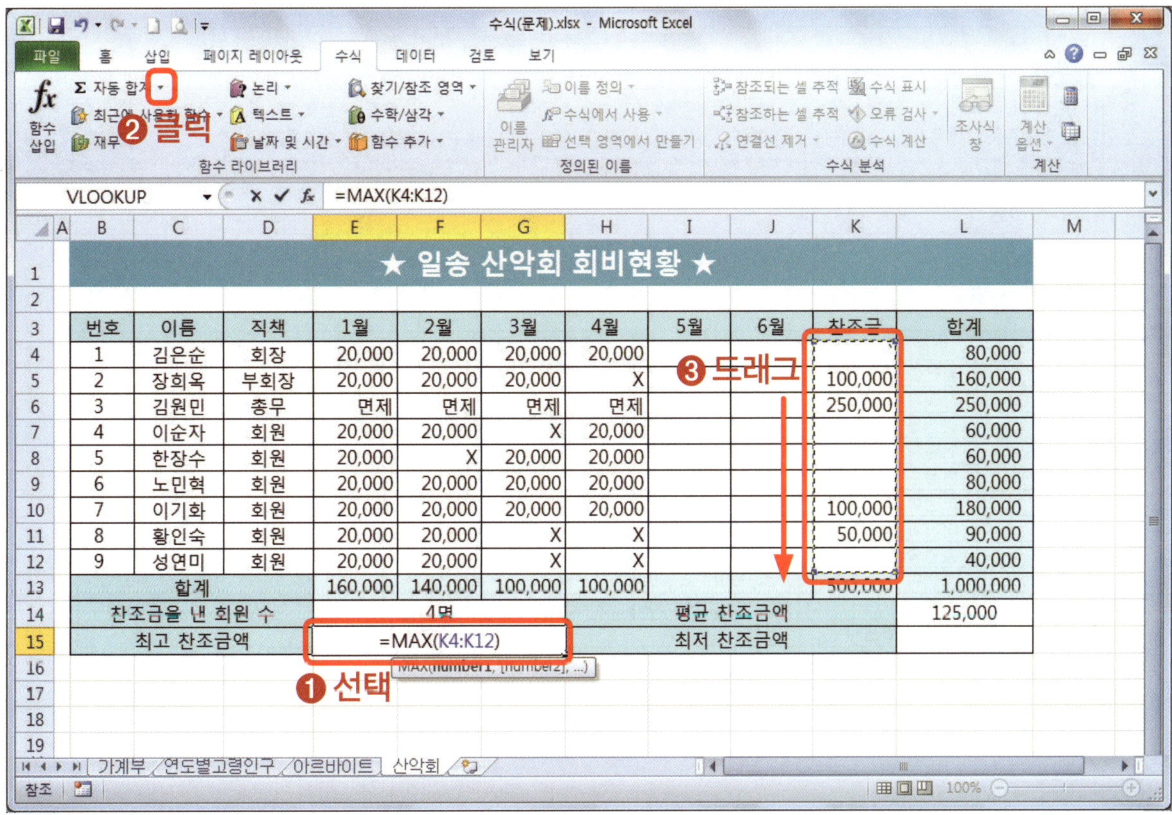

⑫ **[L15] 셀을 선택**한 후 [수식] 탭의 [함수 라이브러리] 그룹에서 **[자동 합계 Σ] 단추의 [목록 단추 ▼]**를 클릭하여 '**최소값**'을 선택하고, [K4:K12] 영역을 드래그하여 범위를 수정합니다.

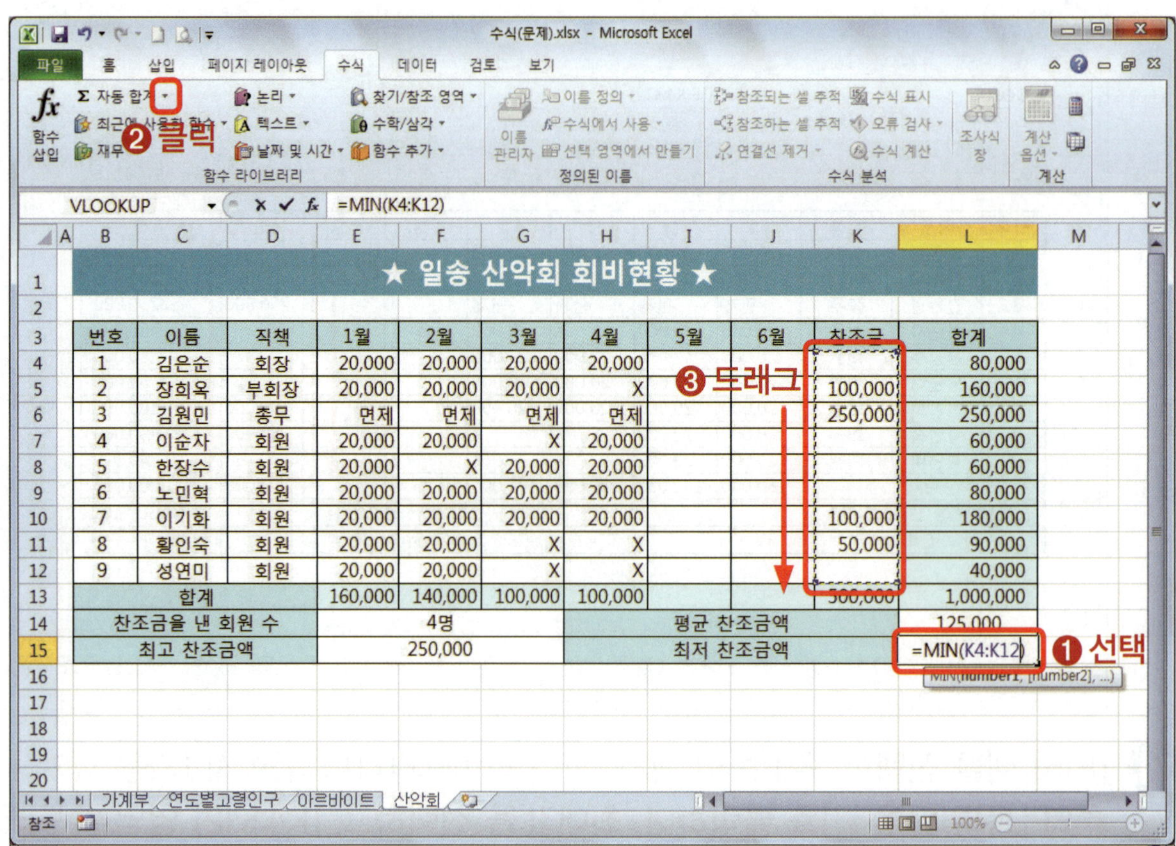

⑬ 자동 합계를 이용하여 개수, 평균, 최고값, 최저값을 구한 결과가 표시됩니다.

1 다음과 같은 수식으로 표를 완성하시오.

▶ 더하기(+) : 숫자1+숫자2   ▶ 빼기(−) : 숫자1−숫자2

▶ 곱하기(*) : 숫자1*숫자2   ▶ 나누기(/) : 숫자1/숫자2

	A	B	C	D	E	F	G	H
1		♣ 수식 입력하기 ♣						
2								
3		숫자1	숫자2	더하기(+)	빼기(−)	곱하기(*)	나누기(/)	
4		2	2					
5		5	5					
6		8	3					
7		6	7					
8		4	8					
9		2	9					
10		1	7					
11		3	9					
12		4	4					
13		6	3					
14								

Hint! 더하기(+) : 「=B4+C4」, 빼기(−) : 「=B4−C4」, 곱하기(*) : 「=B4*C4」, 나누기(/) : 「=B4/C4」를 입력합니다.

2 다음과 같은 수식을 입력하여 표를 완성하시오.

▶ 할인금액[F4:F9] : 판매가 * 할인률

▶ 실구매금액[G4:G9] : 판매가 − 할인금액

▶ 과세물품가액[H4:H9] : 실구매금액 * 0.9090909

▶ 부가세[I4:I9] : 실구매금액 − 과세물품가액

▶합계[C10:D10], [F10:I10]

	A	B	C	D	E	F	G	H	I	J
1		가정의 달 선물 구매 목록								
2										
3		제품명	수량	판매가	할인률	할인금액	실구매금액	과세물품가액	부가세	
4		블라우스	1	139,000	5%					
5		운동화	1	57,000	15%					
6		와이셔츠	1	88,000	30%					
7		잠옷	1	130,000	40%					
8		양말	5	3,000	0%					
9		책	1	7,800	10%					
10		합계								

Hint! 할인금액 : 「=D4*E4」, 실구매금액 : 「=D4−F4」, 과세물품가액[H4] : 「=G4*0.9090909」, 부가세 : 「=G4−H4」, 합계는 [자동 합계] 이용합니다.

❸ 다음과 같이 수식을 이용하여 '원화가격'과 '합계'를 계산하시오.

– 원화가격 = 환율시세(절대참조) * 달러가격

– 합계 = 원화가격 * 수량

	A	B	C	D	E	F	G
1		면세점 물품 구입 목록					
2							
3		환율시세	₩ 1,050				
4							
5			달러가격	원화가격	수량	합계	
6		시계	$98.00		1		
7		립스틱	$15.00		1		
8		초콜릿	$12.00		2		
9							

> **Hint!** 원화가격 : 「=C6*$C$3」, 합계 : 「=D6*E6」을 입력합니다.

❹ [수식] 탭의 [함수 라이브러리]에서 [자동 합계]의 목록을 이용해서 '총강좌의 수', '최대 수강료', '평균 신청인원', '신청인원 합계'를 구하시오.

	A	B	C	D	E	F	G	H	I
1		보건소와 함께하는 당뇨강좌							
2									
3		일자	시간	주제	강사	정원	신청인원	수강료	
4		2011/05/02	10:00~12:00	당뇨병은 어떤 병인가요?	박보람	20	23	무료	
5		2011/05/04	10:00~12:00	올바른 당뇨 약 복용법	김은중	20	15	12,000	
6		2011/05/06	10:00~12:00	당뇨병의 운동요법	이정남	20	21	무료	
7		2011/05/06	14:00~16:00	당뇨와 신장질환	한지민	30	20	15,000	
8		2011/05/09	10:00~12:00	당뇨병과 식이요법	정소림	25	10	10,000	
9		2011/05/20	10:00~12:00	노년기의 건강한 생활	장학규	20	30	무료	
10		2011/05/20	10:00~12:00	당뇨인의 발관리	김현규	15	15	무료	
11									
12			총강좌의 수			최대 수강료			
13			평균 신청인원			신청인원 합계			
14									

> **Hint!** 총강좌의 수 : 「=COUNT(F4:F10)」, 최대 수강료 : 「=MAX(H4:H10)」, 평균 신청인원 : 「=AVERAGE(G4:G10)」, 신청인원 합계 : 「=SUM(G4:G10)」을 입력합니다.

08 장

함수 활용하기

함수는 복잡하고 반복적인 계산 작업을 쉽고 간단하게 처리할 수 있도록 미리 프로그램으로 정의한 수식입니다. 우리가 알고 있는 간단한 계산식도 함수를 사용하면 많은 양의 데이터를 손쉽게 계산할 수 있기 때문에, 엑셀에서의 함수는 가장 중요한 역할을 한다고 할 수 있습니다.

완성파일 미·리·보·기

고객현황

성명	주민등록번호	주소	성	이름	구	주민등록번호 감추기
오정래	650218-1584623	서울시 서초구 양재동	오	정래	서초구	650218-1XXXXXX
김봉현	601204-1864523	서울시 마포구 대흥동	김	봉현	마포구	601204-1XXXXXX
이찬호	620718-1845237	서울시 서초구 서초동	이	찬호	서초구	
박이슈	720124-2356427	서울시 종로구 부암동	박	이슈	종로구	
이장군	730512-1845615	성남시 분당구 구미동	이	장군	분당구	
정선이	760314-1875234	서울시 서초구 양재동	정	선이	서초구	
이율동	660217-2485628	서울시 종로구 홍지동	이	율동	종로구	
장희선	710523-2784652	서울시 서초구 양재동	장	희선	서초구	
서정수	640819-1864521	서울시 마포구 도화동	서	정수	마포구	
왕순원	610126-2845967	대구시 수성구 두산동	왕	순원	수성구	
박목일	740630-1875241	성남시 분당구 서현동	박	목일	분당구	

초과 근무 현황

	이름	오현수
	작성일자	2018-02-28(수)
	년도	2018
	월	2
	일	28

출근	퇴근	근무시간
9:00 AM	10:32 PM	13시간 32분
8:21 AM	9:20 PM	12시간 59분
9:00 AM	8:20 PM	11시간 20분
8:50 AM	11:20 PM	14시간 30분

2013년 신입직원 능력 평가

이름	영어	적성검사	재시험	발령 부서	평가
이경우	85	95		해외영업2팀	우수
현정민	72	95		국내영업팀	
이혜린	95	94		해외영업1팀	우수
김승현	83	79		해외영업2팀	
이민수	51	80			
안병우	82	96			

판매현황

판매일자	분류	제품명			
2013-01-09	A	쿵후펜다2			
2013-02-01	A	짱구는 못말려			
2013-02-05	C	홀리데이	로		
2013-02-12	A	쿵후펜다2			
2013-04-05	B	임베이젼			
2013-04-07	B	어벤져스			
2013-04-09	C	이프온리	로멘틱코미디	14	154,000
2013-05-03	B	다이하드4	액션	12	102,000
2013-05-08	B	임베이젼	액션	23	276,000
2013-06-02	B	다이하드4	액션	26	221,000
2013-06-05	C	이프온리	로멘틱코미디	11	121,000
2013-06-09	A	짱구는 못말려	에니메이션	14	130,200
2013-07-15	C	홀리데이	로멘틱코미디	17	168,300

올림피아 수학경시대회

이름	학년	점수	순위	응시비			
한민경	5	83	3위	10,000	평균 점수		76.50
이경우	6	75	6위	12,000	총 응시인원		8
정하정	4	80	4위	9,000	최고점수		99
이경우	5	55	7위	10,000	최저점수		45
박우린	5	95	2위	10,000			
이승운	6	99	1위	12,000	5학년 학생수		3
장미희	4	80	4위	9,000	5학년이고, 점수가 80점이 넘는 학생수		2
오정수	4	45	8위	9,000			
			합계	81,000	5학년 응시비 합계		30,000

체크포인트

실습1 텍스트 함수에 대해 살펴봅니다.

실습2 날짜/시간 함수에 대해 살펴봅니다.

실습3 논리 함수에 대해 살펴봅니다.

실습4 수학/삼각/통계 함수에 대해 살펴봅니다.

실습5 찾기/참조 함수에 대해 살펴봅니다.

텍스트 함수

텍스트 함수를 이용하여 특정 문자를 추출, 검색, 비교할 수 있으며, 영문의 경우 대소문자를 변환할 수도 있습니다.

■ 텍스트 함수의 종류

함수	설명	예	결과
LEFT	왼쪽으로부터 지정된 수까지 출력	=LEFT("ABC",2)	AB
RIGHT	오른쪽으로부터 지정된 수까지 출력	=RIGHT("ABC",2)	BC
MID	지정된 위치에 지정된 수만큼 출력	=MID("ABC",2,1)	B
LOWER	소문자로 변환	=LOWER("ABC")	abc
UPPER	대문자로 변환	=UPPER("abc")	ABC
PROPER	각 단어의 첫 글자만 대문자로 변환	=PROPER("abc")	Abc
REPLACE	문자열의 일부를 다른 문자로 변환	=REPLACE("WinXP",4,2,"7")	Win7

'성명'에서 '성'과 '이름' 분리하기(LEFT, RIGHT)

1 [D5] 셀을 클릭한 후 [수식] 탭의 [함수 라이브러리] 그룹에서 [텍스트]-[LEFT]를 선택합니다.

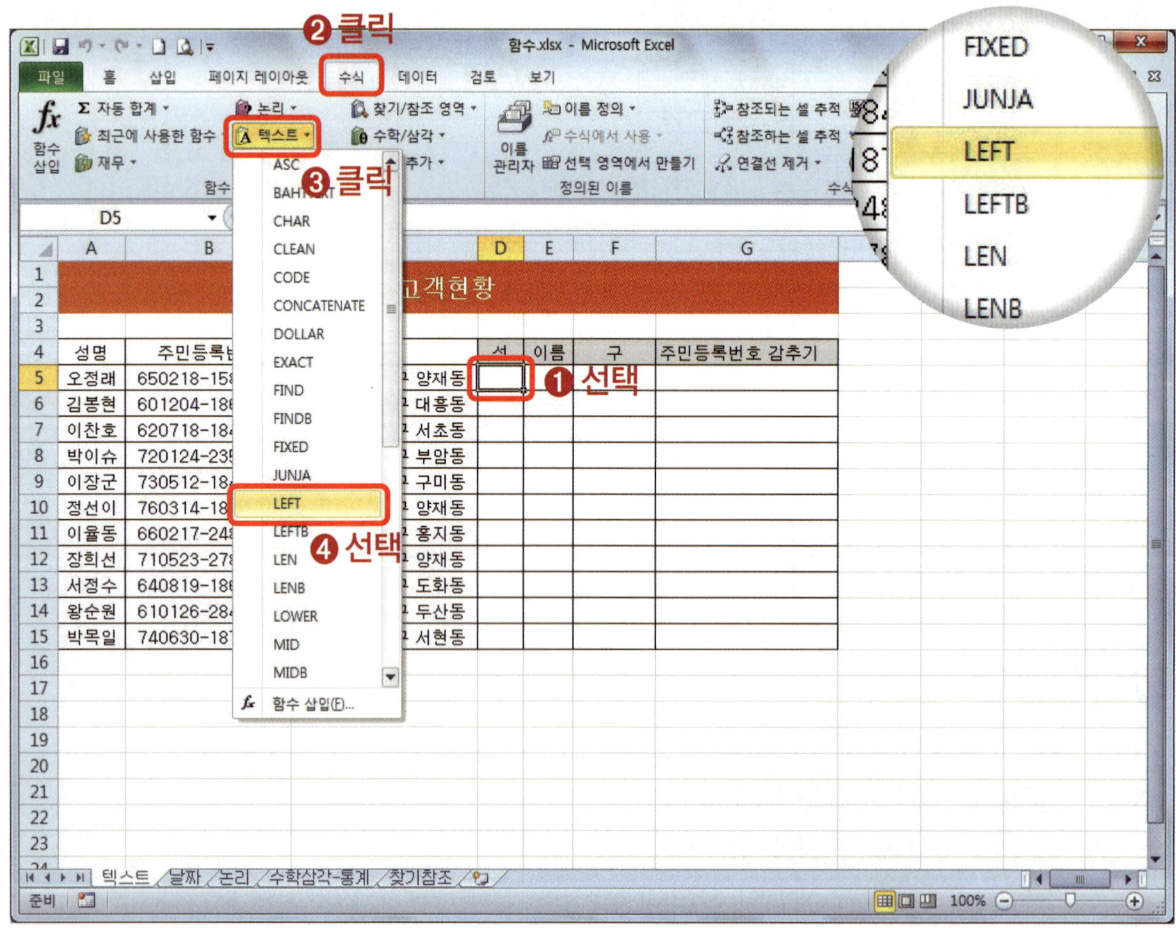

❷ [함수 인수] 대화상자에서 다음과 같이 입력하고 [확인] 단추를 클릭합니다.

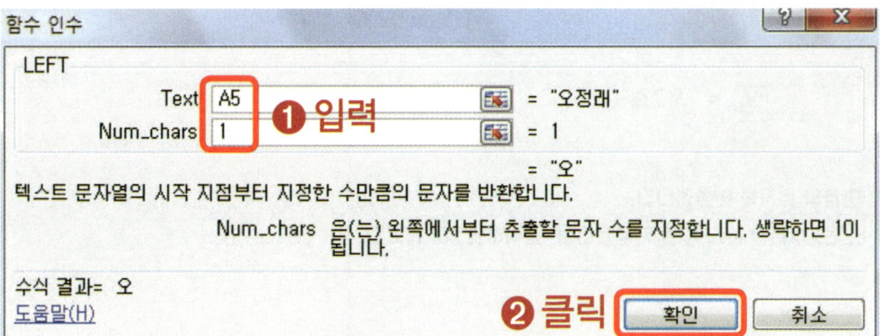

❸ [D5] 셀의 채우기 핸들을 이용하여 [D15] 셀까지 수식을 복사합니다.

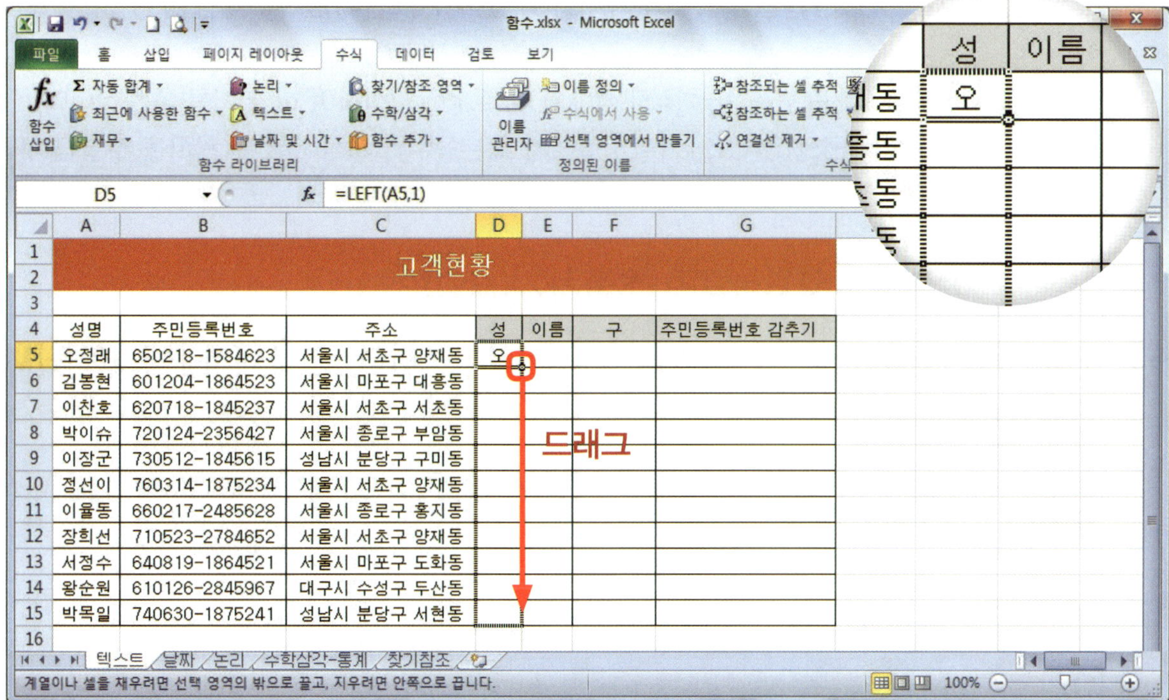

❹ [E5] 셀을 클릭한 후 [수식] 탭의 [함수 라이브러리] 그룹에서 [텍스트]–[RIGHT]를 선택합니다.

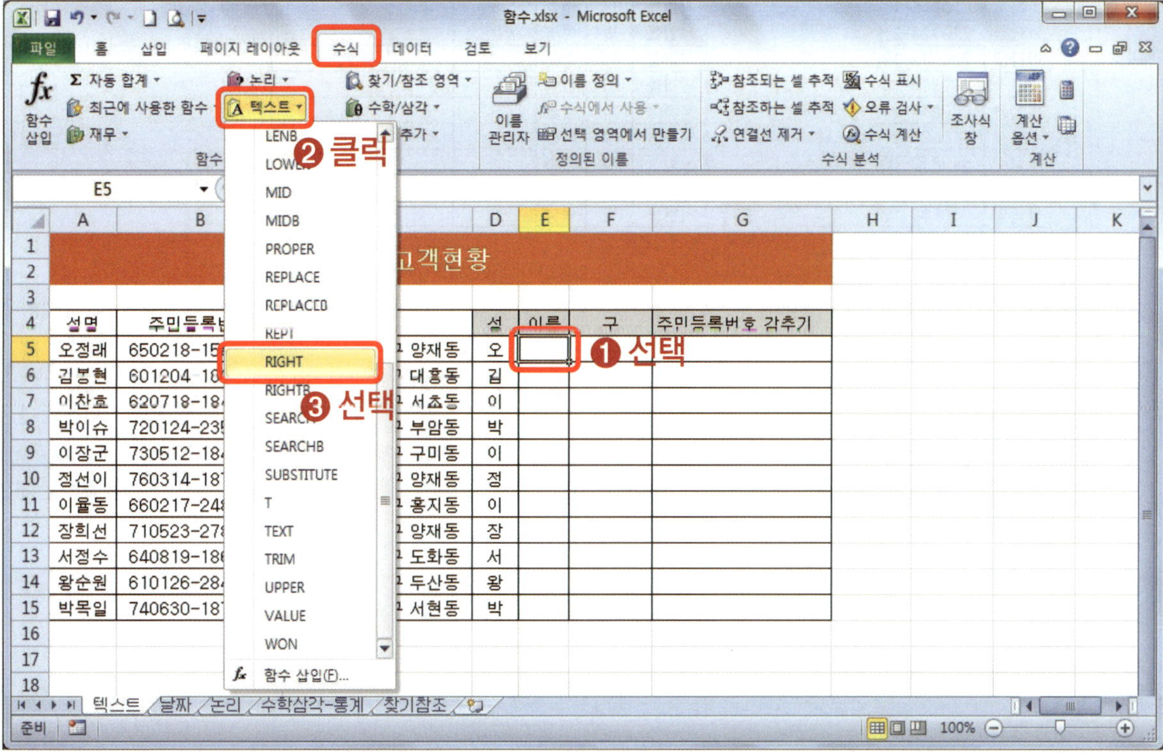

5 [함수 인수] 대화상자에서 다음과 같이 입력하고 [확인] 단추를 클릭합니다.

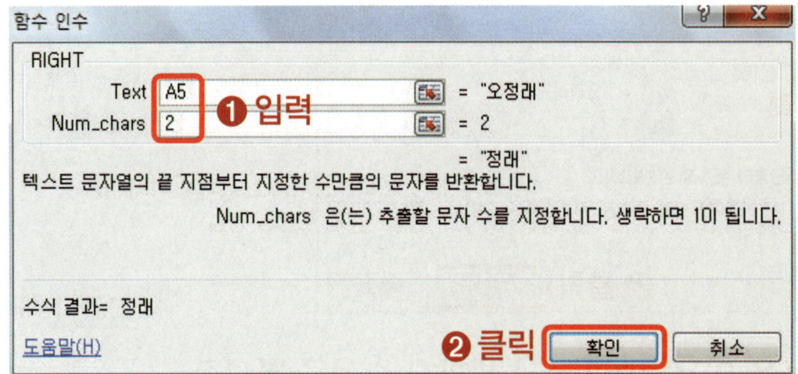

6 [E5] 셀의 채우기 핸들을 이용하여 [E15] 셀까지 수식을 복사합니다.

> **함수식**
> • [D5] 셀 「=LEFT(A5,1)」 : [A5] 셀에서 왼쪽에서 시작하여 한 글자를 추출합니다.
> • [E5] 셀 「=RIGHT(A5,2)」 : [A5] 셀에서 오른쪽부터 시작하여 두 글자를 추출합니다.

'주소'에서 가운데에 위치한 '구' 추출하기(MID)

7 [F5] 셀을 클릭한 후 [수식] 탭의 [함수 라이브러리] 그룹에서 **[텍스트]–[MID]**를 **선택**합니다.

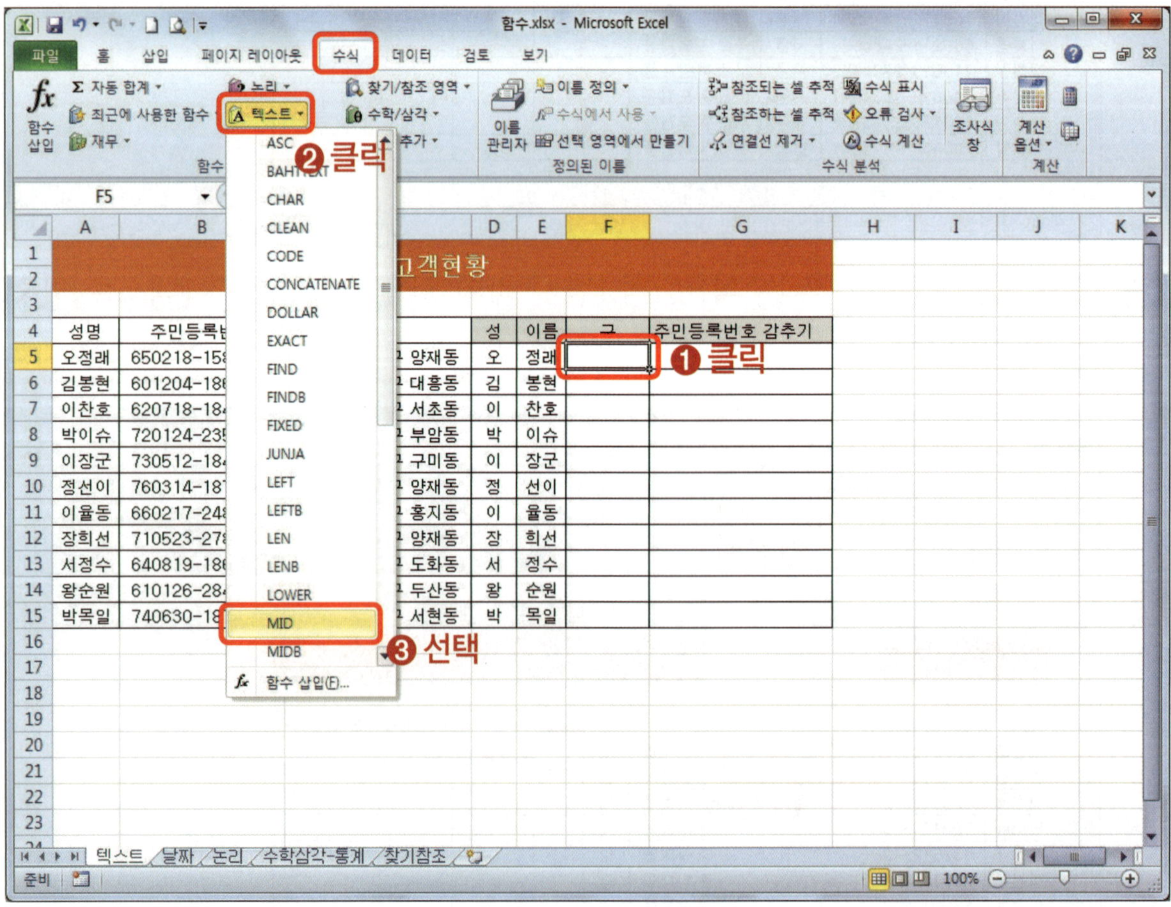

❽ [함수 인수] 대화상자에서 다음과 같이 입력하고 [확인] 단추를 클릭합니다.

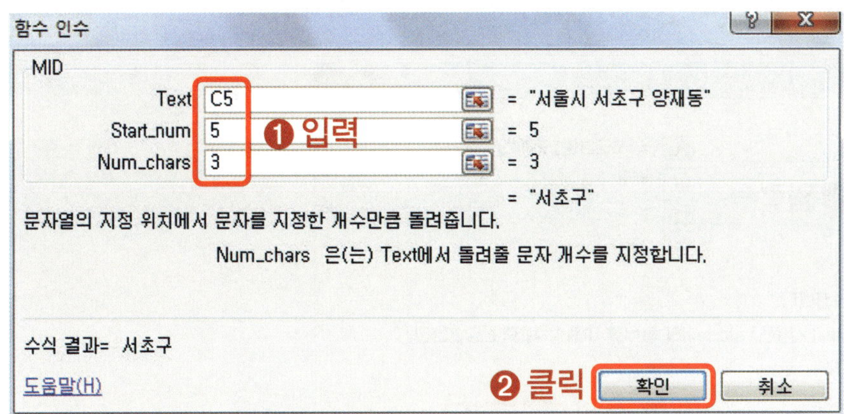

❾ [F5] 셀의 채우기 핸들을 이용하여 [F15] 셀까지 수식을 복사합니다.

> **함수식** [F5] 셀 「=MID(C5,5,3)」 : [C5] 셀에서 5번째에 있는 문자부터 시작하여 3자리의 문자
> 열을 추출합니다.

'주민등록번호'의 뒷자리 감추기(REPLACE)

❿ **[G5] 셀을 클릭**한 후 [수식] 탭의 [함수 라이브러리] 그룹에서 **[텍스트]–
[REPLACE]를 선택**합니다.

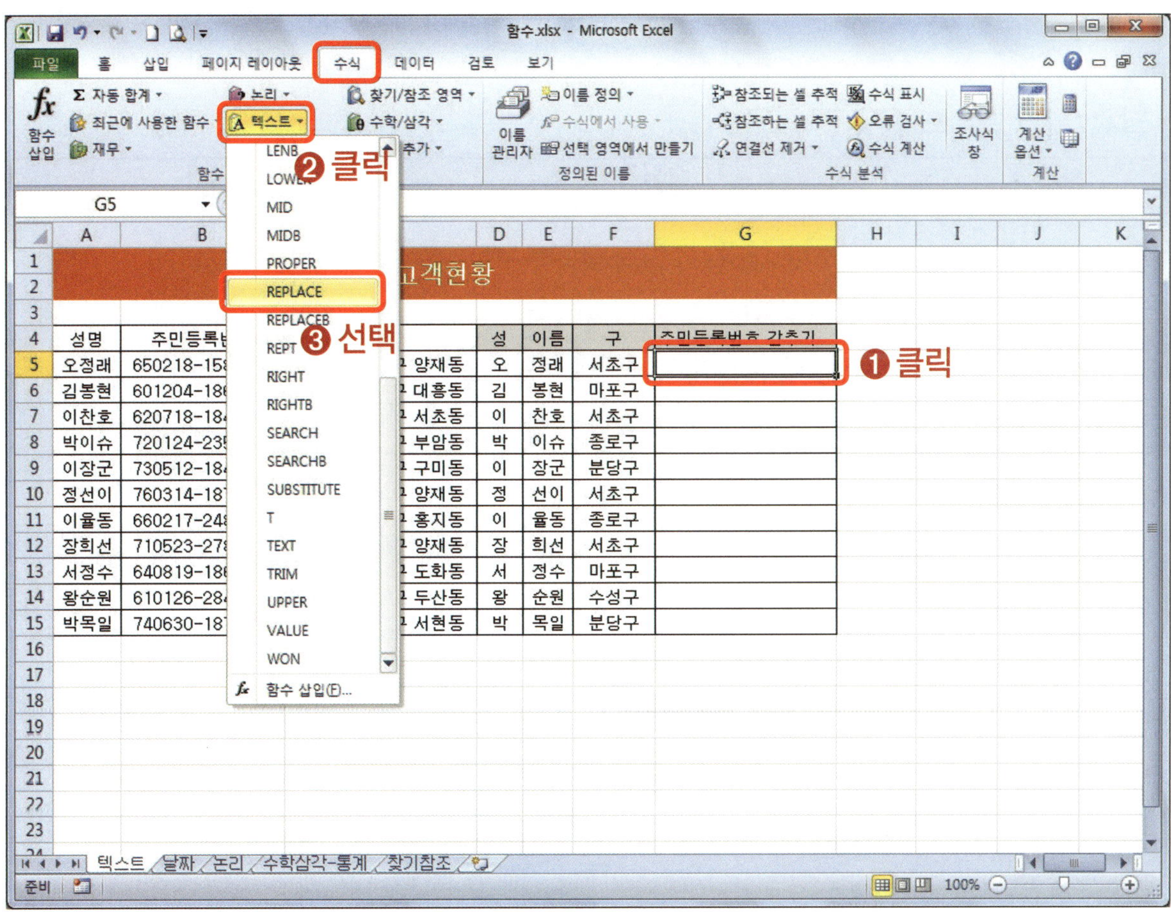

⓫ [함수 인수] 대화상자에서 **다음과 같이 입력하고 [확인] 단추를 클릭한 후, [G5] 셀의 채우기 핸들을 이용하여 [G15] 셀까지 수식을 복사**합니다.

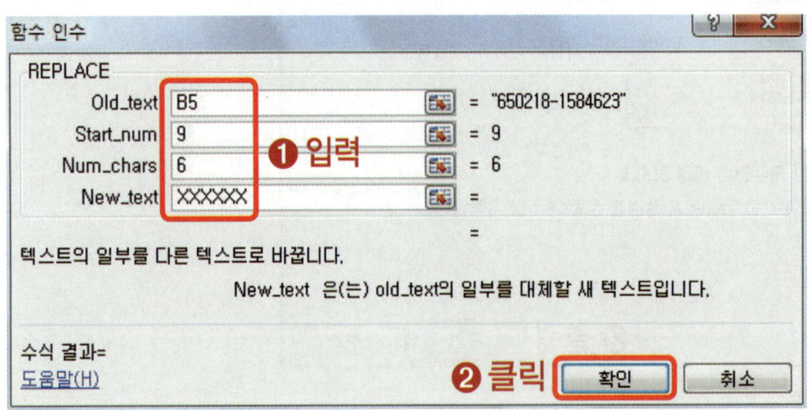

> **함수식** [G5] 셀 「=REPLACE(B5,9,6,"XXXXXX")」: [B5] 셀의 9번째에 있는 문자부터 시작하여 6자리의 문자열을 ,"XXXXXX"으로 대체합니다.

실습 2 날짜/시간 함수

('날짜' 시트에서)

날짜/시간 함수를 이용하여 오늘 날짜를 표시할 수 있으며, 특정일자의 년, 월, 일이나 요일을 추출할 수도 있고, 시간에 대해 시, 분, 초로 구분하여 추출할 수 있습니다.

■ 날짜/시간 함수의 종류

함수	설명	예	결과
TODAY( )	컴퓨터 시스템의 현재 날짜를 구함	=TODAY( )	2012–10–19
NOW( )	컴퓨터 시스템의 현재 날짜와 시간을 구함	=NOW( )	2012–10–19 08:30
YEAR(날짜)	날짜의 연도 부분만 구함	=YEAR("2012–10–19")	2012
MONTH(날짜)	날짜의 월 부분만 구함	=MONTH("2012–10–19")	10
DAY(날짜)	날짜의 일 부분만 구함	=DAY("2012–10–19")	19
HOUR(시간)	시간의 시 부분만 구함	=HOUR("11:30:20")	11
MINUTE(시간)	시간의 분 부분만 구함	=MINUTE("11:30:20")	30
SECOND(시간)	시간의 초 부분만 구함	=SECOND("11:30:20")	20
DATE(연,월,일)	지정한 연, 월, 일로 날짜 데이터를 만듦	=DATE(2012,12,24)	2012–12–24
TIME(시,분,초)	지정한 시, 분, 초로 시간 데이터를 만듦	=TIME(10,17,30)	10:17:30
WEEKDAY(날짜, 반환 타입)	날짜의 요일 일련번호를 구함(일요일 =1)	=WEEKDAY("2012–10–19")	6(금요일을 의미)

1 [D2] 셀을 클릭한 후 [수식] 탭의 [함수 라이브러리] 그룹에서 [날짜 및 시간]–
[TODAY]를 선택합니다.

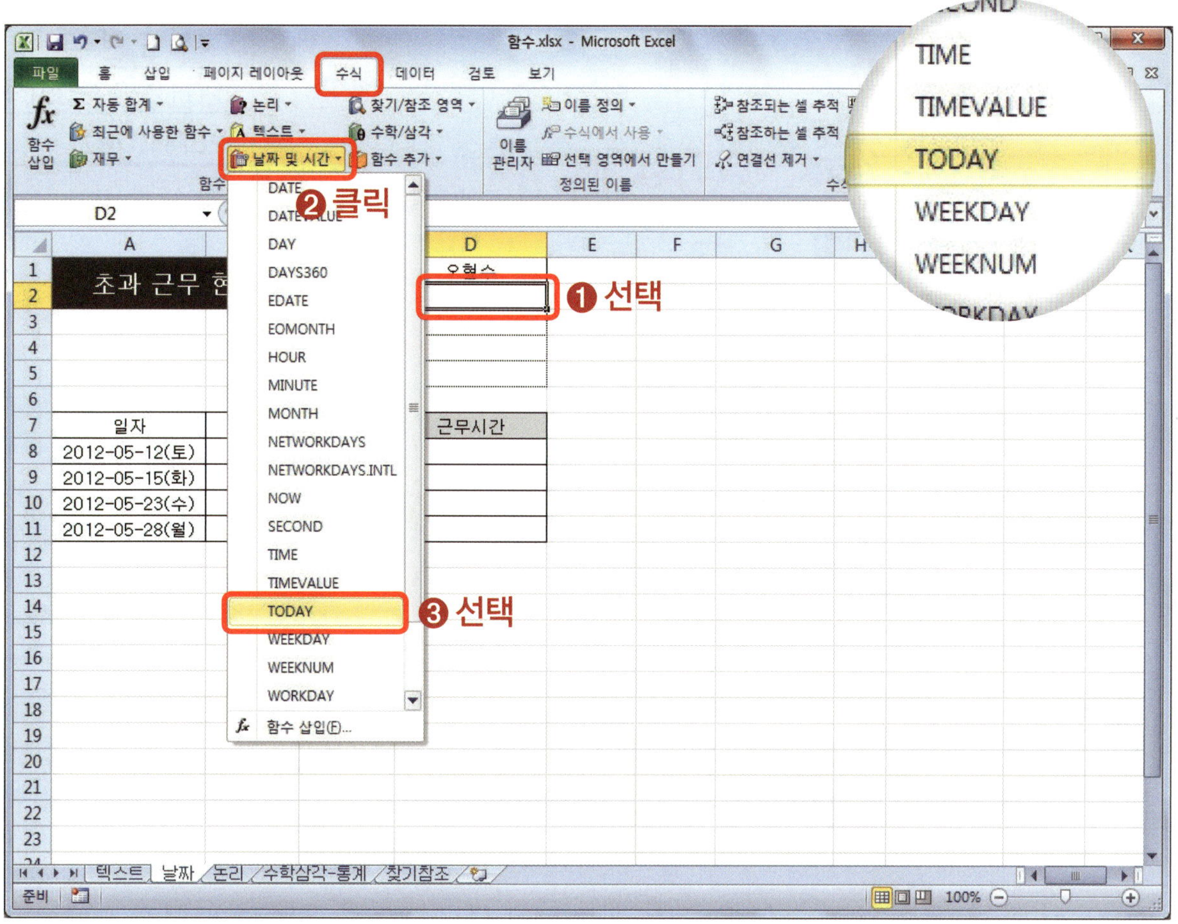

2 [함수 인수] 대화상자에서 [확인] 단추를 클릭합니다.

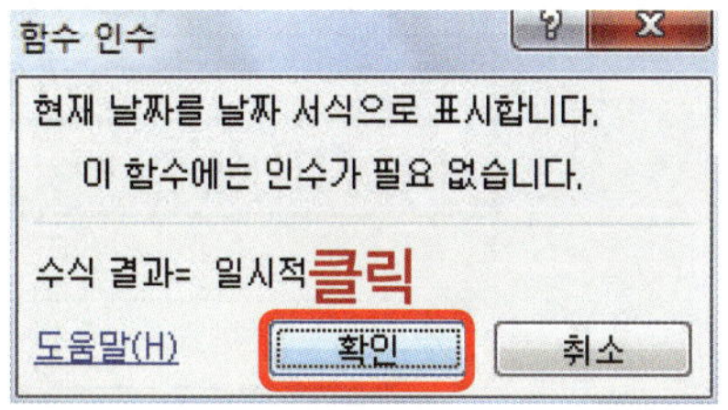

> **함수식** [D2] 셀 「=TODAY( )」 : 시스템의 오늘
> 날짜를 표시합니다.

TIP Today 함수는 안에 인수가 필요 없어서 [함수 인수] 대화상자에 입력할 상자가 없습니다. 또한, Today 함수를 이용해 수식을 작성하면 실습하는 오늘 날짜가 표시되므로 실습할 때마다 날짜가 다르게 표시됩니다.

TIP TODAY 함수를 사용하여 오늘 날짜와 요일을 함께 표시하려면 해당 셀에서 마우스 오른쪽 단추를 누른 후 [셀 서식]의 '사용자 지정'에서 다음과 같이 입력하면 됩니다.

사용자 지정 형식	결과
yyyy-mm-dd(aaa)	2012-07-05(목)
yyyy-mm-dd(aaaa)	2012-07-05(목요일)

오늘 날짜에서 년, 월, 일 추출하기(YEAR, MONTH, DAY)

③ [D3] 셀을 클릭하고 수식 입력줄에 「=YEAR(D2)」를 입력합니다.

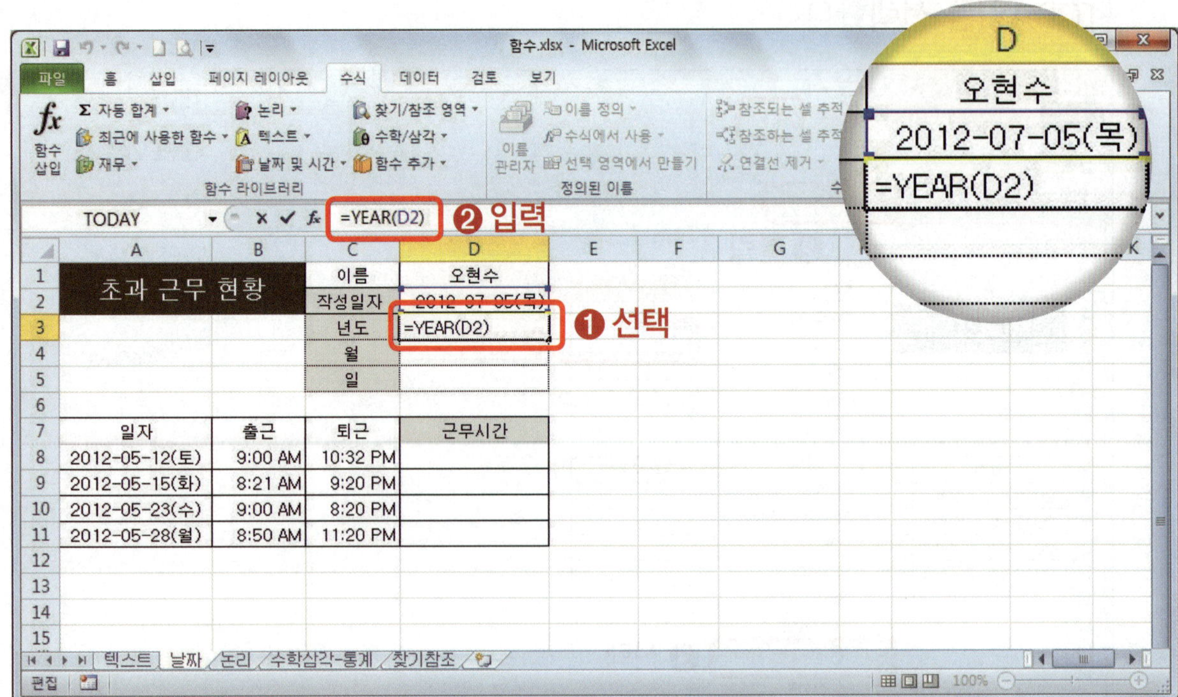

TIP 함수를 입력할 때 [수식] 탭의 [함수 라이브러리]를 이용하는 것 보다 때로는 수식 입력줄이나 해당 셀에 직접 입력하는 것이 더 빠를 수 있습니다.

④ [D4] 셀을 클릭하고 수식 입력줄에 「=MONTH(D2)」를 입력합니다.

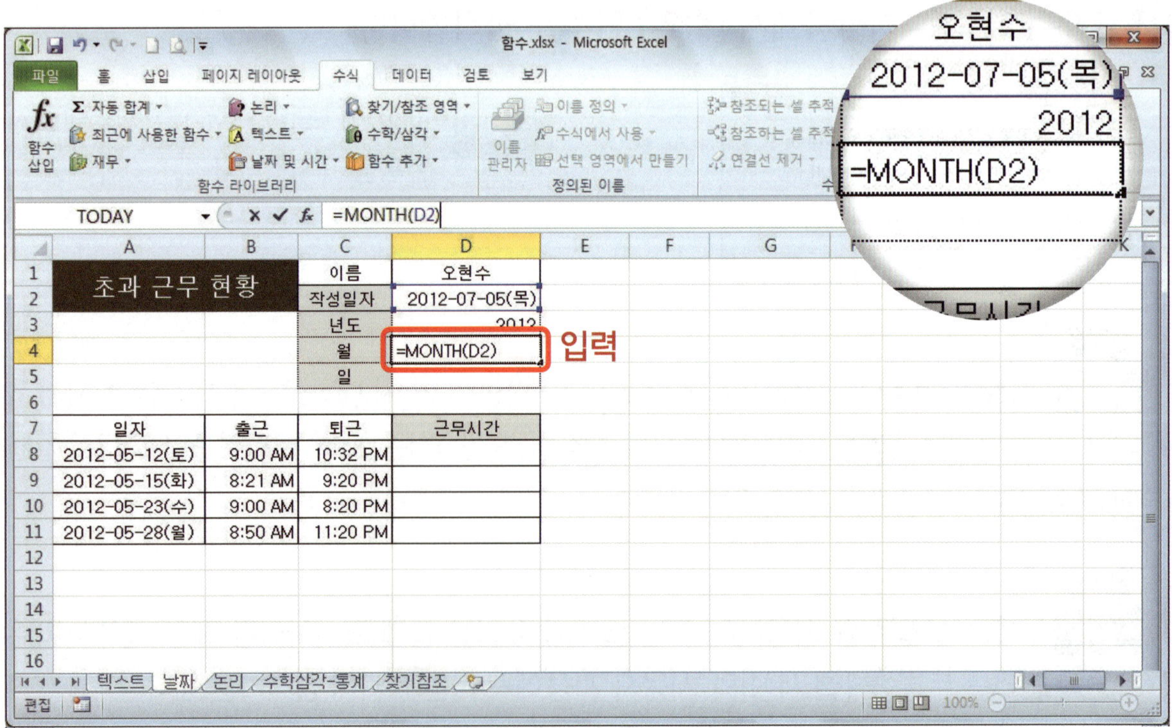

⑤ [D5] 셀을 클릭하고 수식 입력줄에 「=DAY(D2)」를 입력합니다.

❻ [D8] 셀을 클릭한 후 [수식] 탭의 [함수 라이브러리] 그룹에서 [날짜 및 시간]–[HOUR]를 선택합니다.

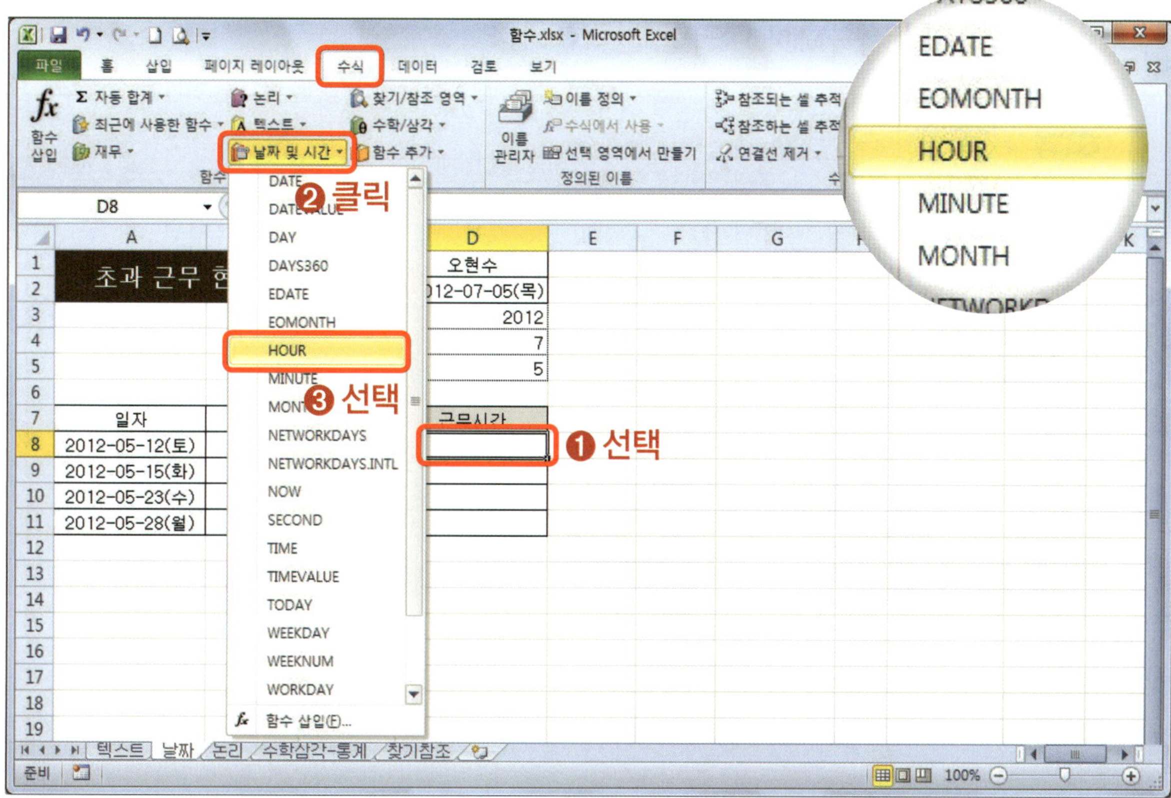

❼ [함수 인수] 대화상자에서 다음과 같이 입력하고 [확인] 단추를 클릭합니다.

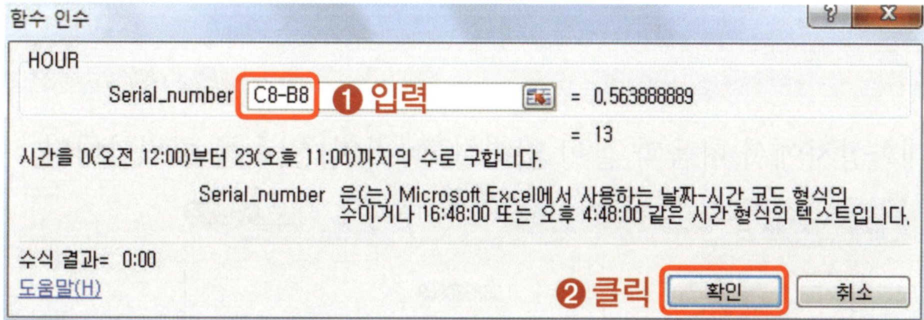

❽ 수식 입력줄에 'HOUR(C8–B8)'뒤에 「&"시간 "&」를 입력합니다.

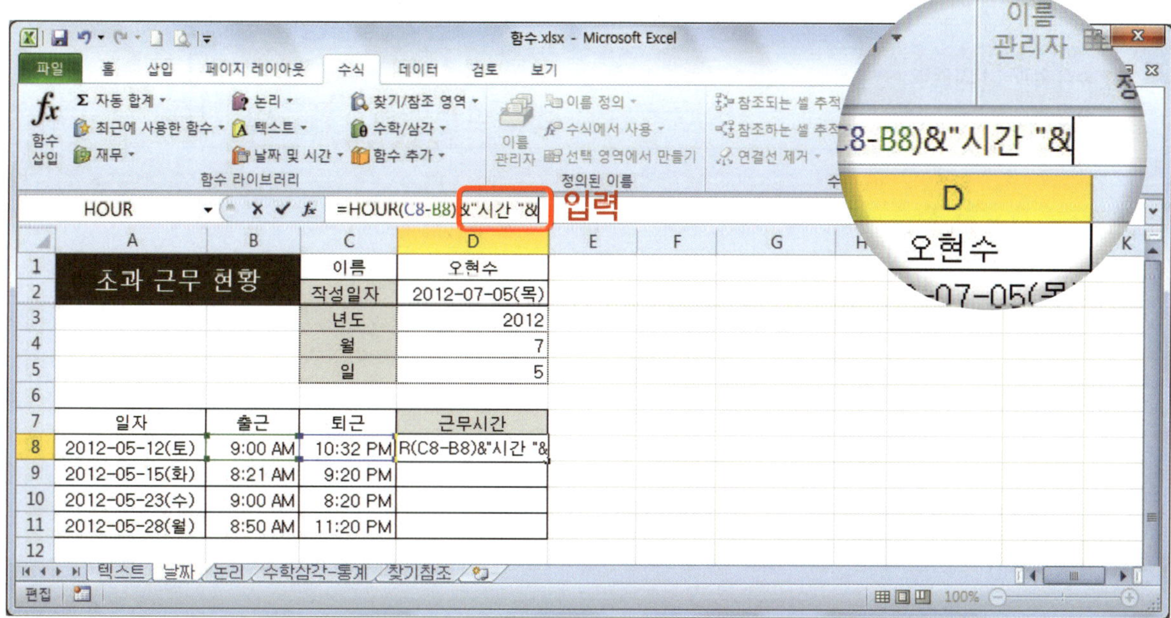

9 다시 **수식 입력줄의 & 뒤에 커서를 두고**, [수식] 탭의 [함수 라이브러리] 그룹에서 **[날짜 및 시간]–[MINUTE]를 선택**합니다.

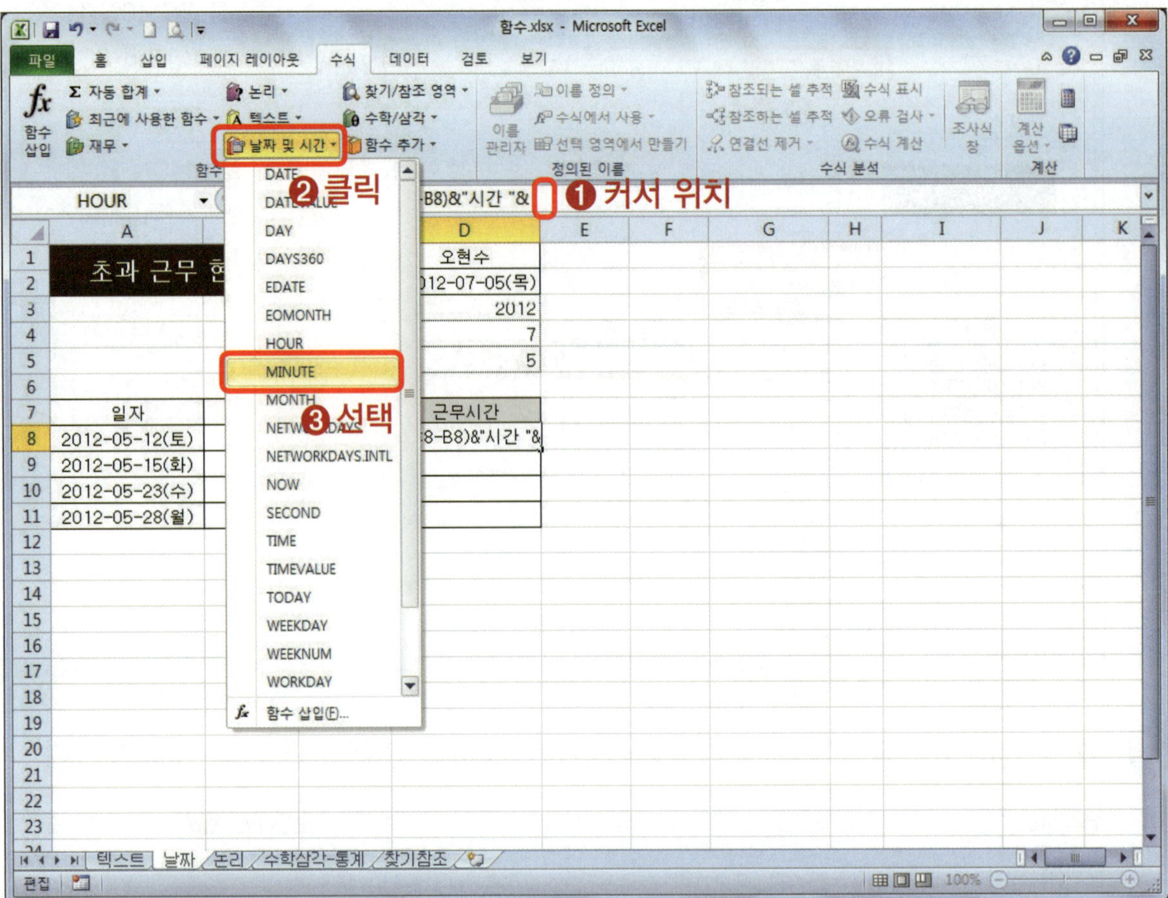

10 [함수 인수] 대화상자에서 다음과 같이 입력하고 [확인] 단추를 클릭합니다.

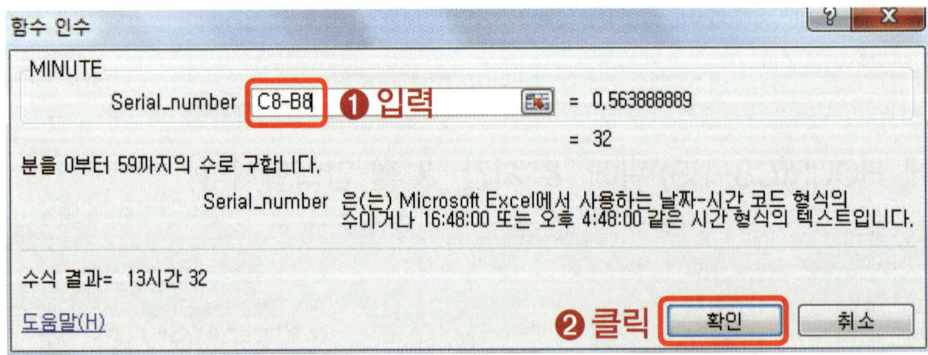

⑪ 수식 입력줄에 「&"분"」을 입력하고 Enter 키를 누릅니다.

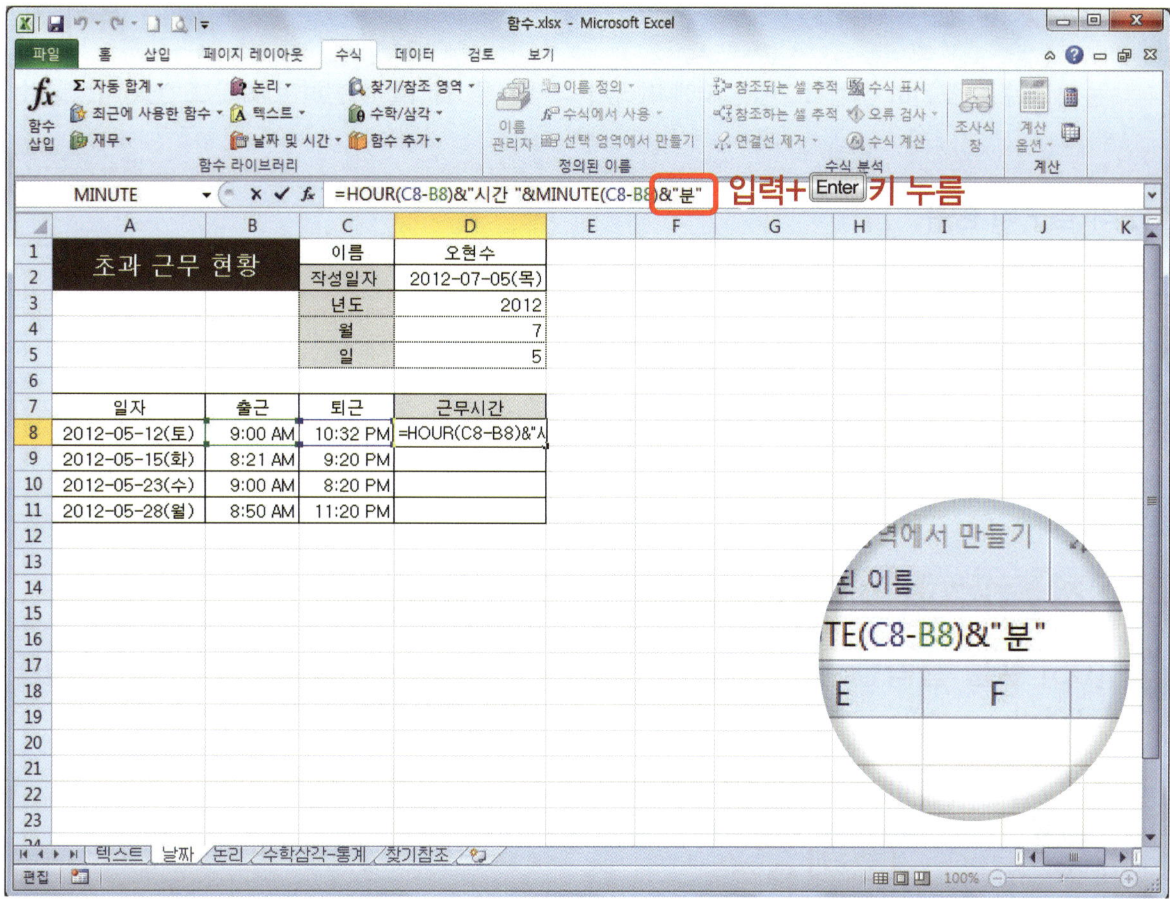

⑫ [D8] 셀의 채우기 핸들을 이용하여 [D11] 셀까지 수식을 복사합니다.

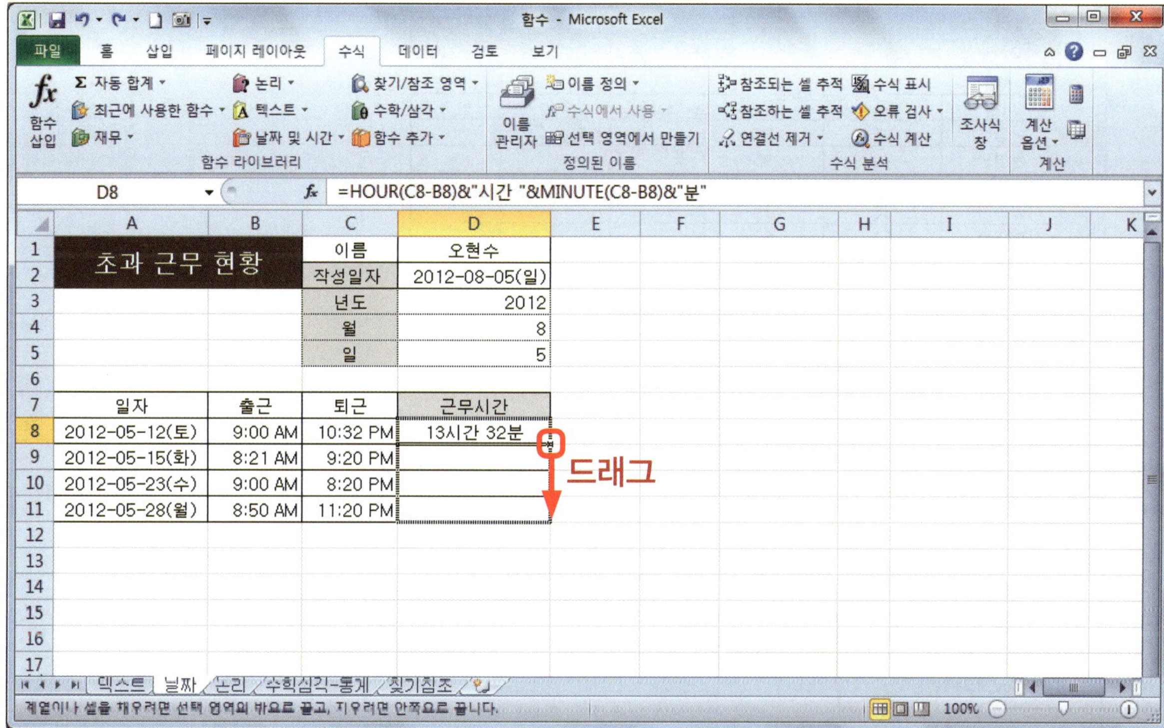

함수식 [D8] 셀 「=HOUR(C8–B8)&"시간 "&MINUTE(C8–B8)&"분"」 : & 연산자는 함수와 문자를 연결하기 위해서 사용합니다.

실습3 논리 함수

논리 함수는 조건이 참인지 거짓인지에 따라서 각각 다른 처리를 실행하며 여러 조건을 지정할 수 있습니다.

■ 논리 함수의 종류

함수	설명	예	결과
IF(조건, 참, 거짓)	조건에 지정된 값 출력	=IF(100>=90,"합격","불합격")	합격
AND(조건1,조건2,...)	조건이 모두 참일 경우에만 참 표시	=AND(100>90,90>70)	TRUE
OR(조건1,조건2,...)	조건이 하나라도 참인 경우에 참 표시	=OR(80>90,90>70)	TRUE

영어점수가 70점 미만이면 '재시험'이라고 표시(IF)

1 [D5] 셀을 클릭한 후 [수식] 탭의 [함수 라이브러리] 그룹에서 [논리]–[IF]를 선택합니다.

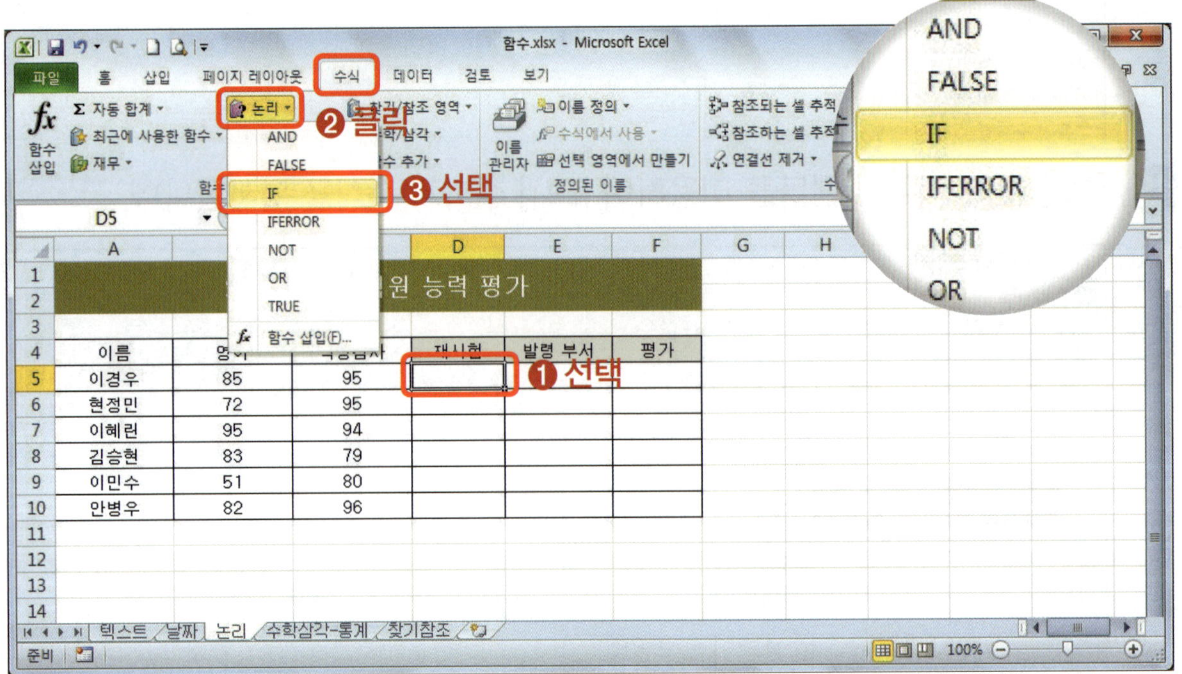

2 [함수 인수] 대화상자에서 다음과 같이 입력하고 [확인] 단추를 클릭합니다.

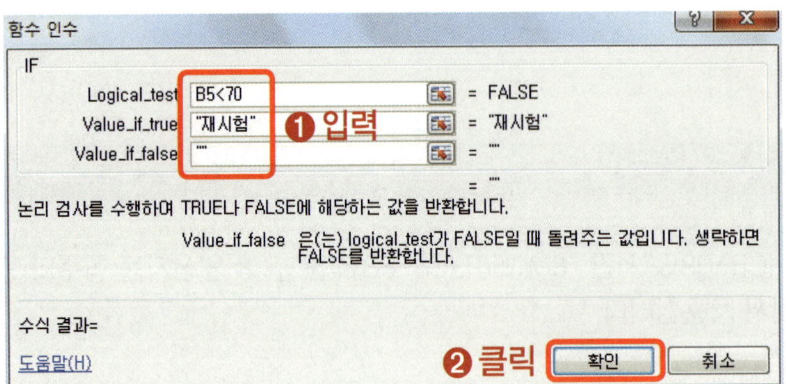

③ [D5] 셀의 채우기 핸들을 이용하여 [D10] 셀까지 수식을 복사합니다.

> **['발령 부서'에 영어점수가 90점 이상이면 '해외영업1팀', 80점 이상이면 '해외영업2팀' 그렇지 않으면 '국내영업팀'이라고 표시하기(중첩IF)]**

④ [E5] 셀을 클릭한 후 [수식] 탭의 [함수 라이브러리] 그룹에서 [논리]–[IF]를 선택합니다.

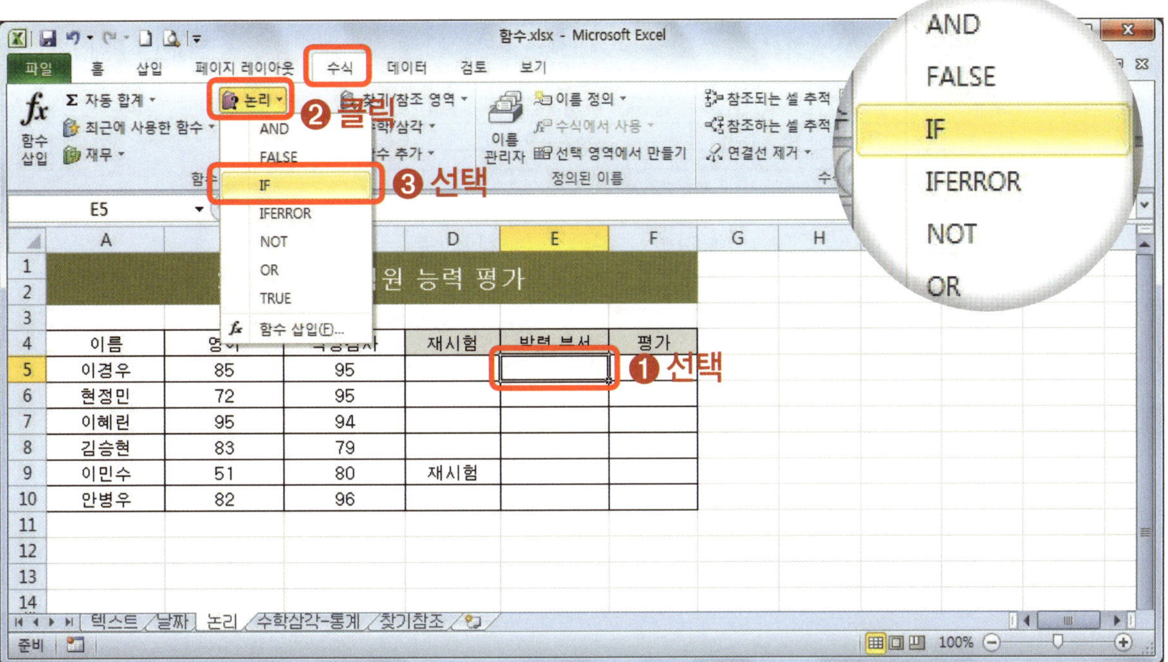

⑤ [함수 인수] 대화상자에서 다음과 같이 입력한 후, 'Value_if_false'에 커서를 두고 이름 상자의 'IF'를 클릭합니다.

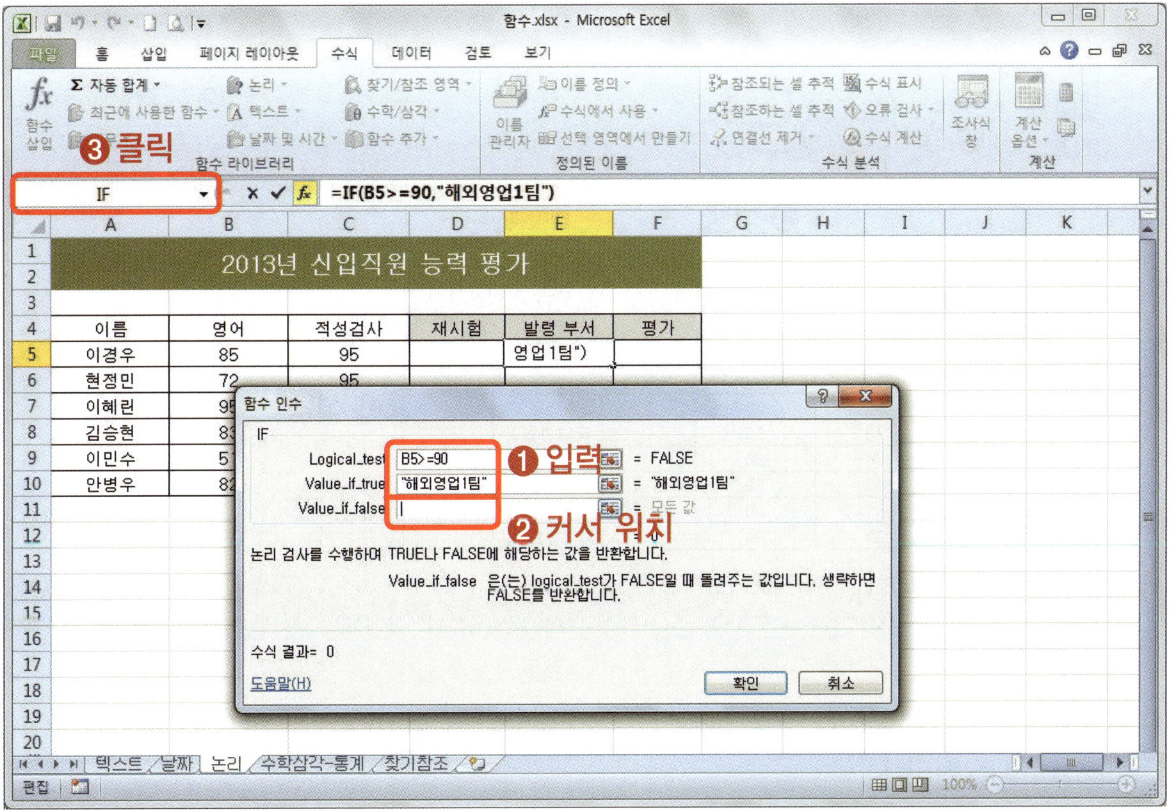

6 새롭게 추가된 [함수 인수] 대화상자에서 다음과 같이 입력하고 [확인] 단추를 클릭한 후 [E10]셀까지 수식을 복사합니다.

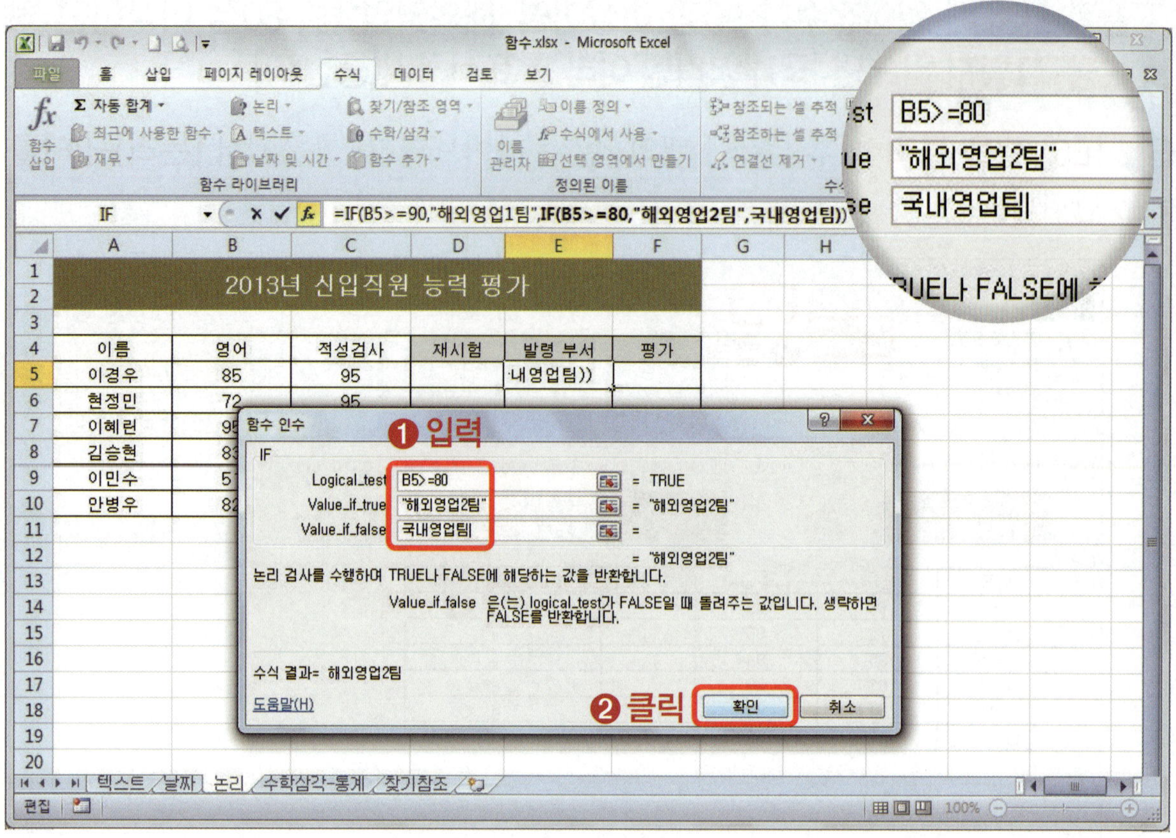

영어점수가 80점 이상이고, 적성검사가 90점 이상이면 '우수'라고 표시하기(IF, AND)

7 [F5] 셀을 클릭한 후 [수식] 탭의 [함수 라이브러리] 그룹에서 [논리]–[AND]를 선택합니다.

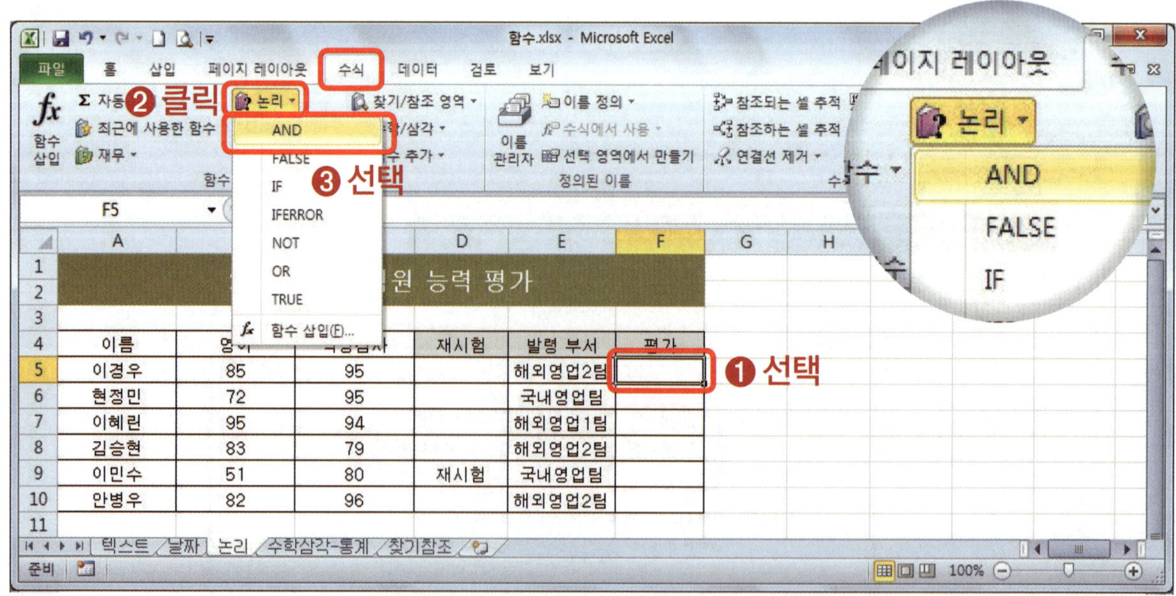

TIP 먼저 영어점수가 80점 이상이고 적성점수가 90점 이상인지 체크하기 위해 AND 함수 사용합니다.

⑧ [함수 인수] 대화상자에서 다음과 같이 입력하고 [확인] 단추를 클릭합니다.

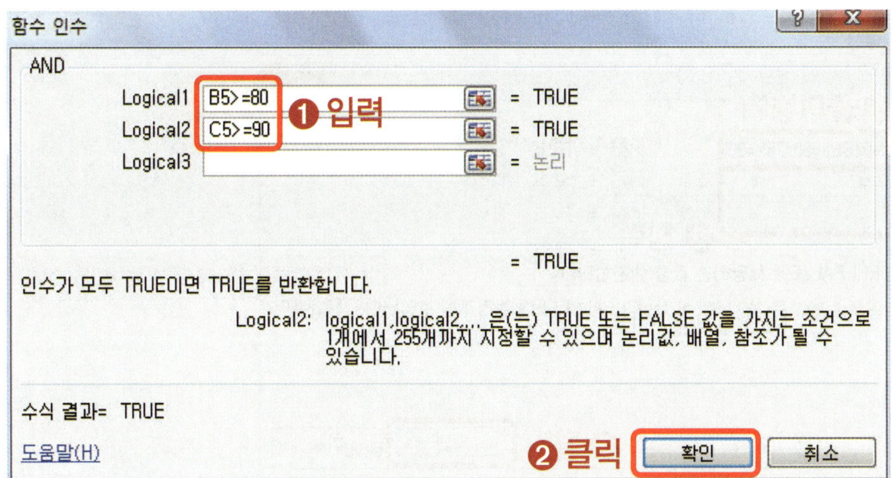

⑨ 수식 입력줄에서 'AND(B5>=80,C5>=90)'을 범위 지정한 후 Ctrl + X 키를 눌러 잘라내기를 합니다.

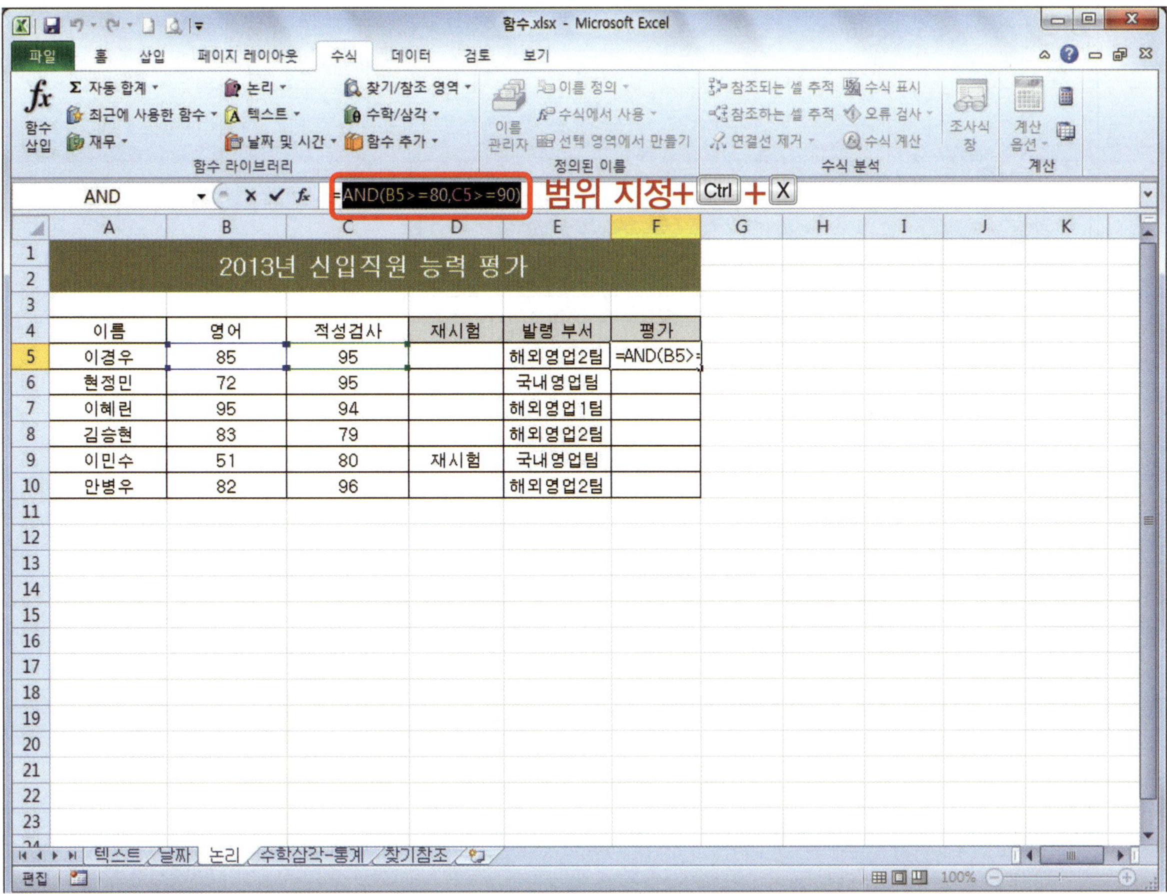

⑩ 수식 입력줄에서 다시 [수식] 탭의 [함수 라이브러리] 그룹에서 [논리]–[IF]를 선택합니다.

⑪ [함수 인수] 대화상자에서 'Logical_test'에 커서를 두고 [Ctrl]+[V] 키를 눌러 붙여
넣기를 한 후, 다음과 같이 입력하고 [확인] 단추를 클릭합니다.

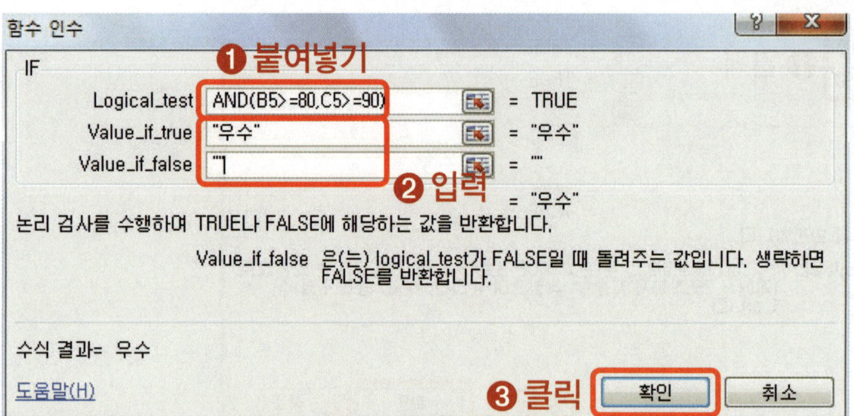

⑫ [F5] 셀의 채우기 핸들을 이용하여 [F10] 셀까지 수식을 복사하면 다음과 같은 결
과를 확인할 수 있습니다.

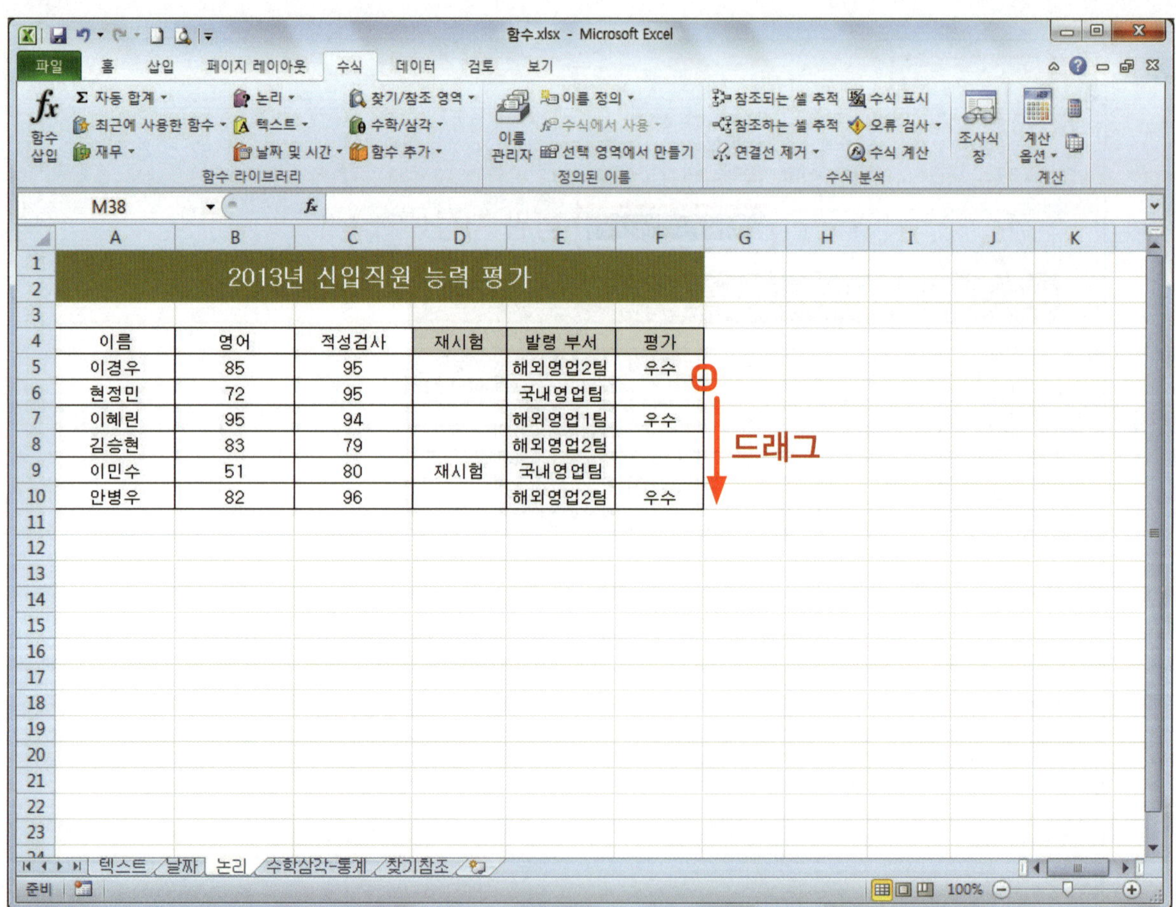

이름	영어	적성검사	재시험	발령 부서	평가
이경우	85	95		해외영업2팀	우수
현정민	72	95		국내영업팀	
이혜린	95	94		해외영업1팀	우수
김승현	83	79		해외영업2팀	
이민수	51	80	재시험	국내영업팀	
안병우	82	96		해외영업2팀	우수

함수식
- [D5] 셀 「=IF(B5<70,"재시험"," ")」
- [E5] 셀 「=IF(B5>=90,"해외영업1팀",IF(B5>=80,"해외영업2팀","국내영업팀"))」
- [F5] 셀 「=IF(AND(B5>=80,C5>=90),"우수"," ")」

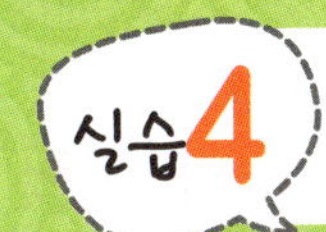

수학/삼각/통계 함수

('수학삼각-통계' 시트에서)

수학 함수는 각종 수학 공식에 관련된 값을 계산해 주는 함수와 숫자의 자릿수를 지정해 주는 함수를 묶어놓은 것이며, 통계 함수는 각종 통계 관련 식을 작성해 주는 함수를 모아놓은 것입니다.

■ 통계 함수

함수	설명	예	결과
AVERAGE(범위)	평균	=AVERAGE(90,60)	75
AVERAGEA(범위)	평균(문자열, 논리 값도 계산에 포함)	=AVERAGEA(90,False,60)	50
MAX(범위)	최대값	=MAX(1,2,3)	3
MIN(범위)	최소값	=MIN(1,2,3)	1
COUNT(범위)	숫자의 개수	=COUNT(1,2,3)	3
COUNTA(범위)	공백을 제외한 셀의 개수		
COUNTIF(범위,"조건")	범위에서 조건에 맞은 개수		
COUNTIFS(범위1,"조건1",범위2,"조건2"…)	각각의 범위에서 각각의 조건에 맞는 개수		
LARGE(범위,K)	범위에서 K 번째 큰 값		
SMALL(범위,K)	범위에서 K 번째 작은 값		
RANK.EQ(기준, 범위, 순서)	=RANK.EQ(A1,$A$1:$A$10,0) : [A1:A10] 영역에서 [A1] 셀의 순위를 구함		

RANK.EQ 함수 〈순서〉

0 또는 FALSE : 내림차순(가장 큰 값이 1등) – 생략하면 FALSE가 됨

1 또는 TRUE : 오름차순(가장 작은 값이 1등)

※ 범위는 고정된 영역을 참조해야 하므로 절대 주소 형식을 사용

■ 수학/삼각 함수 종류

함수	의미	예제	결과
ROUND(숫자, 자릿수)	반올림 값 출력	=ROUND(123.567,2) =ROUND(123.567,−2)	123.57 100
ROUNDUP(숫자, 자릿수)	올림하여 출력	=ROUNDUP(123.567,2) =ROUDNUP(123.567,−2)	123.57 200
ROUNDDOWN(숫자, 자릿수)	내림하여 출력	=ROUNDDOWN(123.567,2) =ROUNDDOWN(123.567,−2)	123.56 100
MOD(값, 나눌 수)	나머지 값 출력	=MOD(12,4)	0
SUM(범위)	합 출력	=SUM(1,2,3)	6
SUMIF(조건범위,"조건",합계범위)	'조건범위'에서 '조건'을 검색하여 조건에 만족한 데이터는 '합계범위'에서 찾아옴		
SUMIFS(합계범위,조건범위1,"조건1",조건범위2,"조건2",…)	여러 조건을 충족하는 범위의 합계를 구하고자 할 때 사용함		

'점수'를 기준으로 순위 구하기(RANK.EQ)

① [D5] 셀을 클릭한 후 [수식] 탭의 [함수 라이브러리] 그룹에서 [함수 추가]-[통계]-[RANK.EQ]를 선택합니다.

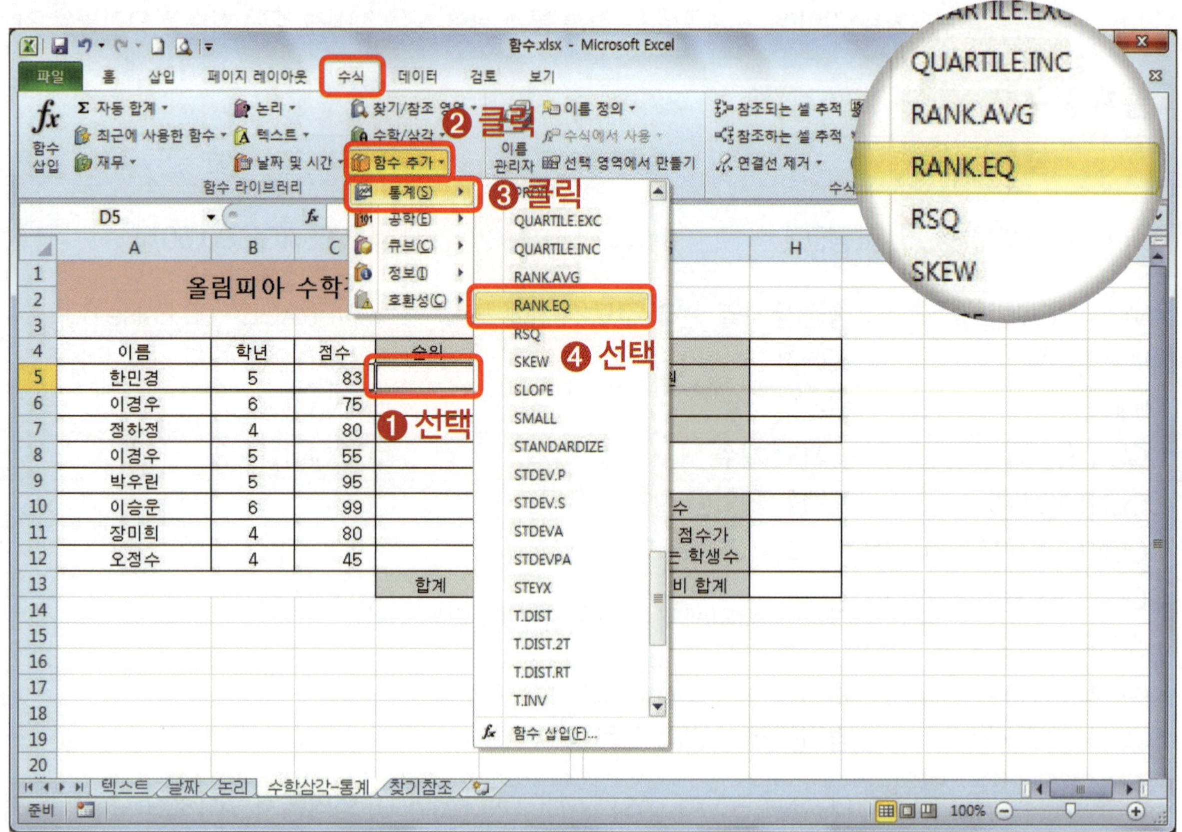

TIP 순위가 같은 수가 여러 개이면 해당 수 집합의 최상위 순위가 반환됩니다.

② [함수 인수] 대화상자에서 다음과 같이 입력하고 [확인] 단추를 클릭합니다.

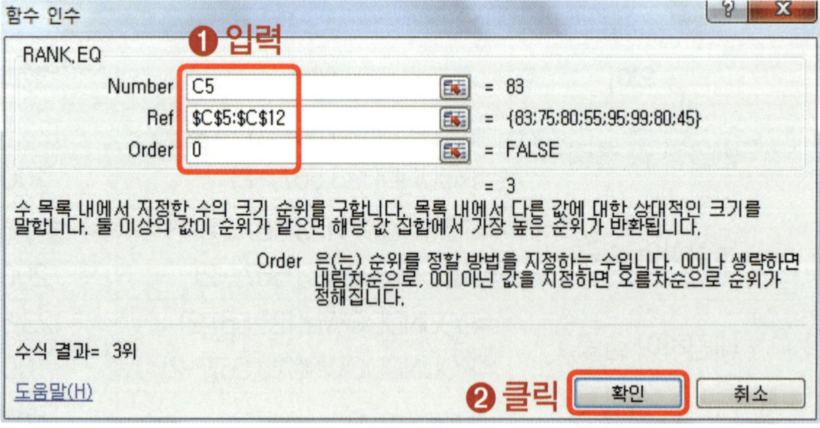

TIP
- order가 0이면 내림차순입니다. 즉 높은 점수가 1위입니다.
- RANK.EQ 함수는 엑셀 2010 버전에서 추가된 함수로서 함수명 뒤에 마침표(.)를 사용하는 함수입니다. RANK 함수와 동일한 기능을 합니다.

❸ [D5] 셀의 채우기 핸들을 이용하여 [D12] 셀까지 수식을 복사합니다.

'응시비'의 합계 구하기(SUM)

❹ [E5:E13] 영역을 범위 지정하고 [수식]-[함수 라이브러리] 그룹에서 [자동 합계]-[합계]를 선택합니다.

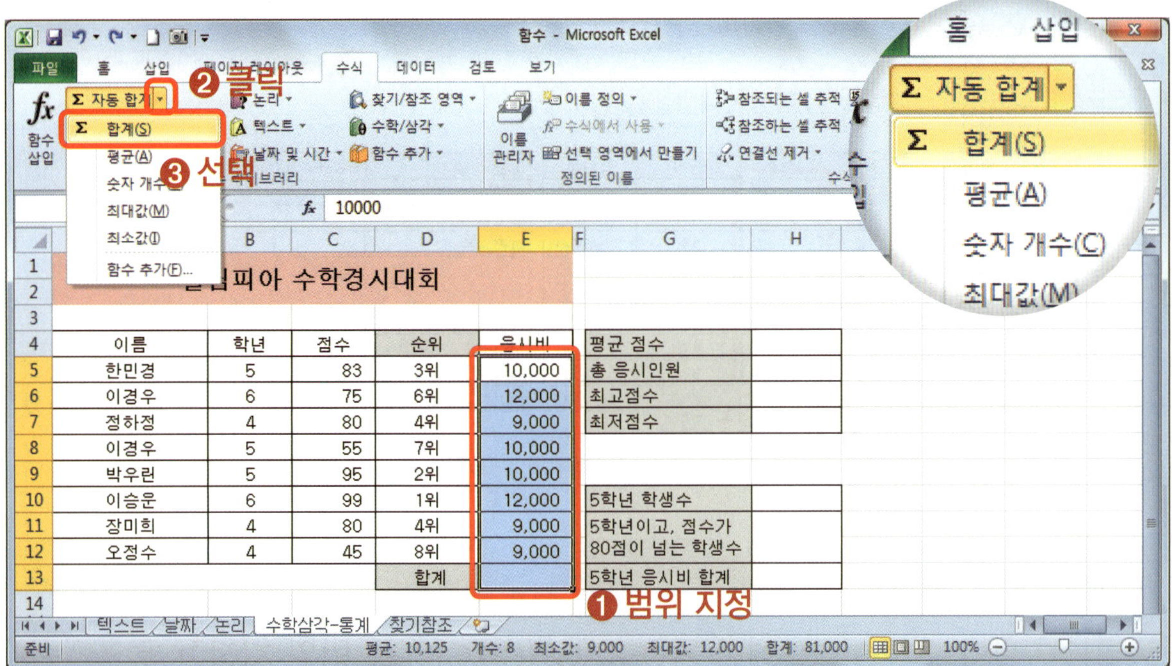

TIP 자주 사용하는 함수는 '자동 합계' 목록에 들어있습니다.(예:SUM, AVERAGE, MAX, MIN 등)

응시학생의 평균점수를 구한 후, 소수점 3자리에서 반올림하여 2자리까지 표시하기(AVERAGE, ROUND)

❺ [H4] 셀을 클릭한 후 [수식]-[함수 라이브러리] 그룹에서 [자동 합계]-[평균]을 선택합니다.

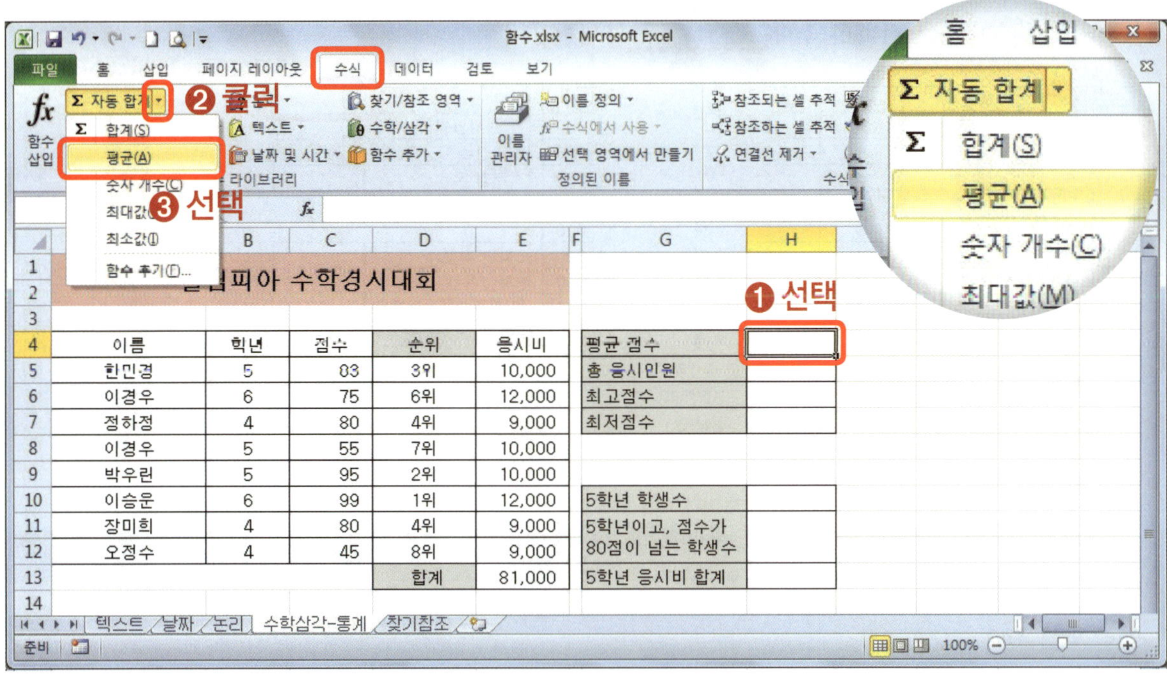

6 AVERAGE 함수가 화면에 표시된 상태에서 [C5:C12] 영역을 블록 지정한 후 Enter 키를 누릅니다.

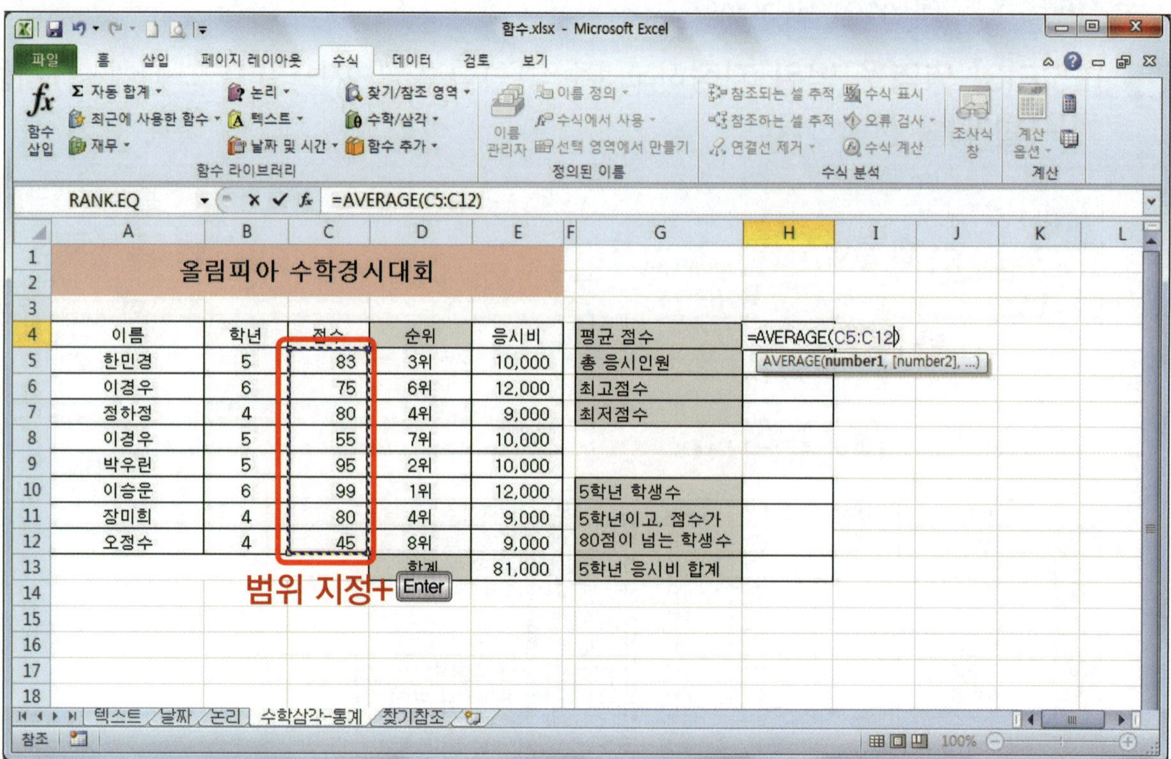

7 [H4] 셀의 수식 입력줄에서 'AVERAGE(C5:C12)'를 범위 지정한 후 Ctrl + X 키를 눌러 잘라내기를 합니다.

8 [H4] 셀에서 [수식] 탭의 [함수 라이브러리] 그룹에서 [수학/삼각]–[ROUND]를 선택합니다.

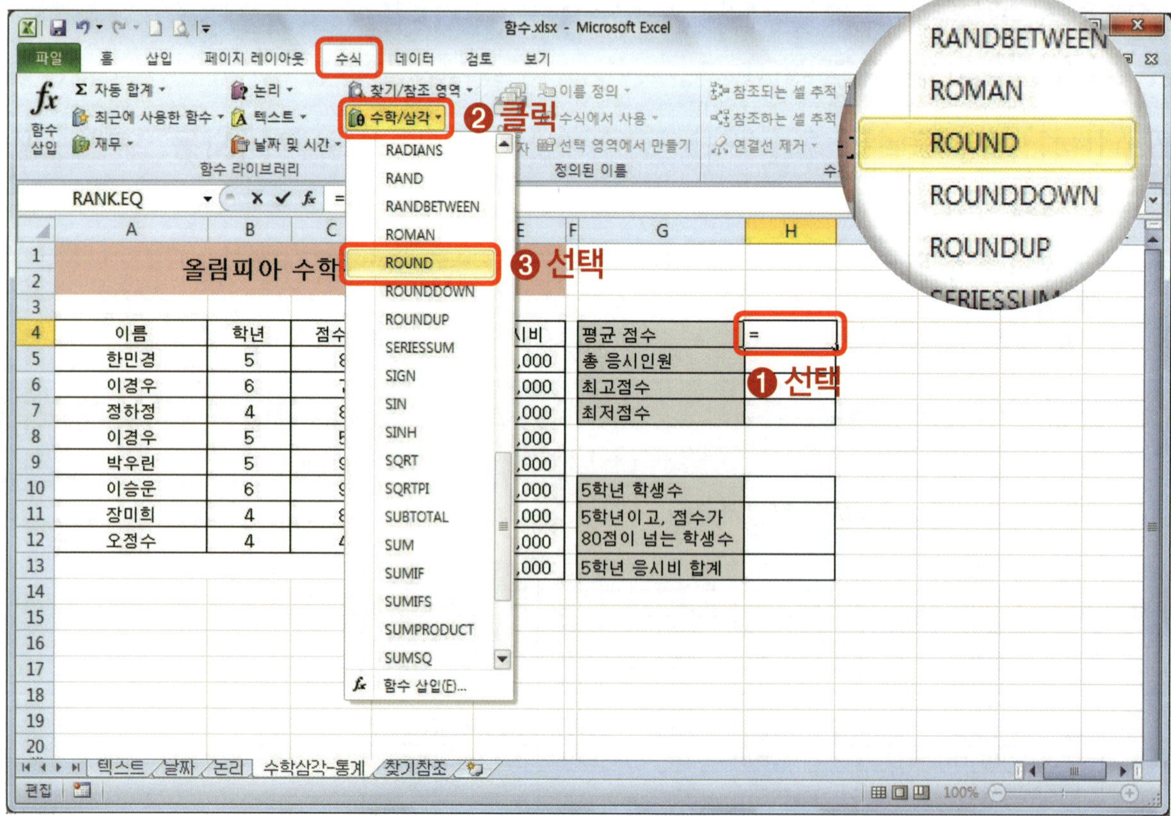

9 [함수 인수] 대화상자에서 'Number'에 커서를 두고 `Ctrl`+`V` 키를 눌러 붙여넣기
를 한 후, 다음과 같이 입력하고 [확인] 단추를 클릭합니다.

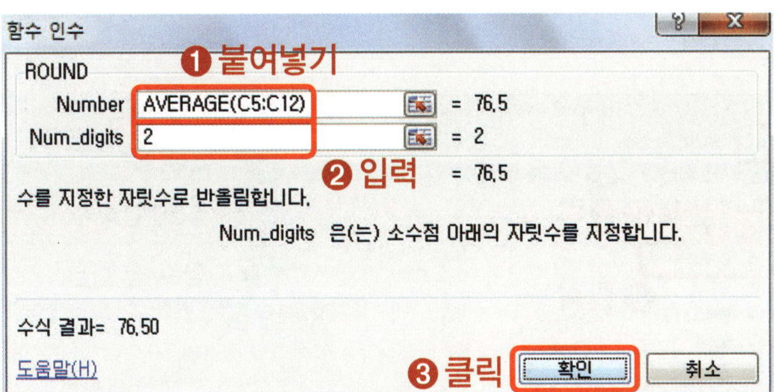

10 화면에 소수점 둘째자리까지 표시되지 않았다면, [H4] 셀을 클릭하고 마우스 오
른쪽 단추를 눌러 [셀 서식]을 선택합니다.

11 [셀 서식] 대화상자에서 [표시 형식] 탭의 [범주]에서 '숫자'를 선택하고 '소수 자
릿수'를 '2'로 지정한 후 [확인] 단추를 클릭합니다.

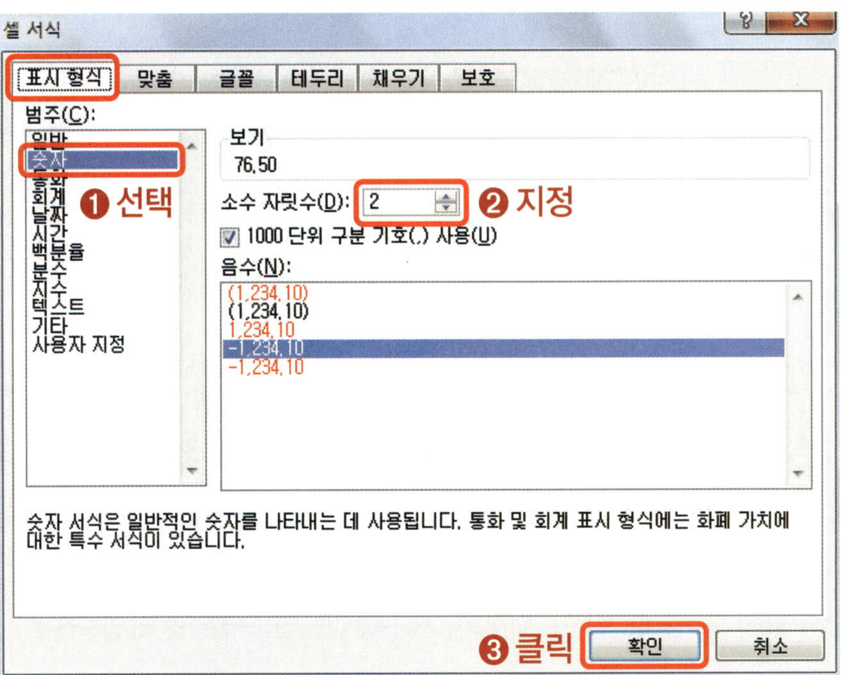

⑫ [H5] 셀을 클릭한 후 [수식] 탭의 [함수 라이브러리] 그룹에서 **[함수 추가]–[통계]–[COUNTA]를 선택**합니다.

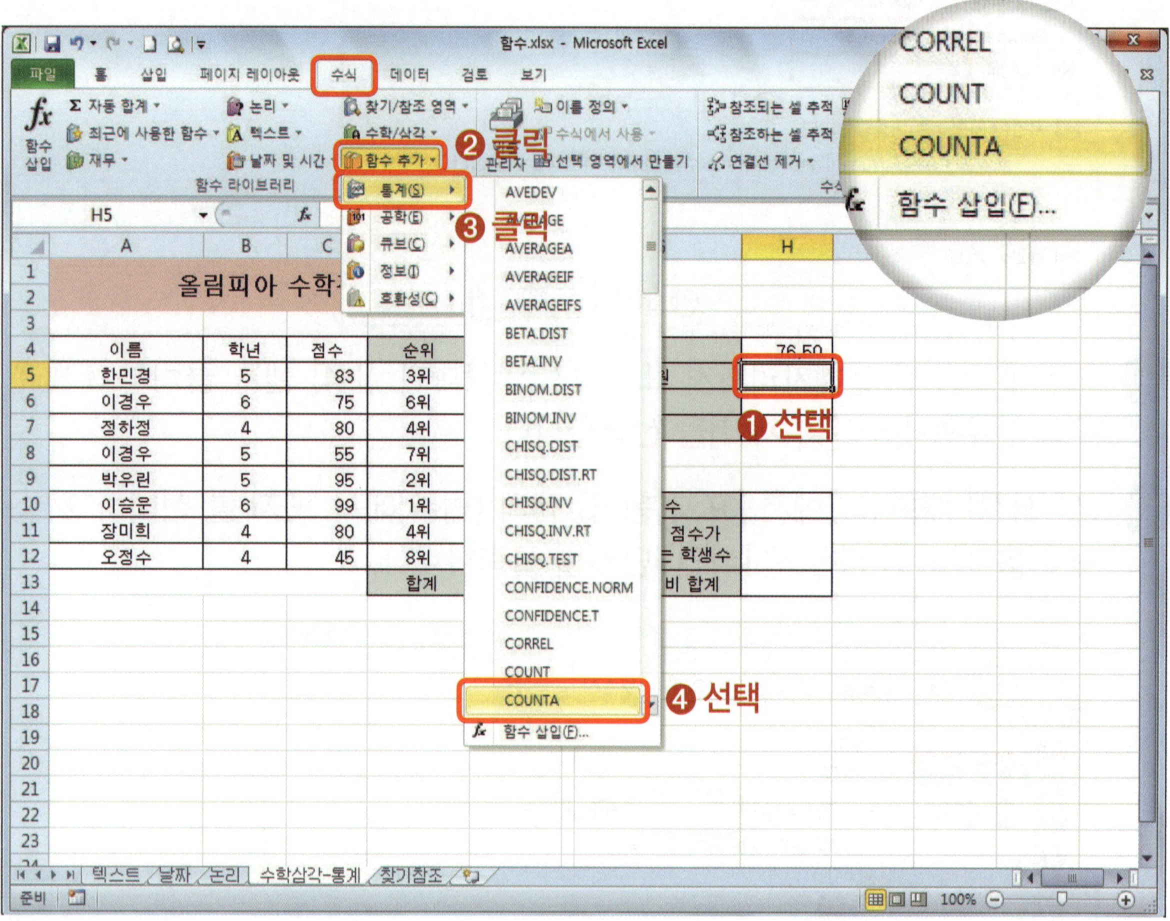

TIP COUNT 함수와 COUNTA 함수의 차이점 : COUNT 함수는 지정한 범위가 숫자 값이어야 하고, COUNTA 함수는 지정한 범위가 문자 값이어도 셀의 개수를 셀 수 있는 함수입니다. 이름[A열]은 문자 값이기에 COUNTA 함수를 사용합니다.

⑬ [함수 인수] 대화상자에서 다음과 같이 입력하고 [확인] 단추를 클릭합니다.

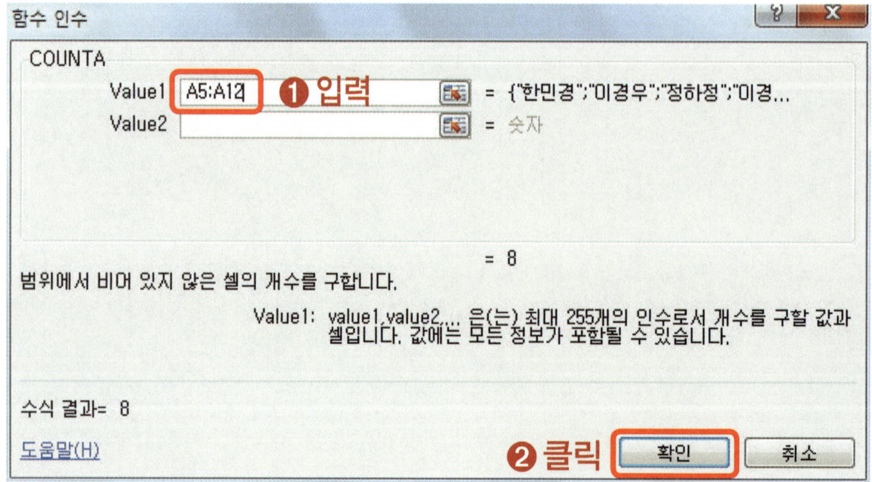

최고 점수와 최저 점수 구하기(MAX, MIN)

⑭ [H6] 셀을 클릭한 후 「=MAX(C5:C12)」를 입력하고 Enter 키를 누릅니다.

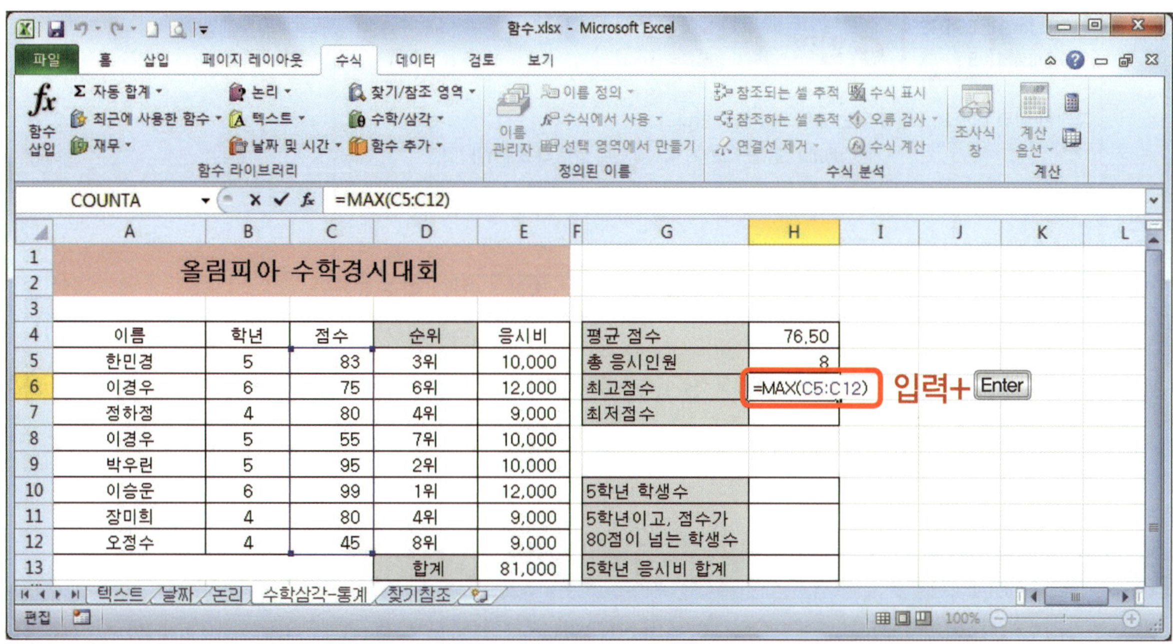

TIP
- [수식]–[함수 라이브러리] 그룹에서 [자동 합계]–[최대값]을 선택하여 입력할 수 있습니다.
- [수식]–[함수 라이브러리] 그룹에서 [함수 추가]–[통계]–[MAX]를 선택하여 입력할 수 있습니다.

⑮ [H7] 셀을 클릭한 후 「=MIN(C5:C12)」를 입력하고 Enter 키를 누릅니다.

5학년 학생의 응시 인원 구하기(COUNTIF)

⑯ [H10] 셀을 클릭한 후 [수식] 탭의 [함수 라이브러리] 그룹에서 [함수 추가]–[통계]–[COUNTIF]를 선택합니다.

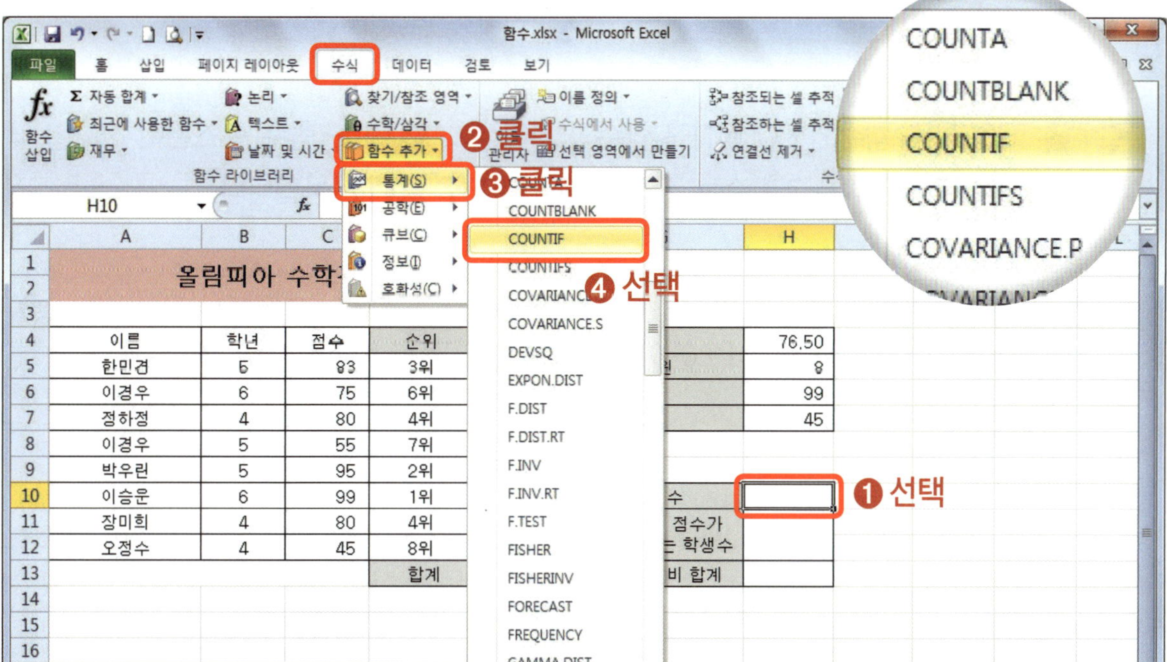

⑰ [함수 인수] 대화상자에서 다음과 같이 입력하고 [확인] 단추를 클릭합니다.

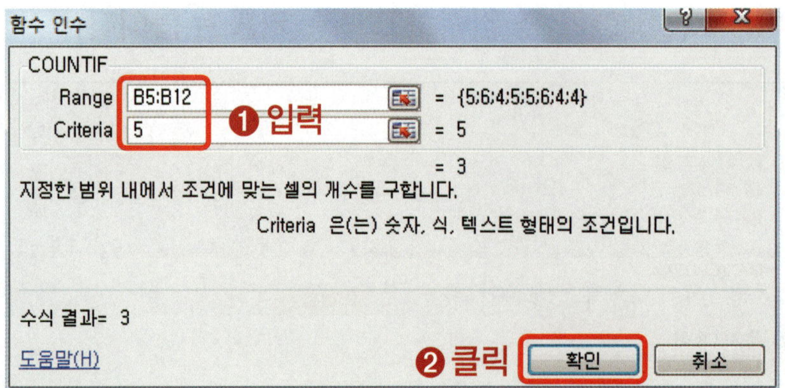

 [H10] 셀 「=COUNTIF(B5:B12,"5")」 : [B5:B12] 영역에서 값이 '5'인 셀을 찾아 그 셀을 카운트 값으로 반환합니다.

5학년이면서 점수가 80점 이상인 학생 수 구하기(COUNTIFS)

⑱ **[H11] 셀을 클릭**한 후 [수식] 탭의 [함수 라이브러리] 그룹에서 **[함수 추가]–[통계]–[COUNTIFS]**를 선택합니다.

⑲ [함수 인수] 대화상자에서 다음과 같이 입력하고 [확인] 단추를 클릭합니다.

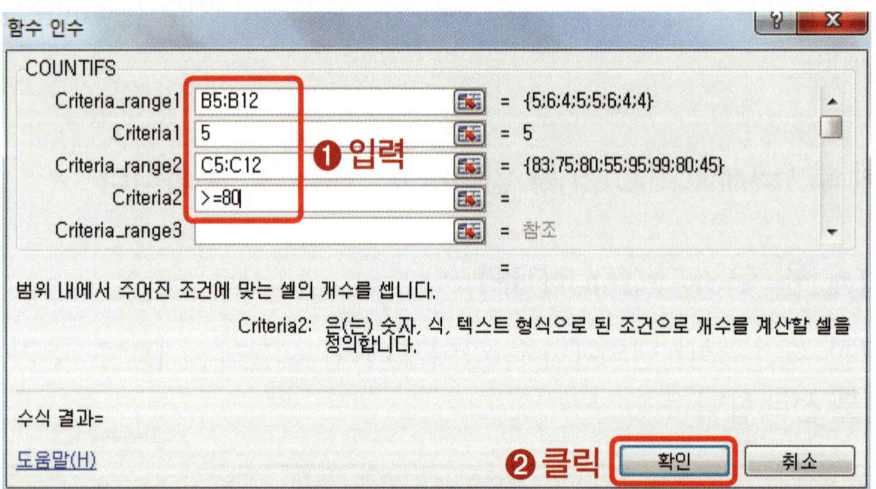

TIP COUNTIF 함수와 COUNTIFS 함수의 차이점 : COUNTIF 함수는 조건이 하나일 때 사용하고, COUNTIFS 함수는 조건이 여러 개 지정할 때 사용합니다.

 [H11] 셀 「=COUNTIFS(B5:B12,"5",C5:C12,">=80")」 : [B5:B12] 영역에서 값이 '5'인 셀을 찾고, [C5:C12] 영역에서 값이 '80' 이상인 셀을 찾아 둘 다 만족한 데이터의 셀

⑳ [H13] **셀을 클릭**한 후 [수식] 탭의 [함수 라이브러리] 그룹에서 **[수학/삼각]–[SUMIF]를 선택**합니다.

㉑ [함수 인수] 대화상자에서 다음과 같이 입력하고 [확인] 단추를 클릭합니다.

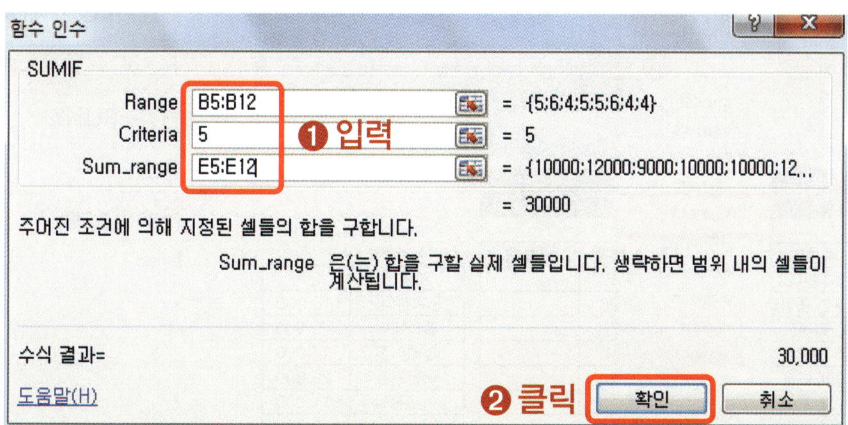

함수식 [H13] 셀 「=SUMIF(B5:B12,5,E5:E12)」: [B5:B12] 영역에서 값이 '5'인 셀을 찾아 그에 해당하는 [E5:E12] 영역 값의 합을 구하여 반환합니다.

실습5 찾기/참조 함수

('찾기참조' 시트에서)

찾기 함수는 정해진 표에서 특정한 셀의 자료를 찾아 표시하는 함수입니다.

■ 찾기/참조 함수의 종류

함수	설명
VLOOKUP(검색값, 범위, 열번호, 검색 유형)	범위의 첫 열에서 검색값을 찾아, 지정한 열에서 같은 행에 있는 값을 표시
HLOOKUP(검색값, 범위, 행번호, 검색 유형)	범위의 첫 행에서 검색값을 찾아, 지정한 행에서 같은 열에 있는 값을 표시
CHOOSE(인덱스번호,값1,값2, ...)	인덱스 번호에 해당하는 값을 표시
INDEX(범위, 행 번호, 열 번호, 참조 영역 번호)	행과 열의 교차된 자료 출력

'분류'를 이용하여 [표2]에서 '장르'를 찾아 표시하기(HLOOKUP)

1 [D5] 셀을 클릭한 후 [수식] 탭의 [함수 라이브러리] 그룹에서 **[찾기/참조 영역]– [HLOOKUP]을 선택**합니다.

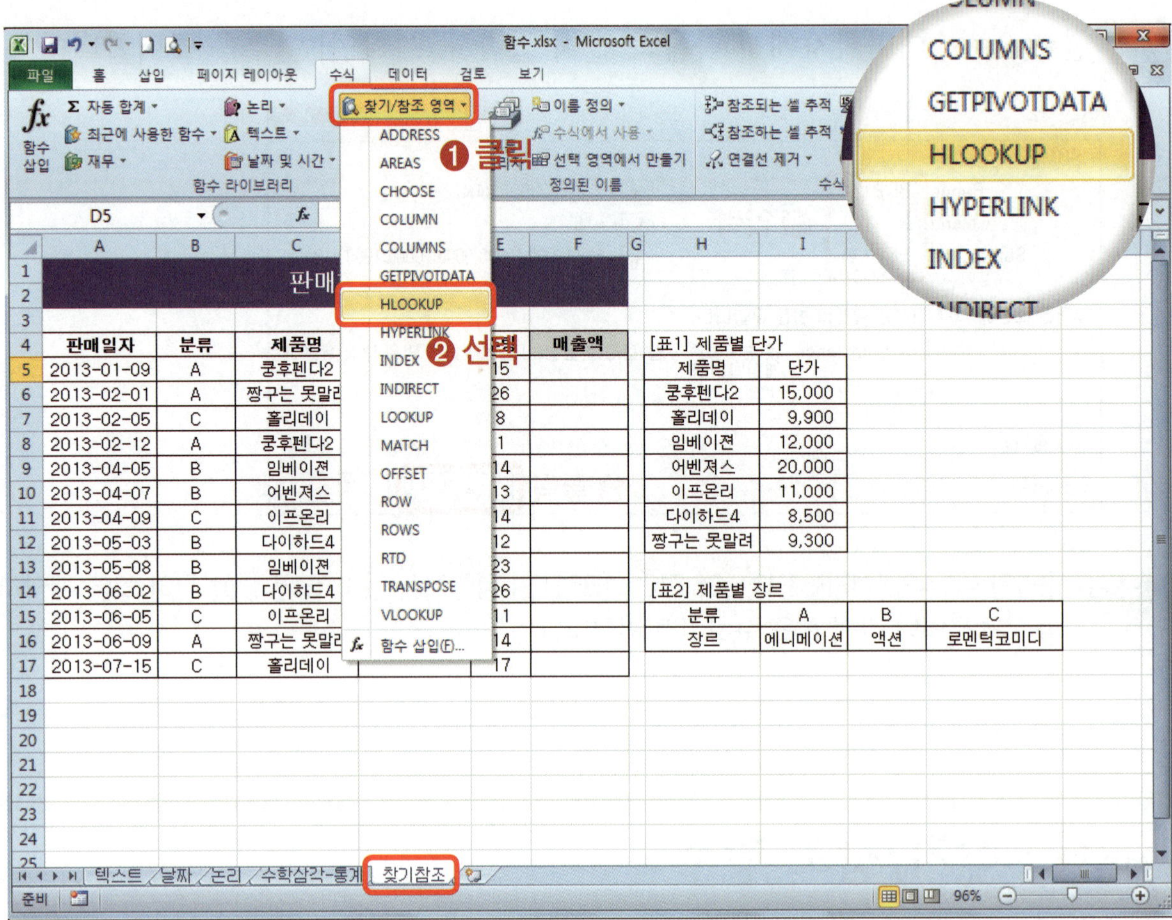

2 [함수 인수] 대화상자에서 다음과 같이 입력하고, [확인] 단추를 클릭한 후 **[D17] 셀까지 수식을 복사**합니다.

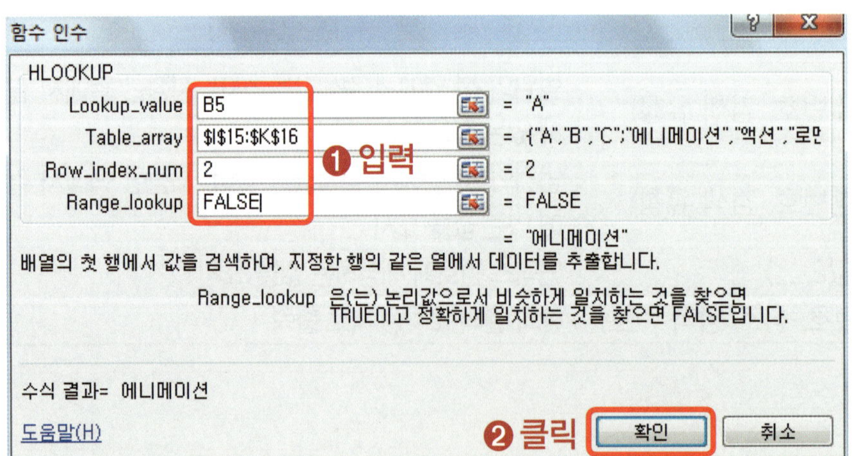

함수식   [D5] 셀 「=HLOOKUP(B5,$I$15:$K$16,2,FALSE)」 : [B5] 셀의 값을 [I15:K16] 영역의 첫 번째 행에서 정확하게 일치하는 값을 찾아 두 번째 행의 데이터를 가져옵니다.

❸ [F5] 셀을 클릭하고 「=E5*」를 입력한 후, [수식] 탭의 [함수 라이브러리] 그룹에
서 [찾기/참조 영역]–[VLOOKUP]을 선택합니다.

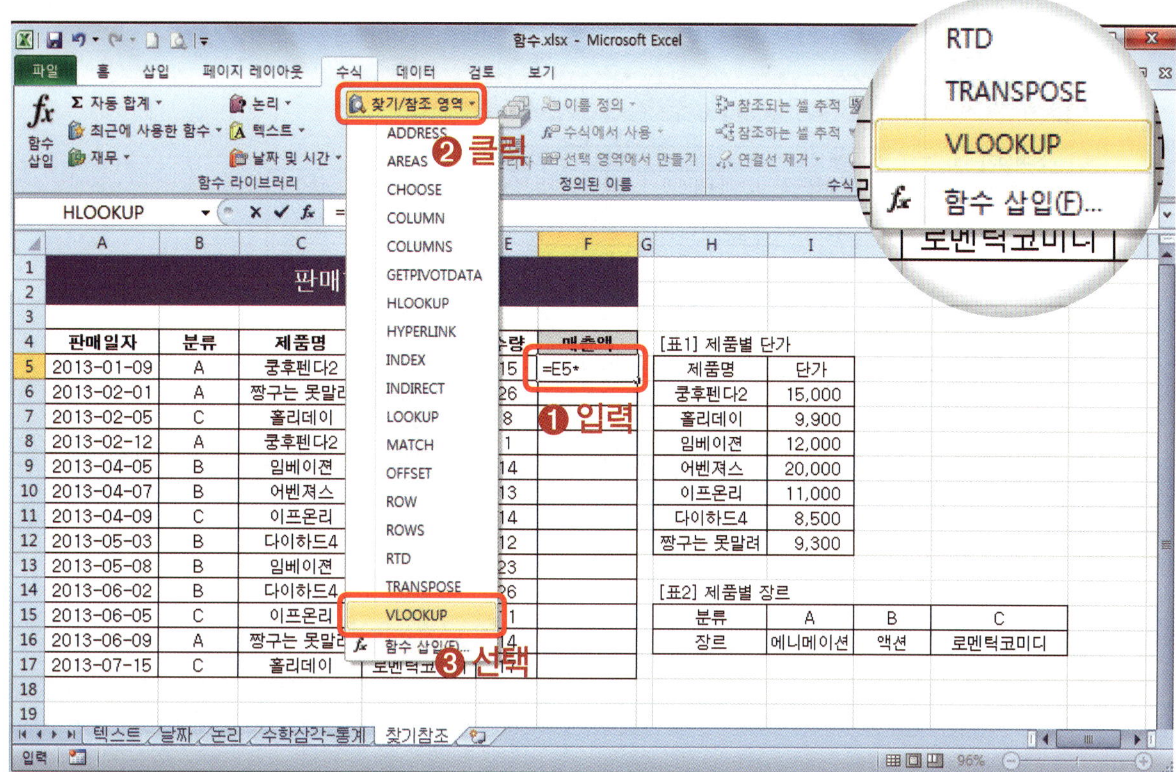

❹ [함수 인수] 대화상자에서 다음과 같이 입력하고 [확인] 단추를 클릭한 후 [F17] 셀
까지 수식을 복사합니다.

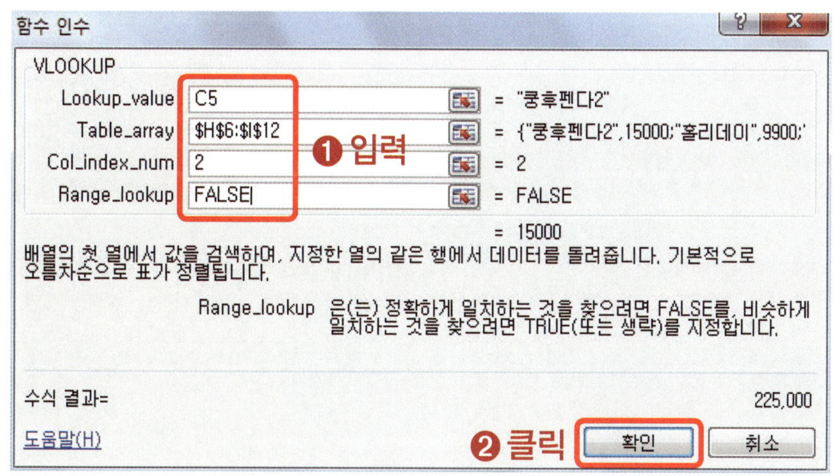

함수식 [F5] 셀 「=E5*VLOOKUP(C5,$H$6:$I$12,2,FALSE)」

TIP 'Lookup_value'에 찾을 제품명[C5]을 넣고, 'Table_array'에서는 단가표를 범위
[H6:I12]로 지정한 후, 'Col_index_num'에서는 단가표에서 단가는 두 번째 열에 있으므로 2로
지정합니다. Range_lookup는 정확하게 일치하는 값을 찾기 위해 FALSE를 지정합니다.

⑤ 다음과 같은 결과를 확인할 수 있습니다.

판매일자	분류	제품명	장르	수량	매출액
2013-01-09	A	쿵후펜다2	에니메이션	15	225,000
2013-02-01	A	짱구는 못말려	에니메이션	26	241,800
2013-02-05	C	홀리데이	로멘틱코미디	8	79,200
2013-02-12	A	쿵후펜다2	에니메이션	1	15,000
2013-04-05	B	임베이젼	액션	14	168,000
2013-04-07	B	어벤져스	액션	13	260,000
2013-04-09	C	이프온리	로멘틱코미디	14	154,000
2013-05-03	B	다이하드4	액션	12	102,000
2013-05-08	B	임베이젼	액션	23	276,000
2013-06-02	B	다이하드4	액션	26	221,000
2013-06-05	C	이프온리	로멘틱코미디	11	121,000
2013-06-09	A	짱구는 못말려	에니메이션	14	130,200
2013-07-15	C	홀리데이	로멘틱코미디	17	168,300

[표1] 제품별 단가

제품명	단가
쿵후펜다2	15,000
홀리데이	9,900
임베이젼	12,000
어벤져스	20,000
이프온리	11,000
다이하드4	8,500
짱구는 못말려	9,300

[표2] 제품별 장르

분류	A	B	C
장르	에니메이션	액션	로멘틱코미디

1 다음의 지시사항을 처리하시오. ('혼자서1' 시트에서)

① [표1]의 판매량[C3:C9]을 이용하여 최대판매량, 최소판매량, 2번째로 많은 판매량, 3번째로 낮은 판매량을 구하시오. (MAX, MIN, LARGE, SMALL 함수 사용)

② [표2]의 평가점수[H3:H8]가 80점 이상이면 '합격', 그렇지 않으면 '재시험'으로 결과[I3:I8]에 표시하시오. (IF 함수 사용)

	A	B	C	D	E	F	G	H	I	J
1	[표1]자동판매기 음료 판매 현황					[표2]학생평가				
2	제품명	제조회사	판매량	단가		학번	학생명	평가점수	결과	
3	콜라	장미제과	2,500개	700		9506016	한가람	90		
4	사이다	써니음료	2,789개	650		9506017	김은철	85		
5	식혜	해피식품	3,550개	900		9506018	고사리	78		
6	포도쥬스	한미유업	2,335개	750		9506019	박은별	99		
7	감귤쥬스	해피식품	4,780개	1000		9506020	성준서	65		
8	밀크티	써니음료	3,051개	500		9506021	이성연	86		
9	매실쥬스	장미제과	4,922개	800						
10										
11	최대판매량									
12	최소판매량									
13	2번째로 많은 판매량									
14	3번째로 낮은 판매량									
15										

> **Hint!** 최대판매량 : 「=MAX(C3:C9)」, 최소판매량 : 「=MIN(C3:C9)」, 2번째로 많은 판매량 : 「=LARGE(C3:C9,2)」, 3번째로 낮은 판매량 : 「=SMALL(C3:C9,3)」, 결과 : 「=IF(H3>=80,"합격","재시험")」을 입력합니다.

2 다음의 지시사항을 처리하시오. ('혼자서2' 시트에서)

① [표1]에서 수학점수가 70점대인 학생의 수를 구하시오. (COUNTIFS 함수 사용)

② [표2]에서 '5/3', '5/14', '5/23'의 출석인원을 계산하시오. (COUNTA 함수 사용)

③ [표3]에서 '1월', '2월', '3월'의 회비 미납자 수를 구하시오. (COUNTBLANK 함수 사용)

	A	B	C	D	E	F	G	H	I	J	K	L	M	N
1	[표1] 수학경시대회				[표2] 출석현황					[표3] 회비납부현황				
2	지역	성명	수학점수		성명	5/3	5/14	5/23		성명	1월	2월	3월	
3	서울	박정호	73		어동철	○		○		이동한	납부		납부	
4	부산	신정희	68		인당수		○			어형부		납부		
5	마산	김용태	98		기형도	○		○		강철민	납부		납부	
6	서울	김진영	65		안지만	○	○			오지훈		납부		
7	춘천	유현숙	78		신호연			○		사용철			납부	
8	서울	최정렬	80		윤동훈	○	○	○		우동철		납부	납부	
9	안동	강창희	75		임미영		○	○		유민국	납부	납부		
10	서울	천영주	70		구대성	○		○		안동수			납부	
11	광주	박인수	68		출석인원					미납자수				
12	70점대													
13														
14														

> **Hint!** • 70점대 : 「=COUNTIFS(C3:C11,">=70",C3:C11,"<80")」 • 출석인원 : 「=COUNTA(F3:F10)」
> • 미납자수 : 「=COUNTBLANK(K3:K10)」을 입력합니다.

3 다음의 지시사항을 처리하시오. ('혼자서3' 시트에서)

① '주민등록번호'의 왼쪽 6번째 숫자를 이용하여 생년월일[E7:E17]을 구하시오. (DATE, LEFT, MID 함수 사용)

② 나이[G7:G14]를 구하시오. (YEAR, TODAY, LEFT 함수 사용)
  ▶ 나이 = 올해년도–주민등록번호의 왼쪽 2자리–1900

	A	B	C	D	E	F	G	H	I	J
1		인센티브 지급 현황							총 인센티브 금액	총 인원수
2								영업1팀		
3								영업2팀		
4								영업3팀		
5										
6	성명	주민등록번호	부서	생년월일	성별	나이	목표 달성률	기본급	인센티브 금액	
7	심행래	650218-1xxxxxx	영업1팀		남자			3,200,000		
8	김봉현	601204-1xxxxxx	영업2팀		남자			3,752,300		
9	이찬호	620718-1xxxxxx	영업1팀		남자			2,500,000		
10	박이슈	720124-2xxxxxx	영업2팀		여자			2,400,000		
11	이장군	730512-1xxxxxx	영업3팀		남자			3,635,400		
12	황건이	760314-1xxxxxx	영업2팀		남자			2,253,210		
13	이율용	660217-2xxxxxx	영업1팀		여자			2,300,000		
14	장보가	710523-2xxxxxx	영업2팀		여자			3,200,000		
15										
16	[표1]팀별 목표 달성률				[표2]인센티브 비율					
17	영업1팀	영업2팀	영업3팀		목표 달성률	인센티브 비율				
18	112%	128%	136%		80%	5%				
19					100%	10%				
20					120%	30%				
21					150%	50%				
22					200%	50%				
23										

Hint!
- 생년월일 : 「=DATE(LEFT(B7,2),MID(B7,3,2),MID(B7,5,2))」
- 성별 : 「=IF(ISODD(MID(B7,8,1)),"남자","여자")」
- 나이 : 「=YEAR(TODAY( ))–LEFT(B7,2)–1900」을 입력합니다.

4 다음의 지시사항을 처리하시오. ('혼자서4' 시트에서)

① [표1]에서 해당 부서의 목표 달성률을 추출하여 목표 달성률[H7:H14]에 표시하시오.(HLOOKUP 함수 사용)

② [표2]에서 목표 달성률에 따른 인센티브 비율을 이용하여 인센티브 금액[J7:J14]을 계산하시오. (VLOOKUP 함수 사용)
  ▶ 총 인센티브 금액 : 기본급 * 인센티브 비율

▲	A	B	C	D	E	F	G	H	I	J	K
1	인센티브 지급 현황								총 인센티브 금액	총 인원수	
2								영업1팀			
3								영업2팀			
4								영업3팀			
6	성명	주민등록번호		부서	생년월일	성별	나이	목표 달성률	기본급	인센티브 금액	
7	심행래	650218-1xxxxxx		영업1팀	65-02-18	남자	47		3,200,000		
8	김봉현	601204-1xxxxxx		영업2팀	60-12-04	남자	52		3,752,300		
9	이찬호	620718-1xxxxxx		영업1팀	62-07-18	남자	50		2,500,000		
10	박이슈	720124-2xxxxxx		영업2팀	72-01-24	여자	40		2,400,000		
11	이장군	730512-1xxxxxx		영업3팀	73-05-12	남자	39		3,635,400		
12	황건이	760314-1xxxxxx		영업2팀	76-03-14	남자	36		2,253,210		
13	이율용	660217-2xxxxxx		영업1팀	66-02-17	여자	46		2,300,000		
14	장보가	710523-2xxxxxx		영업2팀	71-05-23	여자	41		3,200,000		
16	[표1]팀별 목표 달성률				[표2]인센티브 비율						
17	영업1팀	영업2팀	영업3팀		목표 달성률	인센티브 비율					
18	112%	128%	136%		80%	5%					
19					100%	10%					
20					120%	30%					
21					150%	50%					
22					200%	50%					

5 다음의 지시사항을 처리하시오. ('혼자서5' 시트에서)

① 부서별 총 인센티브 금액[I2:I4]을 구하시오. (SUMIF 함수 사용)

② 부서별 총 인원수[J2:J4]를 구하시오. (COUNTIF 함수 사용)

▲	A	B	C	D	E	F	G	H	I	J	K
1	인센티브 지급 현황								총 인센티브 금액	총 인원수	
2								영업1팀			
3								영업2팀			
4								영업3팀			
6	성명	주민등록번호		부서	생년월일	성별	나이	목표 달성률	기본급	인센티브 금액	
7	심행래	650218-1xxxxxx		영업1팀	65-02-18	남자	47	112%	3,200,000	320,000	
8	김봉현	601204-1xxxxxx		영업2팀	60-12-04	남자	52	128%	3,752,300	1,125,690	
9	이찬호	620718-1xxxxxx		영업1팀	62-07-18	남자	50	112%	2,500,000	250,000	
10	박이슈	720124-2xxxxxx		영업2팀	72-01-24	여자	40	128%	2,400,000	720,000	
11	이장군	730512-1xxxxxx		영업3팀	73-05-12	남자	39	136%	3,635,400	1,090,620	
12	황건이	760314-1xxxxxx		영업2팀	76-03-14	남자	36	128%	2,253,210	675,963	
13	이율용	660217-2xxxxxx		영업1팀	66-02-17	여자	46	112%	2,300,000	230,000	
14	장보가	710523-2xxxxxx		영업2팀	71-05-23	여자	41	128%	3,200,000	960,000	
16	[표1]팀별 목표 달성률				[표2]인센티브 비율						
17	영업1팀	영업2팀	영업3팀		목표 달성률	인센티브 비율					
18	112%	128%	136%		80%	5%					
19					100%	10%					
20					120%	30%					
21					150%	50%					
22					200%	50%					

6 다음의 지시사항을 처리하시오. ('혼자서6' 시트에서)

① 초과유무[G6:G12]를 구하시오.(IF 함수 사용)

  ▶ 신청인원이 정원보다 크면 "초과", 미만이면 "미달", 같으면 공란으로 표시

② 인기순위[H6:H12]를 구하시오.(RANK 함수 사용)

  ▶ 신청인원이 많으면 1위, 2위...로 표시

◢	A	B	C	D	E	F	G	H	I
1									
2			구청 금요 문화마당						
3			(매주 금요일 저녁 7시 30분)						
4									
5		일자	공연	정원	장소	신청인원	초과유무	인기순위	
6		5/6	오즈의 마법사	100	대강당	133			
7		5/13	국악의 향연	100	장미실	95			
8		5/20	사랑의 묘약	100	백합실	120			
9		5/27	우리시대의 노래	100	대강당	45			
10		6/3	코펠리아	100	백합실	120			
11		6/10	재즈연주	100	장미실	100			
12		6/17	첼로 리사이틀	100	대강당	111			
13									

Hint!
- 초과유무 : 「=IF(F6>D6,"초과", IF(F6<D6,"미달"," "))」
- 인기순위 : 「=RANK(F6,$F$6:$F$12)」를 입력합니다.

09장 차트 만들기

차트는 워크시트의 데이터를 막대나 선, 도형, 그림 등으로 표현하여 데이터를 비교, 분석, 예측할 수 있습니다. 차트는 워크시트 데이터와 연결되어 있어 원본 데이터를 바꾸면 자동적으로 차트 모양도 변경됩니다.

완성파일 미·리·보·기

과목	국어	영어	수학	중국어	과학	사회	국사
중간고사	90	70	80	80	90	80	80
기말고사	80	90	70	95	90	70	90

체크포인트

실습1 차트를 작성해 보고, 차트 종류를 바꾸어 차트를 표현해 봅니다.

실습2 차트 스타일을 이용하여 간편하게 서식을 지정하고, 레이아웃을 통해 차트에 표시할 구성 요소를 추가하고, 차트에 세부적인 서식을 지정해 봅니다.

 **실습 1**
차트를 삽입하고 차트 크기 조절하기

입력된 데이터를 범위 지정하여 쉽게 차트를 작성할 수 있으며, 특정 계열만 차트 종류를 바꾸어 표현하는 방법을 살펴봅니다. 또한, 작성한 차트를 이동하고 크기를 조절하여 표시해 봅니다.

차트 삽입하기

① [B4:I6] 영역을 범위 지정한 후 [삽입] 탭의 [차트] 그룹에서 [가로 막대형]–[2차원 가로 막대형]–[묶은 가로 막대형]을 클릭합니다.

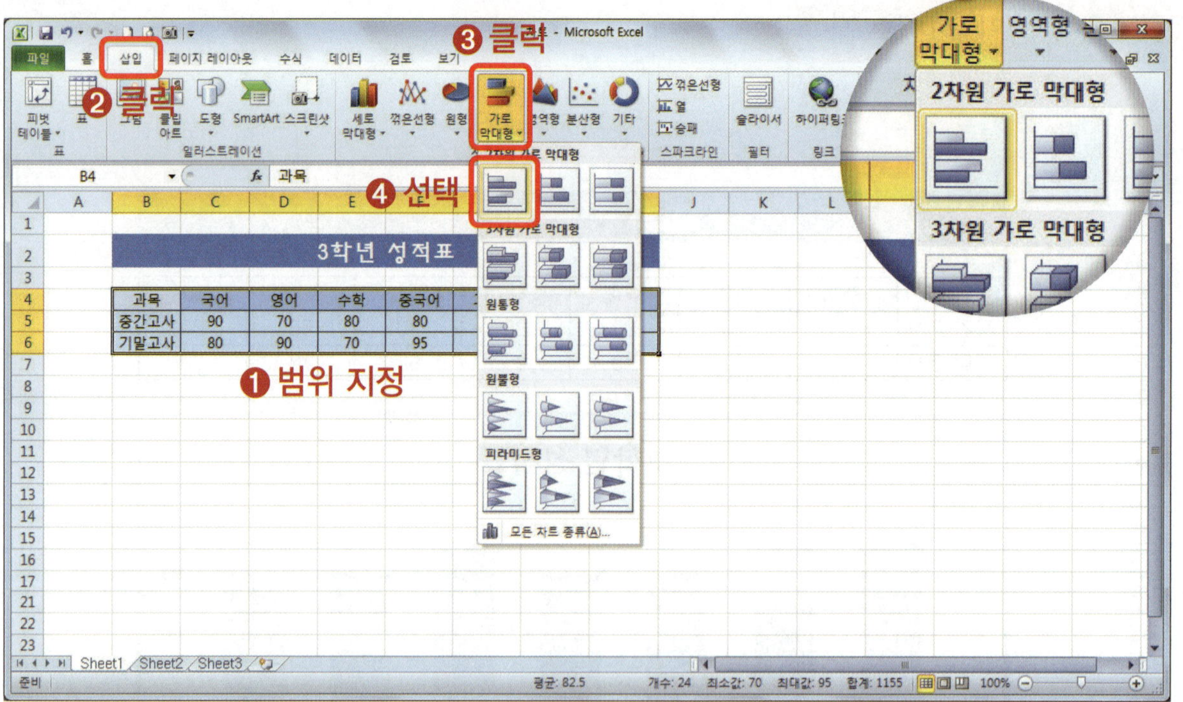

실력 쑥쑥 TIP 차트 종류

- 세로 막대형 : 항목별 값을 비교하여 나타내는 데 유용
- 꺾은선형 : 일정 간격에 따라 데이터의 추세를 표시하는 데 유용
- 원형 차트 : 전체 항목에 대한 각 항목의 비율을 표시할 때 유용
- 가로 막대형 : 개별 항목을 비교하여 보여 줌
- 영역형 차트 : 시간에 따른 각 값의 변화량을 비교할 때 유용
- 분산형 차트 : 관련된 두 항목의 연관 관계를 표시하는데 유용

차트 이동

차트를 선택한 후 [차트 도구]–[디자인] 탭에서 [차트 이동]을 클릭하여 '새 시트'로 이동할 수 있습니다.

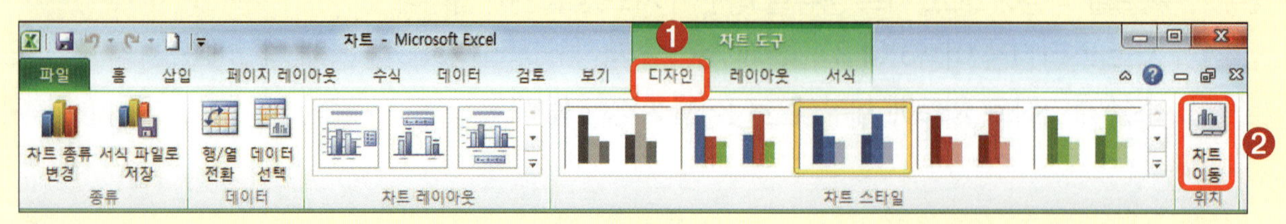

차트 이동과 차트 크기 조절하기

2 차트가 삽입되면 차트를 선택한 후 마우스 포인트가 십자 화살표 일 때 드래그하여 [B8] 셀로 이동하고, 오른쪽 하단의 모서리에 마우스 포인터를 맞추어 양쪽 화살표 일 때 드래그하여 [I22] 셀까지 크기를 조절합니다.

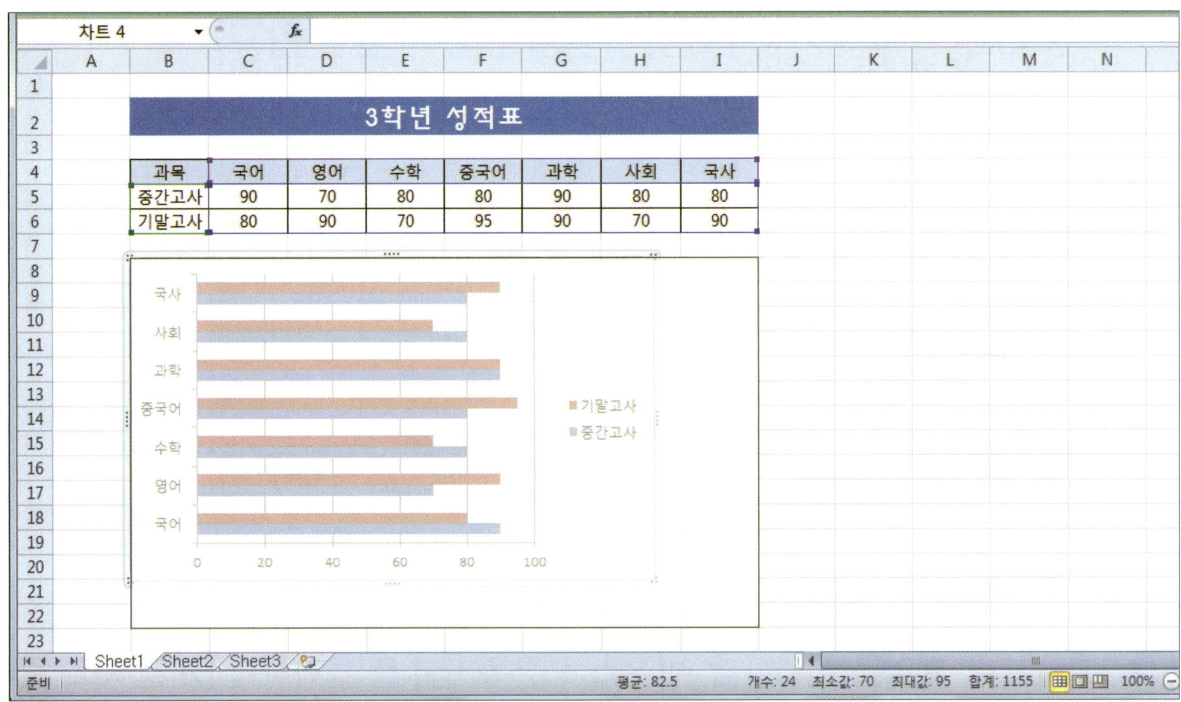

TIP 차트를 삭제할 때에는 차트를 선택한 후 Delete 키를 눌러 삭제합니다.

차트 종류 바꾸기

3 차트를 선택한 후 [차트 도구]-[디자인] 탭의 [종류] 그룹에서 [차트 종류 변경]을 클릭합니다.

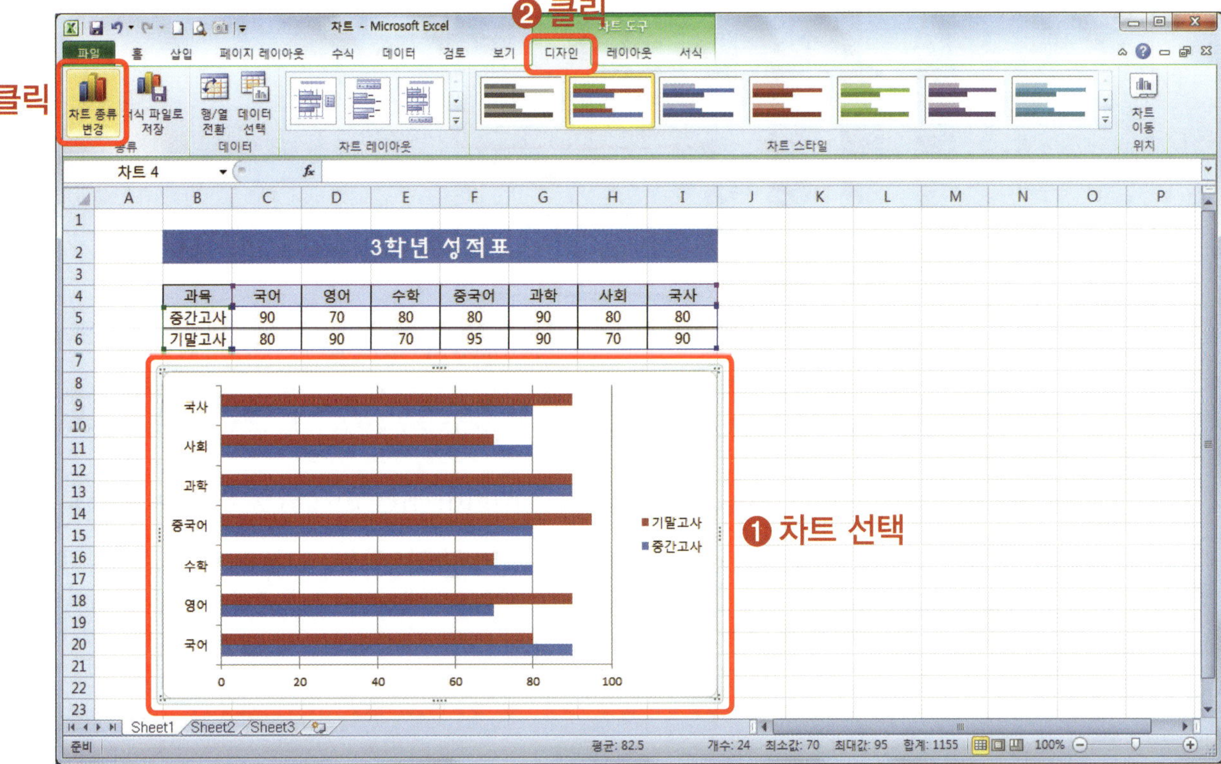

④ [차트 종류 변경] 대화상자에서 '세로 막대형'의 '묶은 세로 막대형'을 선택하고 [확인] 단추를 클릭합니다.

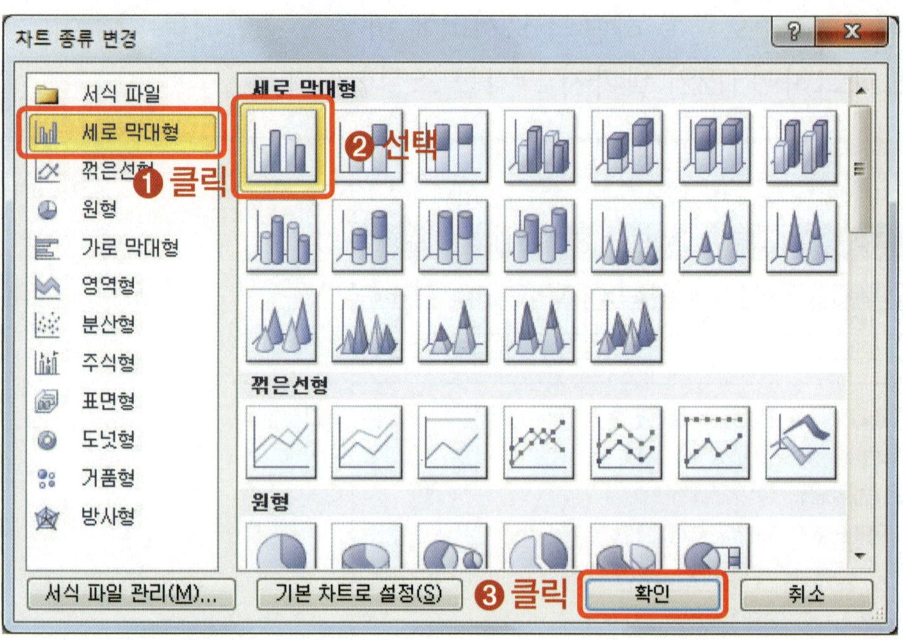

기말고사 계열만 꺾은선형 차트 종류 바꾸기

⑤ '기말고사' 계열을 선택한 후 마우스 오른쪽 단추를 클릭하여 [계열 차트 종류 변경]을 선택합니다.

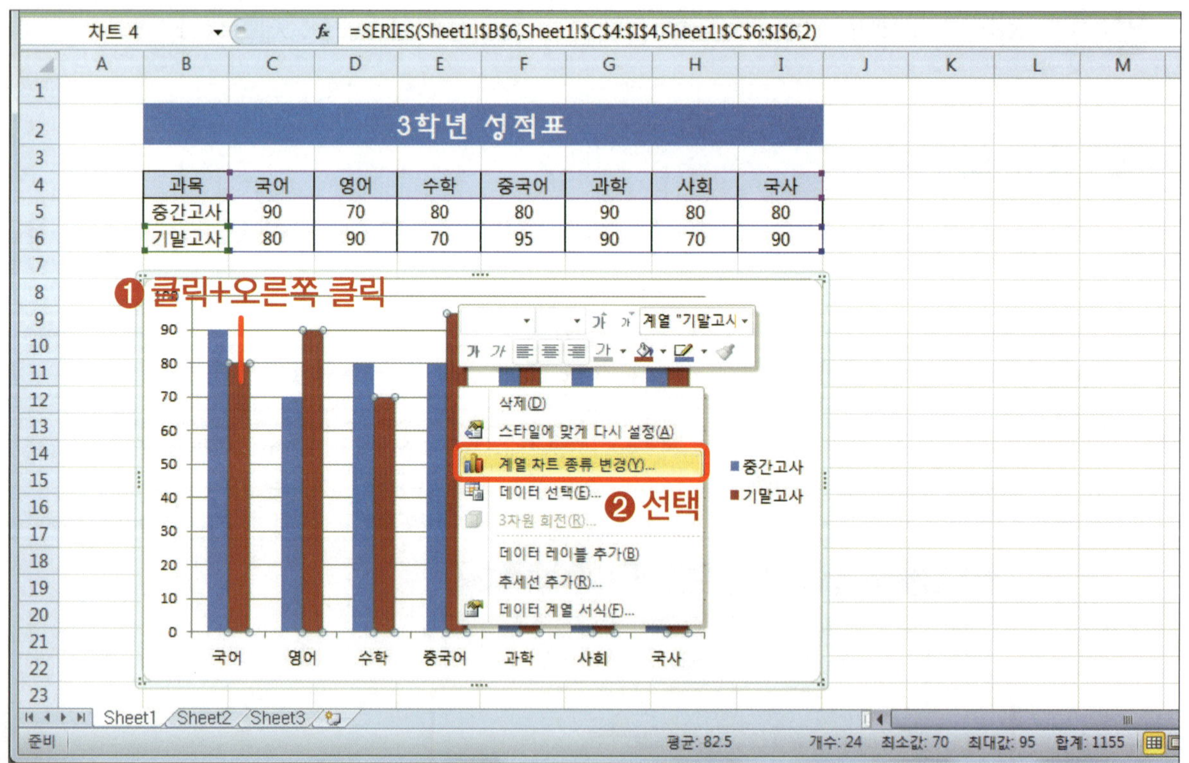

TIP '기말고사' 계열의 어느 막대 하나를 한 번 클릭하면 모든 막대가 선택됩니다. 또한 마우스 오른쪽 단추를 이용하지 않고, [차트 도구]-[디자인] 탭의 [종류] 그룹에서 [차트 종류 변경]을 클릭하여 바꿀 수 있습니다.

6 [차트 종류 변경] 대화상자에서 '꺾은선형'의 '표식이 있는 꺾은선형'을 선택하고 [확인] 단추를 클릭합니다.

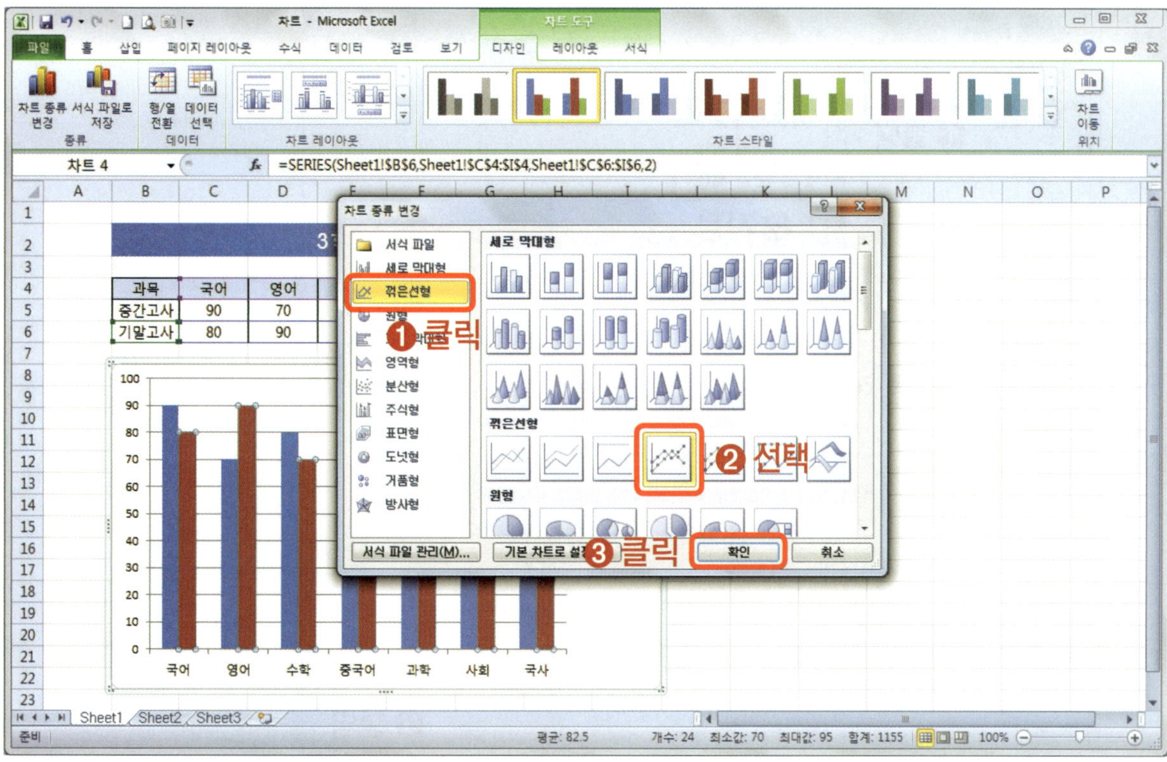

'기말고사' 계열을 보조 축으로 표시하기

7 '기말고사' 계열을 선택한 후 마우스 오른쪽 단추를 클릭하여 [데이터 계열 서식]을 선택합니다.

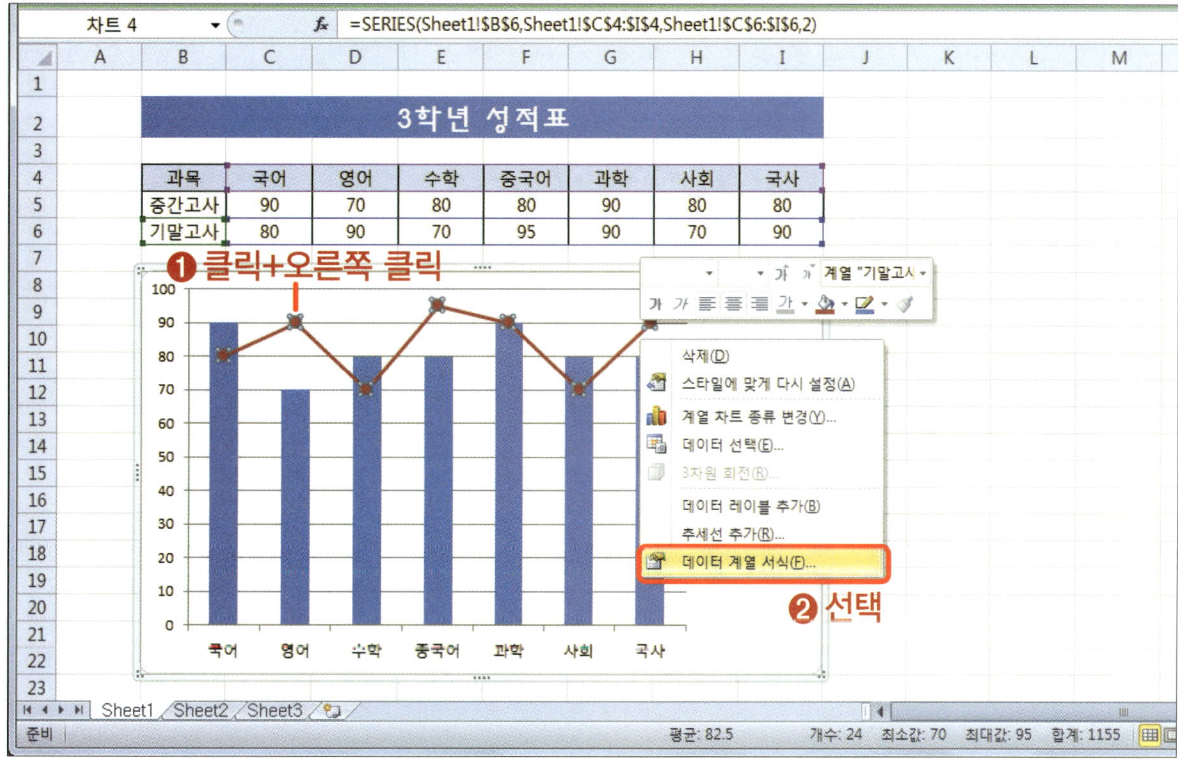

8 [데이터 계열 서식] 대화상자의 **'계열 옵션'**에서 **'보조 축'을 선택**하고 **[닫기] 단추를 클릭**합니다.

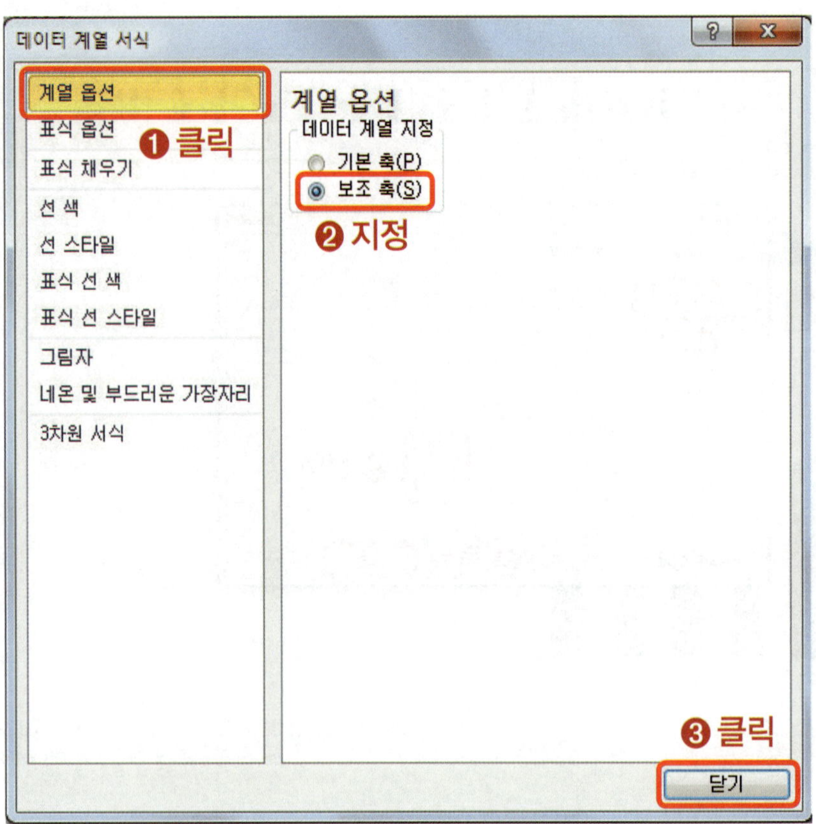

9 중간고사 계열 '세로 막대형'은 기본 축으로, 기말고사 계열 '꺾은선형'은 보조 축으로 나누어 표시됩니다.

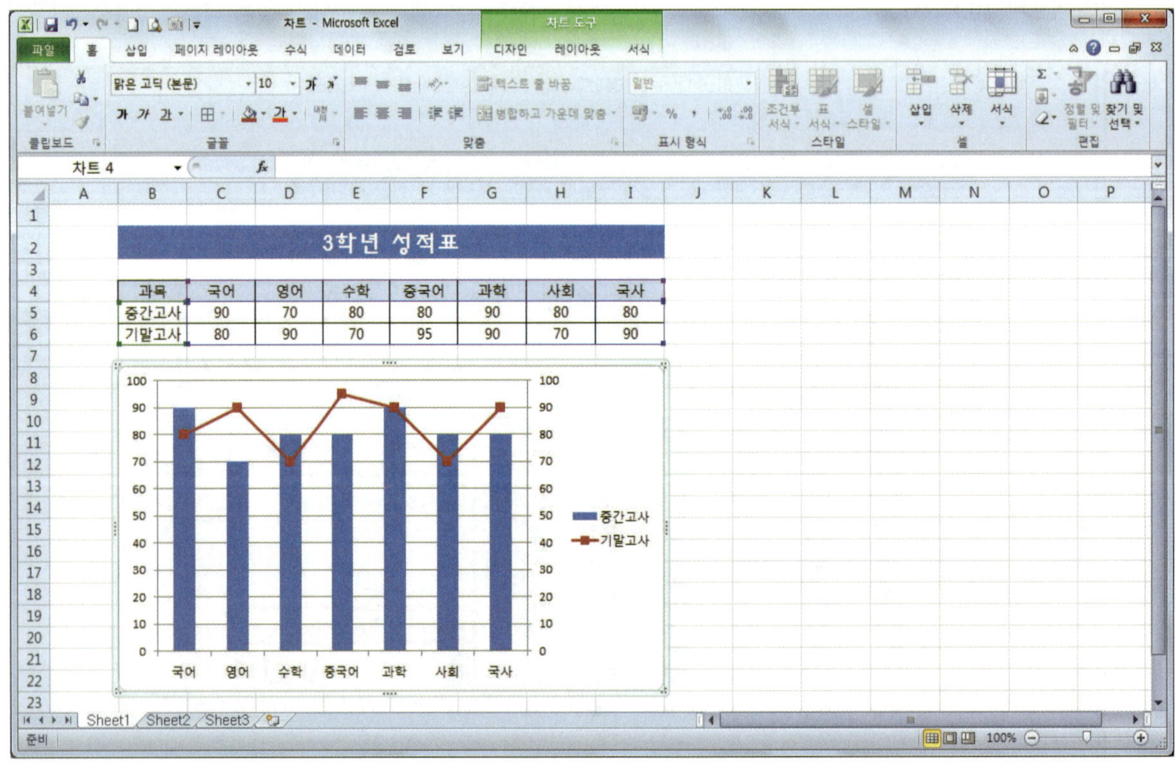

차트 레이아웃과 서식 지정하기

엑셀에서 제공하는 스타일을 이용하여 차트에 서식을 지정할 수 있으며, 레이아웃을 이용하여 차트의 구성 요소를 추가해 봅니다. 세부적인 차트 구성 요소에 대해 서식을 지정해 봅니다.

차트 스타일 적용하기

1 차트를 선택한 후 [차트 도구]–[디자인] 탭의 [차트 스타일] 그룹에서 [자세히 ▼] 단추를 클릭합니다.

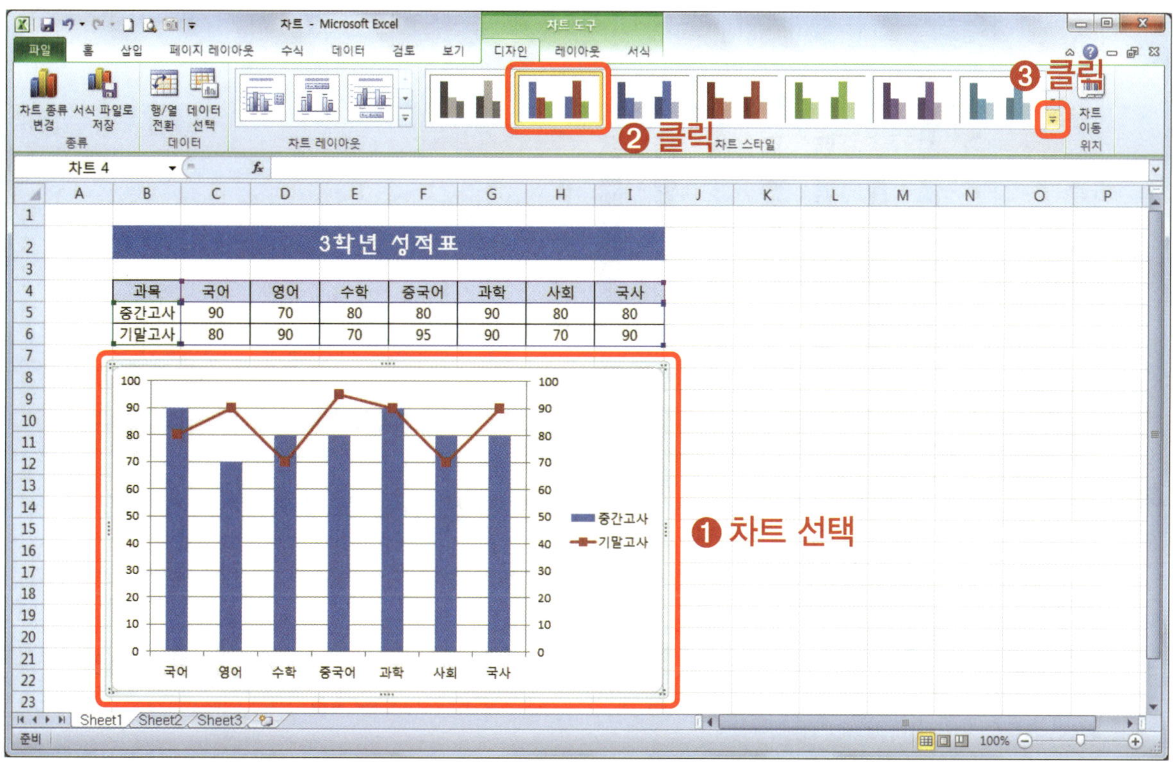

2 차트 스타일 목록에서 '스타일 3'을 선택합니다.

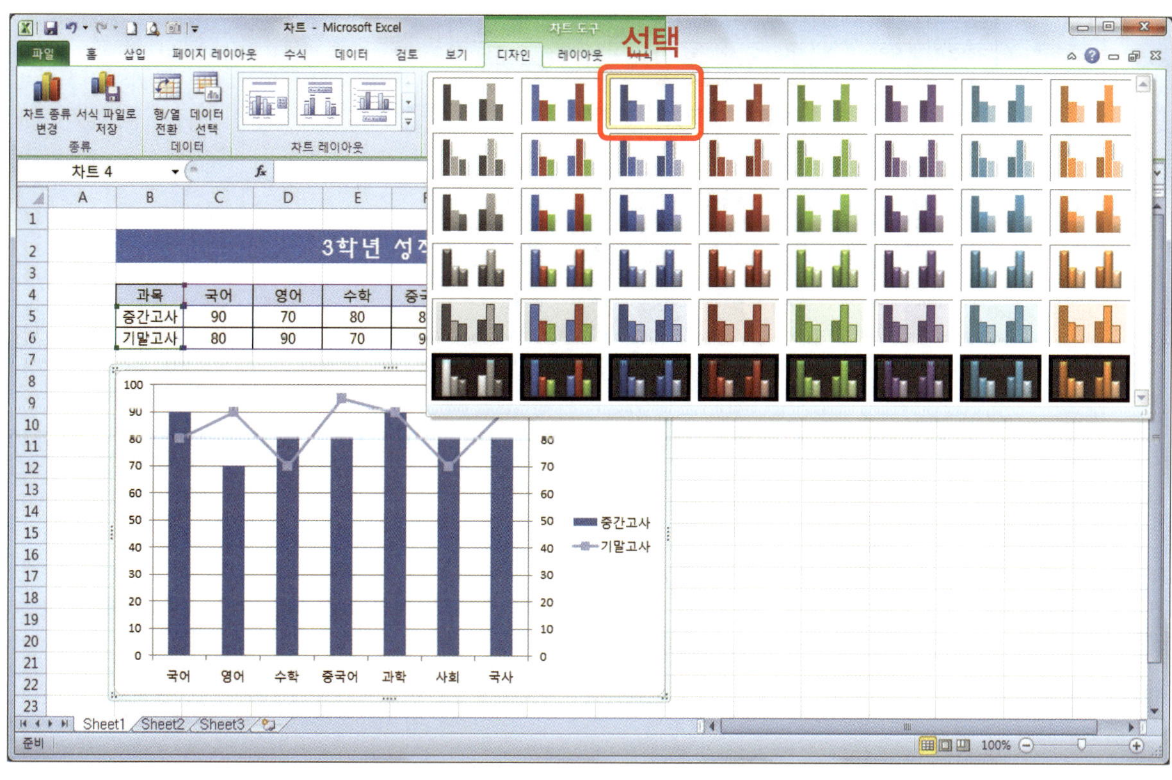

차트 레이아웃 적용하기

③ 차트를 선택한 상태에서 [차트 도구]–[디자인] 탭의 [차트 레이아웃] 그룹에서 [자세히 ▼] 단추를 클릭하여 '레이아웃3'을 선택합니다.

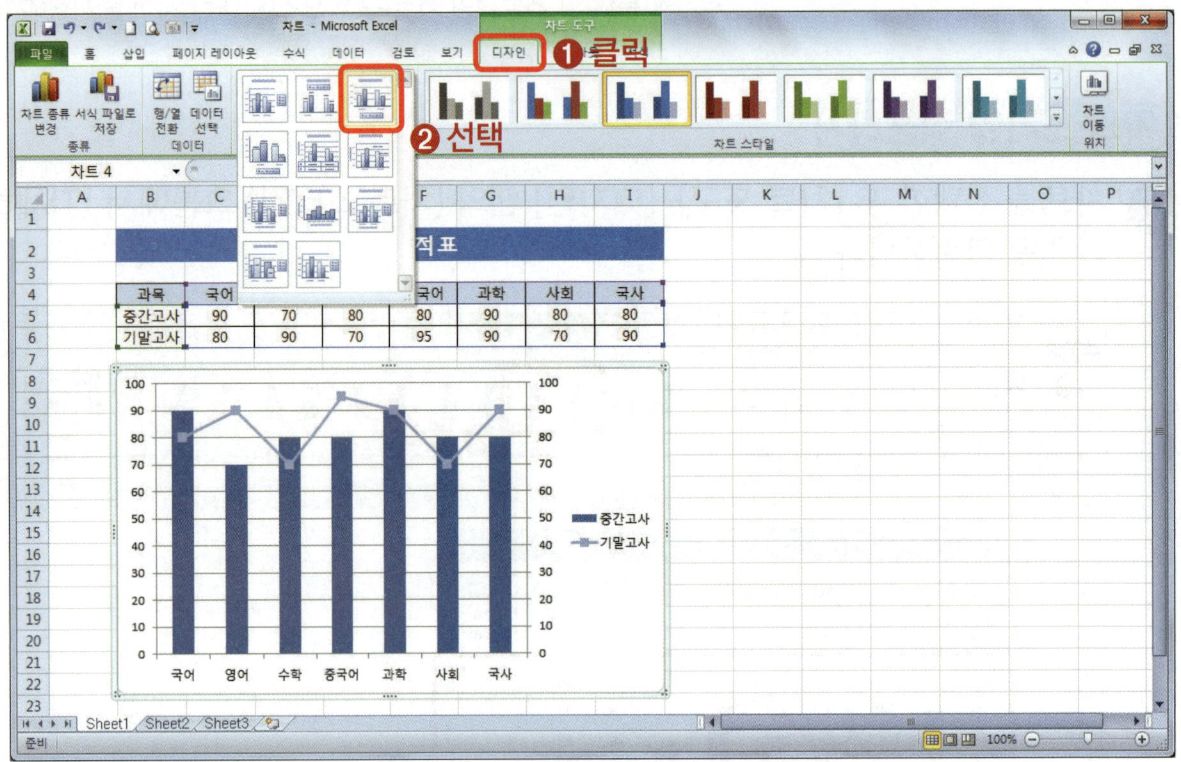

④ 차트 제목을 선택한 후 「3학년 성적표」를 입력하여 수정합니다.

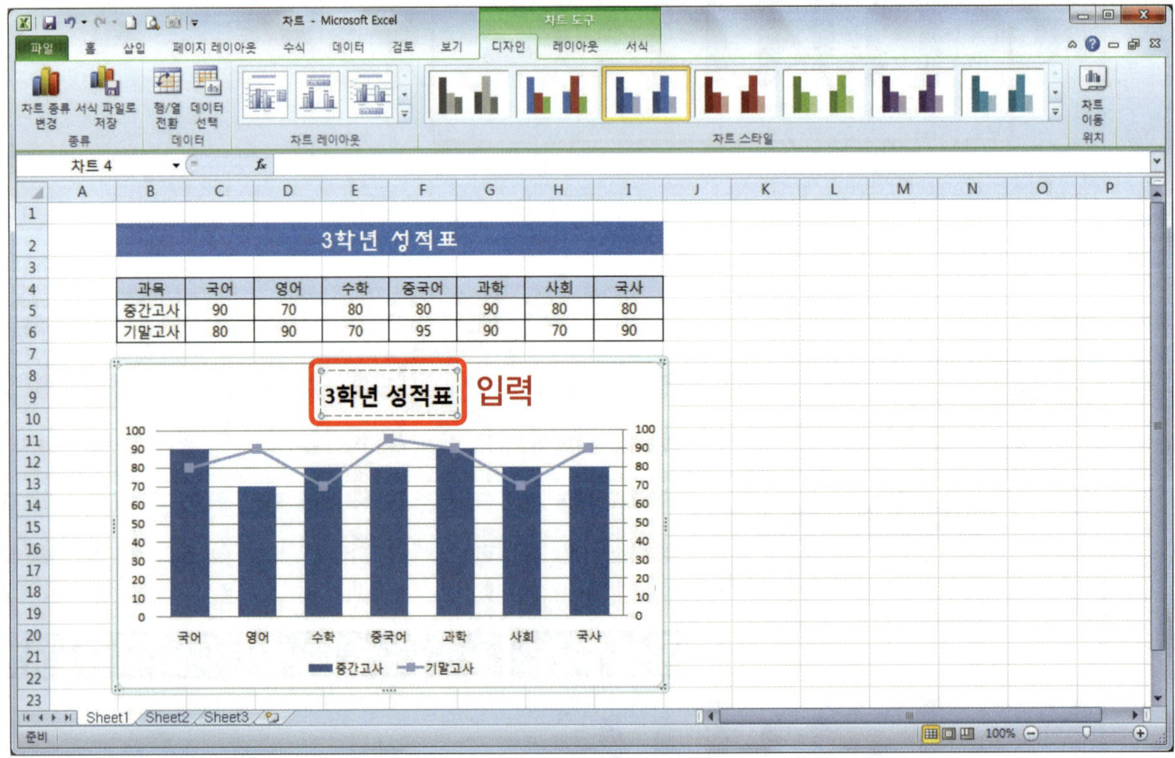

❺ '기말고사' 계열을 선택한 후 마우스 오른쪽 단추를 클릭하여 [데이터 레이블 추가]를 클릭합니다.

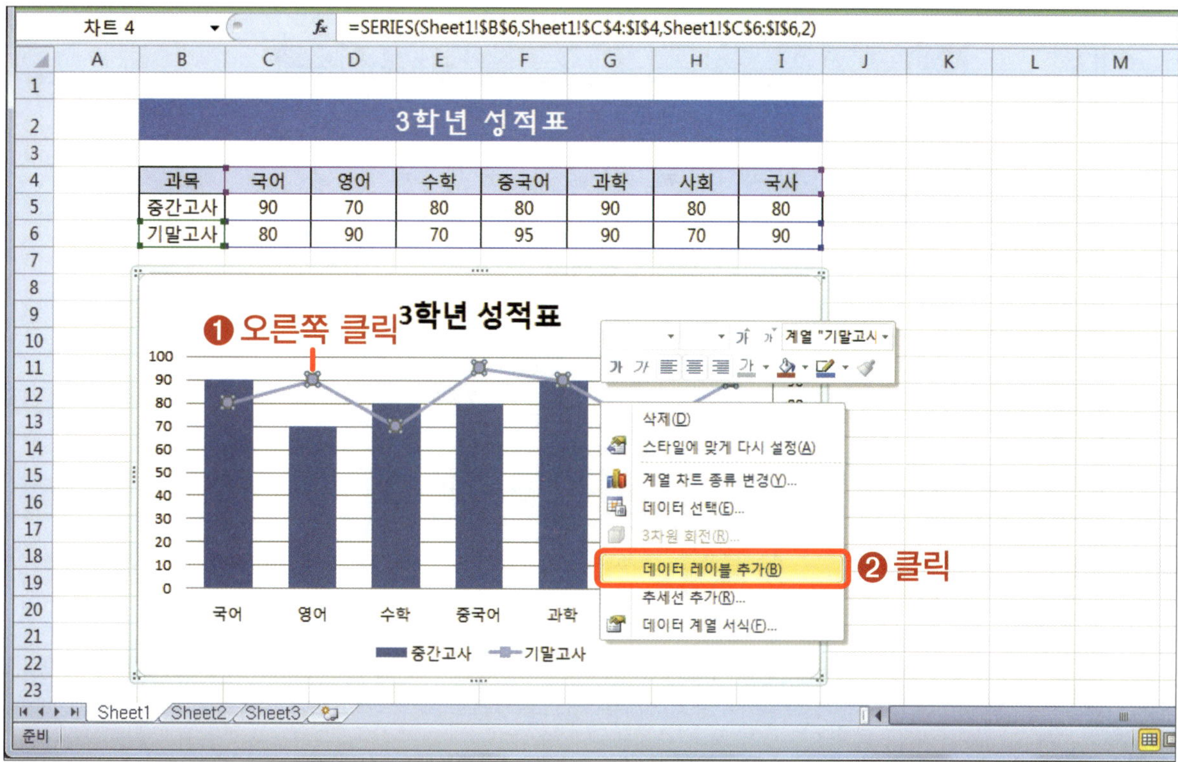

❻ [차트 도구]-[레이아웃] 탭의 [레이블] 그룹에서 [데이터 레이블]-[위쪽]을 클릭합니다.

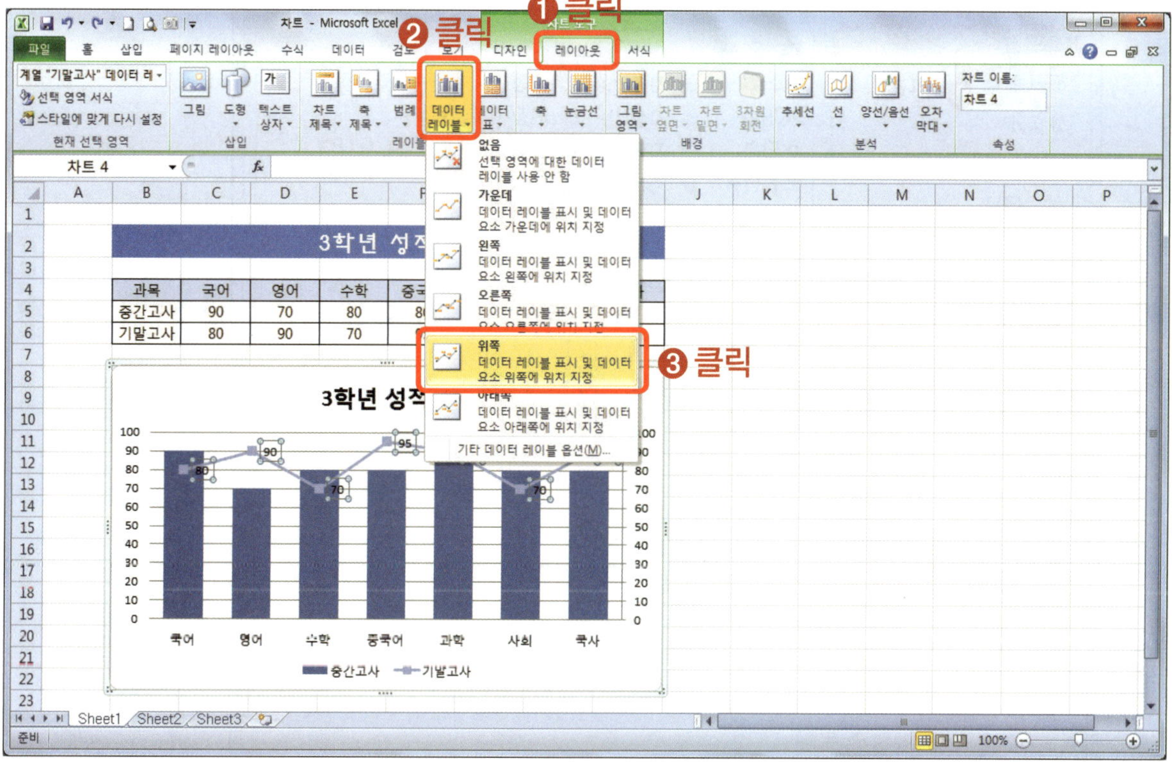

7 세로 (값) 축에서 마우스 오른쪽 단추를 클릭하여 **[축 서식]**을 **클릭**합니다.

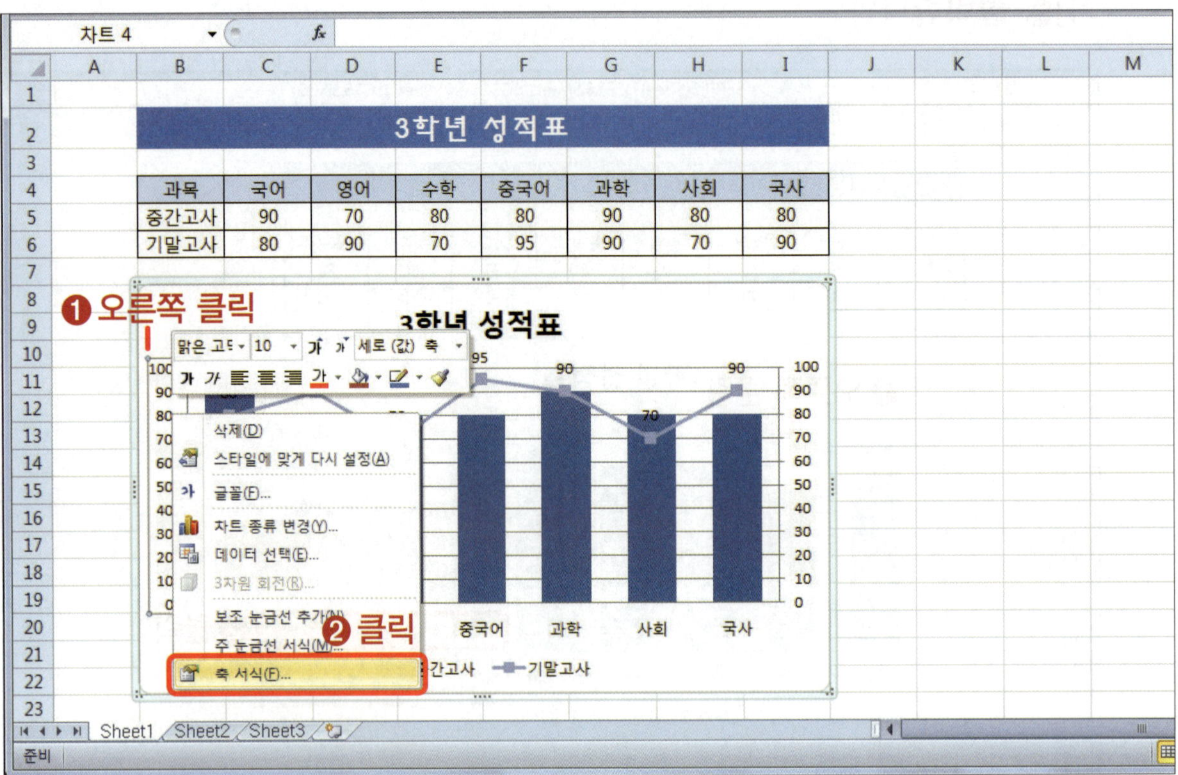

8 [축 서식] 대화상자의 **'축 옵션'**에서 **'주 단위'**에 「20」을 입력하고 [닫기] 단추를 **클릭**합니다. 같은 방법으로 **보조 세로(값) 축**의 **'보조 단위'**는 '20'을 지정합니다.

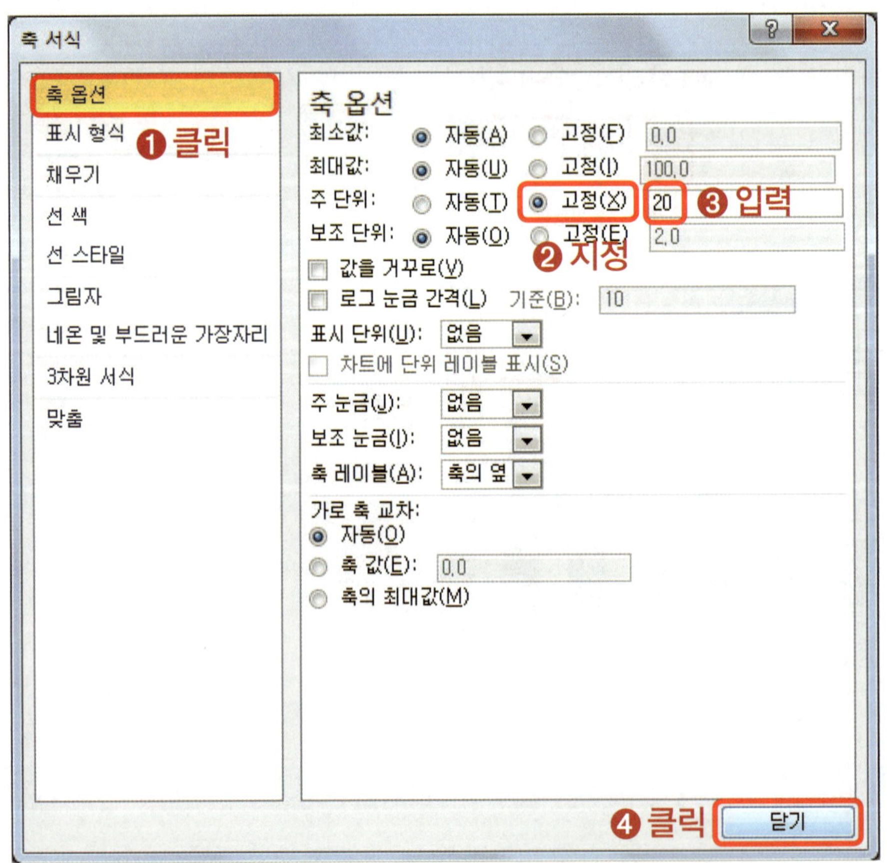

9 차트를 선택한 후 [차트 도구]–[서식] 탭의 [도형 스타일] 그룹에서 [자세히 ▼] 단추를 클릭하여 '색 윤곽선 – 파랑, 강조 1'을 선택합니다.

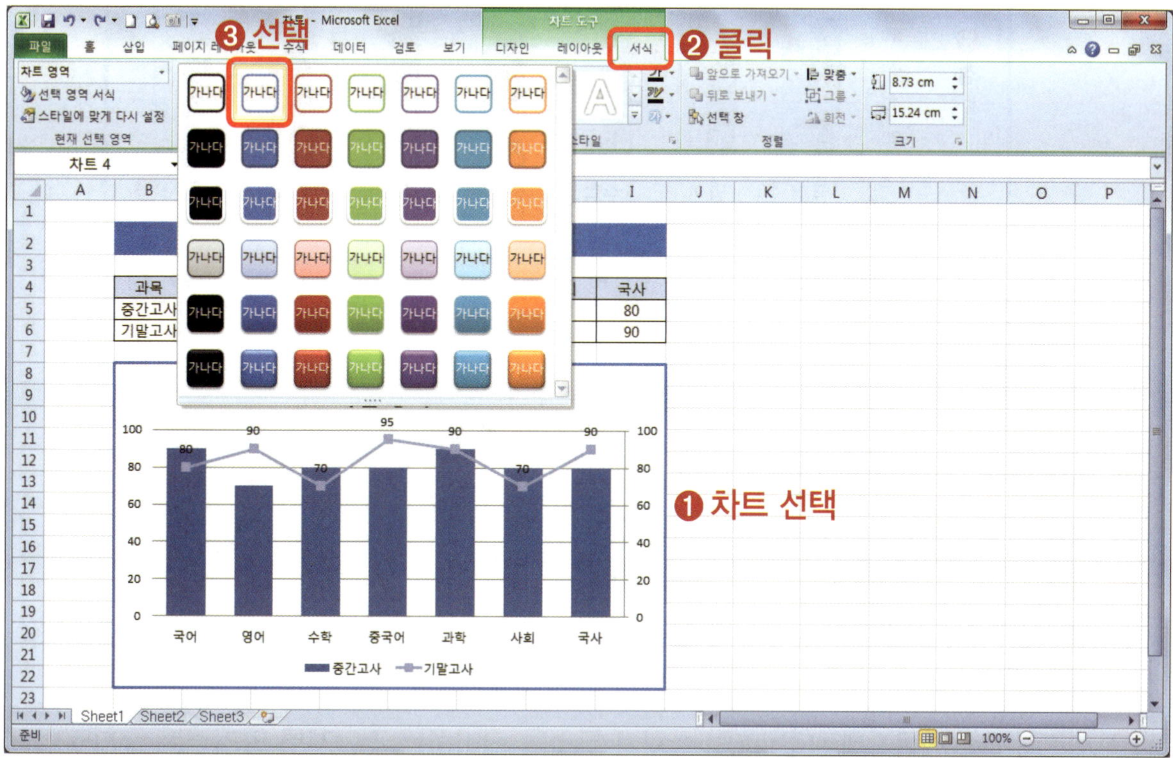

글꼴 서식 바꾸기

10 '차트 제목'을 선택한 후 [홈] 탭의 [글꼴] 그룹에서 글꼴 크기를 '18'로 지정합니다.

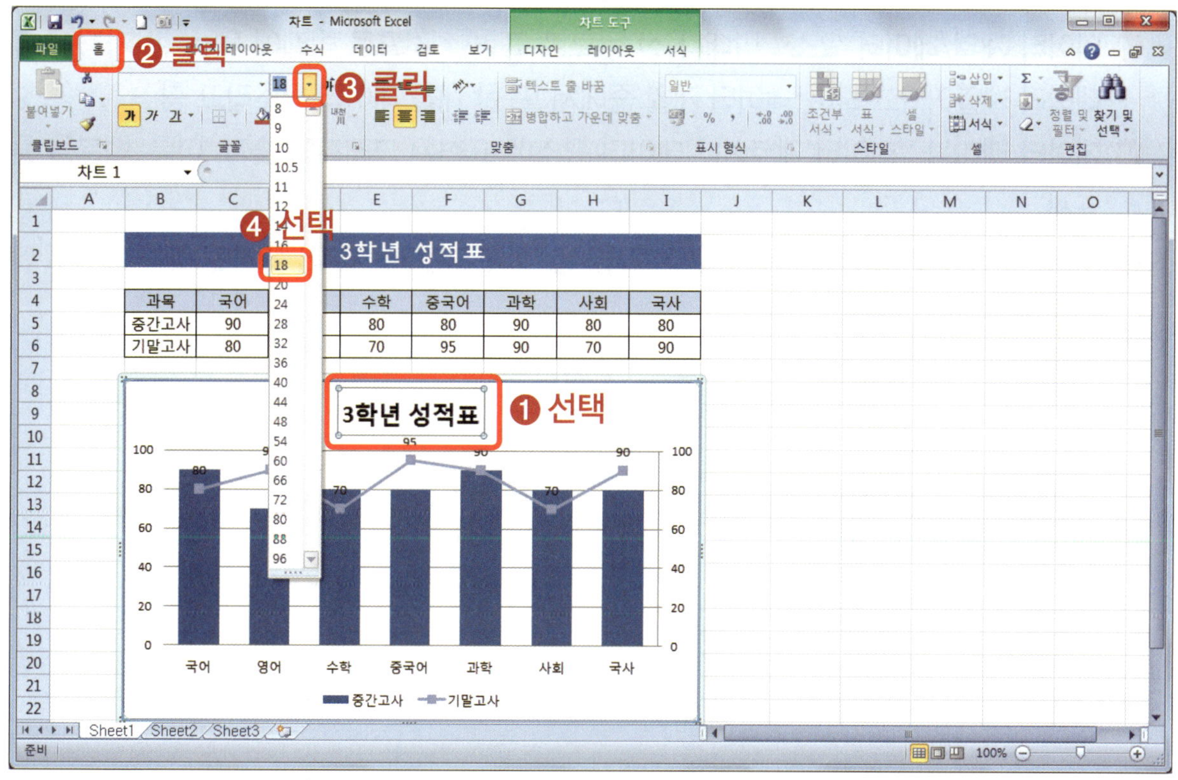

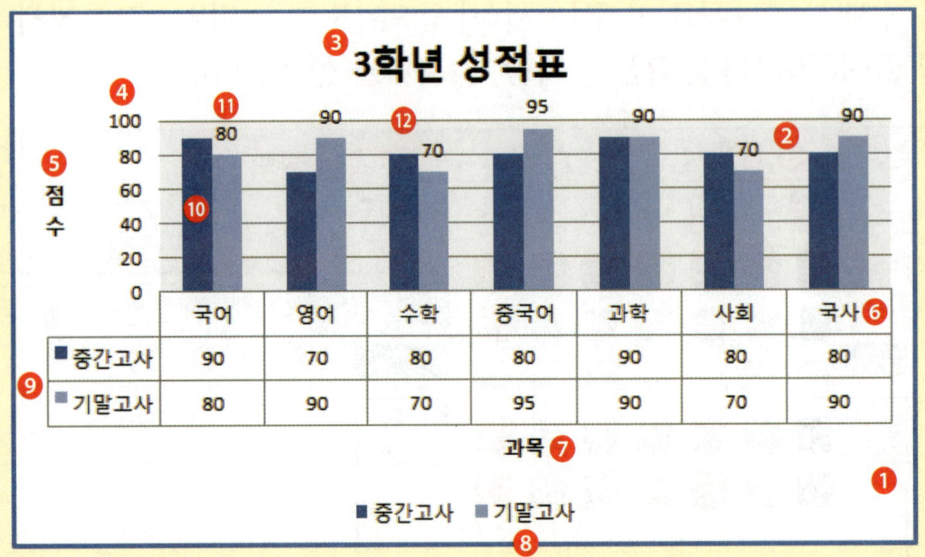

① **차트 영역** : 차트 전체 영역을 의미

② **그림 영역** : 실제 차트가 표시되는 영역

③ **차트 제목** : 차트의 제목을 표시하는 부분

④ **세로(값) 축** : 그래프의 높낮이를 결정하는데 기준이 되는 기준선으로 수치 자료를 나타내는 선

⑤ **세로(값) 축 제목** : 세로(값) 축의 수치가 무엇을 의미하는 것인지를 알려주는 문자열

⑥ **가로(항목) 축** : 그래프로 표현할 문자 자료 자리

⑦ **가로(항목) 축 제목** : 가로(항목) 축의 수치가 무엇을 의미하는 것인지를 알려주는 문자열

⑧ **범례** : 그래프의 각 색이나 모양이 어떤 데이터 계열에 대한 것인지를 알려주는 표식

⑨ **데이터 표** : 차트로 표현한 수치 데이터를 표시

⑩ **데이터 계열/데이터 요소** : 막대나 선 등으로 표현한 것으로 범례에 있는 한 가지 종류를 데이터 계열이라고 하며, 데이터 계열 중에서 또 한 개를 데이터 요소라고 함

⑪ **데이터 레이블** : 데이터 계열이나 데이터 요소에 표현된 그래프의 숫자, 이름, 백분율 등을 표시

⑫ **눈금선** : 값 축이나 항목 축의 눈금을 그림 영역 안에 선으로 그어 표시한 것

1 다음과 같이 차트를 삽입한 후 차트의 크기와 차트 영역을 조정하시오.
- 차트 데이터 범위 : [B3:D13] 영역
- 차트 종류 : 묶은 세로 막대형
- 차트 위치 및 차트 크기 : 현 시트의 [B15:K32]
- 차트 영역 : 테두리 스타일(둥근 모서리), 그림자(오프셋 대각선 오른쪽 아래)

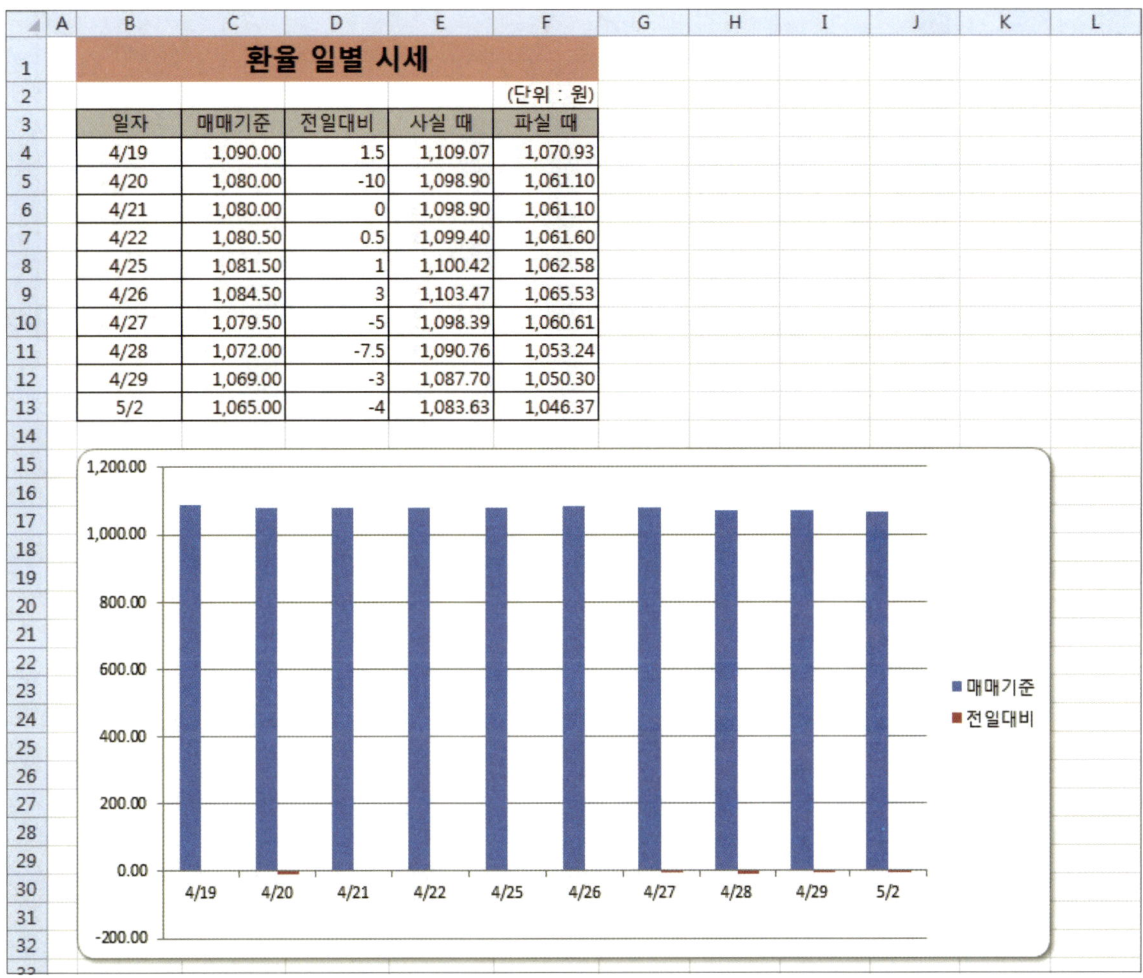

> **Hint!**
> - [삽입] 탭의 [차트] 그룹에서 차트를 작성합니다.
> - '차트 영역 서식'은 차트 영역에서 마우스 오른쪽 단추를 클릭하여 [차트 영역 서식]을 이용합니다.

2 "전일대비" 계열을 '꺾은선형'의 '표식이 있는 꺾은선형' 차트로 변경한 후, "전일대비" 계열을 보조 축으로 설정하시오.

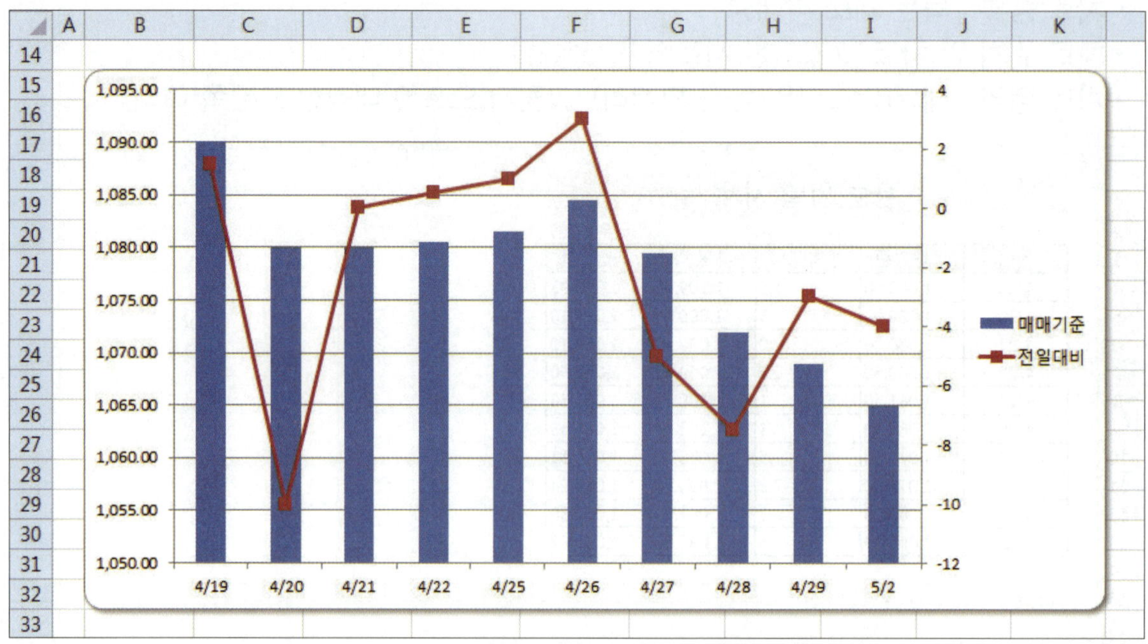

Hint!

• 차트 종류 변경

"전일대비" 계열은 수치가 너무 작아 차트에서 마우스로 선택하기 어렵기 때문에 리본 메뉴를 이용합니다. 즉, [레이아웃] 탭−[현재 선택 영역] 그룹에서 [계열 "전일대비"]를 그림과 같이 선택합니다. 그 다음 [디자인] 탭−[종류] 그룹에서 [차트 종류 변경]을 클릭하여 차트 종류를 변경합니다.

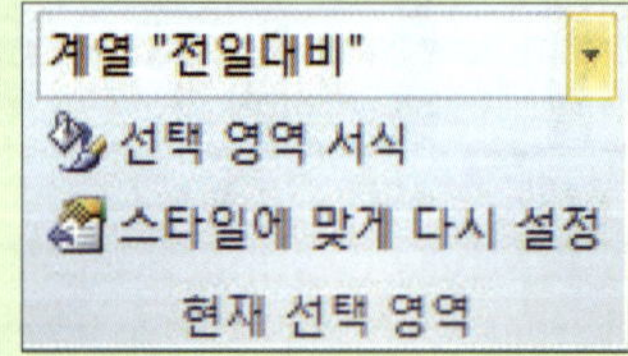

• 보조 축 설정

차트에서 "전일대비" 계열을 선택하여 마우스 오른쪽 단추를 클릭한 후 [데이터 계열 서식]에서 보조 축으로 변경합니다.

3 차트 제목과 축 제목을 그림과 같이 입력하고, 범례를 위로 위치하시오.

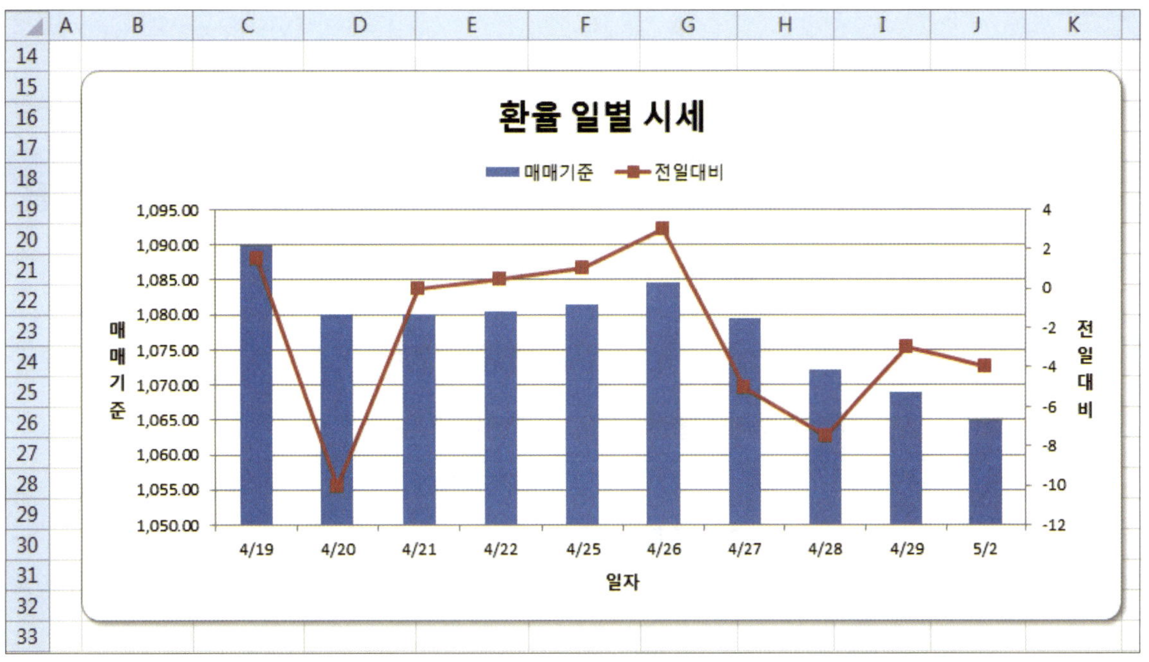

4 5/2일자 '매매기준' 계열의 색상을 '주황'으로 변경하고 데이터 레이블을 표시하시오.
또 '전일대비' 계열의 데이터 레이블을 위쪽에 표시하시오.

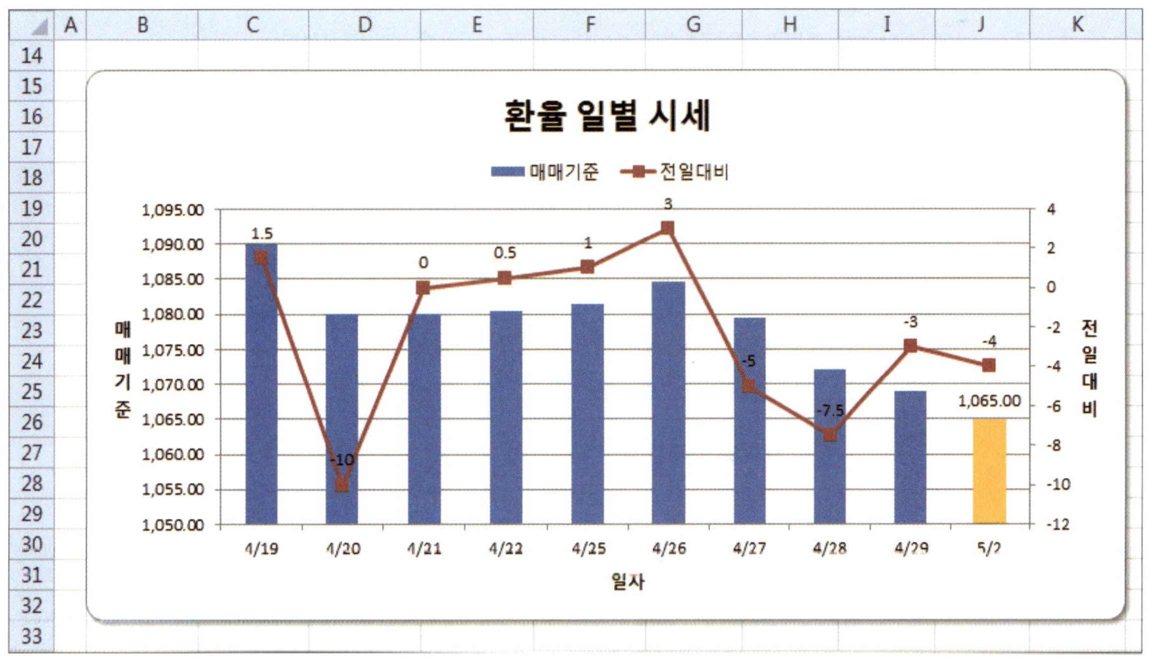

5 다음과 같이 차트를 삽입한 후 차트의 크기와 차트 영역을 조정하시오.
  - 차트 데이터 범위 : [B4:I6] 영역
  - 차트 위치 및 차트 크기 : 현 시트의 [B8:I25]
  - '면적' 계열을 '꺾은선형'의 '표식이 있는 꺾은선형' 차트로 변경한 후, '면적' 계열을 보조 축으로 설정
  - 차트 제목을 그림과 같이 입력하고, 범례는 아래로 위치

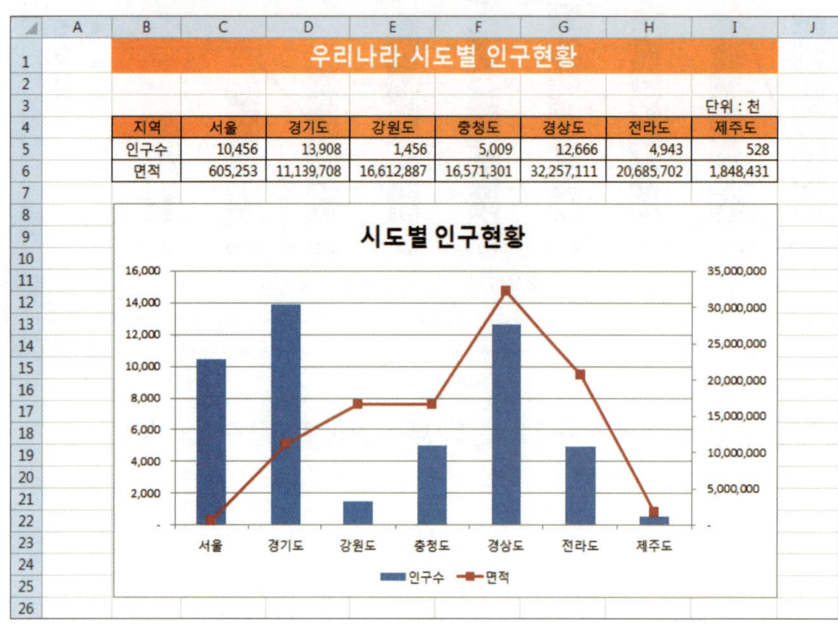

> **Hint!** [차트 도구]–[레이아웃] 그룹에서 차트 제목과 범례 위치를 바꿉니다.

6 다음과 같이 차트를 수정하시오.
  - 차트 스타일 : '스타일 32'　　　 · 그림 영역 : 채우기 없음
  - 축 제목 : 세로 (값) 축 제목 (인구수), 보조 세로 (값) 축 제목(면적)
  - 데이터 레이블 : '경기도' 계열의 '인구수' 요소에 '값 표시'
  - 도형 스타일 : '미세 효과 – 주황, 강조 6'
  - 차트 제목 : '흰색' 채우기, 그림자(오프셋 대각선 오른쪽 아래)

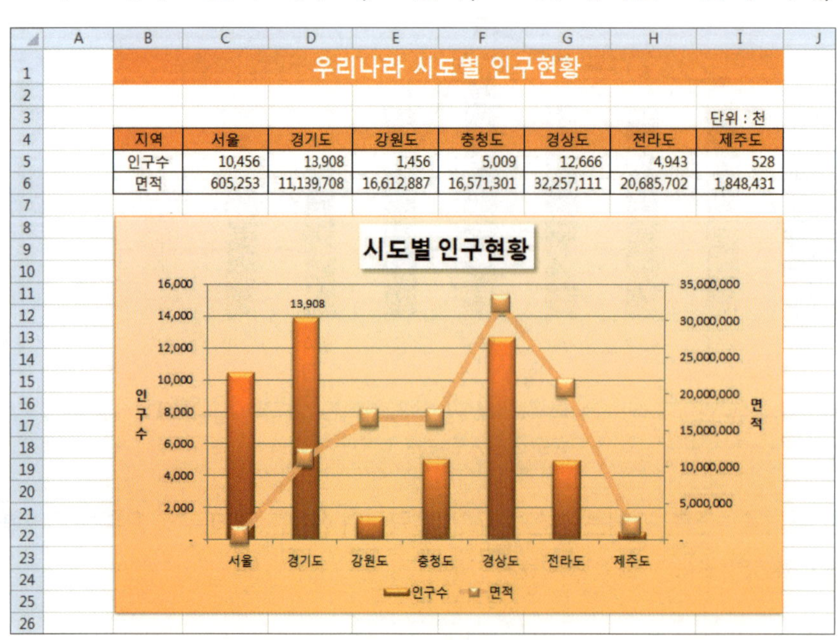

10장 데이터베이스 관리하기

데이터베이스란 방대한 양의 데이터를 특정한 용도에 맞게 체계적으로 정리해 놓은 것을 말합니다. 엑셀에서의 데이터베이스는 연속적인 행, 열 단위로 모아 놓은 자료를 의미하며, 데이터베이스 중에 열 방향의 자료를 데이터베이스 용어로 '필드(Field)'라 하고, 각각의 필드가 모여서 만들어지는 행 방향의 개별 자료를 '레코드(Record)'라고 합니다.

완성파일 미·리·보·기

	A	B	C	D	E	F	G	H	I	J
2										
3	합계 : 금액	분류								
4	반품일	기초화장품	마스카라	썬케어	아이라이너	클린징	팩	향수	총합계	
5	1월				6,500				6,500	
6	2월				15,000		18,000	78,000	111,000	
7	3월	79,000							79,000	
8	4월	124,900		25,000			10,000	35,000	194,900	
9	5월	36,500			50,500	25,600			112,600	
10	6월	45,000		25,500			5,000		75,500	
11	7월				16,200	23,000			39,200	
12	8월		19,800				10,000	22,000	51,800	
13	9월	64,000		15,000					79,000	
14	10월	150,000							150,000	
15	11월					9,900			9,900	
16	12월					23,000			23,000	
17	총합계	499,400	19,800	65,500	88,200	81,500	43,000	135,000	932,400	
18										

체·크·포·인·트

실습1 데이터 정렬을 이용하여 오름차순, 내림차순, 사용자 지정 목록 순으로 정렬해 봅니다.

실습2 자동 필터를 이용하여 조건에 만족한 데이터를 추출해 봅니다.

실습3 고급 필터를 이용하여 조건에 만족한 데이터를 다른 위치에 추출해 봅니다.

실습4 부분합을 이용하여 항목별로 합계를 구해 봅니다.

실습5 피벗 테이블을 이용하여 많은 데이터를 일목요연한 표로 정리해 봅니다.

데이터 정렬하기

정렬은 텍스트, 숫자, 날짜 및 시간 등을 기준으로 하여 일정한 순서로 재배열하는 기능으로, 오름차순 정렬과 내림차순 정렬이 있습니다. 데이터 정렬을 이용하여 원하는 데이터를 좀 더 빠르게 찾을 수 있고, 효율적인 문서 관리가 가능합니다.

금액을 기준으로 큰 금액부터 데이터 정렬하기('데이터정렬' 시트에서)

1 [G4] 셀을 선택한 후 [데이터] 탭의 [정렬 및 필터] 그룹에서 [텍스트 내림차순 정렬圃] 단추를 클릭합니다.

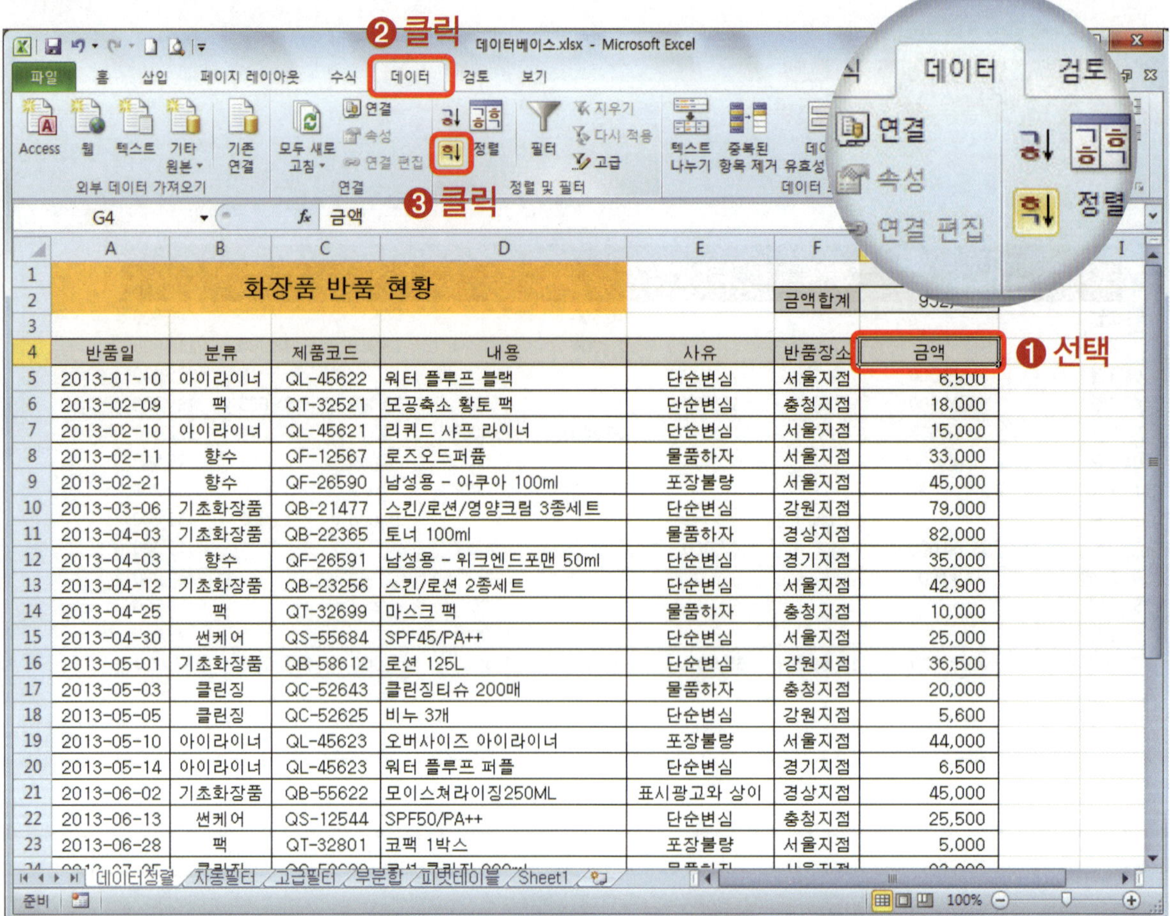

반품일	분류	제품코드	내용	사유	반품장소	금액
2013-01-10	아이라이너	QL-45622	워터 플루프 블랙	단순변심	서울지점	6,500
2013-02-09	팩	QT-32521	모공축소 황토 팩	단순변심	충청지점	18,000
2013-02-10	아이라이너	QL-45621	리퀴드 샤프 라이너	단순변심	서울지점	15,000
2013-02-11	향수	QF-12567	로즈오드퍼퓸	물품하자	서울지점	33,000
2013-02-21	향수	QF-26590	남성용 - 아쿠아 100ml	포장불량	서울지점	45,000
2013-03-06	기초화장품	QB-21477	스킨/로션/영양크림 3종세트	단순변심	강원지점	79,000
2013-04-03	기초화장품	QB-22365	토너 100ml	물품하자	경상지점	82,000
2013-04-03	향수	QF-26591	남성용 - 위크엔드포맨 50ml	단순변심	경기지점	35,000
2013-04-12	기초화장품	QB-23256	스킨/로션 2종세트	단순변심	서울지점	42,900
2013-04-25	팩	QT-32699	마스크 팩	물품하자	충청지점	10,000
2013-04-30	썬케어	QS-55684	SPF45/PA++	단순변심	서울지점	25,000
2013-05-01	기초화장품	QB-58612	로션 125L	단순변심	강원지점	36,500
2013-05-03	클린징	QC-52643	클린징티슈 200매	물품하자	충청지점	20,000
2013-05-05	클린징	QC-52625	비누 3개	단순변심	강원지점	5,600
2013-05-10	아이라이너	QL-45623	오버사이즈 아이라이너	포장불량	서울지점	44,000
2013-05-14	아이라이너	QL-45623	워터 플루프 퍼플	단순변심	경기지점	6,500
2013-06-02	기초화장품	QB-55622	모이스쳐라이징250ML	표시광고와 상이	경상지점	45,000
2013-06-13	썬케어	QS-12544	SPF50/PA++	단순변심	충청지점	25,500
2013-06-28	팩	QT-32801	코팩 1박스	포장불량	서울지점	5,000

TIP 정렬하고자 하는 데이터의 필드 안에 임의의 셀 하나만 클릭해도 해당 필드로 정렬할 수 있습니다.

실력 쑥쑥 TIP 창의 크기 조정

오름차순 정렬	숫자(0 ~ 9) → 기호문자(!, #, @....) → 영문 대문자(A ~ Z) → 영문 소문자(a ~ z) → 한글(가 ~ 하) → 논리값(False, True) → 오류값(#DIV/0, ...) → 공백
내림차순 정렬	오류값(#DIV/0, ...) → 논리값(True, False) → 한글(하 ~ 가) → 영문 대문자(Z ~ A) → 영문 소문자(z ~ a) → 기호문자(@, #, !...) → 숫자(9 ~ 0) → 공백

2 [A4] 셀을 선택한 후 [데이터] 탭의 [정렬 및 필터] 그룹에서 [정렬]을 클릭합니다.

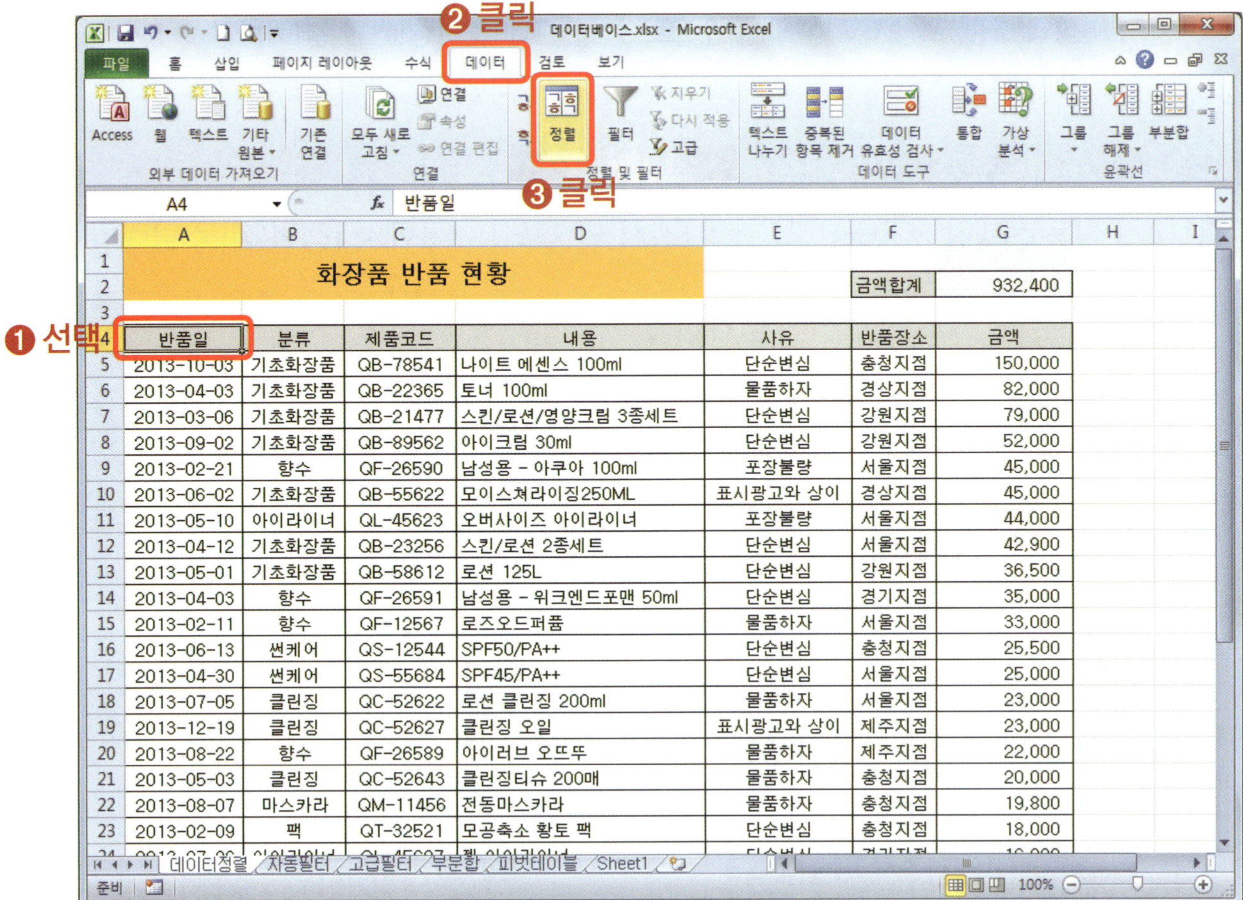

3 [정렬] 대화상자에서 열 '반품일', 정렬 기준 '값', 정렬 '오름차순'을 선택하고 [기준 추가] 단추를 클릭합니다.

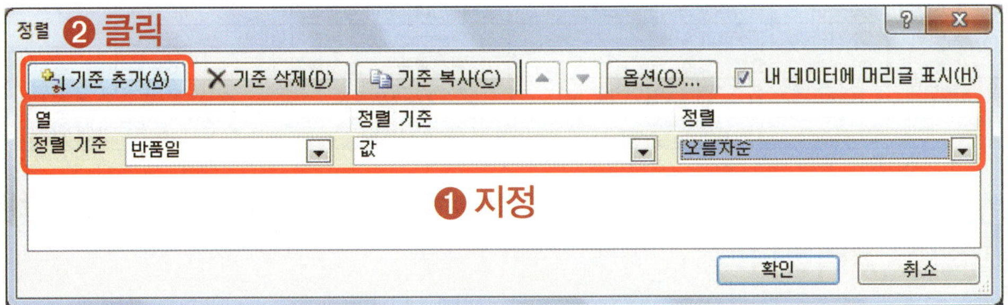

4 다음 기준에서 열은 '분류', 정렬 기준 '값', 정렬 '오름차순'을 선택하고 [확인] 단추를 클릭합니다.

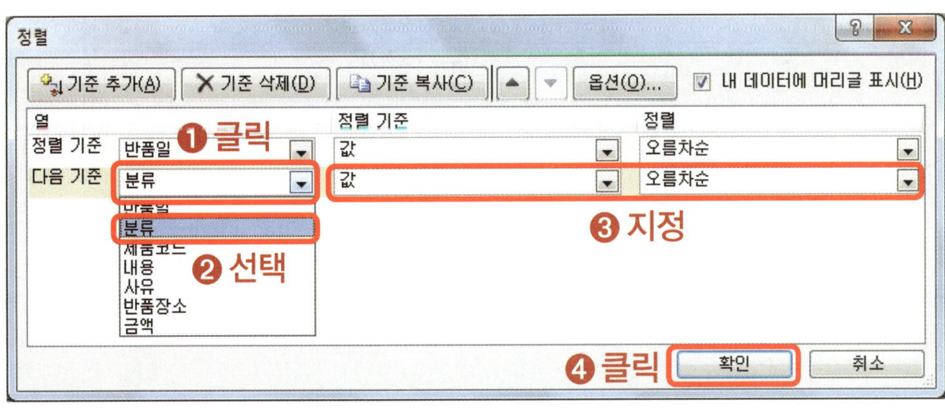

날짜를 기준으로 작은 날짜부터 데이터가 표시되고, 같은 날짜라면 항목을 기준으로 '가나다...' 순으로 데이터를 표시합니다.
한 가지 조건으로 정렬할 때는 [오름차순 정렬] 단추, [내림차순 정렬] 단추를 이용하고, 두 가지 이상의 조건, 사용자 지정 정렬 순으로 정렬할 때에는 [정렬]을 이용합니다.

'사용자 지정 목록'을 기준으로 정렬하기

5 [A4] 셀을 선택한 후 [데이터] 탭의 [정렬 및 필터] 그룹에서 [정렬]을 클릭합니다.

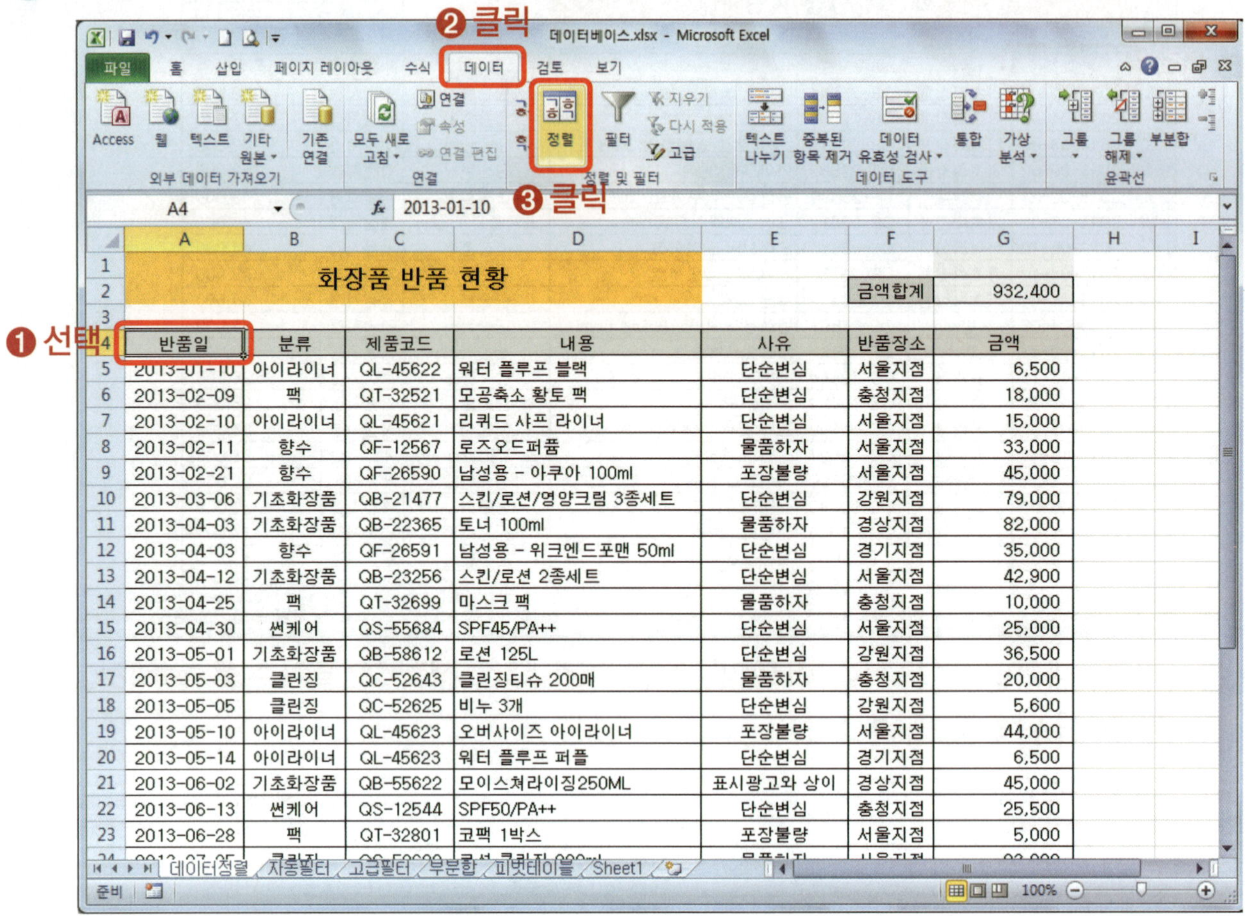

6 [정렬] 대화상자에서 **첫 번째 '정렬 기준'을 마우스로 클릭하여 파란색으로 바뀌면 [기준 삭제] 단추를 클릭**합니다.

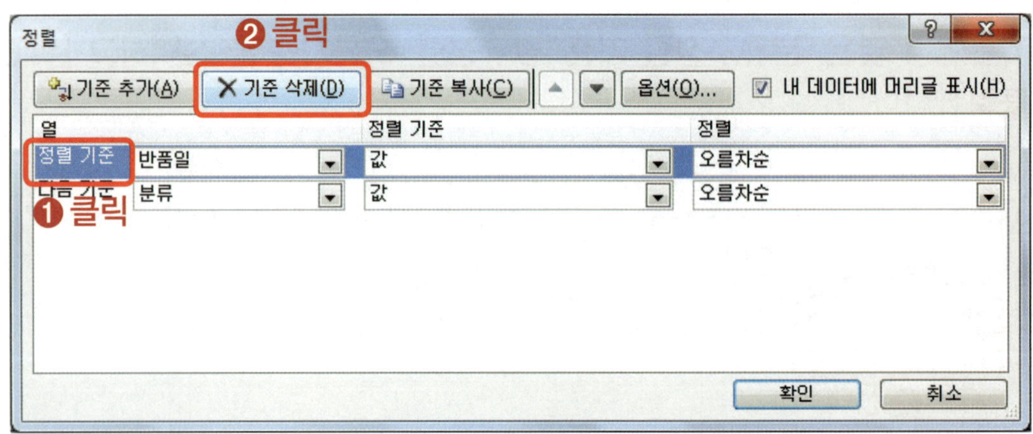

7 [정렬] 대화상자에서 **열 '반품장소', 정렬 기준 '값', 정렬 '사용자 지정 목록'을 선택**합니다.

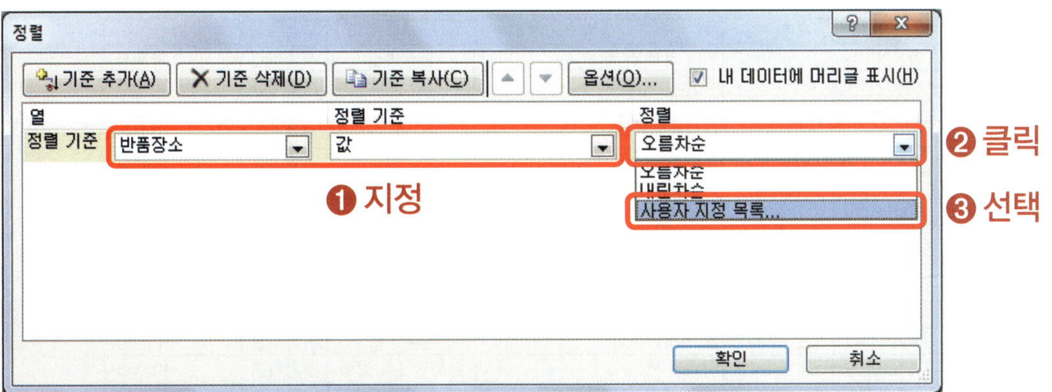

8 목록 항목에 다음과 같이 입력한 후 [추가] 단추를 클릭하고, 등록된 목록을 선택한 후 [확인] 단추를 클릭합니다.

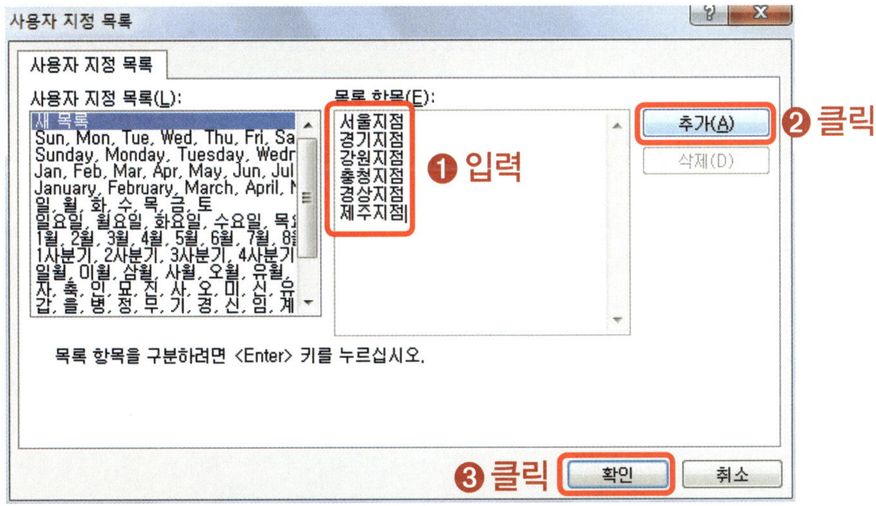

9 [정렬] 대화상자에서 [확인] 단추를 클릭합니다.

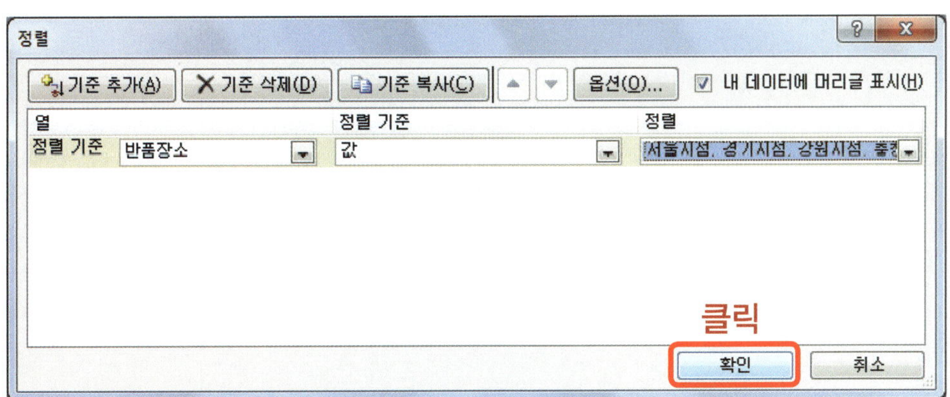

⑩ 사용자가 지정한 순서대로(서울지점, 경기지점, 강원지점, ...) 정렬됩니다.

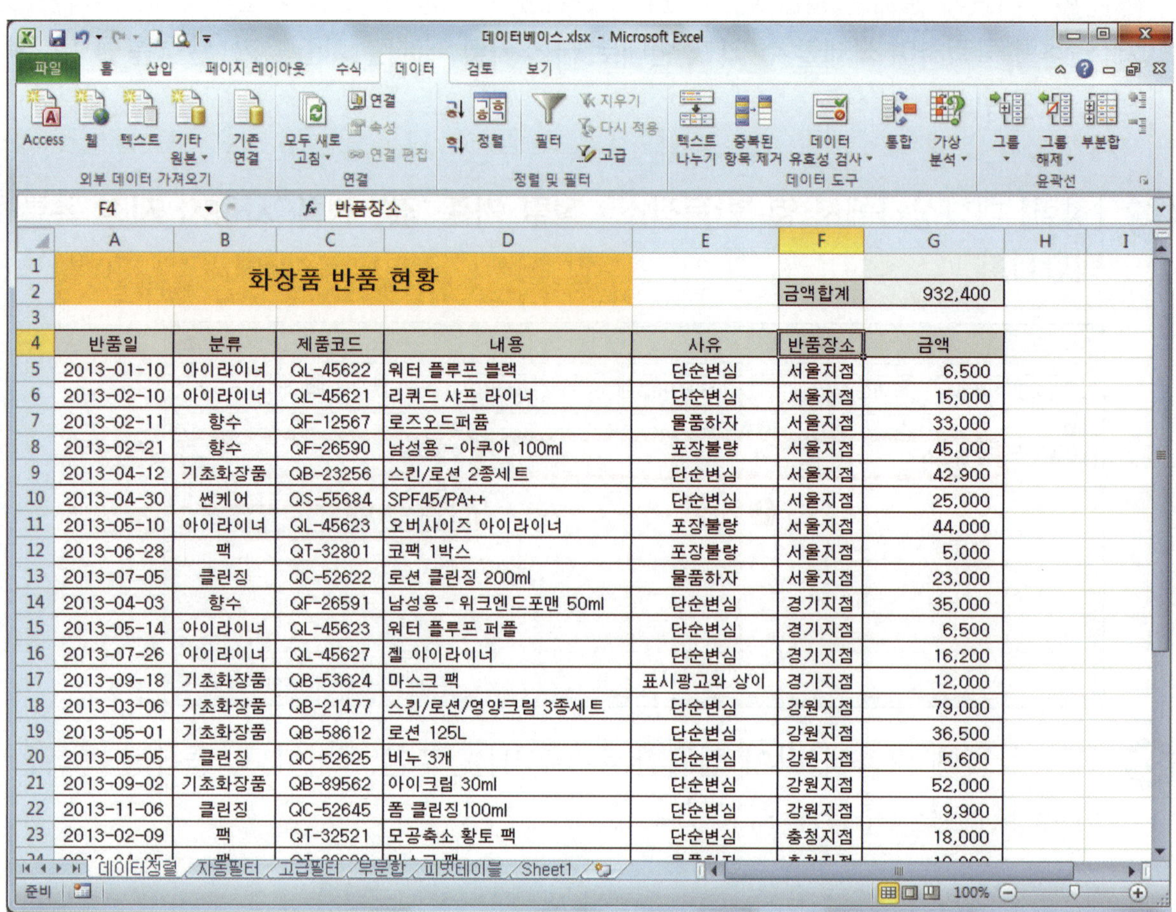

한 번 목록을 추가해 놓으면 필요할 때마다 [사용자 지정 목록]에서 선택만으로 사용할 수 있습니다.

자동 필터를 이용하여 데이터 추출하기

필터는 데이터 중에서 특정한 조건에 만족한 데이터만을 추출하는 기능입니다. 엑셀에서는 간단하게 조건을 선택하여 데이터를 추출할 수 있는 자동 필터와 좀 더 다양한 조건과 다른 위치에 데이터를 추출할 수 있는 고급 필터가 있습니다.

자동 필터를 실행하여 '기초화장품'만 추출하기('자동필터' 시트에서)

① [A4] 셀을 선택한 후 [데이터] 탭의 [정렬 및 필터] 그룹에서 [필터]를 클릭합니다.

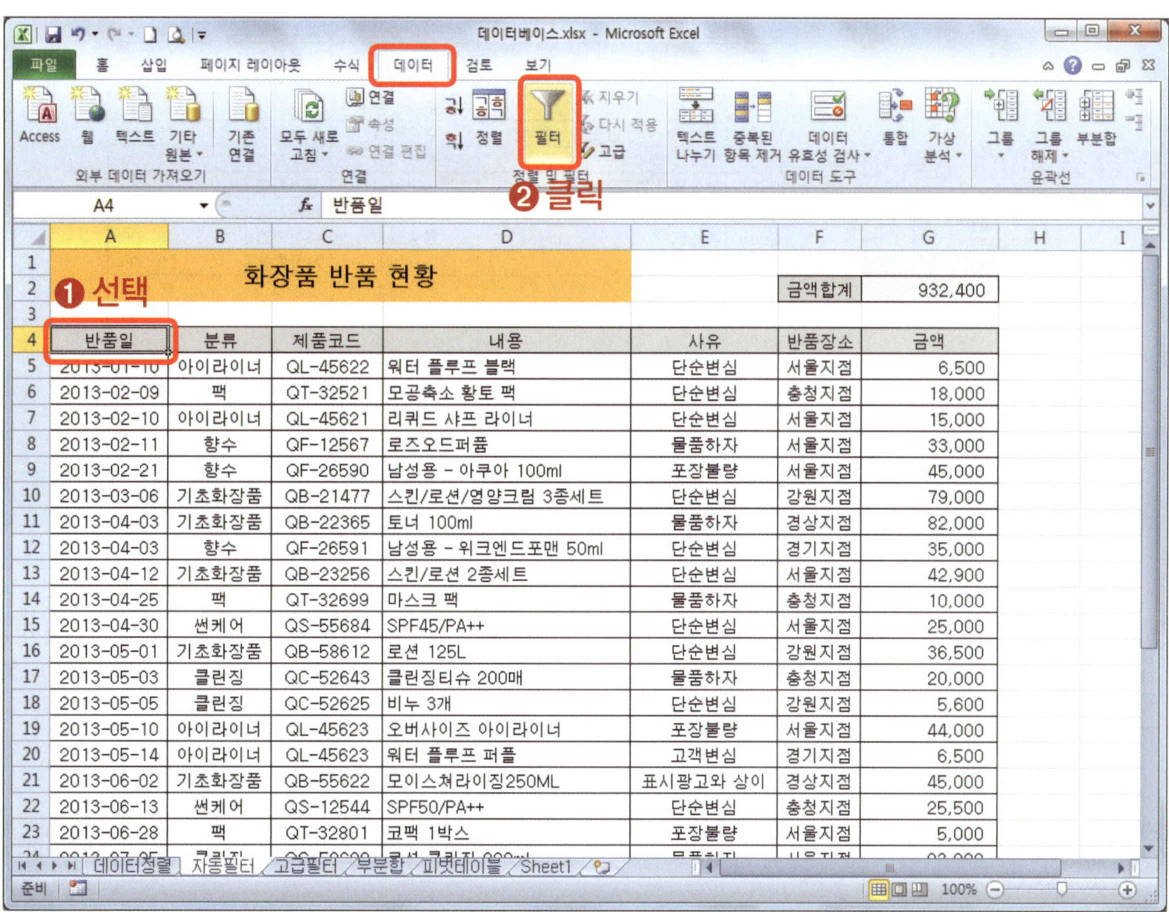

반품일	분류	제품코드	내용	사유	반품장소	금액
2013-01-10	아이라이너	QL-45622	워터 플루프 블랙	단순변심	서울지점	6,500
2013-02-09	팩	QT-32521	모공축소 황토 팩	단순변심	충청지점	18,000
2013-02-10	아이라이너	QL-45621	리퀴드 샤프 라이너	단순변심	서울지점	15,000
2013-02-11	향수	QF-12567	로즈오드퍼퓸	물품하자	서울지점	33,000
2013-02-21	향수	QF-26590	남성용 - 아쿠아 100ml	포장불량	서울지점	45,000
2013-03-06	기초화장품	QB-21477	스킨/로션/영양크림 3종세트	단순변심	강원지점	79,000
2013-04-03	기초화장품	QB-22365	토너 100ml	물품하자	경상지점	82,000
2013-04-03	향수	QF-26591	남성용 - 위크엔드포맨 50ml	단순변심	경기지점	35,000
2013-04-12	기초화장품	QB-23256	스킨/로션 2종세트	단순변심	서울지점	42,900
2013-04-25	팩	QT-32699	마스크 팩	물품하자	충청지점	10,000
2013-04-30	썬케어	QS-55684	SPF45/PA++	단순변심	서울지점	25,000
2013-05-01	기초화장품	QB-58612	로션 125L	단순변심	강원지점	36,500
2013-05-03	클린징	QC-52643	클린징티슈 200매	물품하자	충청지점	20,000
2013-05-05	클린징	QC-52625	비누 3개	단순변심	강원지점	5,600
2013-05-10	아이라이너	QL-45623	오버사이즈 아이라이너	포장불량	서울지점	44,000
2013-05-14	아이라이너	QL-45623	워터 플루프 퍼플	고객변심	경기지점	6,500
2013-06-02	기초화장품	QB-55622	모이스쳐라이징250ML	표시광고와 상이	경상지점	45,000
2013-06-13	썬케어	QS-12544	SPF50/PA++	단순변심	충청지점	25,500
2013-06-28	팩	QT-32801	코팩 1박스	포장불량	서울지점	5,000

 **TIP** 자동 필터는 [홈] 탭의 [편집] 그룹에서 [정렬 및 필터]–[필터]를 이용할 수 있습니다.

❷ [B4] 셀의 [필드 목록▼] 단추를 클릭한 후 '모두 선택'을 선택하여 모든 선택을
해제합니다. 다시 '기초화장품'을 선택하고 [확인] 단추를 클릭합니다.

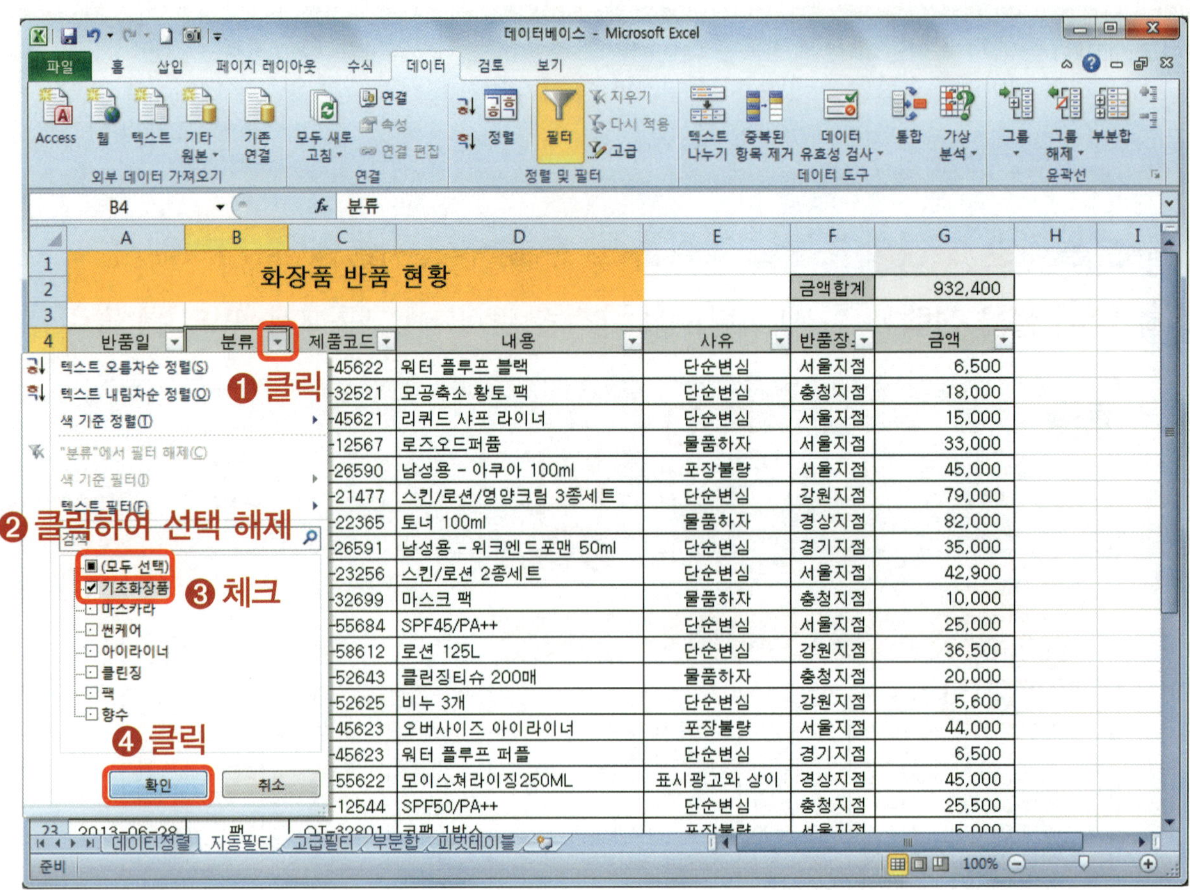

TIP 추출하고자 하는 필드가 여러 개일 때에는 [모두 선택]을 클릭하여 체크되어 있는 항
목을 모두 해제한 후, 추출하려는 필드를 각각 클릭하면 여러 개의 항목을 동시에 추출할 수 있
습니다.

❸ [B4] 셀의 [필드 목록▼] 단추는 ▼으로 바뀌고, 분류에서 '기초화장품'에 해당한
자료만 표시됩니다.

실력 쑥쑥 TIP SUBTOTAL 함수

화장품 반품 현황에서 [G2] 셀의 금액합계는 자동 필터를 실행할 때마다 추출된 데이터에 대해서만 합계가 표시됩니다. SUBTOTAL 함수는 자동 필터를 실행하고 데이터를 추출하여 해당 데이터의 합계만을 쉽게 구할 수 있습니다.

SUBTOTAL 함수는 목록이나 데이터베이스에서 부분합을 구하는 함수입니다.

〈형식〉= SUBTOTAL(Function_num, Ref1)

Function_num(함수 번호)

함수번호		함수
숨긴 값 포함	숨긴 값 무시	
1	101	AVERAGE
2	102	COUNT
3	103	COUNTA
4	104	MAX
5	105	MIN
6	106	PRODUCT
7	107	STDEV
8	108	STDEVP
9	109	SUM
10	110	VAR
11	111	VARP

Ref1(참조 영역) : 부분합을 구할 참조 또는 범위

[G2] 셀의 '=SUBTOTAL(9,G5:G34)'

: [G5:G34] 영역에 대해서 합계를 구하는 함수식으로 자동 필터를 통해 데이터가 추출되면, 추출된 데이터에 대해서만 합계가 구해져서 표시됩니다. 만약, 그냥 'SUM' 함수를 통해 합계를 구하면 추출된 데이터의 합계만 표시되는 것이 아니라 모든 데이터의 합계가 구해집니다.

적용된 자동 필터 지우기

④ [데이터] 탭의 [정렬 및 필터] 그룹에서 [지우기]를 클릭합니다.

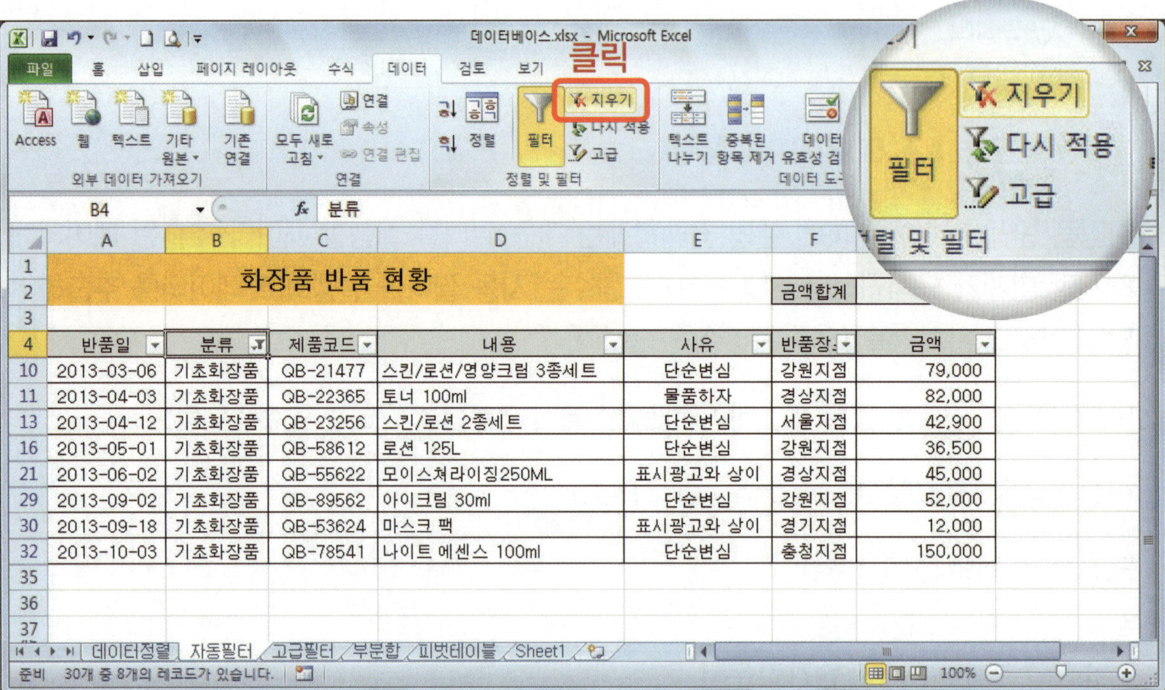

사용자 지정 필터 사용하기(금액 50,000 ~ 100,000)

⑤ [G4] 셀의 [필터 목록▼] 단추를 클릭하여 [숫자 필터]-[사용자 지정 필터]를 선
택합니다.

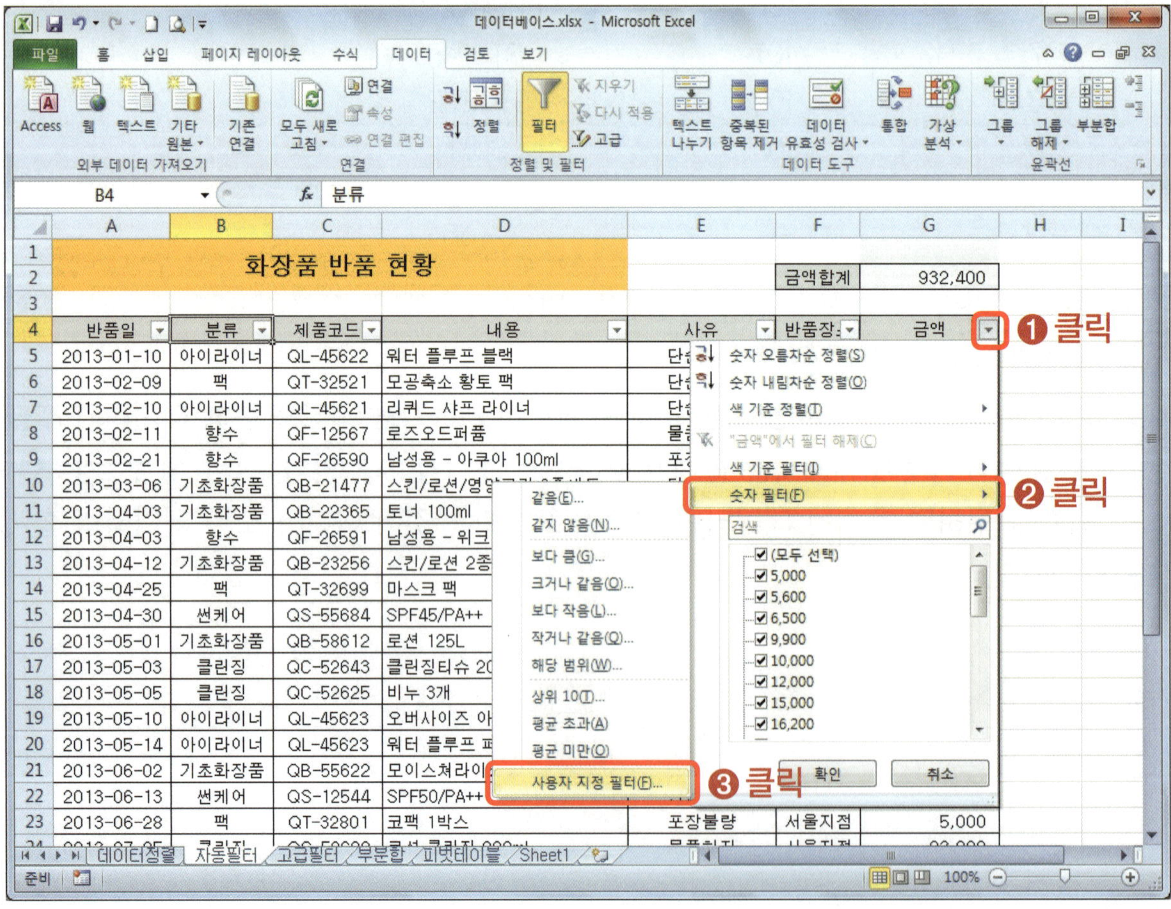

6 [사용자 지정 자동 필터] 대화상자에서 다음과 같이 ' 〉='을 선택하고, 「50000」을 입력한 후 '그리고'를 선택합니다. 다시 '〈='를 선택하고 「100000」을 입력한 후 [확인] 단추를 클릭합니다.

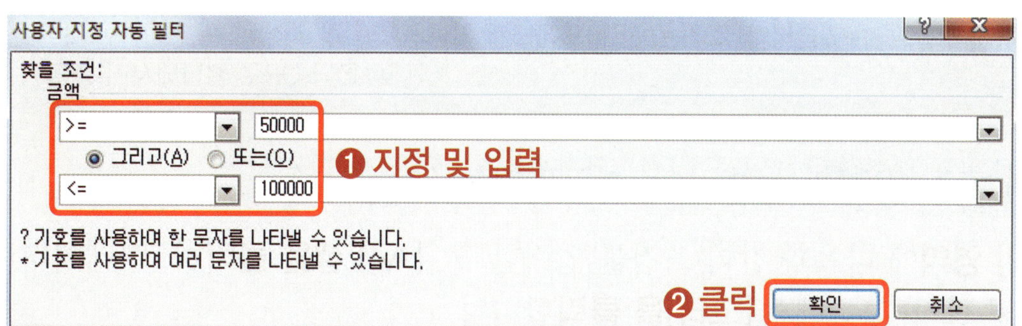

TIP '그리고'는 2개의 조건을 지정한 내용에 모두 만족한 자료만을 추출합니다. 만약, '또는'을 선택하면 위쪽과 아래쪽에 하나라도 만족한 데이터를 추출합니다.

자동 필터 해제하기

7 [데이터] 탭의 [정렬 및 필터] 그룹에서 **[필터]를 클릭**하면 자동 필터가 해제됩니다.

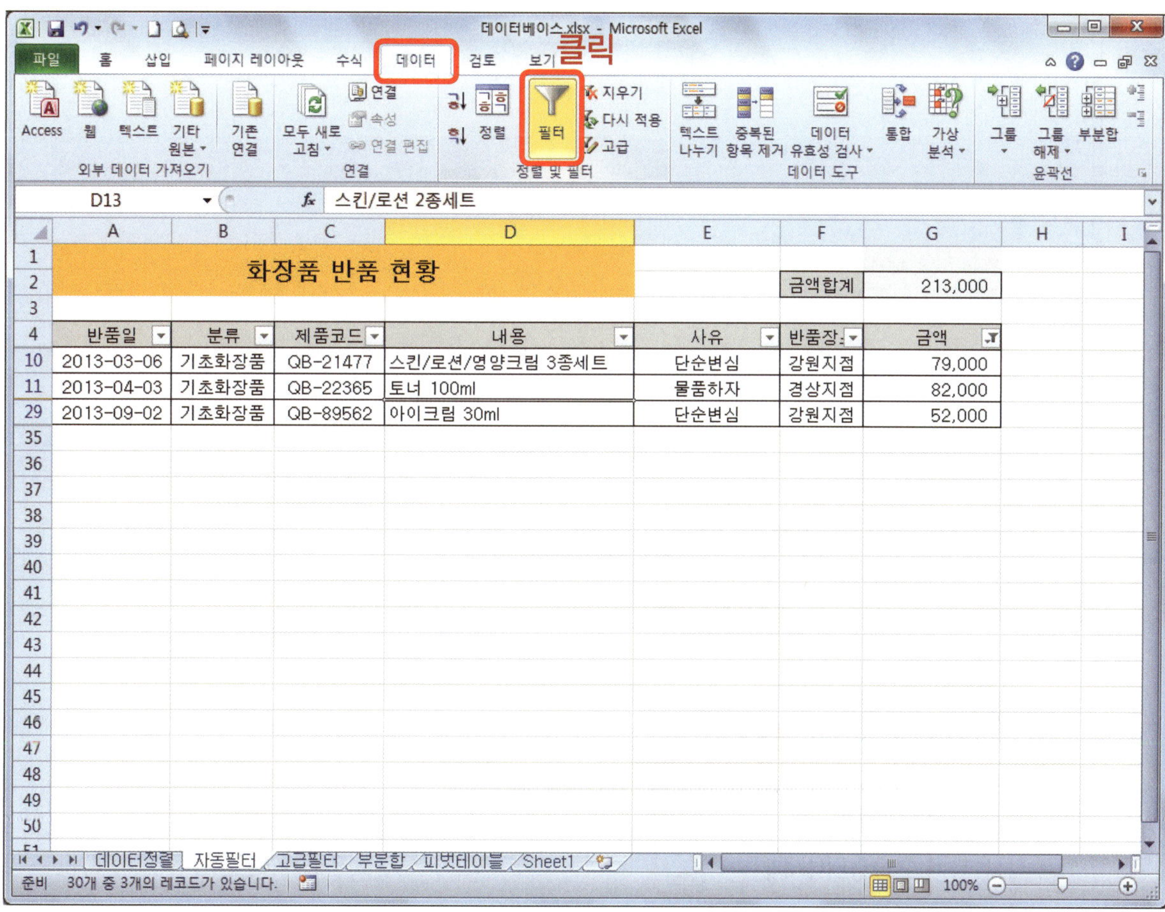

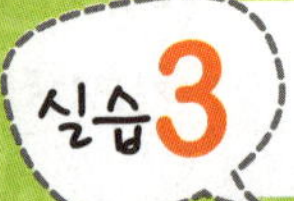

고급 필터를 이용하여 데이터 추출하기

고급 필터는 조건을 직접 입력해야 하는 번거로움은 있지만 다양한 조건을 지정할 수 있고, 조건에 만족한 데이터를 다른 위치에 추출할 수 있습니다. 조건은 한 필드에 3개 이상의 조건을 지정할 수 있고, 두 개 이상의 필드를 AND나 OR로 결합해서 추출할 수 있습니다.

고급 필터 조건 입력과 실행하기('고급필터' 시트에서)

❶ [A1:A2] 영역에 다음과 같이 조건을 입력한 후, [A4] 셀을 클릭하고 [데이터] 탭의 [정렬 및 필터] 그룹에서 [고급]을 클릭합니다.

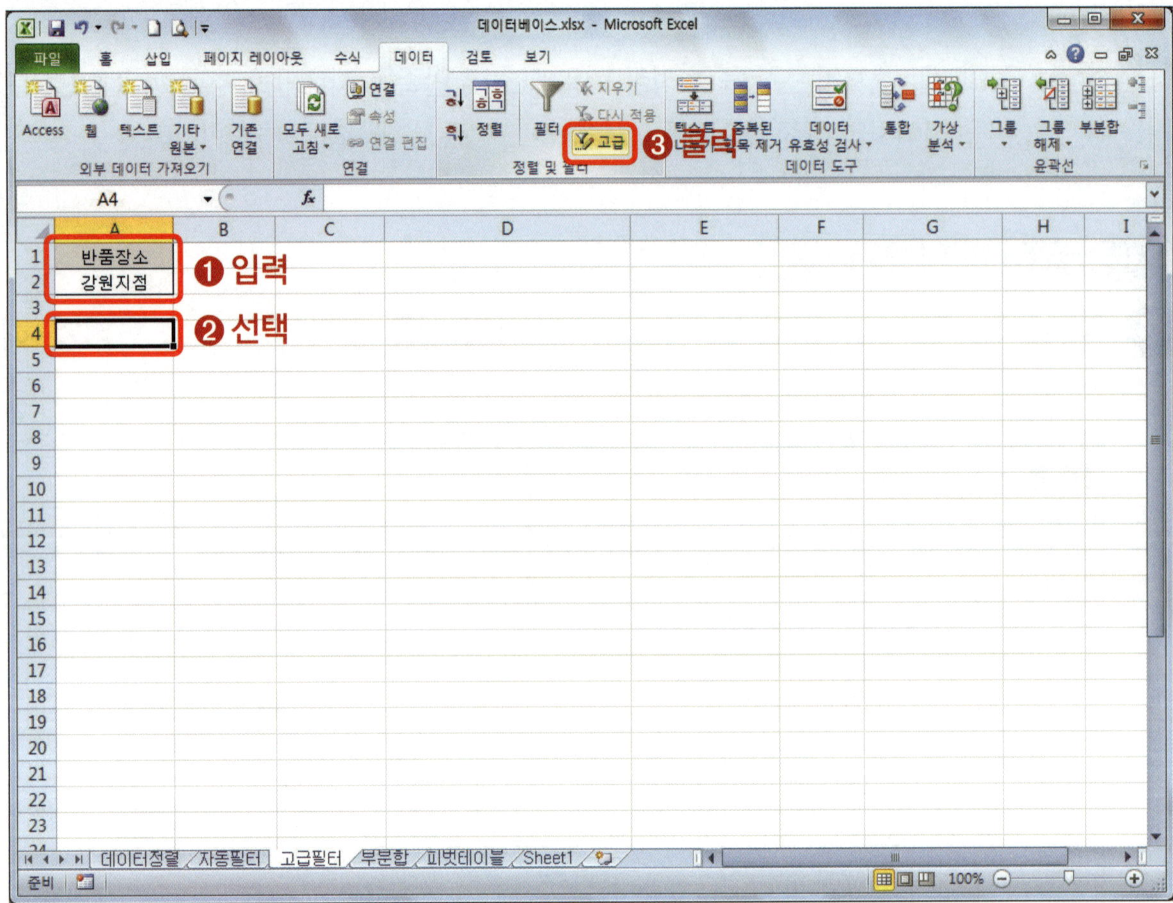

❷ [고급 필터] 대화상자에서 다음과 같이 지정하고 [확인] 단추를 클릭합니다.

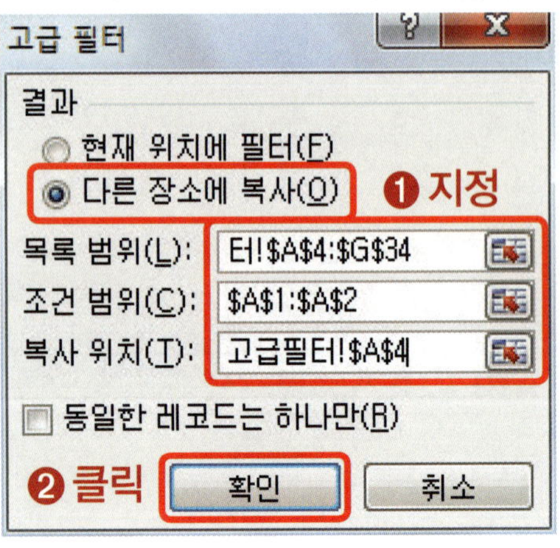

- 결과 : 다른 장소에 복사
- 목록 범위 : '자동필터' 시트의 [A4:G34]
- 조건 범위 : '고급필터' 시트의 [A1:A2]
- 복사 위치 : '고급필터' 시트의 [A4]

다른 시트에 있는 목록을 범위 지정하는 방법 : '목록 범위'에 커서를 두고 '자동필터' 시트를 클릭하고 [A4] 셀부터 [G34] 셀까지 범위를 지정합니다.

실격 쑥쑥 TIP '목록 범위'에서 '자동필터' 시트의 [A4:G34] 영역을 쉽게 지정하는 방법

방법1. '자동필터' 시트의 [A4] 셀을 선택한 후 Ctrl + Shift + ↓ 키를 누르면 [A4:A34] 영역까지 범위가 지정되며, 그 상태에서 다시 Ctrl + Shift + → 키를 누르면 [A4:G34] 영역까지 범위를 지정할 수 있습니다.

방법2. '자동필터' 시트의 [A4] 셀을 클릭한 후 스크롤바를 이용하여 화면을 아래로 이동한 후 Shift 키를 누른 상태에서 [G34] 셀을 클릭하면 [A4:G34] 영역을 범위 지정할 수 있습니다.

■ 고급 필터 조건

• AND 조건 : 조건을 같은 행에 입력 (모든 조건에 만족한 값만 추출)

	A	B	C
1	반품장소	반품일	
2	강원지점	>=2013-01-01	
3			

반품장소 '강원지점'이면서 반품일이 2013-01-01 이상인 자료

	A	B	C
1	반품일	반품일	
2	>=2013-01-01	<=2013-06-01	
3			

반품일이 2013-01-01~2013-06-01에 해당한 자료

• OR 조건 : 조건 값을 다른 행에 입력 (조건에 하나라도 만족한 값을 추출)

	A	B	C
1	분류	반품일	
2	기초화장품		
3		>=2013-01-01	
4			

분류가 '기초화장품'이거나 반품일이 2013-01-01 이후인 자료

	A	B
1	반품장소	
2	강원지점	
3	서울지점	
4		

반품장소가 '강원지점' 또는 '서울지점'에 해당한 자료

• 만능 문자(*) : 특정 문자열이 포함된 자료를 추출할 때 *를 앞이나 뒤, 또는 앞 뒤 모두에 넣어 조건 지정

③ 적용된 고급 필터를 확인할 수 있습니다.

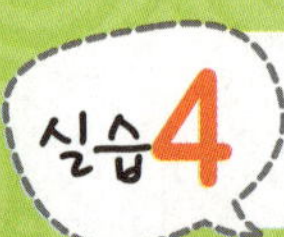

	A	B	C	D	E	F	G	H
1	반품장소							
2	강원지점							
3								
4	반품일	분류	제품코드	내용	사유	반품장소	금액	
5	2013-03-06	기초화장품	QB-21477	스킨/로션/영양크림 3종세트	단순변심	강원지점	79,000	
6	2013-05-01	기초화장품	QB-58612	로션 125L	단순변심	강원지점	36,500	
7	2013-05-05	클린징	QC-52625	비누 3개	단순변심	강원지점	5,600	
8	2013-09-02	기초화장품	QB-89562	아이크림 30ml	단순변심	강원지점	52,000	
9	2013-11-06	클린징	QC-52645	폼 클린징 100ml	단순변심	강원지점	9,900	
10								
11								

실습4 부분합을 이용하여 계산하기

부분합이란 특정한 필드를 기준으로 데이터를 분류하고 각 분류별로 필요한 계산을 할 수 있는 기능을 말합니다.
부분합을 계산하기 전에 부분합을 구하려는 기준 필드를 정렬해야 합니다.

'사유'를 기준으로 오름차순 정렬하기('부분합' 시트에서)

① [E4] 셀을 선택한 후 [데이터] 탭의 [정렬 및 필터] 그룹에서 **[텍스트 오름차순 정렬▣] 단추를 클릭**합니다.

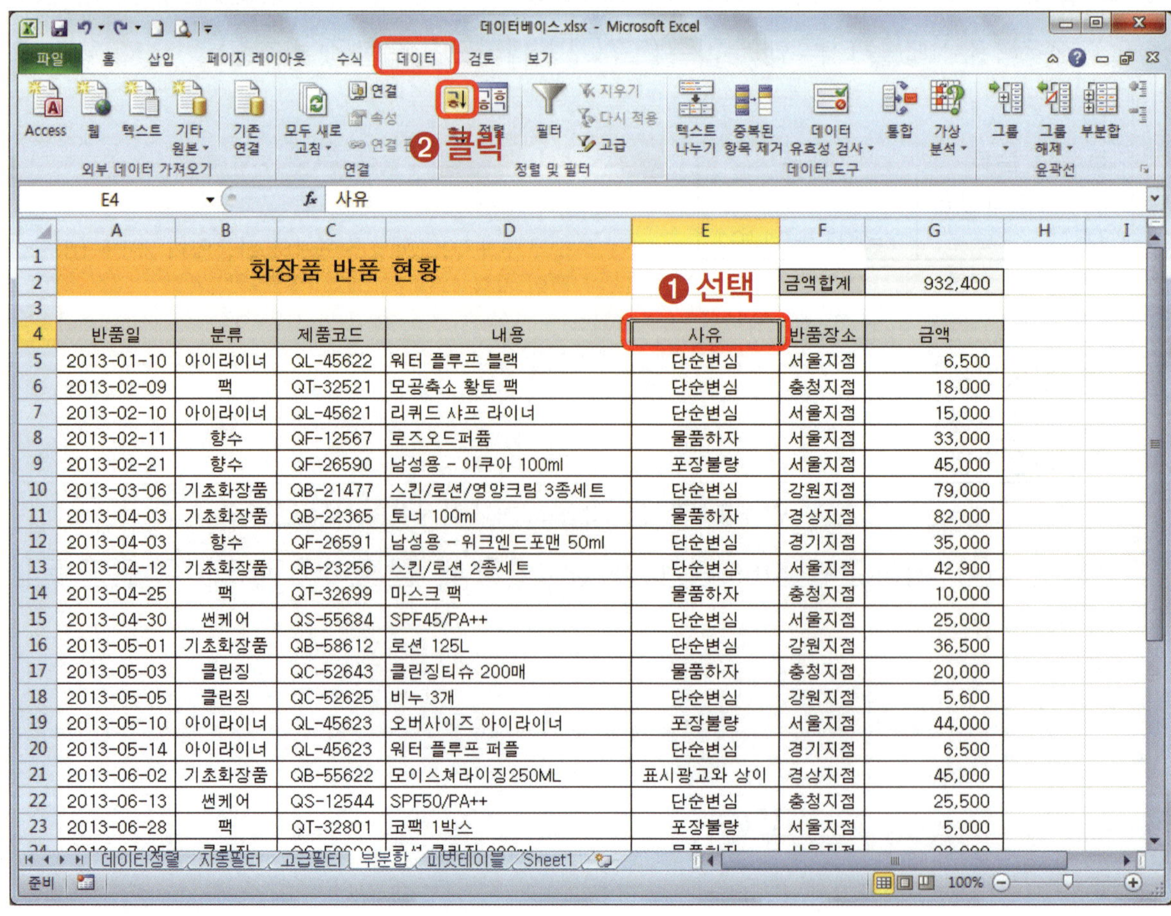

'사유'별 반품의 '개수' 구하기

2 [E4] 셀을 **선택**한 후 [데이터] 탭의 [윤곽선] 그룹에서 **[부분합]**을 클릭합니다.

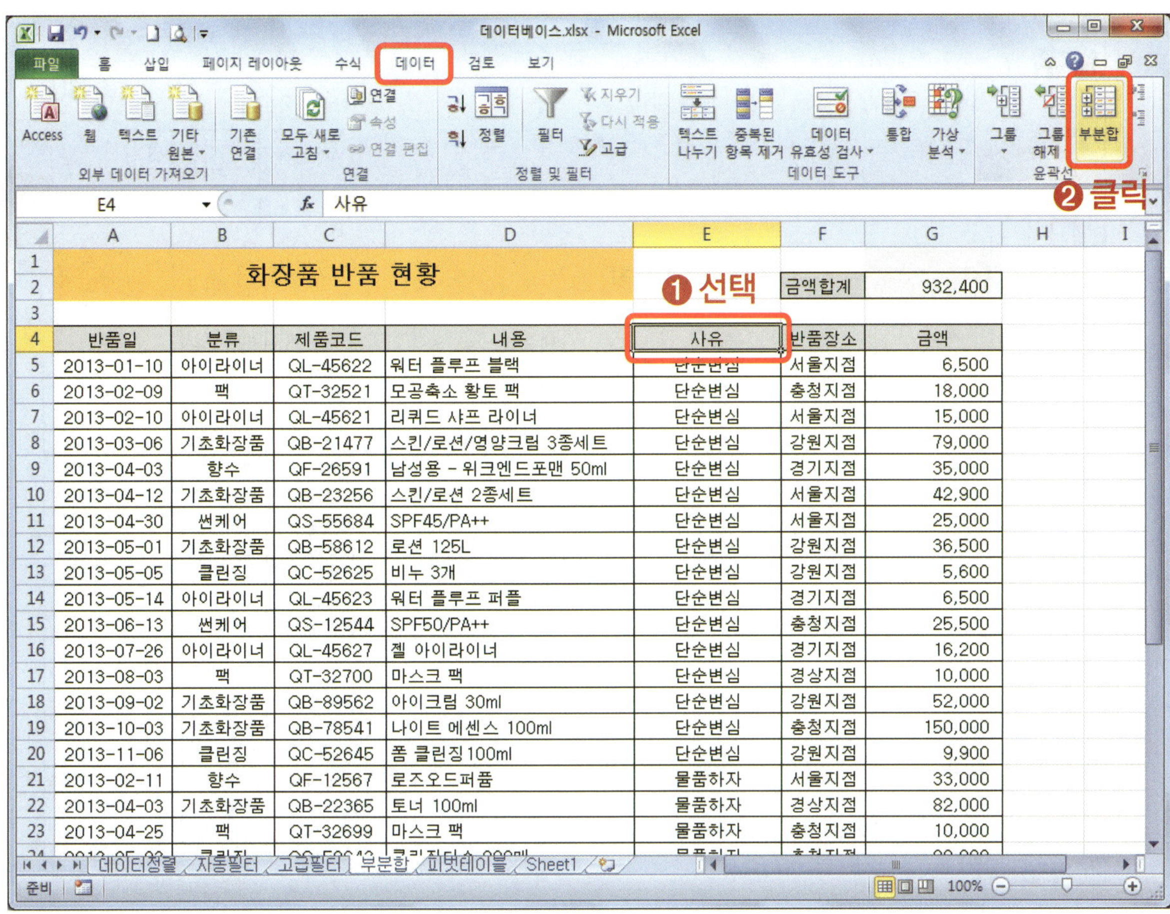

3 [부분합] 대화상자에서 **'그룹화할 항목'**은 **'사유'**, 사용할 함수는 **'개수'**, 부분합 계산 항목은 **'금액'**을 선택하고 [확인] 단추를 **클릭**합니다.

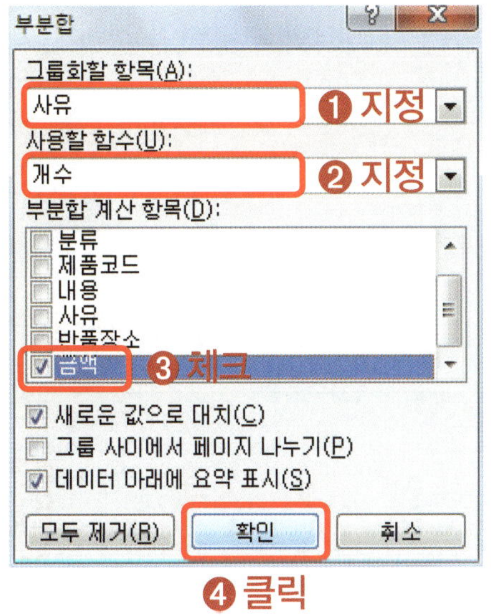

실격 쑥쑥 **TIP** [부분합] 대화상자

① 그룹화할 항목 : 부분합을 구할 기준 필드를 지정(정렬이 된 필드)

② 사용할 함수 : 부분합을 계산할 때 사용할 함수 선택

③ 부분합 계산 항목 : 부분합을 계산할 필드를 선택

④ 새로운 값으로 대치 : 기존 값을 새로운 부분합 값으로 대치할지, 기존 값을 보존하고 새로운 부분합을 추가로 표시할지 선택

⑤ 그룹 사이에서 페이지 나누기 : 그룹과 그룹 사이에 페이지를 니누이 인쇄할지 하나의 용지에 연속적으로 인쇄할지 결정

⑥ 데이터 아래에 요약 표시 : 요약 결과를 표시할지 결정

⑦ 모두 제거 : 부분합을 해제할 때 사용

개수 요약만 표시하기

④ '사유' 별로 개수가 표시됩니다. **열 머리글 왼쪽에 윤곽 기호 '2'를 클릭**합니다.

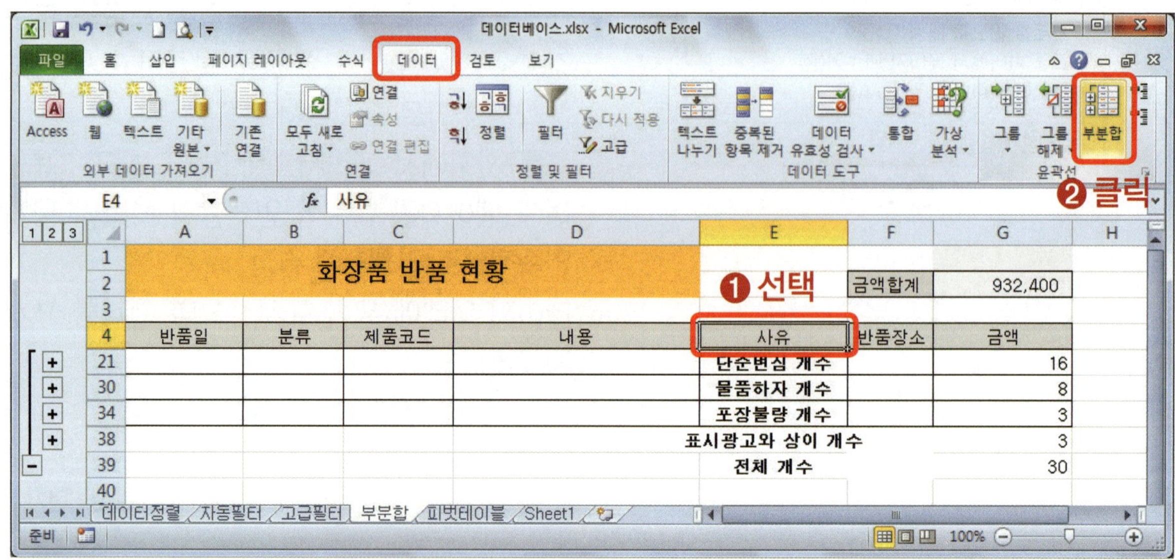

부분합 제거하기

⑤ 데이터 안쪽에 커서를 두고 [데이터] 탭의 [윤곽선] 그룹에서 **[부분합]**을 클릭합니다.

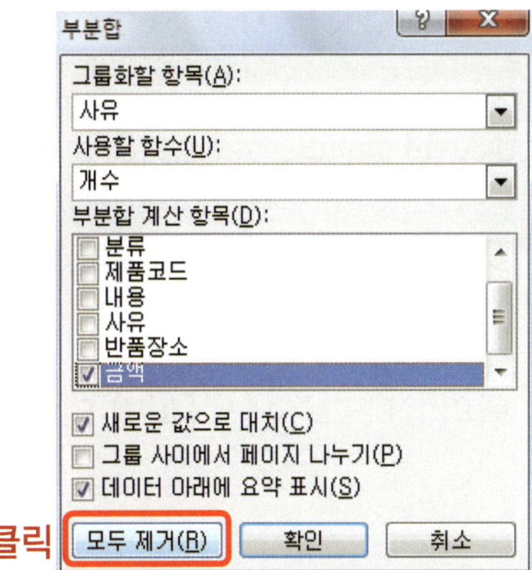

7 부분합이 제거된 후 원래의 데이터로 표시됩니다.

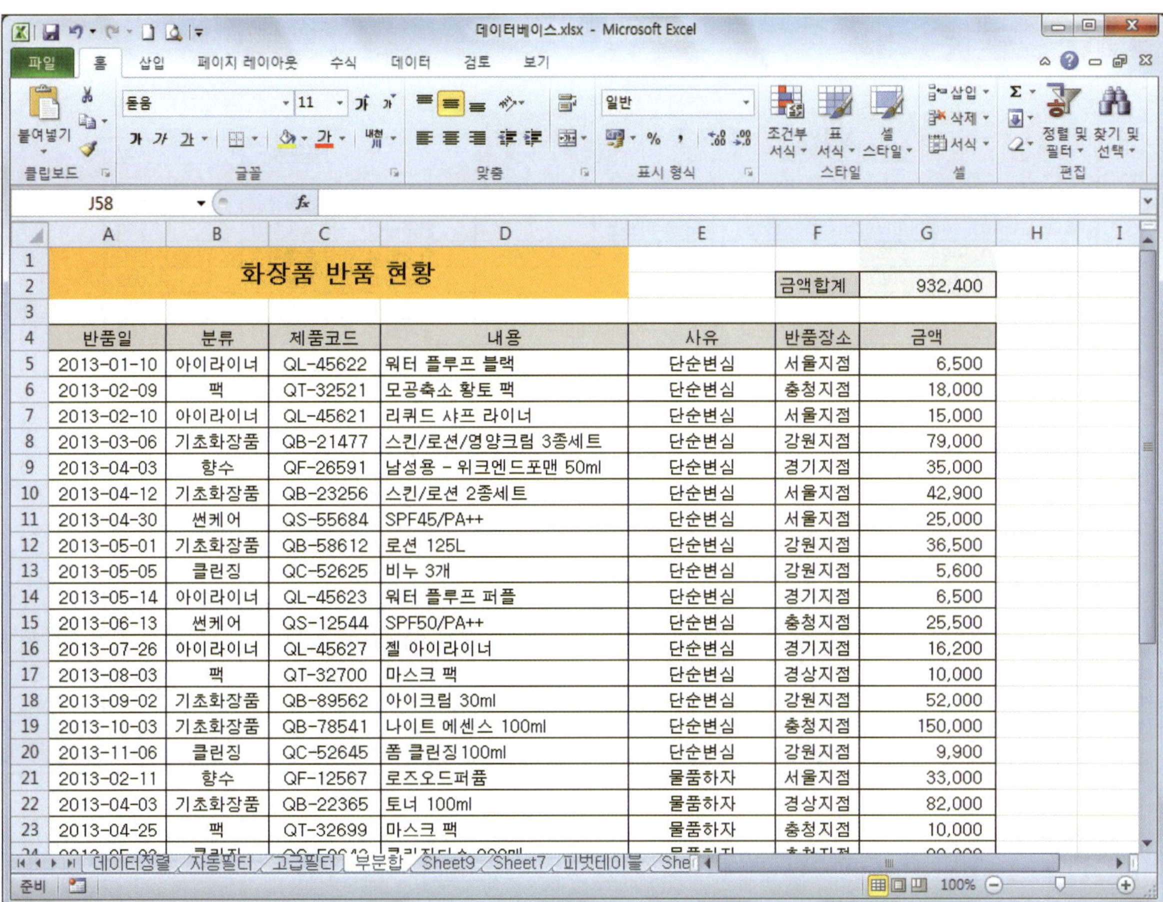

피벗 테이블을 이용하여 표로 정리하기

피벗 테이블은 제목(필드)을 재배치하여 전체 데이터에 대한 통계를 한 눈에 파악할 수 있도록 요약 분석하는 기능입니다. 피벗 테이블의 행과 열을 회전하여 원본 데이터에 대한 여러 가지 요약을 볼 수 있으며, 관심 분야를 상세하게 표시할 수 있습니다.

피벗 테이블 작성하기('피벗테이블' 시트에서)

1 데이터 목록 안에 아무 셀이나 클릭한 후 [삽입] 탭의 [표] 그룹에서 **[피벗 테이블]을 클릭**합니다.

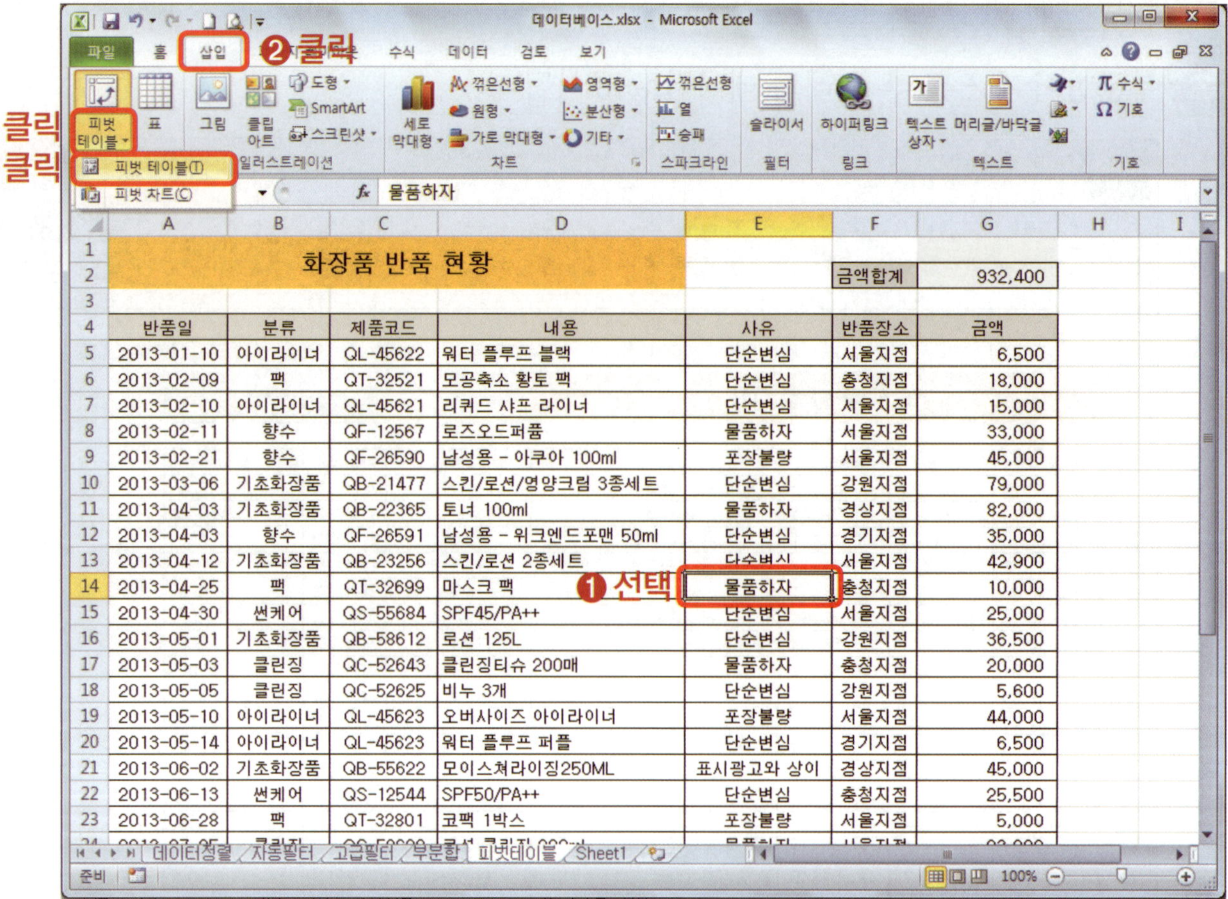

반품일	분류	제품코드	내용	사유	반품장소	금액
2013-01-10	아이라이너	QL-45622	워터 플루프 블랙	단순변심	서울지점	6,500
2013-02-09	팩	QT-32521	모공축소 황토 팩	단순변심	충청지점	18,000
2013-02-10	아이라이너	QL-45621	리퀴드 샤프 라이너	단순변심	서울지점	15,000
2013-02-11	향수	QF-12567	로즈오드퍼퓸	물품하자	서울지점	33,000
2013-02-21	향수	QF-26590	남성용 - 아쿠아 100ml	포장불량	서울지점	45,000
2013-03-06	기초화장품	QB-21477	스킨/로션/영양크림 3종세트	단순변심	강원지점	79,000
2013-04-03	기초화장품	QB-22365	토너 100ml	물품하자	경상지점	82,000
2013-04-03	향수	QF-26591	남성용 - 위크엔드포맨 50ml	단순변심	경기지점	35,000
2013-04-12	기초화장품	QB-23256	스킨/로션 2종세트	단순변심	서울지점	42,900
2013-04-25	팩	QT-32699	마스크 팩	물품하자	충청지점	10,000
2013-04-30	썬케어	QS-55684	SPF45/PA++	단순변심	서울지점	25,000
2013-05-01	기초화장품	QB-58612	로션 125L	단순변심	강원지점	36,500
2013-05-03	클린징	QC-52643	클린징티슈 200매	물품하자	충청지점	20,000
2013-05-05	클린징	QC-52625	비누 3개	단순변심	강원지점	5,600
2013-05-10	아이라이너	QL-45623	오버사이즈 아이라이너	포장불량	서울지점	44,000
2013-05-14	아이라이너	QL-45623	워터 플루프 퍼플	단순변심	경기지점	6,500
2013-06-02	기초화장품	QB-55622	모이스쳐라이징250ML	표시광고와 상이	경상지점	45,000
2013-06-13	썬케어	QS-12544	SPF50/PA++	단순변심	충청지점	25,500
2013-06-28	팩	QT-32801	코팩 1박스	포장불량	서울지점	5,000

데이터정렬 / 자동필터 / 고급필터 / 부분합 / 피벗테이블 / Sheet1

TIP 데이터 안쪽에 커서를 위치시키고 피벗 테이블을 실행하면 자동으로 연결된 데이터 범위로 인식하여 [A4:G34] 영역이 선택됩니다.

❷ [피벗 테이블 만들기] 대화상자에서 '표/범위'에 [A4:G34]로 지정하고, '새 워크시트'를 선택한 후 [확인] 단추를 클릭합니다.

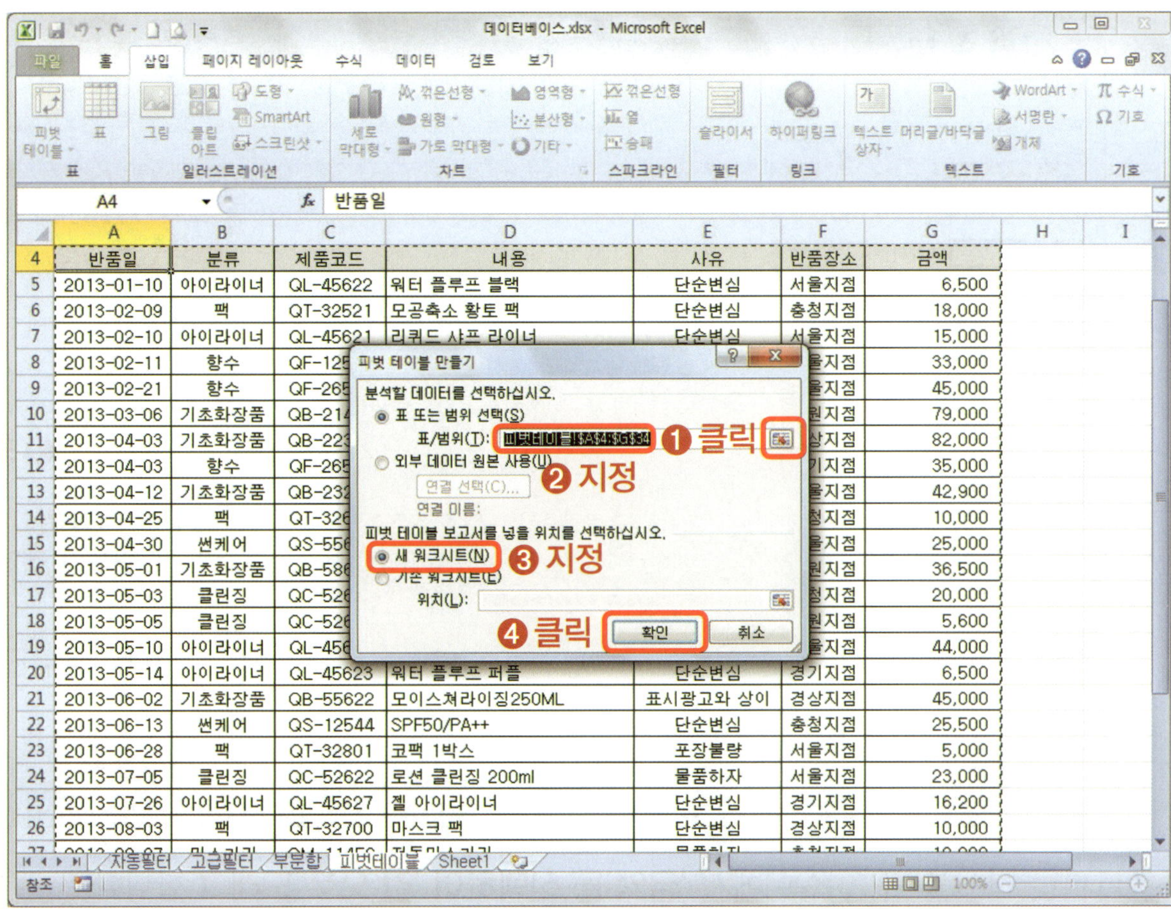

레이아웃 배치하기

❸ 화면 오른쪽 [피벗 테이블 필드 목록]에서 '반품일'을 선택한 후 아래쪽 '행 레이블'로 드래그 합니다.

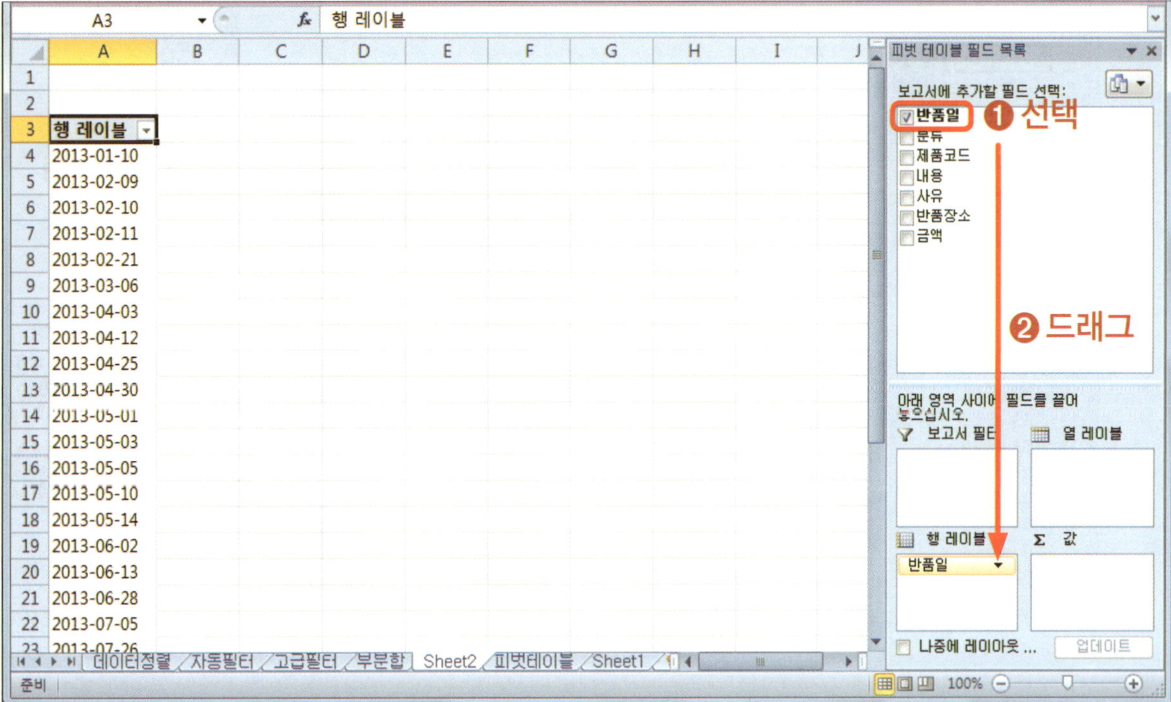

④ [피벗 테이블 필드 목록]에서 **'분류'**를 선택하여 **'열 레이블'**로 드래그 합니다.

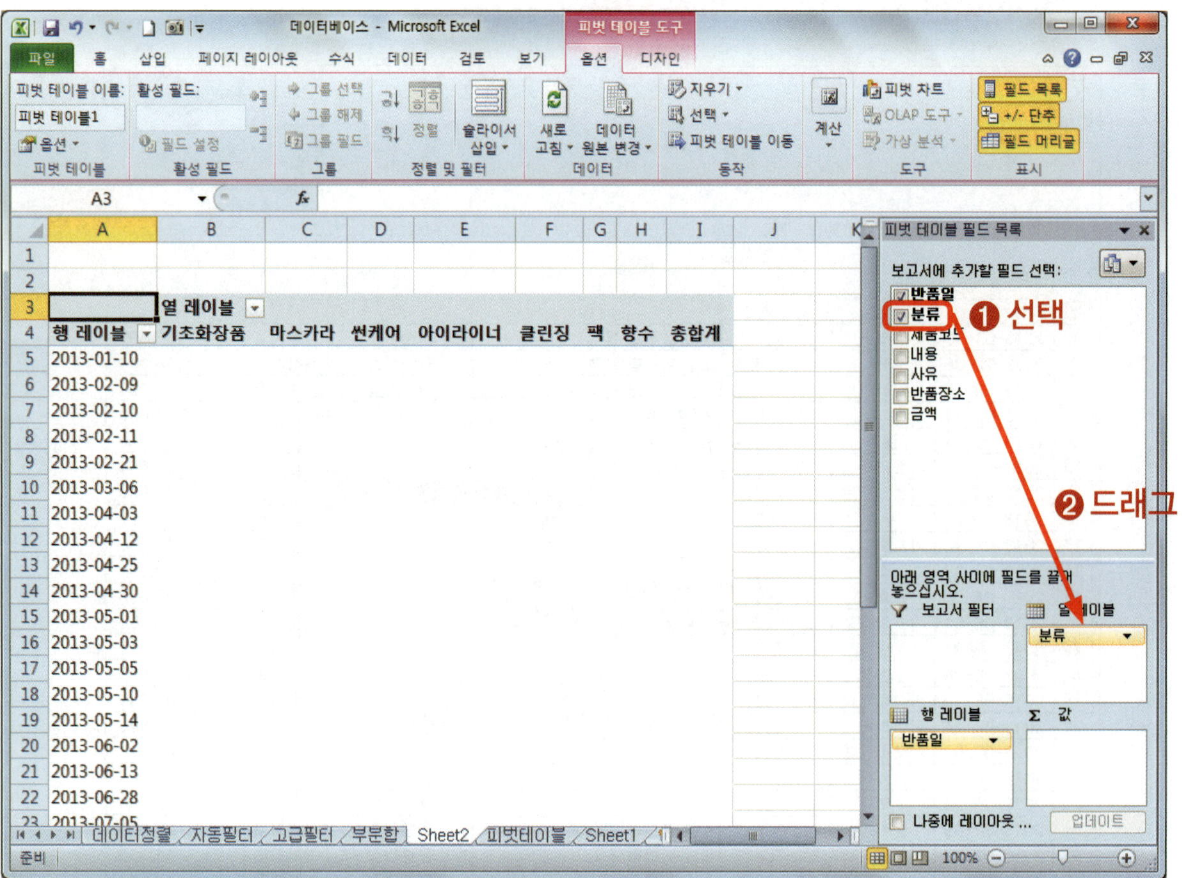

⑤ [피벗 테이블 필드 목록]에서 **'금액'**을 선택하여 **'값'**으로 드래그 합니다.

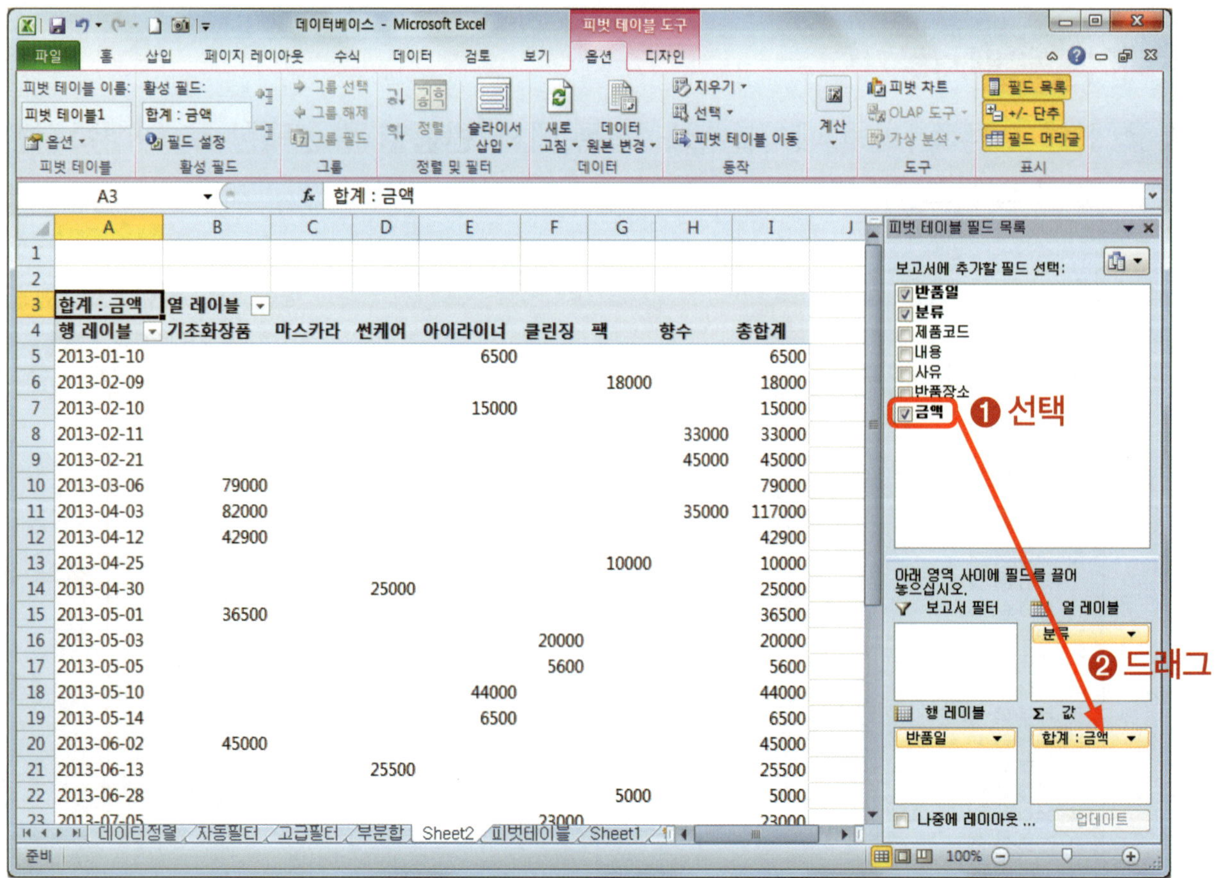

반품일을 '월' 단위로 그룹 만들기

6 반품일[A5] 셀에서 마우스 오른쪽 단추를 클릭하여 [그룹]을 선택합니다.

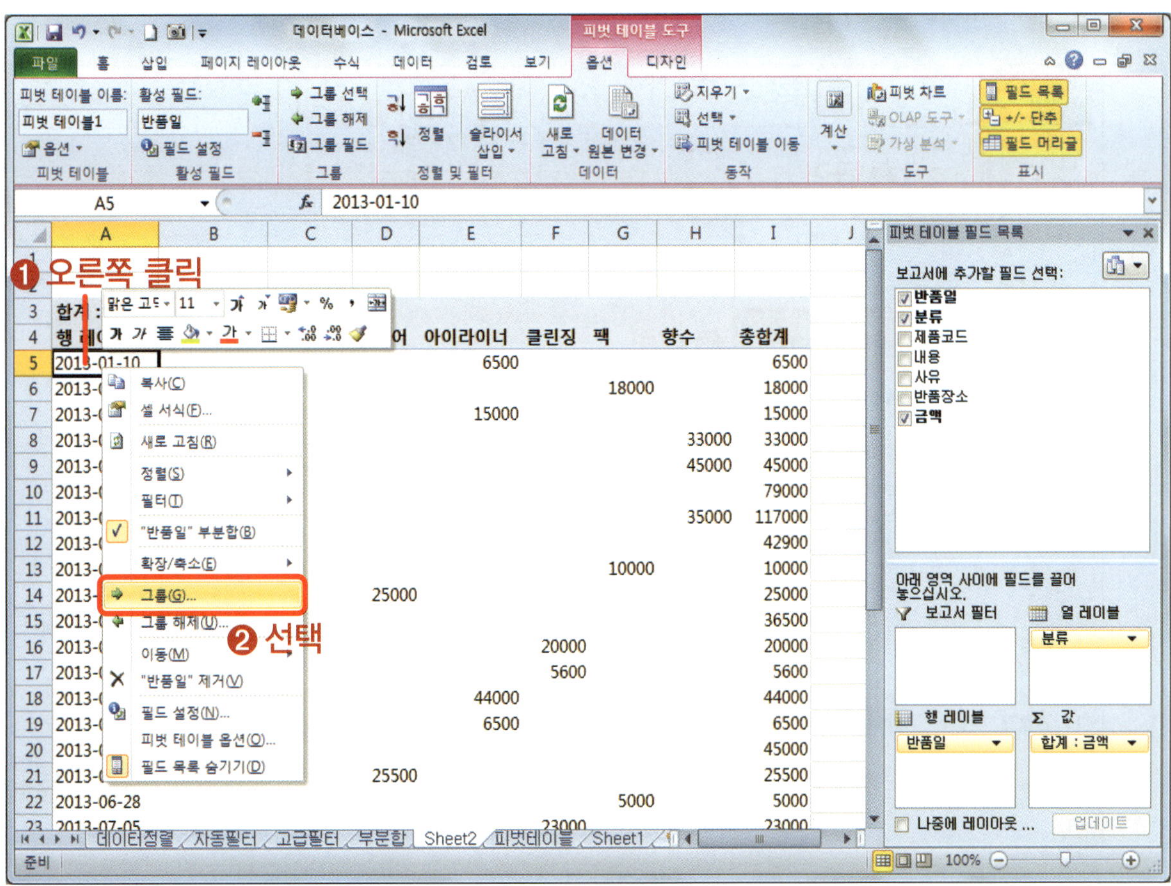

7 [그룹화] 대화상자에서 단위는 '월'을 선택하고 [확인] 단추를 클릭합니다.

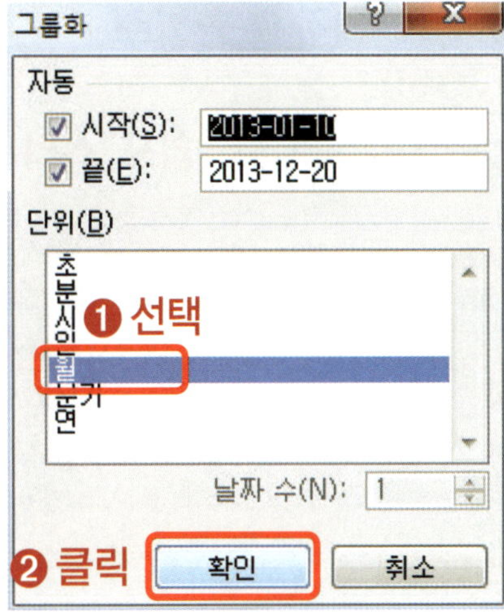

피벗 테이블 디자인 서식 지정하기

8 [피벗 테이블 도구]–[디자인] 탭의 [레이아웃] 그룹에서 **[보고서 레이아웃]–[테이블 형식으로 표시]**를 클릭합니다.

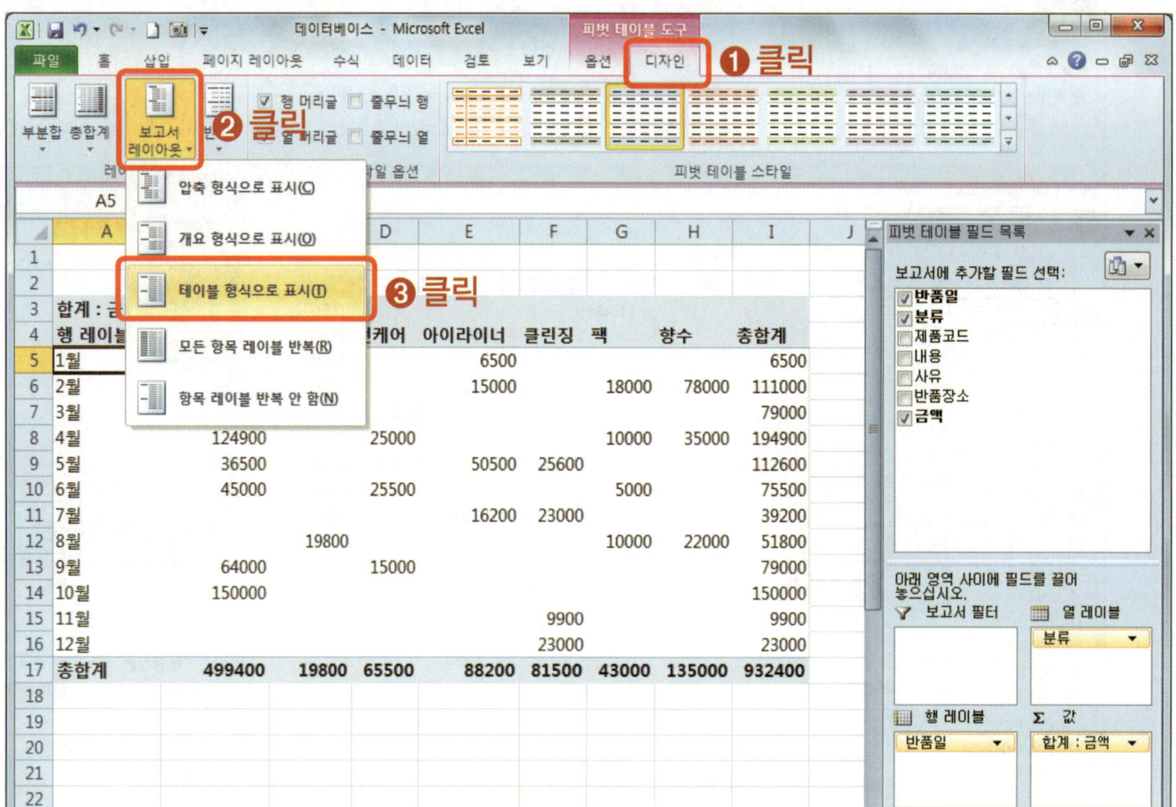

TIP 화면 오른쪽의 [피벗 테이블 필드 목록]은 [피벗 테이블 도구]–[옵션] 탭의 [표시/숨기기] 그룹에서 [필드 목록]을 클릭하여 화면에 표시하거나 숨기기 할 수 있습니다.

9 **[B5:I17] 영역을 범위 지정**한 후 [홈] 탭의 [표시 형식] 그룹에서 **[쉼표 스타일 ,]** 단추를 클릭합니다.

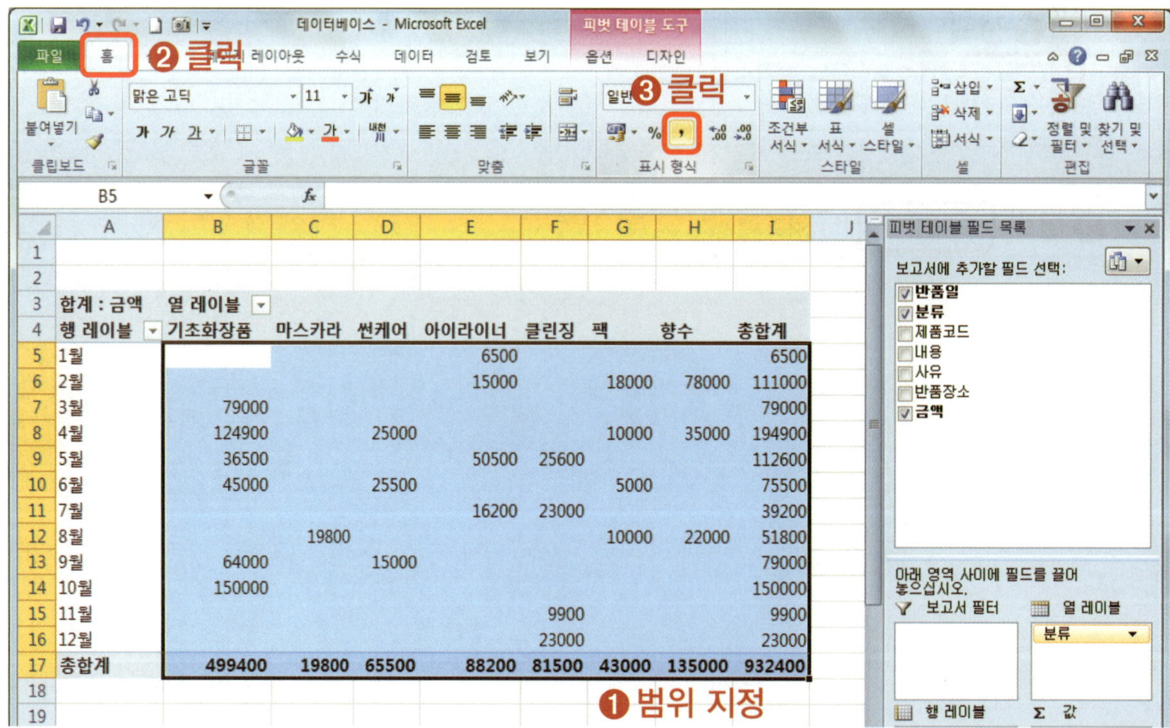

❿ [피벗 테이블 도구]–[디자인] 탭의 **[피벗 테이블 스타일]** 그룹에서 **[자세히▾] 단추를 클릭**합니다.

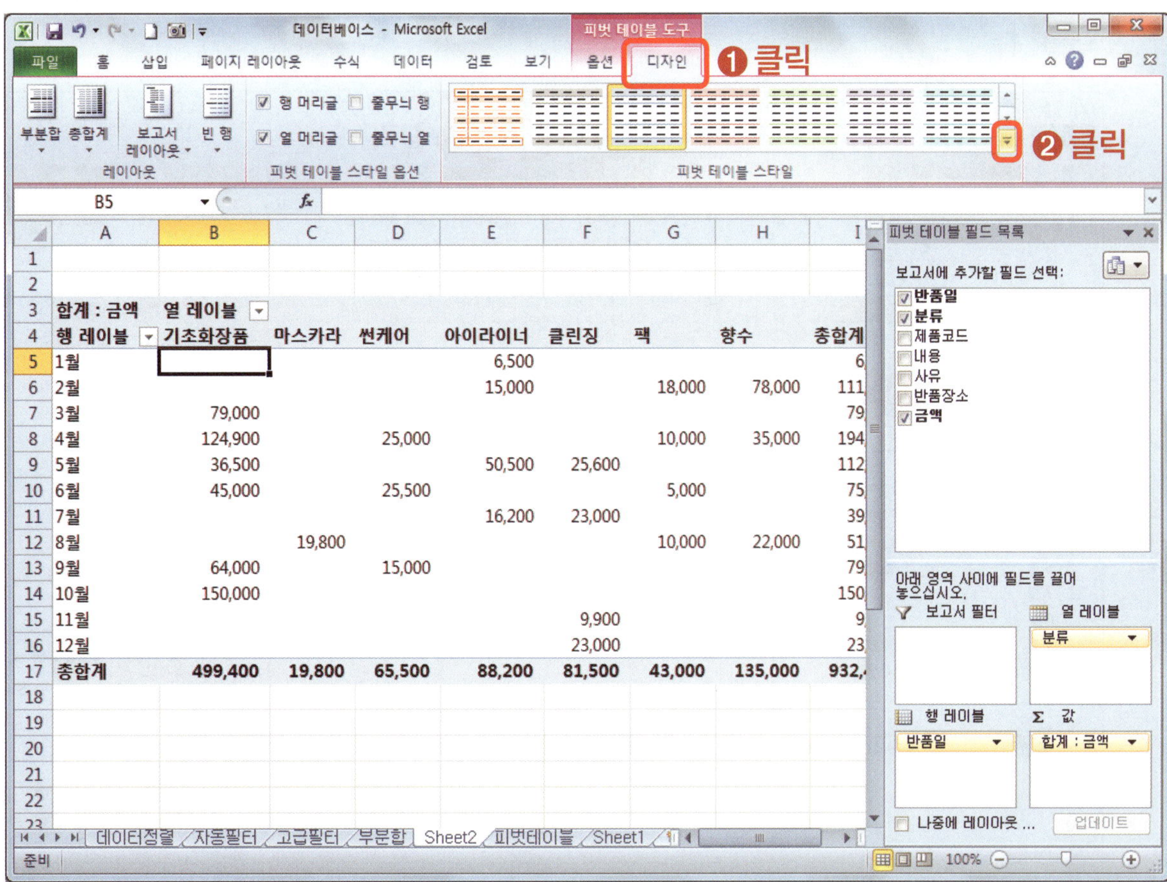

⓫ 피벗 테이블 스타일에서 **'피벗 스타일 보통 3'을 선택**합니다.

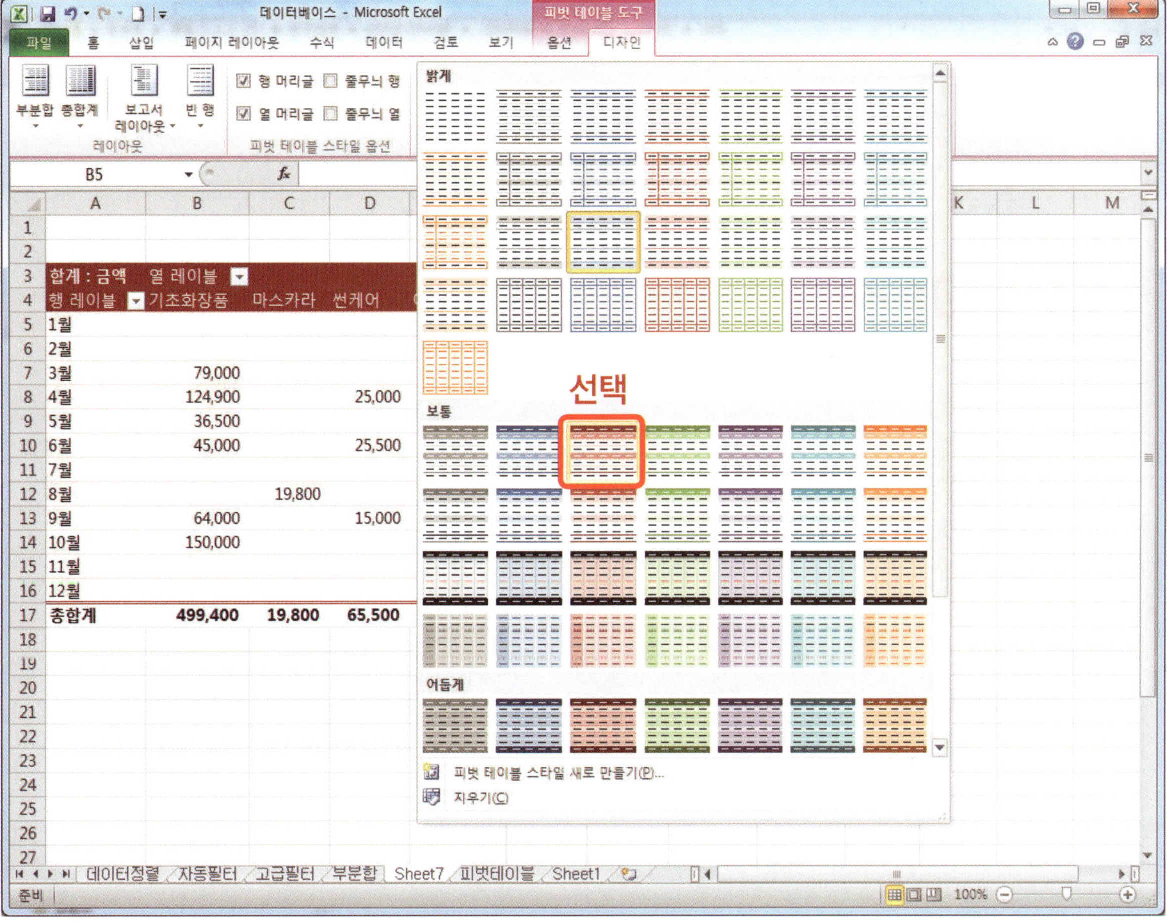

⑫ [피벗 테이블 도구]-[옵션] 탭의 **[정렬 및 필터] 그룹에서 [슬라이서 삽입]을 클릭**합니다.

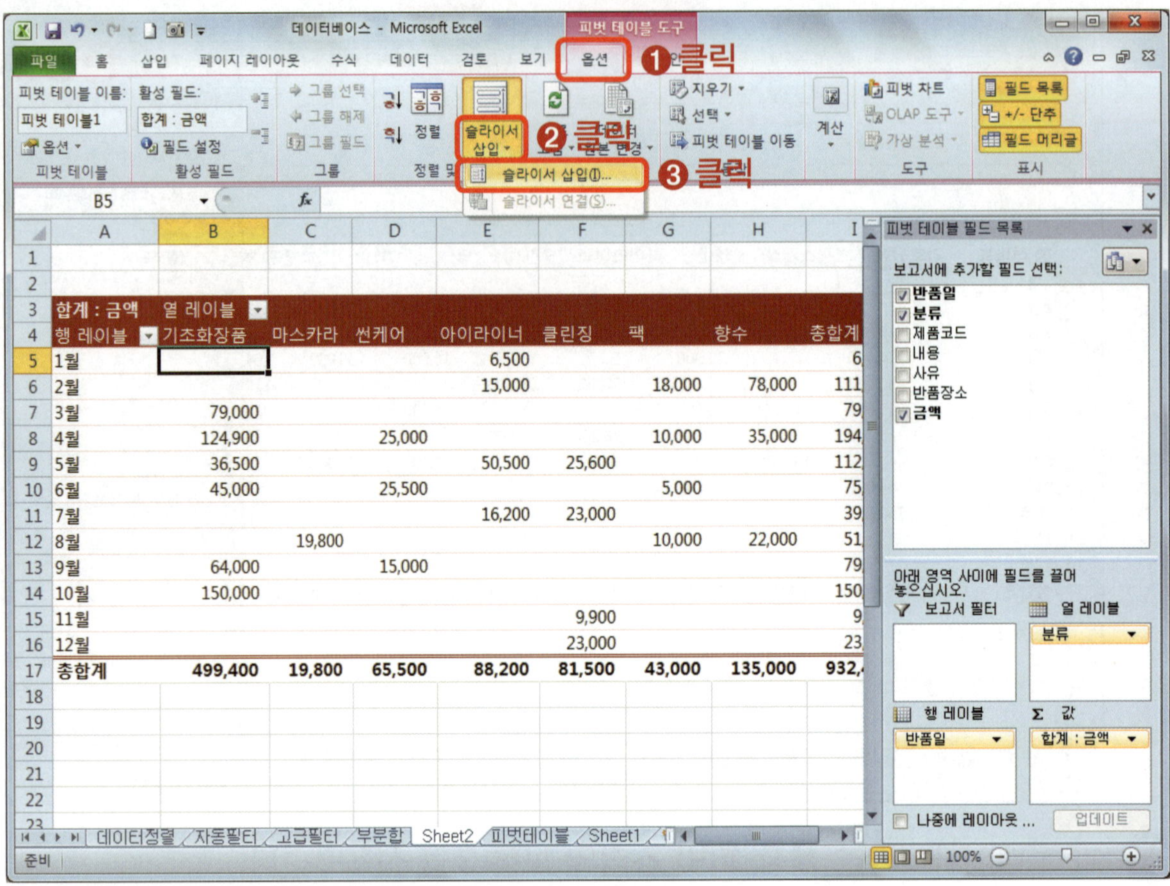

합계 : 금액	기조화장품	마스카라	썬케어	아이라이너	클린징	팩	향수	총합계
1월				6,500				6
2월				15,000		18,000	78,000	111
3월	79,000							79
4월	124,900		25,000			10,000	35,000	194
5월	36,500			50,500	25,600			112
6월	45,000		25,500			5,000		75
7월				16,200	23,000			39
8월		19,800				10,000	22,000	51
9월	64,000		15,000					79
10월	150,000							150
11월					9,900			9
12월					23,000			23
총합계	499,400	19,800	65,500	88,200	81,500	43,000	135,000	932,

⑬ [슬라이서 삽입] 대화상자에서 **'반품장소'를 체크**하고 **[확인] 단추를 클릭**합니다.

⑭ '반품장소'인 '서울지점'을 클릭하면 서울지점의 반품 데이터만 조회되는 것을 볼
수 있습니다.

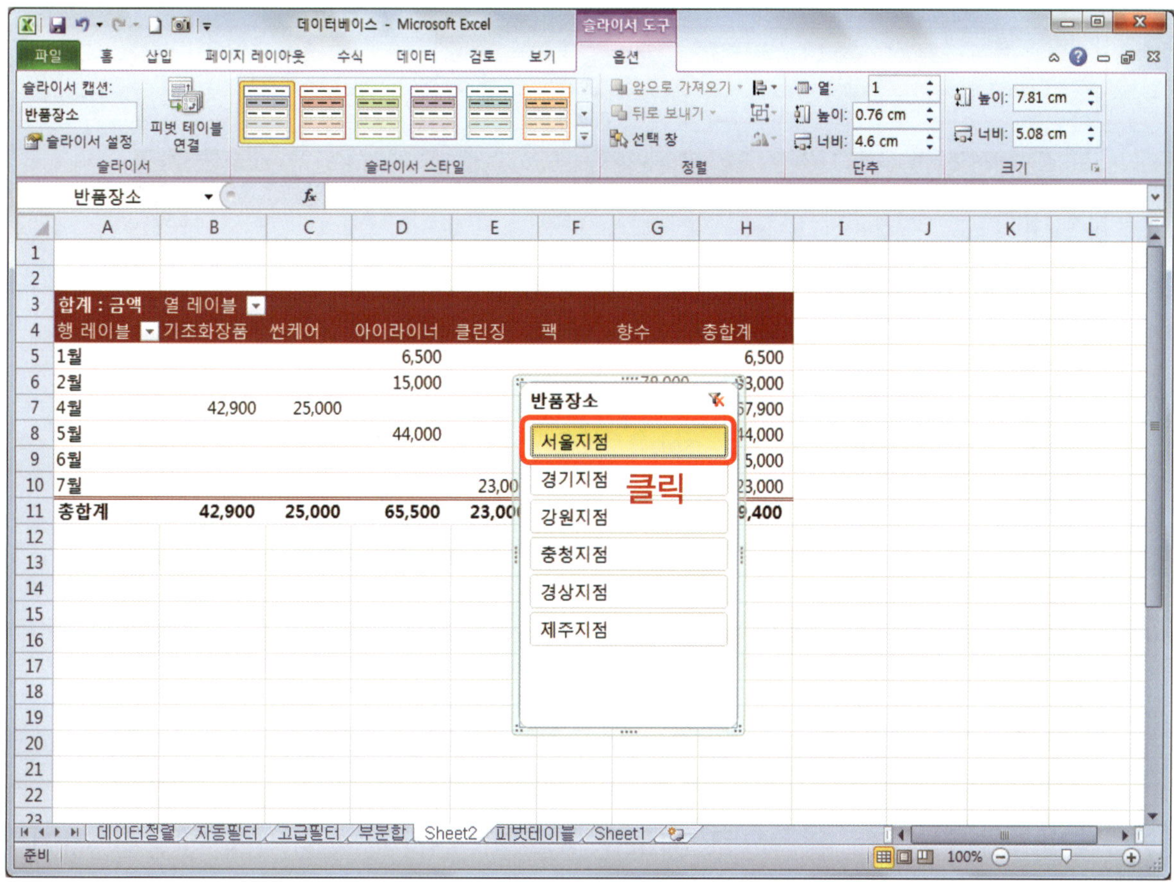

⑮ '반품장소' 슬라이서에서 마우스 오른쪽 단추를 클릭하여 **'"반품장소" 제거'를 클
릭**합니다.

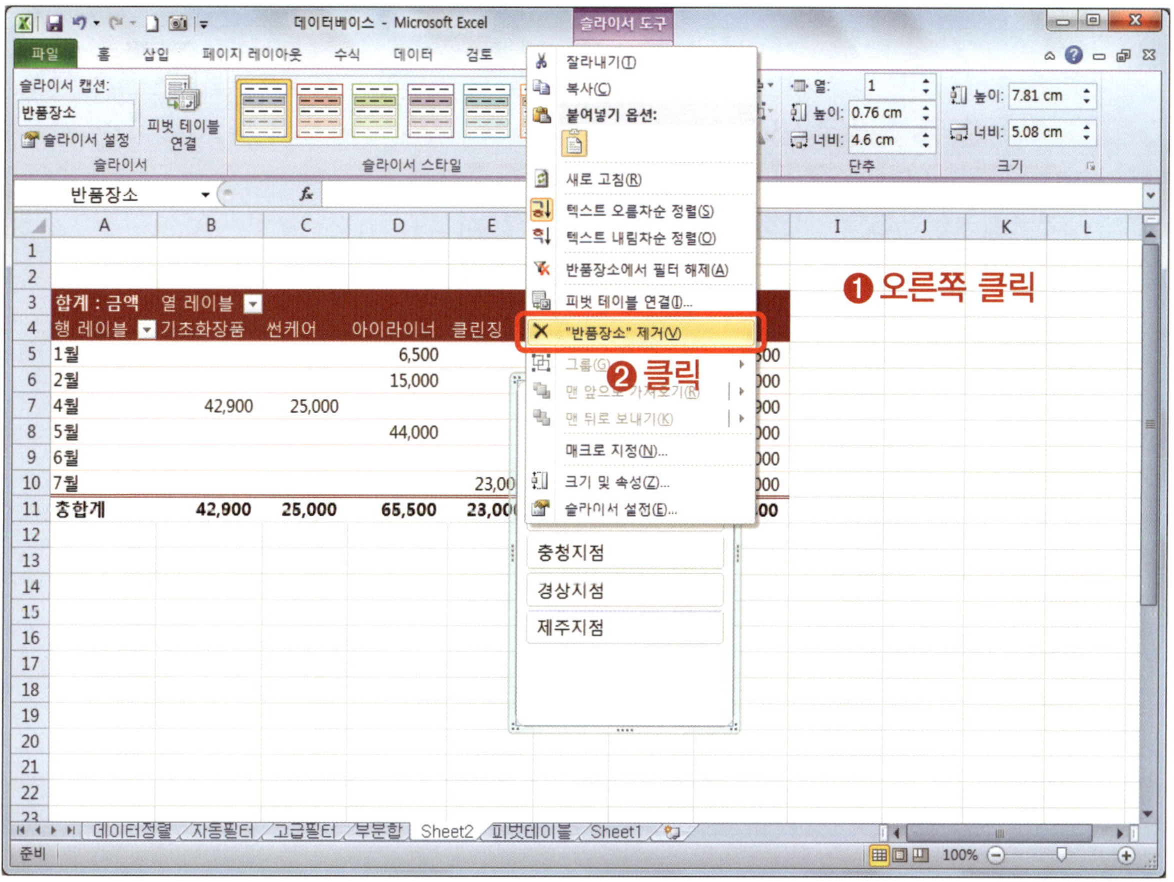

필요한 데이터를 별도의 시트에 추출하기

16 4월의 기초화장품 **금액[B8] 셀에서 더블 클릭**합니다.

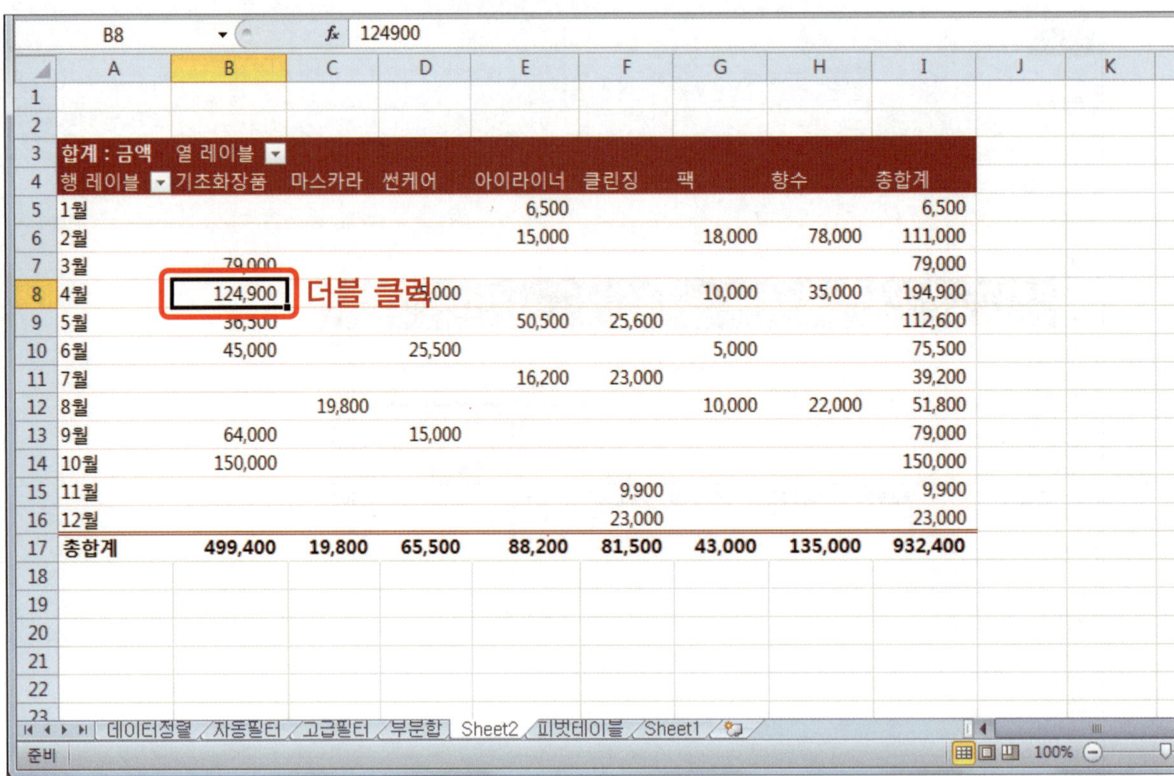

17 피벗 테이블 시트 왼쪽으로 새로운 시트가 추가되며 금액에 해당한 데이터만이 추출됩니다. [A]열부터 [G]열까지 블록을 지정하여 임의의 열과 열사이의 경계라 인에서 더블 클릭하여 너비를 조절합니다.

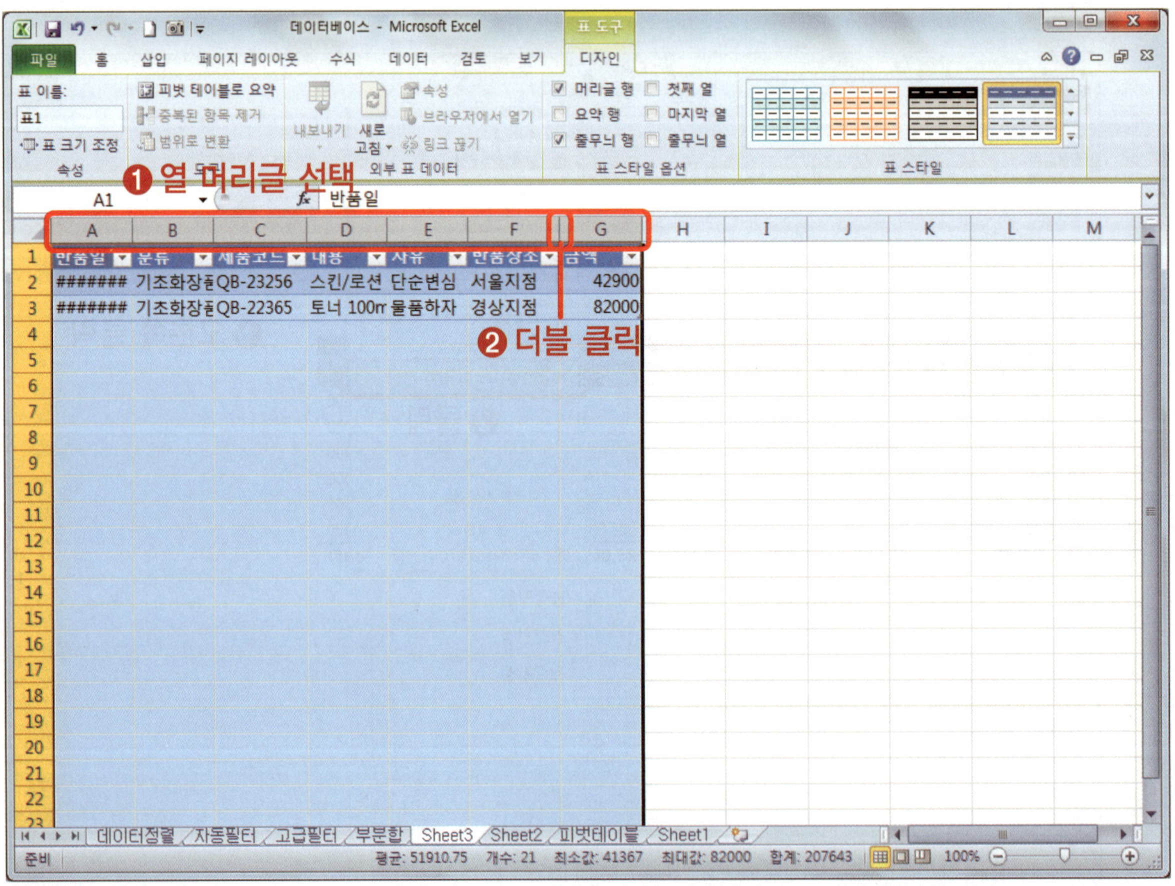

1 '자동필터' 시트에서 목록에 필터를 설정한 후, '예금종류'가 '정기적금'이고 '예금잔액'이 30,000,000원 이상인 데이터만을 표시하시오.

	A	B	C	D	E	F	G	H
1	지점별 예금현황							
2								
3	개설지	개설일자	예금	예금종	계좌번호	예금잔액	담보대출가능'	
4	강남지점	2013-05-29	한정수	정기적금	523-48-891	70,000,000	56,000,000	
26	강남지점	2013-05-30	정석호	정기적금	553-37-892	50,000,000	40,000,000	
32	종로지점	2013-07-28	원종현	정기적금	439-53-971	36,000,000	28,800,000	
35								

> **Hint!** [데이터] 탭의 [정렬 및 필터] 그룹에서 [필터]를 이용합니다.

2 '고급필터' 시트에서 고급 필터를 이용하여 '개설지점'이 '분당지점'이고, '개설일자'가 '2011-01-01' 이후인 데이터를 [A40] 셀에 표시하시오.

	A	B	C	D	E	F	G	H
36								
37	개설지점	개설일자						
38	분당지점	>=2011-01-01						
39								
40	개설지점	개설일자	예금자	예금종류	계좌번호	예금잔액	담보대출가능액	
41	분당지점	2011-05-29	양현우	CMA	256-85-451	6,900,000	5,520,000	
42	분당지점	2012-06-30	우찬성	정기적금	242-57-258	28,000,000	22,400,000	
43	분당지점	2012-07-04	이민균	청약저축	762-54-234	6,000,000	4,800,000	
44	분당지점	2013-05-30	성석일	보통예금	168-63-679	626,400	501,120	
45								

> **Hint!** 조건을 먼저 입력한 후 [데이터] 탭의 [정렬 및 필터] 그룹에서 [고급]을 이용합니다.

3 '고급필터2' 시트에서 고급 필터를 이용하여 '예금잔액'이 50,000,000원 이상이거나 '예금종류'에 '예금'이 들어간 데이터를 [A41]셀에 표시하시오.

 – 조건 : [A37:B38] 영역

	A	B	C	D	E	F	G	H
36								
37	예금잔액	예금종류						
38	>=50000000							
39		*예금						
40								
41	개설지점	개설일자	예금자	예금종류	계좌번호	예금잔액	담보대출가능액	
42	강남지점	2008-05-29	한정수	정기적금	523-48-891	70,000,000	56,000,000	
43	의왕지점	2008-06-29	김이준	당좌예금	155-16-447	50,771,300	40,617,040	
44	분당지점	2008-08-02	김창선	보통예금	741-81-104	550,589	440,471	
45	의왕지점	2009-07-29	박현태	당좌예금	144-89-966	5,000,000	4,000,000	
46	분당지점	2009-08-06	우민정	저축예금	737-27-680	6,200,000	4,960,000	
47	서초지점	2009-08-06	이하균	보통예금	852-63-881	5,236,520	4,189,216	
48	종로지점	2011-05-29	장상역	보통예금	764-36-401	1,652,219	1,321,775	
49	서초지점	2011-05-29	오병정	저축예금	153-32-292	78,500,000	62,800,000	
50	의왕지점	2011-05-29	노정현	저축예금	321-854-136	15,000,000	12,000,000	
51	서초지점	2012-05-31	장민준	보통예금	421-91-684	5,689,000	4,551,200	
52	종로지점	2012-06-29	길호성	저축예금	546-87-632	6,000,000	4,800,000	
53	서초지점	2012-06-30	한성호	보통예금	135-85-723	7,465,000	5,972,000	
54	분당지점	2013-05-30	성석일	보통예금	168-63-679	626,400	501,120	
55	강남지점	2013-05-30	정석호	정기적금	553-37-892	50,000,000	40,000,000	
56	분당지점	2008-05-29	김재근	저축예금	723-63-739	15,900,000	12,720,000	
57	서초지점	2008-05-32	설승욱	저축예금	308-64-882	7,400,000	5,920,000	
58	분당지점	2008-07-29	장일성	저축예금	232-83-589	14,150,000	11,320,000	
59	서초지점	2008-08-01	염성일	저축예금	425-19-136	16,000,000	12,800,000	
60								

> **Hint!** 조건을 먼저 입력한 후 [데이터] 탭의 [정렬 및 필터] 그룹에서 [고급]을 이용합니다.

4 '부분합' 시트에서 목록에 부분합을 지정한 후, 다음과 같이 부분합의 결과만 표시하시오.

 – 그룹화 할 항목(개설지점), 사용할 함수(합계), 부분합 계산 항목(예금잔액)
 – 윤곽기호에서 2번을 선택하여 부분합 결과만 표시

		A	B	C	D	E	F	G	H
	1					지점별 예금현황			
	2								
	3	개설지점	개설일자	예금자	예금종류	계좌번호	예금잔액	담보대출가능액	
+	9	강남지점 요약					156,398,500		
+	20	분당지점 요약					108,626,989		
+	28	서초지점 요약					149,704,820		
+	33	의왕지점 요약					76,771,300		
+	39	종로지점 요약					71,586,719		
−	40	총합계					563,088,328		
	41								

> **Hint!** • 부분합을 하기 전에 그룹화 할 항목(개설지점)을 먼저 정렬해야 합니다.
> • [데이터] 탭의 [윤곽선] 그룹에서 [부분합]을 이용합니다.

5 '피벗테이블' 시트에 목록을 이용하여 그림과 같은 피벗 테이블을 만드시오.

- 피벗 테이블 위치 : 현 시트의 [I3] 셀
- 레이아웃 : 열 레이블(개설일자), 행 레이블(개설지점), 값(예금잔액)
- 보고서 레이아웃 : 테이블 형식으로 표시
- 그룹 : 월
- 디자인 : 피벗 스타일 보통4
- [I3:N10] 영역 : 모든 테두리 ⊞
- [J5:N10] 영역 : 쉼표 스타일 ,

	H	I	J	K	L	M	N	O
2								
3		합계 : 예금잔액	개설일자 ▼					
4		개설지점 ▼	5월	6월	7월	8월	총합계	
5		강남지점	148,098,500	8,300,000			156,398,500	
6		분당지점	23,426,400	55,000,000	20,150,000	10,050,589	108,626,989	
7		서초지점	91,589,000	7,465,000	29,414,300	21,236,520	149,704,820	
8		의왕지점	15,000,000	50,771,300	11,000,000		76,771,300	
9		종로지점	29,586,719	6,000,000	36,000,000		71,586,719	
10		총합계	307,700,619	127,536,300	96,564,300	31,287,109	563,088,328	
11								

6 5번 문제를 통해 만들어진 피벗 테이블을 이용하여 '5월'의 '서초지점' 내역을 뽑아 다른 시트에 표시하고, 시트명을 '5월서초지점'이라고 수정하여 '피벗테이블' 시트 앞에 위치시키시오.

	A	B	C	D	E	F	G
1	개설지점 ▼	개설일자 ▼	예금자 ▼	예금종류 ▼	계좌번호 ▼	예금잔액 ▼	담보대출가능액 ▼
2	서초지점	2013-05-12	설승욱	저축예금	308-64-882	7400000	5920000
3	서초지점	2013-05-31	장민준	보통예금	421-91-684	5689000	4551200
4	서초지점	2013-05-29	오병정	저축예금	153-32-292	78500000	62800000
5							

ⅠⅣ ◀ ▶ ▶Ⅰ 자동필터 / 고급필터1 / 고급필터2 / 부분합 ┃ 5월서초지점 / 피벗테이블 /

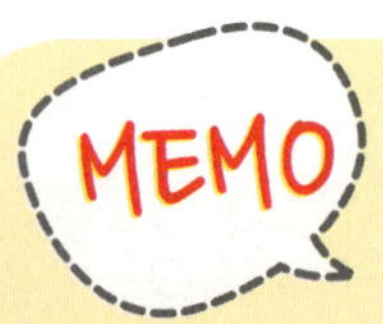
MEMO

[서울특별시]

한양IT전문학원(서대문구 홍제동 330-54)
유림컴퓨터학원(성동구 성수1가 1동 656-251)
아이콘컴퓨터학원(은평구 갈현동 390-8)
송파컴퓨터회계학원(송파구 송파동 195-6)
강북정보처리학원(은평구 대조동 6-9호)
아이탑컴퓨터학원(구로구 개봉1동 65-5)
신영진컴퓨터학원(구로구 신도림동 437-1)
방학컴퓨터학원(도봉구 방학3동 670)
아람컴퓨터학원(동작구 사당동 우성2차 09상가)
국제컴퓨터학원(서대문구 천연동 4)
백상컴퓨터학원(구로구 구로1동 314-1 극동상가 4층)
엔젤컴퓨터학원(도봉구 창2동 581-28)
독립문컴퓨터학원(종로구 무악동 47-4)
문성컴퓨터학원(동작구 대방동 335-16 대방빌딩 2층)
대건정보처리학원(강동구 명일동 347-3)
제6세대컴퓨터학원(송파구 석촌동 252-5)
명문컴퓨터학원(도봉구 쌍문2동 56)
영우컴퓨터학원(도봉구 방학1동 680-8)
바로컴퓨터학원(강북구 수유2동 245-4)
뚝섬컴퓨터학원(성동구 성수1가2동)
오성컴퓨터학원(광진구 자양3동 553-41)
해인컴퓨터학원(광진구 구의2동 30-15)
푸른솔컴퓨터학원(광진구 자양2동 645-5)
희망컴퓨터학원(광진구 구의동)
경일웹컴퓨터학원(중랑구 신내동 665)
현대정보컴퓨터학원(양천구 신정5동 940-38)
보노컴퓨터학원(관악구 서림동 96-48)
스마트컴퓨터학원(도봉구 창동 9-1)
모드산업디자인학원(노원구 상계동 724)
미주컴퓨터학원(구로구 구로5동 528-7)
미래컴퓨터학원(구로구 개봉2동 403-217)
중앙컴퓨터학원(구로구 구로동 437-1 성보빌딩 3층)
고려아트컴퓨터학원(송파구 거여동 554-3)
노노스창업교육학원(서초구 양재동 16-6)
우신컴퓨터학원(성동구 홍익동 210)
무궁화컴퓨터학원(성동구 행당동 245번지 3층)
영일컴퓨터학원(금천구 시흥1동 838-33호)
셀파컴퓨터회계학원(송파구 송파동 97-43 3층)
지현컴퓨터학원(구로구 구로3동 188-5)

[인천광역시]

이컴IT.회계전문학원(남구 도화2동 87-1)
대성정보처리학원(계양구 효성1동 295-1 3층)
상아컴퓨터학원(계양구 계산3동 18-17 교육센터 4층)
명진컴퓨터학원(계양구 계산동 946-10 덕수빌딩 6층)
한나래컴퓨터디자인학원(계양구 임학동 6-1 4층)
효성한맥컴퓨터학원(계양구 효성1동 77-5 신한뉴프라자 4층)
시대컴퓨터학원(남동구 구월동 1225-36 롯데프라자 301-1)
피엘컴퓨터학원(남동구 구월동 1249)

하이미디어아카데미(부평구 부평동 199-24 2층)
부평IT멀티캠퍼스학원(부평구 부평5동 199-24 4, 5층)
돌고래컴퓨터아트학원(부평구 산곡동 281-53 풍성프라자
    402, 502호)
미래컴퓨터학원(부평구 산곡1동 180-390)
가인정보처리학원(부평구 삼산동 391-3)
서부연세컴퓨터학원(서구 가좌1동 140-42 2층)
이컴학원(서구 석남1동 513-3 4층)
연희컴퓨터학원(서구 심곡동 303-1 새터빌딩 4층)
검단컴퓨터회계학원(서구 당하동 5블럭 5롯트 대한빌딩 4층)
진성컴퓨터학원(연수구 선학동 407 대영빌딩 6층)
길정보처리회계학원(중구 인현동 27-7 창대빌딩 4층)
대화컴퓨터학원(남동구 만수5동 925-11)
new중앙컴퓨터학원(계양구 임학동 6-23번지 3층)

[대전광역시]

학사컴퓨터학원(동구 판암동 203번지 리라빌딩 401호)
대승컴퓨터학원(대덕구 법동 287-2)
열린컴퓨터학원(대덕구 오정동 65-10 2층)
국민컴퓨터학원(동구 가양1동 579-11 2층)
용운컴퓨터학원(동구 용운동 304-1번지 3층)
굿아이컴퓨터학원(서구 가수원동 656-47번지 3층)
경성컴퓨터학원(서구 갈마2동 1408번지 2층)
경남컴퓨터학원(서구 도마동 경남(아)상가 301호)
둔산컴퓨터학원(서구 탄방동 734 3층)
로얄컴퓨터학원(유성구 반석동 639-4번지 웰빙타운 602호)
자운컴퓨터학원(유성구 신성동 138-8번지)
오원컴퓨터학원(중구 대흥동 205-2 4층)
계룡컴퓨터학원(중구 문화동 374-5)
제일정보처리학원(중구 은행동 139-5번지 3층)

[광주광역시]

태봉컴퓨터전산학원(북구 운암동 117-13)
광주서강컴퓨터학원(북구 동림동 1310)
다음정보컴퓨터학원(광산구 신창동 1125-3 건도빌딩 4층)
광주중앙컴퓨터학원(북구 문흥동 999-3)
국제정보처리학원(북구 중흥동 279-60)
굿아이컴퓨터학원(북구 용봉동 1425-2)
나라정보처리학원(남구 진월동 438-3 4층)
두암컴퓨터학원(북구 두암동 602-9)
디지털국제컴퓨터학원(동구 서석동 25-7)
매곡컴퓨터학원(북구 매곡동 190-4)
사이버컴퓨터학원(광산구 운남동 387-37)
상일컴퓨터학원(서구 상무1동 147번지 3층)
세종컴퓨터전산학원(남구 봉선동 155-6 5층)
송정중앙컴퓨터학원(광산구 송정2동 793-7 3층)
신한국컴퓨터학원(광산구 월계동 899-10번지)
에디슨컴퓨터학원(동구 계림동 85-169)
엔터컴퓨터학원(광산구 신가동1012번지 우미아파트상가
    2층 201호)

염주컴퓨터학원(서구 화정동 1035 2층)
영진정보처리학원(서구 화정2동 신동아아파트 상가 3층 302호)
이지컴퓨터학원(서구 금호동 838번지)
일류정보처리학원(서구 금호동 741-1 시영1차아파트 상가 2층)
조이컴정보처리학원(서구 치평동 1184-2번지 골든타운
    304호)
중앙컴퓨터학원(서구 화정2동 834-4번지 3층)
풍암넷피아정보처리학원(서구 풍암 1123 풍암빌딩 6층)
하나정보처리학원(북구 일곡동 830-6)
양산컴퓨터학원(북구 양산동 283-48)
한성컴퓨터학원(광산구 월곡1동 56-2)

[부산광역시]

신흥정보처리학원(사하구 당리동 131번지)
경원전산학원(동래구 사직동 45-37)
동명정보처리학원(남구 용호동 408-1)
메인컴퓨터학원(사하구 괴정4동 1119-3 희망빌딩 7층)
미래컴퓨터학원(사상구 삼락동 418-36)
미래컴퓨터학원(부산진구 가야3동 301-8)
보성정보처리학원(사하구 장림2동 1052번지 삼일빌딩 2층)
영남컴퓨터학원(기장군 기장읍 대라리 97-14)
우성컴퓨터학원(사하구 괴정동 496-5 대원스포츠 2층)
중앙IT컴퓨터학원(북구 만덕2동 282-5번지)
하남컴퓨터학원(사하구 신평동 590-4)
다인컴퓨터학원(사하구 다대1동 933-19)
자유컴퓨터학원(동래구 온천3동 1468-6)
영도컴퓨터전산회계학원(영도구 봉래동3가 24번지 3층)
동아컴퓨터학원(사하구 당리동 303-11 5층)
동원컴퓨터학원(해운대구 재송동)
문현컴퓨터학원(남구 문현동 253-11)
삼성컴퓨터학원(북구 화명동 2316-1)

[대구광역시]

새빛캐드컴퓨터학원(달서구 달구벌대로 1704 삼정빌딩 7층)
해인컴퓨터학원(북구 동천동 878-3 2층)
셈틀컴퓨터학원(북구 동천동 896-3 3층)
대구컴퓨터캐드회계학원(북구 국우동 1099-1 5층)
동화컴퓨터학원(수성구 범물동 1275-1)
동화회계캐드컴퓨터학원(수성구 달구벌대로 3179 3층)
세방컴퓨터학원(수성구 범어1동 371번지 7동 301호)
네트컴퓨터학원(북구 태전동 409-21번지 3층)
배움컴퓨터학원(북구 복현2동 340-42번지 2층)
윤성컴퓨터학원(북구 복현2동 200-1번지)
명성탑컴퓨터학원(북구 칠신2동 295-18번지)
911컴퓨터학원(달서구 달구벌대로 1657 4층)
메가컴퓨터학원(수성구 신매동 267-13 3층)
테라컴퓨터학원(수성구 달구벌대로 3090)

[울산광역시]

엘리트정보처리세무회계(중구 성남동 청송빌딩 2층~6층)

경남컴퓨터학원(남구 신정 2동 명성음악사3, 4층)

다운컴퓨터학원(중구 다운동 776-4번지 2층)

대송컴퓨터학원(동구 대송동 174-11번지 방어진농협 대송지소 2층)

명정컴퓨터학원(중구 태화동 명정초등 BUS 정류장 옆)

크린컴퓨터학원(남구 울산병원근처-신정푸르지오 모델하우스 앞)

한국컴퓨터학원(남구 옥동 260-6번지)

한림컴퓨터학원(북구 연암동 375-1 3층)

현대문화컴퓨터학원(북구 양정동 523번지 현대자동차문화회관 3층)

인텔컴퓨터학원(울주군 범서면 굴화리 49-5 1층)

대림컴퓨터학원(남구 신정4동 949-28 2층)

미래정보컴퓨터학원(울산시 남구 울산대학교앞 바보사거리 GS25 5층)

서진컴퓨터학원(울산시 남구 달동 1331-13 2층)

송샘컴퓨터학원(동구 방어동 281-1 우성현대 아파트상가 2, 3층)

에셋컴퓨터학원(북구 천곡동 410-6 아진복합상가 310호)

연세컴퓨터학원(남구 무거동 1536-11번지 4층)

홍천컴퓨터학원(남구 무거동(삼호동)1203-3번지)

IT컴퓨터학원(동구 화정동 855-2번지)

THC정보처리컴퓨터(울산시 남구 무거동 아이컨셉안경원 3, 4층)

TOPCLASS컴퓨터학원(울산시 동구 전하1동 301-17번지 2층)

[경기도]

샘물컴퓨터학원(여주군 여주읍 상리 331-19)

인서울컴퓨터디자인학원(안양시 동안구 관양2동 1488-35 골드빌딩 1201호)

경인디지털컴퓨터학원(부천시 원미구 춘의동 116-8 광덕프라자 3층)

에이팩스컴퓨터학원(부천시 원미구 상동 533-11 부건프라자 602호)

서울컴퓨터학원(부천시 소사구 송내동 523-3)

천재컴퓨터학원(부천시 원미구 심곡동 344-12)

대신IT컴퓨터학원(부천시 소사구 송내2동 433-25)

상아컴퓨터학원(부천시 소사구 괴안동 125-5 인광빌딩 4층)

우리컴퓨터전산회계디자인학원(부천시 원미구 심곡동 87-11)

좋은컴퓨터학원(부천시 소사구 소사본3동 277-38)

대명컴퓨터학원(부천시 원미구 중1동 1170 포도마을 삼보상가 3층)

한국컴퓨터학원(용인시 기흥구 구갈동 383-3)

삼성컴퓨터학원(안양시 만안구 안양1동 674-249 삼양빌딩 4층)

나래컴퓨터학원(안양시 만안구 안양5동 627-35 5층)

고색정보컴퓨터학원(수원시 권선구 고색동 890-169)

셀파컴퓨터회계학원(성남시 중원구 금광2동 4359 3층)

탑에듀컴퓨터학원(수원시 팔달구 팔달로2가 130-3 2층)

새빛컴퓨터학원(부천시 오정구 삼정동 318-10 3층)

부천컴퓨터학원(부천시 원미구 중1동 1141-5 다운타운빌딩 403호)

경원컴퓨터학원(수원시 영통구 매탄4동 성일아파트상가 3층)

하나탑컴퓨터학원(광명시 광명6동 374-10)

정수천컴퓨터학원(가평군 석봉로 139-1)

평택비트컴퓨터학원(평택시 비전동 756-14 2층)

[전라북도]

전주컴퓨터학원(전주시 완산구 삼천동1가 666-6)

세라컴퓨터학원(전주시 덕진구 우아동)

비트컴퓨터학원(전북 남원시 왕정동 45-15)

문화컴퓨터학원(전주시 덕진구 송천동 1가 480번지 비사벌빌딩 6층)

등용문컴퓨터학원(전주시 완산구 풍남동1가 15-6번지)

미르컴퓨터학원(전주시 덕진구 인후동1가 857-1 새마을금고 3층)

거성컴퓨터학원(군산시 명산동 14-17 반석신협 3층)

동양컴퓨터학원(군산시 나운동 487-9 SK5층)

문화컴퓨터학원(군산시 문화동 917-9)

하나컴퓨터학원(전주시 완산구 효자동1가 518-59번지 3층)

동양인터넷컴퓨터학원(전주시 완산구 삼천동1가 288-9번지 203호)

골든벨컴퓨터학원(전주시 완산구 평화2동 893-1)

명성컴퓨터학원(군산시 나운1동792-4)

다울컴퓨터학원(군산시 나운동 667-7번지)

제일컴퓨터학원(남원시 도통동 583-4번지)

뉴월드컴퓨터학원(익산시 부송동 762-1 번지 1001안경원 3층)

젬컴퓨터학원(군산시 문화동 920-11)

문경컴퓨터학원(정읍시 연지동 32-11)

유일컴퓨터학원(전주시 덕진구 인후동 안골사거리 태평양약국 2층)

빌컴퓨터학원(군산시 나운동 809-1번지 라파빌딩 4층)

김상미컴퓨터학원(군산시 조촌동 903-1 시영아파트상가 2층)

아성컴퓨터학원(익산시 어양동 부영1차아파트 상가동 202호)

민컴퓨터학원(전주시 완산구 서신동 797-2번지 청담빌딩 5층)

제일컴퓨터학원(익산시 어양동 643-4번지 2층)

현대컴퓨터학원(익산시 동산동 1045-3번지 2층)

이지컴퓨터학원(군산시 동흥남동 404-8 1층)

비전컴퓨터학원(익산시 동산동 607-4)

청어람컴퓨터학원(전주시 완산구 평화동2가 890-5 5층)

정컴퓨터학원(전주시 완산구 삼천동1가 592-1)

영재컴퓨터학원(전라북도 완주군 삼례읍 삼례리 923-23)

탑스터디컴퓨터학원(군산시 수송동 827-10번지 강남빌딩 2층)

[전라남도]

한성컴퓨터학원(여수시 문수동 82-1번지 3층)

[경상북도]

현대컴퓨터학원(경북 칠곡군 북삼읍 인평리 1078-6번지)

조은컴퓨터학원(경북 구미시 형곡동 197-2번지)

옥동컴퓨터학원(경북 안동시 옥동 765-7)

청어람컴퓨터학원(경북 영주시 영주2동 528-1)

21세기정보처리학원(경북 영주시 휴천2동 463-4 2층)

이지컴퓨터학원(경북 경주시 황성동 472-44)

한국컴퓨터학원(경북 상주시 무양동 246-5)

예일컴퓨터학원(경북 의성군 의성읍 중리리 714-2)

김복남컴퓨터학원(경북 울진군 울진읍 읍내4리 520-4)

유성정보처리학원(경북 예천군 예천읍 노하리 72-6)

제일컴퓨터학원(경북 군위군 군위읍 서부리 32-19)

미림-엠아이티컴퓨터학원(경북 포항시 북구 장성동 1355-4)

가나컴퓨터학원(경북 구미시 옥계동 631-10)

엘리트컴퓨터외국어스쿨학원(경북 경주시 동천동 826-11번지)

송현컴퓨터학원(안동시 송현동 295-1)

[경상남도]

송기웅전산학원(창원시 진해구 석동 654-3번지 세븐코아 6층 602호)

빌게이츠컴퓨터학원(창원시 성산구 안민동 163-5번지 풍전상가 302호)

예일학원(창원시 의창구 봉곡동 144-1 401~2호)

정우컴퓨터전산회계학원(창원시 성산구 중앙동 89-3)

우리컴퓨터학원(창원시 의창구 도계동 353-13 3층)

웰컴퓨터학원(김해시 장유면 대청리 대청프라자 8동 412호)

이지컴스쿨학원(밀양시 내이동 북성로 71 3층)

비사벌컴퓨터학원(창녕군 창녕읍 말흘리 287-1 1층)

늘샘컴퓨터학원(함양군 함양읍 용평리 694-5 신협 3층)

도울컴퓨터학원(김해시 삼계동 1416-4 2층)

[제주도]

하나컴퓨터학원(제주시 이도동)

탐라컴퓨터학원(제주시 연동)

클릭컴퓨터학원(제주시 이도동)

[강원도]

엘리트컴퓨터학원(강릉시 교1동 927-15)

권정미컴퓨터학원(춘천시 후석로 246 4층)

형제컴퓨터학원(속초시 조양동 부영아파트 3동 주상가 305-2호)

강릉컴퓨터교육학원(강릉시 임명로 180 3층 301호)